您好，馬克思先生

Das Kapital

Karl Marx

楊照

目錄

引　言　教條之外，如何認知馬克思與《資本論》？　8

第一章　導　論

1. 讀懂馬克思，從第三個版本的《資本論》開始　16
2. 回到十九世紀：黑格爾辯證法正當時　21
3. 辯證法與異化：人本來應該是上帝的主宰？　27

第二章　從經濟理論開始，認識馬克思的思想與動機

1. 資本主義時期的出現：勞動者、工廠、貨幣的異化　33
2. 重新認識使用價值：物品和你的關係，是價格決定的嗎？　39
3. 被價格左右的欲望　45
4. 資本的來歷和基本運作方式　51
5. 馬克思的靈魂拷問：你是作為目的還是手段而存在？　56
6. 投資所得和勞動所得，根源上有區別嗎？　62

7. 被扭曲的價格，被創造的需求 67
8. 財富分配的公平與正義 73
9. 人如何淪為勞工：被降級的工作成果 79
10. 當批量生產代替量身定做，後果有多嚴重？ 83
11. 失樂園的悲劇：交易的目的和手段，是如何顛倒的？ 88
12. 剩餘價值的來源：G1＝W，W＝G2，為什麼G1＜G2？ 92
13. 賣不出去的〇・七部手機：資本對生產的改造，導致了多大浪費？ 99
14. 馬克思理論的後繼者對《資本論》的補充 104
15. 剝削與操控：如何辨別馬克思主義的觀念？ 110
16. 老闆與勞動者的階級差異，是必然的嗎？ 115
17. 十九世紀的歐洲：帝國的誕生，學問的分野 122
18. 追求科學的經濟學是否有其內在偏見？ 126
19. 馬克思的經濟學與市場經濟學的不同前提 132
20. 賣時間的勞動者：為什麼我們無法決定自己每天工作多久？ 135
21. 老闆的地位比員工高嗎？員工之間是競爭關係嗎？ 140
22. 資本的歷史：錢是如何變成資本的？ 145
23. 利息的「必然」存在：錢存在抽屜裡，何時變成了蠢事？ 149
24. 資本與債務：無法實現的承諾 154

25. 貨幣：我們與國家間的債務關係 160
26. 泡沫經濟：二〇〇八年的金融危機，是怎麼發生的？ 164
27. 二〇〇八年金融危機：為了保住美元地位，中國做了什麼？ 169
28. 馬克思的預言為何沒有實現（一）：對人的研究不是「科學」 175
29. 馬克思的預言為何沒有實現（二）：非資本主義國家揭竿而起，資本主義國家調整行動 181
30. 馬克思的預言為何沒有實現（三）：越來越多的勞動者，仍在擴張的資本主義 188
31. 馬克思的預言為何沒有實現（四）：勞動者被弱化的「被剝奪感」與資本家的無償佔用 192
32. 馬克思的預言為何沒有實現（五）：資本家無償佔用的類別 197
33. 馬克思的預言為何沒有實現（六）：我的專利，只值一筆工錢嗎？ 202

第三章　馬克思的社會理論與歷史觀

1. 馬克思的共產主義不是一種空想 207
2. 資本主義是經濟系統，共產主義是社會系統 214
3. 都是勞動者，你為什麼不支持罷工？ 221
4. 面對罷工，你站在消費者的角度，還是勞動者的角度？ 228
5. 如何認識工業化的社會：社會學的誕生 236
6. 拋棄人名與事件，從社會的角度重新認識歷史 242

7. 混亂中的清醒者：「社會學之父」孔德眼中的社會 248
8. 研究社會就像研究一隻貓：孔德的「三階段論」和「社會靜態學」 255
9. 孔德的雄心：所有學科，都應該隸屬於社會學 261
10. 馬克思與孔德的分道揚鑣：資本主義是社會的終極形態嗎？ 267
11. 一個德意志人的觀察：英國古典經濟學的漏洞 273
12. 「人是社會關係的總和」意味著失去自由嗎？ 280
13. 馬克思的雄心：完成資本主義社會的「哥白尼革命」 287
14. 《資本論》的副標題有什麼含義？ 293
15. 「職業無貴賤」，只是說說而已 299
16. 資產階級專政：為什麼要刻意地抹殺階級意識？ 304
17. 無產階級專政（一）：我的報酬是友誼，我的報酬是學問 310
18. 無產階級專政（二）：馬克思的歷史哲學跟真實的歷史是同一回事嗎？ 316

第四章　馬克思的人道探索與哲學關懷

1. 《德意志意識形態》：為什麼第一章叫「關於費爾巴哈的提綱」？ 322
2. 投射論與反轉論：為什麼我們創造了上帝，卻成了上帝的奴僕？ 329
3. 馬克思的宗教批判：上帝雖死，但宗教不在了嗎？ 335

4. 資本主義培養了新的「人民鴉片」 343
5. 馬克思的複雜論理，要從康德的三大批判說起 348
6. 部分與整體：重商主義和庸俗經濟學的謬誤 356
7. 稀有性的消失：資本家和地主的特權，不是必然的 362

第五章　馬克思的文化理論

1. 「意底牢結」：「意識形態」是一套畫地為牢的系統？ 369
2. 從詞義開始，理解經濟基礎與上層建築的關係 375
3. 當理論作用於現實：馬克思文化理論與新馬的發展 381
4. 馬克思所說的是「真實意識」，還是另一套「虛假意識」？ 385
5. 地主階級的意識形態：重農主義是怎麼興起又沒落的？ 392
6. 「資本的宗教」下的我們，如何找到符合自己利益的意識？ 399
7. 新馬克思主義：困於資本主義社會的人們，能做什麼？ 404
8. 偽造的「和諧」：資本主義是一個討價還價的過程 410
9. 面對一百年後的市場經濟學，馬克思的意識形態理論過時了嗎？ 415

結語　莫忘馬克思：《資本論》，為弱勢者寫的辯護書 421

引言

教條之外，如何認知馬克思與《資本論》？

那個年代的台灣社會，馬克思是「大毒草」

我出生、成長在一個將馬克思和《資本論》視為「大毒草」，絕對不許碰、不能讀的台灣社會。比我年長一代抱持著左翼想法或左翼信仰的知識分子，曾經還能偷偷地組織讀書會，去讀馬克思、恩格斯寫的《共產黨宣言》，如果有可能的話，讀《資本論》。

可是我比他們大概晚生二十年，也就意味著當時在台灣整肅思想與管制言論的警備總部多了二十年的時間，可以沒收當時在台灣市面上所有與馬克思和《資本論》以及共產主義有關係的書，並且已經基本上把暗夜當中偷偷聚會的左翼團體都一網打盡了。

我知道馬克思，聽說過《資本論》，但是我的知識主要來自學校系統裡的一門「三民主義課」，課本告訴我們，馬克思與共產主義多麼荒謬、多麼錯誤。在那樣的環境下，我們連做夢都不敢想，有朝一日可以讀到《資本論》的原文版本。

閱讀「禁忌書籍」的個人經驗

幸運的是，因為我從小喜歡逛書店，長大以後，我也喜歡到圖書館借書，之後又剛好遇到了台灣的圖書館正在陸陸續續開架化，以前到圖書館借書只能查書卡，後來變成可以到書庫裡自己選書，所以我就養成了到圖書館書架去遊逛的習慣，和逛書店很接近。

大學二年級，我到台大法學院去修日文課，順便也就去逛了台大法學院的圖書館，一路逛到了書庫的地下室。那是一個從樓梯走下去時，遠遠就可以聞得到灰塵氣味的地方，像是一個沒有人去過也沒有人會去的地方。

但既然是圖書館，既然有書架，我就充滿了好奇心。我鼓起勇氣，找到了開關，把電燈打開，走過一排一排的書架，突然渾身之間起了雞皮疙瘩。我意識到自己進入一個什麼樣的地方：那裡收藏的是幾十年來沒有編目的書，不是因為太新所以來不及編目，而是因為這些書比台大法學院本身還要更古老。

那是日治時期留下的藏書，那時沒有台大法學院，只有日本人設立的「台北法商學校」。換句話說，這批書自從一九四五年之後，三十多年間被丟在那裡，無人聞問。我在那個布滿灰塵的地下書庫耗費了很多美好的時光，還好那個時候我沒有氣喘的毛病，整個下午吸著沉積幾十年的灰塵都不會有影響。

那裡面最多的當然是日文書，其次因為日本和德國在當時的聯盟關係，也有很多德文書。我在那裡先找到了日共大左派思想家河上肇（一八七九—一九四六）所寫的《自敘傳》，五冊一套。河上肇的名字我聽過，我知道他出版過一本非常有影響力、對共產主義在日本的發展有僅次於《共產黨宣言》的重要地位的書，就是《貧窮物語》。

我沒有找到《貧窮物語》，但是在那裡竟然能看到河上肇的書，這已經夠讓我興奮了。我一定要讀《自敘傳》，可是我不可能在地下書庫裡讀完這厚厚的一套五冊書，所以我就決心冒險一試。那本書沒有法學院圖書館的編目，是原來日據時代留下的書，所以每一次去法學院，我會刻意認一下在圖書館櫃台的館員，每出現一個沒見過的，我就把河上肇的《自敘傳》和我的借書證遞上。如果館員告訴我這個書不能外借，我就摸摸鼻子，把書擺回書架上。

當我試到第四次時，真的遇到一個搞不清楚狀況的館員。他只注意到這套書後面沒有貼借書的到期單，從抽屜裡拿了一張到期單貼上去，在我的借書證上抄了日據時代的舊編碼，然後讓我把書帶出去了。

這個經驗讓我更加喜歡待在法學院圖書館的地下書庫，每一次進去總感覺我應該會挖到寶，那種興奮和期待，這麼多年之後仍然歷歷在心。

過了一陣子，反覆走過書架好幾趟，我早已經猜測「應該在那裡」的書真的就在某一個底層的書架現身了，那就是日本岩波文庫版分成上中下三冊的日譯本《資本論》。這次我不能再用原來的方式借書了，畢竟書上印著誰都看得懂的「資本論」三個漢字，再怎麼搞不清楚狀況的館員也一定會豎起敏感的政治天線。

而且《資本論》我不只想看，還想要收藏，那怎麼辦呢？只有一個辦法，那就是用圖書館的自助影印機，一頁一頁地影印下來。那一陣子，我每天下午都耗在法學院圖書館，本來文學院的課也不去了，成天鬼鬼祟祟地徘徊在影印機旁，時不時去印個幾張。如果有別人靠近，我就趕緊離開。

每一次印完之後，將印好的紙張帶回家，小心地放在衣櫥裡。早上出門時，從側面抽出幾張，非常仔細地摺成八摺大小，收在書包裡，利用等公車和搭公車的時間，一張一張拿出來讀。一到學校，我就不讀了，將紙張藏好，小心不讓人發現我在讀最可怕的禁書。

什麼是「偉大的書籍」？

熱中於遊逛台大法學院地下書庫的同時，我又發現了另外一個寶庫，也是當時一般大學生很少會進去的地方，那是台大總圖書館的參考書區。

這個書區裡擺放的，是那種做研究需要用到的參考書，一般學生對這些書不會有興趣。我在總圖書館的參考書區看到了一套文學院圖書館也有收藏的書，那是一九六〇年代美國芝加哥大學出版社印行的Great Books，直譯是《偉大書籍》，或者翻譯成《西方巨著》，那是他們選出的人類文明中偉大書籍大全。

這套書我其實很熟悉，因為大一我剛進歷史系時，就被這套書激發了少年豪情。我曾經立志要把這一大套五十多冊的Great Books全部讀過一遍。這五十多冊書可不能小看，芝加哥大學出版社背後的信念，除了要提倡閱讀經典之外，還強調要尊重原書的完整性。編者認為，用摘要、提綱轉述的方式呈現，無法讓讀者真正獲得經典的智慧。如果把一部經典的內容濃縮成三言兩語，讓學生以為學這三言兩語就等於瞭解了經典，這不是應有的方式，反而變成了破壞經典價值的最大罪人。編者主張，要讀就讀原書，而且要讀全書，得到經典內容浸透生命的經驗。所以這套書不摘錄、不省略，再大部頭的書也一律全文收錄。比如說有兩大冊湯瑪斯．阿奎納的《神學大全》。而且為了讓讀者可以好好接近經典、閱讀經典，凡是非英文的著作，這套書還會用心地去選最好的英文譯本，用聖經紙精印，每一部動輒七八百頁，蠅頭小字雙欄排版，容納的字數多得嚇人。

Great Books系列第一冊是「荷馬史詩」，包括《伊利亞特》和《奧德賽》，是完整版的合訂本。這一點我記得很清楚，也非常肯定，因為我的「宏大志向」就是從讀荷馬開始的。我還記得第二冊是希羅多德，完整收錄了他的《歷史》。第三冊是古希臘三大悲劇作家的作品，埃斯庫羅斯、索福克勒斯、歐裡庇得斯，我不是那麼確定喜劇作家阿裡斯托芬有沒有一起收錄進來。因為我讀了第一冊、第二冊，到第三冊就讀不完了。我的「宏大志向」只支撐了兩冊多一點點。

在我大學二年級的下學期，台大總圖書館經過了一番整修，重新開放。我走進整修過後寬敞明亮的參考書區，找到擺在那裡的Great Books，眼光一掃，心跳就加快了——因為我一眼就看到總圖書館的這一套書，比文學院圖書館那一套多了一本，多出那本書的書脊上只有短短的四個字母：Marx。我盡量維持自己的手不要發抖，佯裝若無其事，把那本大書取下來，快速地翻過。

沒錯，那裡面就是《資本論》英文版的全文。

於是接下來的兩三個星期，我成為總圖書館參考書區影印機使用率最高的讀者。幸好參考書區的書籍本來就不能外借，影印是理所當然的使用方式，不會過於引人懷疑。但我還是小心翼翼，每天出門前先想好，進了參考書區可以讀些什麼書、幹些什麼事，因為那裡是不能帶自己的書進去的。進去之後，我先一口氣找幾本書堆在桌子上，馬克思那本一定在最底下，然後每隔一兩個小時，起身捧著這一厚本馬克思到影印機前面去印個十五至二十分鐘。用這種方式，就這樣很神奇的，在大學時代我的衣櫥裡，而不是我的書架上，有了日譯本和英譯本的《資本論》。我用這兩種譯本逐句對讀，讀完了這三大卷書。

理解現代社會，繞不開馬克思

幾年之後，一九八七年，我到美國留學，在哈佛廣場附近找到了那家專賣左派書籍的「革命書屋」（Revolution Book Store）。我在那裡買的第一批書本是《毛澤東選集》和德文原版的《資本論》，都是以前絕對不可能有機會看到的書。於是我又把《資本論》當作精進德文的教材，再將英文版和德文版對讀了一遍。因為那個時候，我在哈佛大學的博士考試必須要考第二外語，而我選擇的就是德文。

我用這種方式接觸了《資本論》，讀過了《資本論》。我是在被壓抑、被禁止的情況下，激發了最強烈的動機。我真的想要知道，到底馬克思與《資本論》為什麼這麼「可怕」，為什麼在台灣它是一棵「大毒草」，好像誰沾染到了馬克思、《資本論》就會變成一個「壞人」，就會變成「共產主義者」，就會變成可怕的「惡魔」。

出於這樣的動機，我不只是讀《資本論》，而且還讀得很仔細，我仔細地想要弄清楚，馬克思究竟在《資本論》裡講了什麼。

所以對我來說，首先，《資本論》是一座大寶藏，在反覆閱讀的過程中，我一點都不覺得無聊，而且第一次讀、第二次讀、第三次讀，每一次都挖掘出過去讀的時候沒有讀到的內容。

更進一步，隨著年歲的增加，我自己讀了更多的書，我的重要興趣之一是想從十九世紀西方的思想、西方的歷史去追索，當我們的世界進入二十世紀，整個被西方化、現代化之後，變化的來源在哪裡。於是我就發現《資本論》的另一項特性：它是一座我們繞不過去的大山。我們要理解今天這個世界究竟是怎麼來的，所謂的「現代生活」、「現代思想」以及「現代社會」究竟是怎麼一回事，在各個不同的面向，我們都會遇到馬克思，遇到《資本論》。如果不瞭解馬克思，不瞭解《資本論》，許多這樣的連結就會斷掉。

累積了這樣的閱讀經驗，到二〇〇五年的時候，我在台北「誠品講堂」開課，想要向更多的讀者介紹經典，讓他們能接觸、理解、進入《資本論》。當時的課程一共有五周，共五講。我做了一個非常簡單的規畫，從五個不同的角度來理解馬克思和《資本論》。

第一，哲學的角度；第二，馬克思作為歷史學家、《資本論》作為歷史著作的角度；第三，馬克思作為經濟學家的角度；第四，從社會切入來看，馬克思提出了什麼樣的社會理論，《資本論》中告訴我們的資本主義社會是什麼樣的；第五，從文化理論來看，馬克思在《資本論》當中，從下層經濟結構反映出他對上層文化與意識形態的理解，對此他又做了哪些精彩的說明。

這看起來完全合理，是非常乾淨、漂亮的課程規畫。不過講了十個小時之後，我發現自己犯了極大的錯誤——我沒有辦法實現在課程規畫上的承諾。

因為十小時的課程中，我只勉強處理了二個角度，是哲學和經濟，其他三個角度根本沒時間碰。更麻煩的是，在從經濟的角度解讀時，我必須說明馬克思進行的是「政治經濟學」的研究，那麼，什麼是「政治經濟學」？「政治經濟學」和我們當下所認定的「經濟學」，到底有什麼樣的差異？講解的過程中，我意識到：啊，漏掉了！漏掉了從馬克思、從《資本論》延伸出的政治理論以及國家理論。

那次授課經驗後，我再度閱讀《資本論》，希望可以重新找到一種方式，更完整地呈現我所認識的馬克思與《資本論》。

馬克思不是一個只活在「教條」裡的人

我的目的是完整呈現馬克思，最關鍵的，我希望讓大家可以認識、知道這是一個活在十九世紀，但是目光一直看向未來，並對未來的規畫充滿熱情與興趣的活生生的人。而他預言的未來，他期待甚至他參與打造的未來，在相當程度上就是我們今天所遭遇到的現實。我們當下的世界，和馬克思在十九世紀時所預期、所規畫的未來有非常密切的關係。

另外我也希望，藉由這種完整認識馬克思、解讀《資本論》的方式，讓大家可以獲得社會科學的觀念和工具，以此更透徹地分析現實。也讓大家更明白，自己必然要作為集體政治經濟社會結構當中的一分子，這背後的意義是什麼。什麼是經濟，什麼是社會，你與這些集體現象、這些大結構之間的關係又是什麼？

我必須誠實地告訴大家，解讀《資本論》不會是一個愜意的過程，我不能承諾把馬克思與《資本論》的理論變得簡單、容易吸收，但是我能夠承諾也是我會盡量做到的，是在解讀的過程中盡量不枯燥，盡量讓那個時代在我的解讀中活過來，讓馬克思在我的認識和我的描述中活過來。這不會是乾巴巴的教條，而是讓大家可以體會、可以活生生認知的真切的時代與人。

第一章 導論

1. 讀懂馬克思，從第三個版本的《資本論》開始

馬克思生前只出版了《資本論》第一卷

接觸到《資本論》就會明白的事實：《資本論》很龐大，三卷本三大冊，非常厚重，光是從分量上就可以體會這本書不好讀。

所以讀《資本論》之前要先說明的，我們讀的究竟是哪一本《資本論》？

「讀哪一本《資本論》」，這個問題有兩層意思。第一層意思是，在當下，大家能夠找到的《資本論》分成三卷，這三卷成書的過程不一樣。簡單地說，三卷本中只有第一卷是馬克思生前自己將稿子整理完成後交給出版社並完整出版的。不過即使是第一卷，我們也都可以看得出來，馬克思遇到了非常嚴重的問題。從他開始想要寫這本書，到承諾給出版社交稿，再到之後一直拖稿，前前後後拖了將

近二十年的時間，才真的讓這本書出版。

這是讀《資本論》時必須要放在心上的一件重要事實。馬克思為什麼花這麼長的時間寫這本書？他拖了那麼長時間才讓第一卷出版，而且還只有第一卷，後續第二卷、第三卷到他去世之前都尚未定稿。我們今天所看到的第二卷、第三卷，是在他去世之後，由他最要好的朋友，也是他的著作遺產處理人恩格斯編輯之後出版的。因此，《資本論》第一卷和後兩卷的基本性質不一樣。

我們也可以再進一步問：既然馬克思生前只出版了第一卷，那麼恩格斯為什麼還能拿出第二卷和第三卷呢？對於第二卷、第三卷，我們應有的基本認知是什麼呢？恩格斯能夠整理第二卷、第三卷，是因為馬克思早已寫下了《資本論》的結構，確定各卷要講什麼。恩格斯的編輯工作大體依循馬克思的既定結構，將馬克思留下來的龐大草稿歸類，分別放進第二卷和第三卷，並進行順稿、修訂。

不過恩格斯出於愛護馬克思的心意，在第三卷裡另外放進了一些第一卷延伸的內容。那本來是屬於第一卷的內容，但既然第一卷馬克思已經固定完成了，所以有些關係到「勞動價值」的討論，不能去改動第一卷，但恩格斯又覺得這些內容太有價值了，不能放棄，所以只好放到第三卷。

這是解讀《資本論》之前應該說明的。第一卷最沒有問題，我們可以很有把握，這就是馬克思希望我們讀到的，但第二卷、第三卷可就不見得了。更麻煩的是，在這裡無法詳細說明的是《資本論》還有一個第四卷。所以大家查到的資料可能有些說《資本論》有三卷，也有些說《資本論》有四卷。第四卷是怎麼來的呢？我們留到後面再做解釋。

三個「版本」的《資本論》

接下來要探討的是讀《資本論》的態度。從歷史的角度看，有三種不一樣的態度，呼應了三個不一樣的《資本論》版本。

1. 現實版

第一個版本，也就是大家在書店裡能找到、買到的，不管是紙本還是電子版，我們把它稱為《資本論》的「現實版」。

但是，和一般的印象不同，讀《資本論》的「現實版」未必是讀《資本論》最好的方式，我必須提醒大家，還有另外兩種版本的存在。

2. 補充關聯版

馬克思去世時，《資本論》還沒有完稿，恩格斯把馬克思本來要放入《資本論》的手稿內容進行整理，我們可以稱之為「馬克思計畫的《資本論》」，這是第二個版本。「馬克思計畫的《資本論》」在規模和範圍上比現實版的《資本論》要大要廣，而且討論的議題更複雜。

除了已經寫入《資本論》的手稿之外，馬克思還有其他的著作與他想像、計畫中的這本《資本論》有關聯。舉最簡單的例子，一份是馬克思在一八四四年寫成的手稿，另外還有一份稱為《政治經濟學批判》的手稿。這兩份龐大的手稿內容不在《資本論》現實版裡，但裡面包含了馬克思的許多思想，和他計畫中《資本論》的寫法是密不可分的。

因而產生了另外一種讀法：將現實版的《資本論》當作核心，然後再用馬克思寫下來的其他書籍、手稿來予以補充。用這種方式，我們試圖讀到馬克思計畫中的那本完整的《資本論》。

3. 雄心版

還有更複雜的第三種讀法，那就是我們回到馬克思寫《資本論》的本意。我們可以依照他曾經留下的簡略筆記，試圖重建一個直到馬克思去世都沒有完成的《資本論》的架構，用這種方式回頭來讀《資本論》。

這樣的讀法指的是什麼呢？這涉及馬克思為什麼要寫《資本論》。馬克思寫《資本論》的基本用意，是要完整解釋「資本」的來歷和「資本」的運作。他一生最關鍵、最重要的事，就是解釋「資本」何來以及「資本」如何運作。

《資本論》馬克思拖了二十年才交稿，並不是因為他偷懶，而是因為他碰到了最根本的問題——要將資本現象完整解釋，這中間涉及太多環節，所以他必須不斷地調整寫作計畫，而且不斷地擴張，加入越來越多的環節。而每加入新的環節，還要調整原來已經寫下的內容。

在馬克思的思想中，我們必須瞭解、也必須尊重totality，即整體，這對他來說極其重要。這裡所說的totality不只是我們一般語義中所用的整體的意思而已，對於馬克思來說還有來自黑格爾哲學的意涵。

馬克思對totality有一種執念。在處理資本的時候，最大的麻煩在於他會不斷找出和資本有關的更多題目，這些題目不斷地衝擊他，一直改變他要寫的內容。他要呈現資本的totality，那就不只是當下現實資本如何運作——還包括在時間上，他要把資本的來歷追索清楚；更可怕、更龐大的一個「整體」的雄心是，他還要將時間往前推，推到未來，看到資本主義的終點。

所以他要寫的資本的故事、資本的理論，將所有層層疊疊的、一切的面向與一切的環節都包納在內。在時間上有起點又有終點，這才是他真正的雄心。因為有如此龐大的雄心，《資本論》沒有辦法被納入任何一個單一的學科中去認識和理解。

《資本論》包含了哲學、經濟、社會、歷史、文化理論、政治及革命行動等各個面向，所有的這些都統納在馬克思對資本的認識和體會中。

回歸馬克思的雄心，認識不斷發展的《資本論》

因此我們必須做一個選擇：這裡有三種不同的讀法、三種不同的版本，究竟要選哪一種？我相信，大家已經清楚我的態度是什麼了——要讀《資本論》，就應該用這第三種版本、第三種方式去讀——回歸到馬克思了不起的雄心。

以一個人的力量，馬克思試圖幫我們完整解釋資本，給我們一個資本的整體圖像。現在讓我們回歸到這個了不起的雄心。我們知道，馬克思並沒有在他有生之年完成他自我設定的使命，所以我們不能停留在馬克思死去的那一剎那，也不能停留在恩格斯後來幫他整理出來、實質出版的《資本論》文本上，我們要把這整件事情當作是持續不斷、吸引了許許多多和馬克思同等級的理論家、思想家的偉業，他們通過不同的面向進行深刻思考，對馬克思思想進行補充。

所有的這一切統納在一起，構成了這第三個版本的《資本論》。我會用這第三個版本的《資本論》

作為這本書的主要內容，為大家展開介紹。

2. 回到十九世紀：黑格爾辯證法正當時

超越時代的馬克思

馬克思的思想與著作的重要特色：超越了他所生活的時代。在他很年輕的時候，他的思想和他提出的主張，就與當時歐洲的一般主流有很大差距，進而預示了後來歐洲主流思想變化的方向。例如，他才二十歲剛出頭，在《萊茵報》當編輯，就寫過一篇關於言論自由的文章，那時馬克思的觀念已經非常清楚。他在文章裡直白地說：「言論自由的關鍵在於法律的保障，有明確法律條文保障的自由，才是真正的自由。」

他在那篇文章當中看待自由的方式，並不是從自由的主體能夠做什麼來考慮的，而是去檢驗可以侵犯、可以限制自由的力量。自由的關鍵在於不受他人主觀任意侵擾，因此，只有明確定義出這個不受主觀任意侵擾的範圍，人才具有自由，自由才取得了具體的意義。不過，我並不鼓勵大家去找馬克思年輕時所寫的這篇文章。因為這篇文章的主張藏在非常複雜的黑格爾哲學術語與觀念當中，我們必須要穿越哲學術語所構成的層層迷霧，才能到達它要探索的法律與自由關係核心部分。

只要稍微真正讀過幾篇馬克思在寫《資本論》之前的文章，就能明白馬克思非常重要的第一身分，並不是像很多人在後世所以為的，或者是像評論家艾德蒙．威爾遜所說的那樣——他不懷好意地在寫馬克思傳記時，開篇就說，「馬克思是一個煽動家」。馬克思真正最核心、最根本的身分，畢竟還是一個哲學家。透過哲學的脈絡源流來瞭解馬克思，遠比先入為主地將他當作一個煽動家、革命家更有意義。

近代哲學的轉向：從追求「不變」到探尋「變動」

在十九世紀西方近代哲學的改變上，有一個清楚的方向，就是思想史家富蘭克林．鮑默所說的「from being to becoming」（從實有到變異）——這是近代哲學和傳統哲學最大的不同之處。

傳統哲學的根本追求是要找到不變、不動，統合紛紜現象背後的那個「實有」，在英文裡就是「being」，這是一個創造了所有變化但自身不變、不動的主體，是一個終極的發動者。在傳統哲學思辨的位階上，不變的存在高於變動的現象，或者應該說，哲學的出發點來自不信任變動的現象，堅決主張在這些變動的現象背後，應該存在著我們所要找的不變的「實有」。

從古希臘柏拉圖到文藝復興時代的哲學家，都認為變動的現象是假的，哲學要看透這一層假象，視之為挑戰，去刺穿它、戳破它，找到隱藏在變動背後那份不變的真實，那就是「being」，就是存在，就是本質，那才是值得掌握、應該信任的。

然而到了近代啟蒙主義之後，發生了巨大的轉向：變動來得越快、越來越多，快到多到人們不可能再用原有的態度應付，不容許人再將變動簡單視為只是方生方死、一時存在一時消滅的現象，或者是對於本體本質不完整的、殘缺的映照。變動和變化逐漸取得了哲學思考上越來越重要的地位。

十七世紀之前，不管繞了多大的圈，人們問的問題基本上總是：這個世界是如何產生的？為什麼這個世界是「有」，而不是空無？為什麼世界存在，而不是不存在？要回答這樣的問題，就要找到一個力量，或是一個道理，讓世界存在，而不是一片虛空。世間萬象萬物的存有，是應該要被解釋的核心問題。

但是十七、十八世紀之後，受到啟蒙主義思想的影響，這個基本的問題改變了。人們不再疑惑世界為什麼存在，接受了世界存在的事實。這個時候，人們就轉而問：這個世界為什麼會改變？創造世界、讓世界存有的力量，為什麼不給我們一個完美、固定的世界，卻要讓這個世界一直變動不居？為什麼我們面對的不是一個本身便涵蓋了一切的世界，而是一個在存有之後、在存有之外，還會持續變化的世界？變化是怎麼來的，又是為何而來？

到了十九世紀，思想的動向就更明確地轉為以探討變化為主了。變化比不變更重要，變化遠比不變更值得我們探索，與我們的關係更加密切。

從達爾文到黑格爾，人們的問題越來越多了

達爾文提出了一套關於生物世界如何改變的理論，震撼了整個歐洲。當時，另外一個絕頂聰明的英國人赫胥黎讀了達爾文的《物種起源》，他的第一個反應是為之扼腕。他自問：「這麼明顯的道理，我怎麼之前沒有想到？」為什麼會是這樣的反應？因為不只赫胥黎，許多和達爾文同時代的人都紛紛將他們的聰明才智用在思考這個問題——複雜又不斷變動的世界是怎麼來的，還有，什麼是刺激變化的規則，或者是管轄變化的原理？

正因為這個時代的一群菁英都在認真整理、思考，所以赫胥黎才會一眼就看出達爾文的突破之處，

也為自己沒有更早找到這個突破點極為惋惜。

達爾文的突破，在於對物種變化提出了一個簡單普遍的因果規則，它不再視物種就是上帝所創造，而且不變不動的。此外，他也不再探討個別物種變化的原因，他找到的是所有物種都遵循著的變化模式：因應生存環境需要、有利於生存的元素被流傳下來，發揚光大，不利的就萎縮和消失。所有物種都是按照這個規律而改變的。

不過，由「從實有到變異」這個思想大挪移的軌跡來看，達爾文的突破非但不可能滿足人對變異的好奇和疑惑，還注定會引發更多更大的好奇和疑惑。達爾文告訴我們，物種之所以變化，主要是適應環境的變化，那麼大家就自然而然地會進一步或者退一步去質問：為什麼環境會發生變化？人們已經無法再接受「因為那就是上帝的意志」這種否決疑惑的回答，於是要解釋環境變化就必須找到別的因素、別的作用，問題也就不可能停下來了。大家會一直問下去，問到最根源處——怎麼會有變化？變化的意義何在？變化是有方向，或是有目的的嗎？

黑格爾的「正反合」理論

在馬克思成長的年代，最流行的哲學思想是黑格爾哲學。所有聰明或自認聰明的年輕人，都必先要讀黑格爾哲學。

黑格爾哲學之所以重要，一部分原因是它有效回應了「從實有到變異」的潮流，提出了一套特別用來解釋變化現象的辯證法。辯證法最基本的公式，大家應該都知道，那就是「正─反─合」。

簡單地說，黑格爾主張，任何一個現象都會隨著時間產生累積。比如依照〈聖經・創世記〉，上帝創造了亞當和夏娃。有了亞當、夏娃之後，不會也不可能停留在只有他們兩人的情況；亞當和夏娃會生下子孫，第三個、第四個、第五個，每個都和他們一樣。但是從二個人變成五個人，又變成十個人，這個數字的累積，就讓「一樣」之中開始出現了「不一樣」。

累積和增加是一切變化的根源。依照辯證法，任何好的事物，甚至任何屬於正常的事物，都會帶來一股增加的動力。如果這個世界上有人存在是好的、是正常的，那就沒有理由拒絕或阻止在亞當、夏娃之外出現第三個、第四個、第五個以及不斷增加的人。我們從本質上肯定這是一件好事，就連帶賦予了它一個特別的方向，應該多一點這類好事、好東西，這就是黑格爾所說的「正」（thesis），即一切的開端。

在黑格爾的理論中仍然有上帝存在，上帝不會故意創造壞的事物，這是神學上必然的主張。上帝創造出好的事物，於是這些好的事物開始繁衍，它們自身就帶著允許增長的動力。於是上帝創造出來的事物持續增加、持續累積，當量大到一定的程度時，就反過來影響或改變了質，這就是辯證法的第一條變化法則，從量變到質變，或者可以說是量變會產生質變。

好的東西不斷地增加，增加到一定的程度，性質就改變了。依據黑格爾的主張，它會改變為原有性質的對立面。

例如財富，多一兩塊錢是好事，但當你有了二百萬元，那一塊錢就不再是原本的一塊錢了，一塊錢失去了它原來的價值，同時使得擁有者失去了對它的珍惜，財富對我們人生產生的作用也就改變了。增加一塊錢，可以給我們一份豐饒，但累積到二百萬元、二千萬元，財富非但不再帶給我們生活上的豐饒，反而讓我們的生活變得封閉，為了累積財富而取消了財富其他所有的作用。

由量變到質變，由本來的好變成了壞，由「正」變成了「反」（antithesis）。等到反累積到一定的程度，那麼原來的「正」的價值又會換另一種角度、另一種方式重現——什麼時候大家才會重新認識財富、重新認識一塊錢真正的價值呢？答案是，當自己以及周遭的環境都充滿了「反」，充滿了對財富的盲目追求，充滿了貪婪，以為沒有二百萬元就不算錢，完全看不見甚至鄙視一塊錢的時候。這樣極端的情況才會提醒我們當年看待財富的初衷，讓人懷念當年眼中財富的美好。

也就是說從「正」到「反」之後，一切也不會停留在「反」的階段，而是會繼續變動，變動到懷疑，乃至推翻了「反」，但變化的下一個階段不會回到「正」的原點，而是形成了「正」與「反」兩者之間的「合」（synthesis），這是既包納了「正」又包納了「反」所創造出來的新價值。如果還是以財富為例，那就是一種既能夠承認一塊錢的價值，也能夠承認二千萬元有意義的狀態。這時，財富和我們的生命之間產生了新的轉化關係。

從「合」再到「正」

所以「合」就是大團圓、大結局了嗎？不是的。辯證法告訴我們，「合」是一種新的正面價值，一種經歷變化得來的美好答案，仍然又是一個「正」，也注定就要進入下一個「正—反—合」的循環。

讓我再用這種方式舉例：比如說我們曾經珍惜過一塊錢，後來我們也曾經揮霍過二千萬元，經過種種反省與思考，我們找到了財富的新意義。如果從現實個人的角度看，一塊錢或二千萬元都不夠有意義。我們應該要把財富拿來投資未來，放在教育事業上，這就是轉化過的財富新方向。這樣的「合」是一件好事，所以就很容易說服大家都用這種方式看待財富，也許就有越來越多的錢投資到教育事業上。

大家都來辦學校，既有的學校紛紛升級擴張。如此一直發展，又會發生什麼事？或許就會看到在教育上投資過度，以至於資源浪費，反而毀了教育。年輕人完全不懂得珍惜受教育的機會，教育工作者也無從追求教育的品質，受過十多年長期教育的人實際上什麼也沒學到，無法應付社會職場的要求，於是有了更大的動機一直躲在教育機構裡，不畢業不就業，反而導致社會人力資源嚴重短缺。

新的「合」又變成下一個階段的「正」，「正反合」一直變化下去，這就是黑格爾提出的辯證法。

黑格爾思想是馬克思的重要思想背景，我們要瞭解馬克思，必須上溯黑格爾對他的影響。

對馬克思那一代人來說，這是對變化最具說服力的一種解釋。

3.辯證法與異化：人本來應該是上帝的主宰？

世界上存在沒有果的第一因嗎？

黑格爾的影響不僅是提出了辯證法。在辯證法之上，黑格爾還給了大家一套變化的目的論，意思是變化是有規律的，變化不是盲目的。

以更高遠的目光來看，黑格爾告訴我們變化是有方向、有目的的。變化的源頭是一種力量，一個神祕的動因，黑格爾把它稱為「精神」或者「觀念」。「觀念」來自柏拉圖，有的時候黑格爾也把它稱為「超越的精神」。我們很容易看得出來，這個「精神」或「超越的精神」，其實很像是上帝的化身。

從邏輯上說，「精神」與上帝一樣。我們從現實不斷往回推，追究它的原因，直到推無可推，那就到達了亞裡士多德所說的「第一因」，就是製造了果，但本身並不是被製造的果，它是有果無因的最先起點。宇宙的因果鏈是從這裡開始的。它必須「有果無因」，才能夠終止我們對世界因果不斷的回推探求。黑格爾把這樣的「第一因」稱為「精神」，是為了避免給人產生一種人格神、意志神的聯想，也為了擺脫上千年的神學糾纏。對黑格爾來說，精神是純抽象性的。但精神和上帝一樣，它不是偶然、盲目的力量。

從時間變化的結果往回推，黑格爾主張，我們可以確證「精神」有其目的，就好比一般人想像的那樣，上帝的心中應該對這個世界有完美的設計或藍圖。

上帝創造了世界，但上帝是怎麼創造的？顯然他並不是一舉就創造出完美的世界，然後放在那裡不加理會。那個設計或藍圖之所以完美，是因為它存在於一個絕對的精神、絕對的智慧裡，但絕對的精神、絕對的智慧必須予以客體化、物質化，才能成為真正的世界——這個客體化、物質化就是黑格爾哲學到馬克思思想的關鍵詞。將原來內在於絕對精神、和絕對精神合而為一的這種完美設計外在化，使其變成外於精神的客體存在，必須要賦予其物質性，世界才能夠從主觀抽象的設計轉變成具體的存在。

然而觀念或設計一旦被客體化和物質化，就不再是觀念，不再是設計，也就不再完美了。換句話說，一旦成為客體，成為具體的存在，那存在就是原本絕對精神的墮落，從完美變成不完美；要避免這種墮落，那份完美就只能夠作為觀念存在於精神當中，而唯有接受墮落，忍受或夾雜不完美，才有辦法離開精神，成為具體的物質世界。如果大家對這樣的論述有興趣的話，可以在聖托馬斯．阿奎那的神學，乃至於進一步往上追溯，在柏拉圖的哲學裡找到淵源。

現實是上帝心影的不完全顯現，也可以說現實只是柏拉圖所謂的「理型」的一種不完整的投射。可是黑格爾沒有停留在這裡，他的重點不在於點出現實與精神之間是有差距的，或者現實不過是精神的不完美實現，而在於要進一步將這個觀念動態化、過程化，來解釋變化的由來，並且論證變化是有方向的。

在絕對精神的內在，一切是完美的，然而「客體化」、「物質化」的過程帶來了缺陷，於是開始有好與壞、是與非的區別。一旦有了好壞，物質世界也就受到辯證法的規範，開始進入「正—反—合」持續變化，從量變到質變，由正面轉成負面，又轉為正反相合，產生出更高一層的正。世界如此隨辯證的盤旋變化往上發展，而構成了時間，構成了歷史。

因此，從抽象的角度看，歷史就是絕對精神的自我開展。精神墮落為具體，然後這個帶有缺憾的具體世界在透過辯證的變化中盤旋而上，一步一步朝絕對精神回歸。

歷史，依照黑格爾哲學的說法，乃是開始於絕對精神的墮落，終結於現實最後再度和絕對精神合而為一，這就是歷史的方向，這就是歷史的意義。

對黑格爾來說，歷史是有頭有尾的，歷史的每一個階段，甚至每一個事件，我們都能用兩種眼光予以衡量：可以從一頭看這個階段、這件事情距離歷史的開端，也就是精神的原初墮落有多遠；也能夠從相反方向，從另一頭看，這個階段、這件事情距離歷史的終結處，也就是現實再次與精神回歸，到底有多遠。歷史就處於這兩個端點中間的某個部分。

馬克思對黑格爾哲學的反對與「顛倒」

黑格爾思想是馬克思的重要背景，黑格爾的辯證法和歷史哲學都對馬克思產生了巨大的影響。不過馬克思自己明確描述過他和黑格爾的基本差異——他將黑格爾的哲學上下顛倒了過來。

馬克思認為黑格爾的哲學是頭下腳上，所以他必須予以倒轉，恢復成頭上腳下的正確位置。這話是什麼意思？黑格爾哲學的起點是超越的精神，先有超越的精神才有墮落，才有現實世界，而世界是超越精神的物質化、客體化。馬克思把這個起源關係顛倒過來，他主張超越的精神或上帝其實是人的理想的投射。

黑格爾說，世界是精神的具象化。馬克思倒過來說，精神或上帝是人的理想化。

馬克思不接受黑格爾整套論述的起點，也就是先有絕對超越的精神，這個精神為了要實現自我而開展成為現實，因此啟動了所有的變化。馬克思認為這是神話，是胡說八道。馬克思純粹從人的角度來看這件事，認為歷史的變化並不是從抽象的、只能假設卻無法捉摸的精神開始，而是人類出於實踐人的真實性（authenticity）的衝動所展開的一場試驗與鬥爭。

黑格爾認為精神是先驗存在的，你只能夠也必須要在論理當中推斷，精神無法和我們的經驗發生關係，無法憑我們的經驗去把握。馬克思不接受這種先驗觀點，他認為真正存在的是人，是人去思考、想像在現實當中不存在、無法實現的東西。也可以說，這一切的起源是人類一種獨特的能力——人可以超越自己的生活，想像出高於自我存在的事物。以這種能力，人類創造了上帝，創造了一種理想的存在、理想的情感，將不存在於現實當中的這種素質與特性，投射在上帝或者是黑格爾所稱的精神上。

這些事物出現在人的腦子裡，但不存在於現實世界，於是刺激產生了希望讓這些想像素質、特性能夠實現的衝動。例如說「神愛世人」，為什麼會有這種說法？那是因為我們能夠想像一種徹底的、普遍的愛，對每一個人、每一個靈魂付出同等關懷、同等熱愛，但這種愛絕對不可能在現實當中找到，所以將之假定放在一個更高的主體—上帝—身上。但這種想像和嚮往是真實的，甚至這種想像和嚮往在現實之外決定了人的真實性——我們沒有能力實現徹底普遍的愛，但我們卻有足夠的思考和反省的能力，給予它確切的評價。我們認為徹底普遍的愛，比我們現實生活中有限的愛，或者是愛當中摻雜各種不同仇恨雜質的這種現實生活，要更高、更美、更值得追求。相較於那樣的理想，當下所過的現實生活是次等的，所以我們應該要擺脫次等的生活，努力去過更好的理想生活。於是那不現實的理想反而變得比現實更真實，因為這個理想會反過來變成我們評價、批判現實的標準。

和動物相比，人最特殊的本事就是能想像出比現實更美好、更真實的生活。人將這些夢想投射出去，成了上帝，成了精神，人要將夢想化為現實，因而有了黑格爾所說的開展、變化。但那不是上帝、精神的神祕開展和變化，而是人的夢想，是人實踐更真實生活所產生的開展和變化。

對馬克思來說，上帝和精神都是人的創造物，這是馬克思對黑格爾哲學戲劇性的逆反立場。人將身上理應具備但是現實當中無從擁有的最美好的性質投射在上帝身上，因而上帝的身分應該是「最真實的人」。上帝所代表的是人類生活最純粹、最理想、最真實的狀態。

上帝原本代表人的理想、人的追求。換句話說，上帝存在的目的，是要讓人可以變成上帝，變得和上帝一樣純粹、一樣真實。但在人類經驗當中，上帝卻被「異化」了。

人類創造了代表「真實的人」的上帝，然後將他推成了崇拜的對象，進而這個上帝就和人徹底隔絕開來——人只能膜拜上帝，只能服從上帝的意志。於是人自己創造出來的上帝被「異化」成了主宰人的力量，變成了人的主宰。

人創造了上帝，本質上人應該是上帝的主人，卻在經過「異化」之後倒了過來，人自願變成上帝的奴僕。

上帝本來是由人的理想投射而成，卻因為被塑造得高高在上，而和人之間有了絕對的地位差距，人只能崇拜上帝，而不能變成上帝，人變成上帝的機會被上帝取消了，這豈不是荒謬？這豈不是愚蠢？原先為了達成目的而設計的手段變成了目的本身，反而取消了我們達到目的的可能性。

用這種方式，馬克思一方面吸收了黑格爾的哲學，另一方面進行了革命性的修正。

第二章　從經濟理論開始，認識馬克思的思想與動機

1. 資本主義時期的出現：勞動者、工廠、貨幣的異化

《資本論》：徹底解釋資本

在馬克思的心裡，《資本論》到底是一本什麼樣的書呢？一直到他去世時，《資本論》才剛剛稍微成型。對他來說，這本《資本論》如果要完整地寫完的話，應該是關於資本的解釋——到底什麼是資本？資本是怎麼來的？我們如何解釋資本的作用？資本在經濟、社會、國家乃至於文化的層面，到底造成了一些什麼樣的效果和影響？還有，甚至要解釋資本的未來會走到哪裡去。

在馬克思的解釋中，資本是一個特殊的歷史現象。這本書叫《資本論》，講的是資本的運作，而經常看到的和資本連在一起出現的名詞，叫「資本主義」。資本主義是馬克思歷史理論中的一個重要階段，它指的是大約從十八世紀末到馬克思自己生活的十九世紀，這樣一個特定的歷史時期。

不過在馬克思去世之後，他對資本主義的描述仍然有效，因為他所描述、形容的這種時代的特色延續了下來。一直到今天，關於什麼是資本主義，我們基本上有這樣的共識：那就是在十五、十六世紀發展，十八世紀明確形成，十九世紀擴散，一直延續經過了二十世紀，甚至進入二十一世紀，在人類歷史上極其特殊的一段時期。這段時期最凸出的現象，在之前的人類歷史中絕對沒有出現過的，馬克思特別準確地描述了，那就是「資本主宰人類社會」。

當生產者與生產工具分離

為什麼在十八、十九世紀，資本會成長到具備了主宰人類的力量？這個變化是馬克思的歷史學首先要說明的。

依照馬克思的概念，資本和工業化密不可分，而工業化形成的最基本狀況，就是生產者和生產工具分離，開始出現了生產者無法擁有生產工具的特殊現象。這意味著，在人類歷史的絕大部分時期，一直到十八世紀前的歐洲，人是作為一種會打造工具的特殊動物來進行生產的，人與其他生物不一樣的地方正在於人會使用工具。人的生產工具是鋤頭，是鏟子，是榔頭，是鐵釘，不管是農夫還是工人，都必須要運用生產工具，才能夠提高生產力。在農田上生產出農作物，或者是去打出一塊石塊、做出一雙鞋子，不管哪一個行業，牽涉生產，都需要有生產工具。

人類歷史上曾經出現過的絕大部分生產工具都是由生產者所擁有的，直到十八世紀以及進入十九世紀之後，在歐洲出現了工業化，人們發現可以用蒸汽的力量來替代人工，創造了蒸汽機。先是蒸汽的運用，接下來發展出機械和技術，產生了我們不能忽略、不能遺忘的，在那個時代極其新鮮的東西

——機器。它是龐大的、不依賴人的力量的、由科學所馴服的、讓人能夠更好地運用自然力量的特殊生產工具。

這一生產工具首先需要技術上極大的突破。其次，它極為昂貴。因為昂貴，所以就產生了和生產者分離的條件，運用機器的人沒有足夠的財力可以擁有這些機器，擁有機器的人和運用機器的人分離開來，產生了生產者和生產工具分離的現象。

資本主義如何出現？

1. 勞動者／勞工：販賣自己勞動力的人

機器這種生產工具要如何才能擁有呢？它需要有人先累積了一定的貨幣，將這些貨幣拿去投資，建造在那個時代相對龐大而且昂貴的機器。這些貨幣先累積了，然後運用在建造機器上，就變成了最初的工業資本。

所以為什麼會產生資本的需求？因為必須用這種方法生產：累積足夠多的錢，不花在消費，而是用來製造機器、買機器。這類有錢人擁有了機器，不需要自己去操作機器，因為擁有機器讓他們取得了一種「特權」，取得了地位和身分，他們可以用這個機器及其可以生產的價值，雇傭別人幫他們操作。於是有了特殊的生產者——自身不具備生產工具的人，馬克思在他的理論裡明確地把他們稱為「勞動者」或者是「勞工」。

所以在《資本論》中，在馬克思的理論裡，勞動者、勞工，這不是一般的稱呼。比如說對馬克思而言，在農田上的農夫不叫「勞動者」，因為農夫自己擁有鋤頭，擁有耕田以及收割的所有工具，不是在和生產工具分離狀態下勞動的人。「勞動者」是特殊的機器時代、工業化時代歷史現象中所塑造出來的生產角色，這種人最大的特色不是工作去製造出產品，用產品來交換生活所需，而是販賣自己的勞動力來換取生活。這是一種全新的人類生活形態，這也是一種全新的經濟與社會現象，這是造成「資本主義時代」出現的第一個關鍵因素。

2.分工細化，工廠出現，效率提高

第二個關鍵因素，為什麼是在十八世紀末到十九世紀，歐洲進入了「資本主義時代」？除了工業化之外，我們不能忽略分工制度。這個時期人們對分工以及分工會產生的效能有了新的認識和理解。

這裡一定要提到代表性經典——在一七七六年出版，由亞當．斯密所寫的《國富論》。一七七六年也是美國反抗殖民母國英國，爆發了革命的那一年。也有人說，亞當．斯密寫的《國富論》在世界歷史的影響力，不亞於同樣在一七七六年所爆發的美國革命。

亞當．斯密的《國富論》非常複雜，他提出了一個重要的觀念：個人要增加財富，和集體組織性的增加財富是很不一樣的。

在集體的層面上要創造財富，最有效的方法是分工，這是在個人層面做不到的。分工是將生產的程序切分開來，變成一個個不一樣的階段，而且如果每一個階段都盡量簡單化，每一個人可以單純地只負責這簡單的一段，人人專精於每一段所需要做的工作，再將各個階段連接在一起，就能創造出生產力上驚人的突破。

《國富論》裡有一個很簡單的例子，那就是製造針。原來一個工人，他從最早的原料開始一路打

造、打磨，一直做到最後，一天也許可以造三根針。可是如果把針的製造程序分成十個步驟，由十個工人來做，每一個人只負責一小段，做完了交給另一個人，他做的永遠都只是這一段，就會發現十個人一起做，同一天，也許他們可以製造出三百根針來，也就意味著平均每一個人一天的生產效能，從三根變成了三十根。在這裡人所付出的勞動時間並沒有改變增加，只是因為分工就可以有這麼巨大的作用。所以在十八世紀末，歐洲發現了這項今天我們完全視之為理所當然的工作程序，帶來了巨大的突破。這甚至不需要生產技術上的改變，而是將改變放在生產組織上，將以個人為單位的工匠式生產組織，變成更廣大的分工合作模式。於是這樣的分工合作就產生了和以前的工匠式生產不同的環境，後來稱之為工廠制度。工廠制度將一段又一段的生產流程在空間上安排組合在一起。生產組織方式改變了可以大幅提升生產效率。

分工的概念從十九世紀末開始不斷地擴展升級。剛開始是最簡單的一個物件，比如說一根針，在它的生產內部程序上進行分工。

不過效率的提升不會只在這個層次上發生，往上一個層次，那是專業分工。每一個人具有一種專業，只做一樣東西。他的專業性越高，效能也就越高。再往上，從生產到分配都可以專業化，藉由專業化產生更高的效能。從十八世紀末進入十九世紀，在歐洲，分工的概念非常普遍，但分工有一個最基本的要求，假設有一個專門生產鋤頭的工廠，雇傭十個工人，這十個工人一天可以生產一百支鋤頭，這一百支鋤頭必須要有交易的系統，讓它可以賣得出去，要不然，這十個工人拿著一百支鋤頭幹什麼？這個工廠一天生產一百支鋤頭有什麼用？

每個人都在生產自己不需要的東西，跟自己的所需相比嚴重過剩。分工讓你快速製造出遠遠超過你所需要的東西，於是你就要將不是真正要用、真正有需求的東西，放進一個系統裡進行交換，才能夠維持你的生活。專業程度越高，交換的系統也就越複雜，它要能夠處理的交換就越廣泛、越多元。

藉由有效、複雜的交易，分工也才能夠變得更細，才能夠更專業，才能夠更加提升效率。

如何讓交易系統廣泛而且多元呢？於是又一定要有能夠合理計算價值的工具。更明白地說，就是需要有貨幣，而且需要有功能普遍、一致的貨幣。

貨幣的異化：從人的工具到人的目的

到十八、十九世紀，人類運用貨幣的歷史已經超過三千年了，但貨幣到這個時候進入了新的階段，產生了特殊的新現象。貨幣快速地脫胎換骨，功能大幅提升。因為必須要靠貨幣來維持複雜的交易系統，才能夠讓每一個分工下專業生產出來的貨品進入系統中，讓分工可以繼續提升它的效率，繼續細化。

在這種狀況下，依照馬克思的說法，就使得貨幣從量變走到了質變。人們為了要有更方便的交易，必須創造更方便、更好用的貨幣；越來越多、越來越複雜的交易，需要越來越多的貨幣；貨幣量大到一定程度之後，就形成了自身的系統，甚至貨幣就變得擁有了自己的生命。剛開始，錢只不過是為了讓我們去交換別的東西而存在的，但是後來錢不再只是錢了。錢可以幫助我們儲存價值，可以幫我們換取地位。到後來錢變成了數字，它本身變成了人願意付出生命代價去追求的物件。

原來是一種工具，後來工具變得越來越重要，重要到一方面它讓人遺忘掉了本來運用工具要去追求的目的，另一方面這個工具重要到本身似乎變成了目的：這不就是「異化」嗎？本來是一種工具，本來是為了服務特定的人或者是發揮特定作用的，但是這個時候從量變到質變，地位越來越高，高到後來反過來了——貨幣、金錢，以及由貨幣、金錢脫化而出的資本，變成了主人；甚至通過主宰交易系統，進而主宰了牽涉在交易系統中的所有人。所以在資本主義裡，貨幣也「異化」了。

2.重新認識使用價值：物品和你的關係，是價格決定的嗎？

我們活在一個非常複雜的市場經濟環境中，在市場裡最頻繁發生的活動就是交易，交易已經多到我們幾乎無法感受到其存在。從馬克思的思想——深究什麼叫資本、什麼叫商品——角度來看的話，有很多關於交易的現象值得我們再回到根本層面上仔細想一想。

物我關係的本質：使用價值

馬克思的經濟學非常強調要以認真的態度來看待價值。什麼叫作價值？根本的，每一樣東西，每一個物體會和我們發生一種明確的使用關係，也就是剔除了無用裝飾性功能的實質「使用價值」。你的衣服、水壺、手機，首先存在的不應該是價格，而是它對你所產生的特定「使用價值」。這種價值是物質和人的關係的本質。

交換行為，還有交換所產生的「價格」，是這項本質的一種「異化」。這是什麼意思？先假設我們活在一個完全沒有交易的情況下，我們能保有和每一個物體唯一而且絕對的本質關係，那是最完美、最理想的。

在這種狀況下，我們的生活中只存在著無法量化也不需要量化的「使用價值」。對我來說這衣服屬於我，因為衣服有用，衣服有價值；這水壺屬於我，因為水壺有用，水壺有價值……但我根本不需要去管它們彼此之間的價值對應關係。或者說在這種理想狀態下，在這樣一個價值的原點，每一樣東西的價值對我來說都是無可取代的。

一本《紅樓夢》對我的價值和一杯檸檬水對我的價值，我不需要考慮哪一個比較高。我需要《紅樓夢》，所以《紅樓夢》對我有意義，對我有價值；我需要檸檬水，所以檸檬水對我有意義，對我有價值。我們是個別、一一地針對每一個物件，來體認、實踐這個物品對我們的價值。這是最理想、最純粹的狀況，最好我們每個人跟任何一個物品都有這樣的一種本質性的、無可取代的關係。

只有在出現了盈餘或匱乏的不平衡狀態時，才有了交換的需要。為了交換彼此之間的有無，我們才不得不思考、商量。因為我有五個杯子，我不需要這麼多杯子，你有三張桌子，你不需要那麼多桌子，所以在這種情況下，才需要思考如何用我的杯子來換你的桌子。因為「使用價值」涉及每個個人和物體的獨特關係，本來是沒有辦法用來交易的，所以我們就必須要創造出另外一種價值來作為交易的中介。不管這件物品對你的「使用價值」如何，要把它交易出去，你就得先找到它的「交易價值」，然後用它的「交易價值」來換取同等「交易價值」的其他物品。

交易的目的：增加物品的使用價值

在理想的狀況下，為什麼可以交易？因為藉由「交易價值」的等值，我們都增加了物品與我們之間的「使用價值」。

當我有五個杯子的時候，因為邊際效益遞減，所以第三個杯子、第四個杯子、第五個杯子對我沒那麼有用。我需要一個杯子，我需要二個杯子，但是三個杯子我就不太用得到了。同樣的道理，你擁有三張桌子，你基本上最多只用得到二張，第三張桌子對你也沒有什麼「使用價值」。所以我們這時候考慮進行交易。在進行交易時，我拿三個杯子去換你的一個桌子。這時你有桌子，你也有杯子，尤其是你把不需要用到的桌子換給我，換到你需要用的杯子，所以整體上二張桌子和三個杯子加起來的「使用價值」高於你原來擁有的三張桌子。我換了之後，變成了有一張桌子和二個杯子，也比原來的五個杯子對我的整體「使用價值」更高。在這樣的狀況下，我們的交易是有道理的，經過了交易，我們達到了雙贏的局面。你所擁有的物品「使用價值」增加了，我所擁有的物品「使用價值」也增加了，這就是交易的根本動因。

交易價值≠使用價值

但是在交易的過程中，我們還會注意到一件事：如何交易，拿什麼換什麼？如果以三個杯子換一張桌子，那就意味著在交易的過程中，三個杯子的「交易價值」等於一張桌子的「交易價值」。交易過程中，被交換的兩者，應該有相等的「交易價值」。

在交易的過程中，一方面有「交易價值」上等值的交換，但另一方面，又有各自「使用價值」的增加。於是，「使用價值」就被轉換成「交易價值」，而物品一旦有了「交易價值」，就從原本單純的物品變成了「商品」。

這是對於「商品」很簡單的一種定義。當一本《紅樓夢》屬於我的時候，具備的是只有我能夠感受、我能夠理解、我能夠衡量的這本書之於我的「使用價值」。但是如果我想要拿這本《紅樓夢》去和別人交換一束花，在交易的瞬間，書變成了「商品」，取得了一個交易價格，以它和一束花之間的關係來決定的交易價格。一本書無法單獨決定它的「交易價值」到底有多高，只有在實際和別的物品交換比較的過程中，才能決定《紅樓夢》到底高於一束花，還是低於一束花。這就形成了「價格」。

「價格」來自交易，價格也只存在於物與物的交易關係中。它不等同於價值，尤其不等同於使用價值。然而這種物物交易關係所產生的價格必然會取得一種理性的強制性。各種物品間的交易比例慢慢會變得一致，形成一個數學係數關係的網絡，彼此影響、彼此牽制。

例如茶杯和桌子交換，拿三個茶杯去換一張桌子，這本來是只存在於我們兩人之間的交易關係，只存在於你的桌子和我的杯子兩者之間。但這時如果加入了第三項物品，我又拿這張桌子去換來十本《紅樓夢》，就有了新的交易關係。本來新的交易關係也只是，我覺得這十本《紅樓夢》對我的使用價值跟你覺得一張桌子對你的使用價值在交易上是可以成立的，但是一旦交易多了之後，無可避免，儘管杯子和《紅樓夢》本來沒有直接交易，這時卻也產生了交易價格上的一種特定關係。

這時再有人拿一本《紅樓夢》來換三個杯子，你一定不會換。因為你用十本《紅樓夢》才換來一張桌子，而一張桌子可以換三個杯子，這樣換算過之後你就不會同意別人用一本《紅樓夢》來換三個杯子了。

用哲學的態度探索人與物的關係

馬克思告訴我們，一旦有東西通過交易變成了商品，商品就會不斷擴張交易網絡，進而衍生出一個龐大的系統。交易會在系統裡進行，也會逐漸形成越來越大的系統。人會和一般的物品產生兩種關係：一種是通過使用所產生的價值關係，另一種是通過交易所產生的商品關係。

《資本論》的出發點是今天的市場經濟學裡不會有的一種哲學的態度，探索人與物品之間原始直接的關係，也就是使用價值的關係。一把水壺對你的用處、對你所具備的意義是你和水壺之間的直接關係，而交易相對破壞和改變了這樣的關係，將原來無法量化的價值放到一個價格的量化系統裡，進而使我們產生了錯覺。我們以為物體的交易價值就等於它的使用價值，以為越貴的東西越有用，也以為越貴的東西就越值得被追求、被擁有。這也是我們的欲望被異化了，意味著我們不再真正探求、聆聽自己內在的需求。

在還沒有成為商品之前，物品對我有不可取代的直接意義。我喜歡這支手機，我也喜歡這個水杯，手機和水杯都分別和我有直接關係。但是一旦牽涉交易，我計算，一部手機可以換八個杯子，於是我就很容易把量化比例再擴大，就認為杯子對我的使用價值只有手機的八分之一，進而覺得我對於手機的需要與欲求的程度應該會是對於水杯的八倍。

討論商品時，馬克思對價格的說法和今天我們所熟悉的市場經濟學徹底相反。對馬克思來說，價格是價值的扭曲。價格破壞了一個更真實、更根本的以使用價值構築而成的世界。價格把所有的東西都捲進來，變成了商品系統，使得每一樣東西都只能依照它的價格彼此關聯，商品關係因而變成了社會關係。

本來這個杯子對我有用，它的使用價值是獨特的，我認定這個杯子的使用價值和你認定的當然不會一樣。雖然是同一個杯子，雖然同樣有使用價值，但你用它的方法和我的用法不一樣。你對於這個杯子有多大、它能裝多少水，你很在意；我對於這個杯子摸起來的手感、觸覺比較在意。這是我們各自和杯子的關係，沒有辦法去計算這個杯子到底對你比較重要，還是對我比較重要。

對馬克思來說，回到本質，才是人與物品之間原始、正常的關係。然而當這個杯子變成了交易的商品，它與人的這種主觀性、獨特性、唯一性的關係就消失了，而被一種以價格代表的、我們稱為「客觀性」的關係取代。我與這個杯子的關係，你與這個杯子的關係，現在統統由它固定的交易價格來決定。

這個杯子在你看起來價值一百元，在我看起來也是一百元，商品系統量化的價格就凌駕在你我的感受與意志之上，從外在決定了我們和杯子之間的關係，這也是一種異化。

在馬克思的眼中，價格不是市場經濟學所看到的那種經濟基本現象，而是一股龐大且扭曲的力量，扭曲了人與這個世界的關係。因為在這種狀況下，你自己無法決定杯子到底有多大用處，你是依賴它的交易價格來說服自己認可杯子的價值。也就是說你只能把杯子先放進商品系統裡，先瞭解它到底是一百元，還是五百元，還是三十元，得有了它的價格，才知道它有多大價值。換句話說，你得看別人在交易當中決定的杯子的價格，你才能判斷，我到底有多需要這個杯子，而原始、直接、簡單的物我關係就被這個集體的社會關係淹沒了。

在讀馬克思的時候，我們要謹記在心：他一直認為人和世界本來有一種獨立地、有機地發生直接關係的生活方式，而經濟就是將我們從這種有機、獨立、有意義的生活方式拉開的力量。

直到今天，儘管資本主義經濟學的原則如此深入人心，儘管金錢的力量如此巨大，但是我們依然堅持，有些東西是不能買賣、不在交易範圍之內的。試問對你來說，有哪些具體或者是抽象的東西是不能交易的？然後將這種不能交易的性質與原則盡可能擴大，或許你就有機會更清楚地瞭解什麼是馬克思式的物我思考。

3. 被價格左右的欲望

什麼東西都可以交易嗎？

資本一定牽涉交易，一定牽涉貨幣，但是我們要回到根本去瞭解。在馬克思的哲學態度中，他設想了一個理想、原始的情境，每一個人和每一樣東西都有特殊的關係，所以每個人、每份關係、每一樣東西都是不應該交換的。

我們會覺得馬克思這樣的想法很荒謬嗎？也許你會覺得，在今天這樣一個物質化、商品化、資本化的社會，哪有什麼東西是不能賣的？但請再想一下，對你來說，真的所有東西都可以買賣、都可以交易嗎？

如果我問你，你願意拿姐姐去換媽媽嗎，你會如何反應？如果姐姐不能拿來換，舅舅能不能換呢？家裡養的小狗能不能拿來換呢？寫滿了的日記本，上面是你的十六歲，從那一年的第一天起，一直寫到那一年的十二月三十一日，那一年當中所想到的、所經歷的，可不可以拿來換？可不可以拿來賣？丈夫身邊的床位能不能換、能不能賣？在一間屋子裡留了三十年的東西，能不能換？換與不換，這個標準或者底線是什麼？從這裡我們可以理解馬克思，因為馬克思給我們的答案是最簡單，同時也是最強烈的——這些都不可以交換。我們把物品變得能夠交換，是出於交易需要而付出的不得已的代價。一個完整的人的生活應該一切都以直接的方式存在，一旦開始有了交換，就開始產生「物化」，產生「異化」，交易價值也就是價格，取代了更真實、更根本的使用價值。

貨幣，最有效也最可怕的理性量化的工具

馬克思也用同樣的角度探討金錢、貨幣的本質。金錢是什麼？金錢是一種最可怕、最有效的理性量化工具，把所有的物品統統都圈進商品的範圍內，把所有的東西都變成了商品。

在金錢、貨幣出現之前，物與物的交易關係必須要用複雜的倍數來處理。如果現在有A、B、C三種不一樣的東西，它們的比例也許我們還可以算得出來：已知A比B、B比C的值，就可以去推算A比C應該是什麼。但是如果這裡有從A到Z一共二十六種東西，它們要以物易物地交換，A換B、B換F、F換G、G換X、X換C，它們彼此有了比例關係，彼此互相牽動，那麼要如何一一算清楚？因為算不清楚，所以就有空隙，就有漏洞。但金錢讓所有這一切變方便了，解決了所有複雜的比例關係。每一樣東西變成了商品，就有一個標價，就取得了一個以金錢標識的售價，所以和其他商品相比價格的高低就變得一目了然。

這個時候我們會看到，這個是三百二十五元，那個是三百一十八元，另外一個是八百一十三元，每一樣東西都掛上了一個數字，這個數字完完整整地、規規矩矩地排出了高下順序。物與物之間的交易價值比例，一旦被轉換成金錢數字關係，就很容易地固定下來了。

我們看到售價，就以為我們自己知道應該要對這件東西投射多大的欲望，甚至不需要真的去買賣。我們僅是想像，而且很多人每天都在做這種想像：這幢豪宅賣一億元，對我來說我更想要一億元的豪宅，重要性超過了一千萬元的跑車；這輛跑車對我的重要性，一定高於三十萬元的一趟歐洲豪華旅行；三十萬元的歐洲豪華旅行，對我來說，它的重要性、我會想要的程度，一定高於花兩千元到歌劇

院去觀賞一場歌劇。

這不是我們和這些事物原有的關係，甚至我們並沒有真的擁有豪宅、跑車，或許也沒有真的到歌劇院裡去看一場歌劇。我們沒有機會真正和這些欲望對象產生確實關係，金錢價格就先幫我們編好了，說我們一定最想要那一億元的豪宅；相對排下來，對我們來說，最不想要的或沒有那麼迫切想要的，是去看歌劇。這和我們原本真正的欲望是無關的。我們被決定應該這樣去欲求一億元的豪宅，或者是用同樣的比例不那麼欲求一場歌劇。金錢把這些都排好了，我們無法抗拒，甚至不會有人想要抗拒。

你如何排列自己想要什麼？你的欲望是如何產生的？在你的欲望排序上，金錢扮演什麼樣的角色？是不是幾乎必然地，只要是你覺得售價比較高的，對你來說，你就比較想要；反過來說，對十元、二十元就能夠買到的東西，你還會很看重，還會覺得這是自己非常想要的事物嗎？

用這種方式，也許我們可以更清楚地體會，金錢介入本來是幫助我們、方便我們交易的，但馬克思提醒了，金錢同時在決定我們如何和萬事萬物，和這個世界其他的物品、其他的現象發生關係。

《資本論》是政治經濟學，也是政治經濟學批判

我們活在將一切事物都當作商品的環境裡，也必然習慣用價格來架構自己和世界之間的關係。甚至就連免費的東西，在我們當下這樣的資本架構之下，也有在交易中的特殊位置。我們視之為理所當然，但其實應該要認真思考——我們被價格所包圍，也被價格剝奪了欲望的自主性。馬克思認為這種處境是可悲的。

在市場經濟學裡，看到一支定價十萬元的手表，大家的基本反應是：什麼樣的因素決定這只表要值

這麼多？可是在馬克思經濟學裡，看到一支十萬元的手表，基本反應卻是：什麼樣的因素主導了我們認為要如此去欲求這支表，使得這一支表比一百斤的米、一百本的書更為人所渴求？賦予這支表如此的價格，又會使得我們原來的物我關係產生什麼樣的扭曲？

市場經濟學假定價格在交易中形成，有其道理，是客觀供需（供給和需求）互動之後的自然結果。馬克思從哲學立場和交易觀點出發，卻從一開始就不將價格視為自然，認為價格是產生自異化商品環境中的特殊現象。西方市場經濟學意圖解釋現實價格的規律，馬克思的經濟學卻意圖要為我們指出現實世界的邏輯出了什麼樣的問題。也就是說馬克思《資本論》的用意不只在於解釋，還在於提供批判。其目的是要讓我們明瞭現實的問題。《資本論》不是要解釋現實，而是要解釋這樣的現實為什麼會給人類帶來如此巨大、如此普遍的扭曲和痛苦。

從這個角度上看，《資本論》是政治經濟學，但它同時也是政治經濟學批判，這是為了改變而做的解釋。所以，一定要記得馬克思的那句名言：「哲學家解釋世界，但真正重要的是如何改變世界。」

他在《資本論》裡所提出的解釋，和一般市場經濟學解釋買賣是怎麼一回事、財務如何運作、你該如何投資……所有這些知識是不一樣的。

市場經濟學的這些解釋幫助我們適應這個系統，教我們在這個系統裡弄懂規則與邏輯，使我們更深入、更適應進到這個系統裡，更懂得如何在這個系統裡得到利益。

馬克思寫《資本論》，他不僅是在解釋資本，更是用一種批判的態度，讓我們看清楚資本具備龐大的扭曲力量，會帶來、會製造什麼樣的悲劇。這個悲劇最根本、最徹底的性質，是主宰了、麻木了我們自己的欲望。在資本主義的世界裡，我們搞不清楚自己要什麼。

一旦離開了金錢貨幣的數量，我們就不太清楚什麼東西比較重要，我們太依賴金錢量化的幫助來決定應該要什麼，所以相反的另一項可怕效果，就是對於那些無價的、不能賣的，因而沒有價格的事物，我們無從去評斷其重要性。有的時候「無價」，對我們來說也就變成了「沒有價值」。一種東西不能夠被標價，不能夠買賣，沒有辦法確定它到底值一千萬元還是一億元，沒有辦法評斷它的價格，也就無法體認、珍惜其價值。資本和商品以這種方式扭曲我們最根本的人格、最根本的欲望。

回歸原初的欲望，想像重返異化之前的生活

讀《資本論》，回歸馬克思的前提，至少能夠引導我們想像和所有物品發生直接關係的可能性，想像重返異化之前的生活的可能性，尤其是在這種可能性距離我們日常生活如此遙遠，而且越來越遙遠的情況下。

也就是藉由讀《資本論》，刺激我們不要那麼習慣於活在既有價格觀念主宰的這個世界裡。我們日常都以假設現實社會邏輯是對的作為起點，判斷在這樣的現實裡，下一步該怎麼做。但馬克思一直刺激我們從相反方向思考。你應該檢驗一下：現實社會的這套邏輯會不會根本就是錯的呢？至少我們應該可以用更美好、更合理的社會作為參考座標，重新審視自己身處的現實社會。

《資本論》的內容是依照人類逐漸遠離了原初真實的過程順序而安排的，我們離開了原初真實的欲望和願望——我知道為什麼我要一個杯子，為什麼我覺得這頓飯好吃——離開了那種真誠面對生命的原初狀態。我們從和每一樣物件都發生使用價值關係，墮落到給予每一樣事物一個價格，讓它變成商品。

我們持續墮落，直到把自己的欲望讓渡給一種馬克思稱為拜物（fetishism）的衝動。我們不再問：

物品能滿足我什麼欲望、對我產生什麼意義，只覺得擁有物品、擁有有金錢標價的商品就是好的。

我們持續墮落到用金錢涵蓋一切價值，再墮落到金錢又從交易計算的工具晉升成一切事物的主宰，這也就是資本的出現。金錢本來是人用來購買物品的，成了資本之後，它就倒過來了，變成用錢來購買人，人淪為為了換取更多資本而服務的「物」。資本變成主人，人反而成為服務資本的奴僕。

馬克思在《資本論》裡講了一個「失樂園」的故事。人被邪惡的力量誘離了原來的天堂：那樣一個真實活著、用自己真實的欲望去尋求真實的滿足，和所有的物都產生使用價值的原初理想狀態。離開了那個狀態，就像離開了伊甸園，接著人一步一步沉淪下去，距離天堂越來越遙遠。而且一如「失樂園」在宗教上的論述，馬克思幫我們理清了歷史的過程，即人如何在商品異化的過程當中，在資本主義的系統裡一直墮落。接著他要藉由弄清楚這個現象，鼓勵大家尋找回到樂園的路，指引大家通往救贖的方向。這是馬克思希望能夠改變世界、讓世界回歸異化之前原初狀態的一個偉大計畫。

絕大多數的人都已經習慣了異化之後的這種墮落狀態，正因為如此，馬克思堅決拒絕接受現實，也拒絕去遺忘理想。在墮落之外，還有更純粹的真實存在方式。這是馬克思的經濟理論和分析背後非常深層的哲學立場，也是對人之所以為人的價值，他最強烈的堅持。我們在這一點上明晰了馬克思的哲學態度，再來看他的經濟學，才能夠看得更清楚、更準確。

4. 資本的來歷和基本運作方式

資本是怎麼出現的？

資本的背後是分工，是貨幣。因為分工，所以大家生產的東西必須通過交易才能發揮分工的效率。於是就需要貨幣，而貨幣擴張之後，就產生了一些特別的現象。

讓我們這樣假定：在原來的交易系統中牽涉十個人，十個人分工、生產十種不同的東西，為了互相交換的需要，他們交易的過程所需要動用的貨幣總量是一百元。那麼在這裡有一個最簡單、最基本的限制：如果這個系統推到最極端，以貨幣所形成的財富統統都累積集中在一個人身上，這個人的財產最多就是一百元。然後我們接著想，如果這個系統一直擴大，引進了越來越多的人，越來越複雜的分工，還有越來越多分工所產生出來的物品也進入這個交易系統中，於是需要用來交換的貨幣量也越來越大。如果這個系統擴大一萬倍，然後依照同樣的極端設想，假設這時還有這樣一個人，他獨佔了貨幣形式的財富，那他能擁有的是一百萬元，而不再是一百元。

讓我們接著問：一個人擁有一百元和一個人擁有一百萬元的根本差別在哪裡？就在於扣除掉運用在生活所需之上的錢，剩下的有多少。假使一個人正常生活需要二十元，他一共有一百元，生活所需扣掉之後，剩下八十元。但當他有一百萬元了，並不會因為有了一百萬元，生活所需就成倍增加。假使生活所需仍然是二十元，那剩下多少？剩下九十九萬九千九百八十元，這是量變而必然導致的質變。

生活所需之外，剩下八十元，如何運用？可以拿這八十元離開既有的交易系統，到更遠的地方，到另外一個系統裡去交換香料、奢侈品，做奢侈消費。可是如果剩餘的財富不是八十元，而是九十九萬九千九百八十元的時候，不可能將這些錢全部用在奢侈性消費上，這時會做什麼呢？在歐洲十八、十九世紀的時候，就出現了這個可能性——在買土地之外去買機器。

貨幣的擴張從量變到質變，推動了資本的形成。於是這些錢拿去買了機器，變成了資本。這是用最簡單的方式解釋，作為一個歷史現象，為什麼人類過去的歷史上不曾出現資本，或者是這種工業資本以前沒有存在過，而到了十八世紀末十九世紀初，歐洲才進入資本的時代，開始有了資本的運作。這是馬克思將資本主義視為一個歷史現象，提供給我們的一種看法。

資本的動向：增生—實現—分配

馬克思在《資本論》裡要幫我們解釋資本的一種特別的現象，叫作「循環作用」（circular movement），也就是資本的發展是循環的。不過它不是轉回原點，而是依照馬克思所堅持的辯證法，轉了一圈之後，到達了一個新的、更高層次的出發點。

什麼是資本的循環作用呢？就是有錢的人拿了他剩餘的九十九萬九千九百八十元去買了一台機器，為了生產更多的物品。在這個過程中，資本的第一個階段，我們可以稱之為「價值增生」。

用一百萬元買了一台機器，這和拿一百萬元去消費是絕對不一樣的。拿一百萬元去買一個名牌包，這個交易形成，名牌包對你來說價值一百萬元，這是消費，不是資本。如果你拿一百萬元去蓋一座廠房或是買一台機器，你心裡絕對不會認為你是拿這一百萬元換了一台一百萬元的機器或一百萬元的廠房而已。你會想，有了機器，有了廠房，你就可以把一百萬元變成一百二十萬元，變成一百三十萬元，甚至變成二百萬元。

我們在進行投資。讓錢變成資本，資本的第一個動向是價值增生，這叫投資。一定是為了要讓價值能夠增長，才會進行投資。但是資本的價值增生也不是那麼容易的，馬克思在《資本論》裡要處理的問題是生產。買機器是為了要增加生產，可是你要記得，產品所具備的是隱含價值，而不是價值本身。

意思是，投資買了機器、買了原料，生產出一百萬個絨毛娃娃。你說每一個絨毛娃娃可以賣一．二元，所以所有的這些絨毛娃娃價值一百二十萬元，但這是你自己假定的。什麼時候你才知道它們加在一起是不是產生了一百二十萬元的價值？那必須要等到有人願意花一百二十萬元將這些絨毛娃娃全部買走才行，所以這就連繫到資本的下一個動向，叫作「價值實現」。從開始的價值增生，到接下來價值要實現，牽涉的就不只是生產，還有交易。

因此第一個階段，我們要瞭解生產是怎麼回事、如何運用生產、在生產的過程當中會產出多少的隱藏價值。這部分會涉及後面的章節裡要進一步解說，馬克思最有名的「勞動剩餘價值說」，這是第一階段動向的重點。即使經過了勞動，產生了物品，也必須要有第二個階段，就是交易，讓內在想像、要求的商品價值在交易中實現，才能夠變成價格所產生的回報。

第二部分涉及和生產幾乎同等複雜，甚至可能更複雜的現象。在社會分工的架構下，有專業的人在進行商業貿易，以及和商業行為相關的一切活動。這構成了資本的下一階段。回到上文的例子，原來投資了一百萬元，買了機器和原料，產生了一百二十萬元的商品。在價值實現的第二個階段，你回收了一百二十萬元。可是還有另外一層你要考量，你要記得這一百二十萬元不都是你的，必須要經過第三個階段，在馬克思的理論中稱之為「價值分配」。這一百二十萬元是營收，但它不是利潤。在收進一百二十萬元的營業額之後，還有麻煩的資本運作的第三個階段。

有一部分的價值要以工資的形式分配給勞動者，有一部分要以地租的形式分配給房東或地主。另外還有第三部分，你要納稅，所以這部分要分配給國家，給握有公權力的政府。再之後要分配的才是資本、資金。這個時候還要有機器折舊，先扣掉了一部分。接著剩下來的這些資本，有一些以投資者的個人消費實現，又有一些回到生產上面，變成再投資。

這是第三個階段。第三個階段的最後一部分也就是再投資的部分，又形成了資本，這一部分的資本再開始下一個循環。循環作用分成三個不同的階段，有三種不同的動向，這同時也說明了馬克思的《資本論》在設計規畫時，為什麼分成三卷。第一卷主要就是要處理「價值增生」，也就是處理生產的問題；第二卷主要是處理「價值實現」，也就是處理資本所牽涉的交易與商業行為；第三卷則處理「價值分配」。

這是馬克思在三卷當中設定的不同對象，有不同的關懷內容。這也是他的書那麼難寫的一個原因，因為它涵蓋的範圍如此全面、完整。

馬克思的意圖：徹底解釋資本以及它蘊藏的未來

馬克思的意圖可以分成三大項目：第一，要解釋資本和資本主義作為一種歷史現象是如何出現的；第二，要解釋資本完整的運作循環。但到這裡也還沒結束，還有第三個同等重要，甚至更加重要的企圖。

馬克思給出的解釋，背後一定附隨著改革變化的計畫。馬克思從來沒有把自己當作對資本的中立客觀研究者、描述者或分析者。他要告訴讀者：在歷史的過程中，資本究竟以什麼樣的力量，經過了什麼樣的過程，發揮了這麼大的影響，以至於徹底改變了人的存在與生活，將我們從原來的軌道上推到了如今的這樣一條歧路上。

他將資本主義視為一個歷史現象去認知和理解，受到了黑格爾的影響，與我們所以為的歷史不一樣。我們想到歷史都認為指的是過去的事，但是馬克思主義中講到歷史，卻包括了過去、現在與未來。

他要為我們描述的不只是過去到現在資本如何形成、資本主義的時代如何建立起來，更重要的是，他要幫我們分析，讓我們看到資本主義的未來將會如何。

當他在解釋資本時，他不是一個單純的經濟學家，而是隨時抱持著哲學家的態度與立場。他清楚地判斷並告訴我們，資本主義以這種方式運作所帶來的必然結果，那就是剝削勞動者，降低與破壞勞動者作為人的價值。因為資本主義帶來的這種破壞，首先它不應該被視為正當，其次，這種破壞背後就蘊藏著資本主義自我毀滅的因素。

看清楚了這種道理，首先，我們就不應該也不會變成資本主義的啦啦隊；其次，我們就得到了一種更敏銳、更聰明的立場。我們看得到資本主義當下也許一時風光，一時耀武揚威，但它帶著一些自身無法解決的問題，我們會比這些沉浸在其中的資本家、資產階級更明白、更清楚地看到。看到了之後，我們能比他們更早去糾正、去改變資本主義，並且迎來將資本主義所造成的錯誤予以更正的下一個歷史階段。這是馬克思認定的完整解釋資本的幾個面向，他要進一步刻畫時間當中資本循環作用的三個不同的階段、三種不同連環的動向。另外他要解釋資本主義創造了什麼樣的社會，這個社會產生了什麼樣的敗壞，然後我們該以什麼樣的方式離開資本主義，去創造一個更理想的、更美好的社會。

5.馬克思的靈魂拷問：你是作為目的還是手段而存在？

當人作為一種手段而存在

要瞭解馬克思的《資本論》，一定要明瞭，雖然我們經常遺忘了，馬克思有一個最主要的身分：他是一位生活在十九世紀歐洲的哲學家。

他是一位哲學家，第一層意思是，我們會看到很多哲學的術語、哲學的觀念出現在《資本論》中。《資本論》會有這樣的文字，「商品和它的價值形態之間的對立發展成為絕對矛盾」，或者是「商品的價值在它自己的價值形式面前消失了」。

這不是日常語言，也不是我們所習慣和熟悉的經濟學上討論的語言，這是一種哲學的語言。要真切瞭解它究竟在講什麼，就必須連繫十九世紀歐洲哲學的背景。

第二層的意思是，馬克思的基本關懷是哲學性的，他關心的是：人作為目的而存在。身為哲學家的馬克思，非常堅持的一件事是「人的目的性」。人作為目的而不是手段活著，這一概念來自康德。不過馬克思特別在職業工作領域上，賦予康德的抽象概念不一樣的內容。什麼時候人會作為目的而活著？馬克思的答案是：當人可以決定自己所創造出來的事物，而不是反過來被其所造物決定時。

馬克思在《資本論》中主要從生產者與生產工具的分離來描述資本或是資本主義的作用。工人本來是運用生產工具的主體，在原來的工作坊裡做一個工匠，運用自己的生產工具生產，也知道要生產什麼。可是到了工廠開始運用機器，就發生了奇怪的現象：工人在操作機器，但是工人失去了主宰機器的自由；他不能決定他要如何運用機器，他更不能決定他要用機器去生產什麼，反過來是機器在決定工人如何工作。

工廠和機器本來是工具，是工人運用來進行生產的，然而在工廠制度下，在工業資本的運作下，產生了荒謬的逆轉。本來是工具的變成了主人，這是最深刻的異化。所以一個人一旦進入了工作狀態，就變成了手段，不再能夠維持作為目的，真的像是一個人而活著的狀態。

馬克思對生活場景的具體描述要我們去思考：什麼時候我們是作為自己而活著？什麼時候我們是作為一個勞動者，也就是為了要換取能夠活下去的資源而活著？這個時候我們就不是嚴格定義下的完整的人，因為我們不是作為目的而活著，變成了一種手段。我們拿自己的生活去換其他的東西，這種作為手段的存在，對馬克思來說，就是人的異化。

在他對人應該要作為目的而存在的這個定義之下，什麼叫作勞動者？勞動者是從來沒有辦法自己掌握要生產什麼的人，在這個基本前提下，勞動者的勞動也異化了。這是一種異化的勞動，因為勞動者沒有自主權，只能夠在別人的規定和命令下出賣勞動力，當然不是為自己而勞動。在這樣的制度中，勞動佔據了生活絕大部分的時間，也就意味著一旦你變成了勞動者，你的絕大部分時間都是作為手段存在，而不是作為目的存在。

資本主義為什麼讓勞動者變得「墮落」？

勞動者的墮落意味著，在絕大部分時間裡，他們沒辦法為自己而活著，也就不會去追求要讓自己的生命有意義。勞動者在資本主義的結構下，依照馬克思的預言，他們的生命、生活情況，必然是每況愈下，必然是越來越庸俗、越來越粗糙。為什麼呢？因為資本主義所要求你的，不過就是一種可以稱為「勞動力再生產」的生存方式。

「勞動力再生產」是什麼？它意味著資本家雇傭你的勞動力。雖然你不是個奴隸，感覺上你不屬於資本家，資本家只是買你的勞動力而已。可是換一個角度來看，你與資本家之間的關係可能更糟糕。因為在這種關係下，資本家只需要在意你作為一個勞動者明天會不會回來繼續提供他所需要的勞動力而已。

資本家的最大利益考量，就在於去計算，如果要讓你明天還能回來提供勞動力，他要保證不能讓你活不下去，如果你活不下去，明天他就買不到你的勞動力了。這是一個臨界點，對資本家來說最好的情況是維持你有吃有喝，明天能用同樣的形式回到工作崗位上繼續工作。他給你工資，以這種最低的限度來安排，他可以取得最大的利益。資本家不會在意除了你的勞動力以外其他所有的東西，他不會在意你的生活，他更不會在意你的心靈。

對資本家最有利的情況，就是勞動者什麼都不想，除了吃喝拉撒睡之外，他不要你喜歡音樂，他不要你想要看戲，他更不會希望你喜歡看書，尤其他不會希望你去讀馬克思的《資本論》，因為這些都是額外的消耗。

在這種制度下，為了最大化價值增生，就必然破壞了勞動者作為一個完整的人的一切可能性。於是就使得勞工粗鄙庸俗，讓勞工不思考，讓勞工不會去追求生命的意義，不會去追求那些可以讓人活得更豐富的東西。

資本主義對勞動者必然產生這種破壞的效果，這是馬克思在分析《資本論》、批判資本主義的時候，所提出的一個重要看法。這個批判不是從經濟的角度進行，而是來自他哲學上的關懷，這是他作為哲學家的第二層意義。

貨幣如何成為資本？

馬克思作為哲學家還有第三層意義，那就是他的思考模式。對馬克思來說，他要探究的是哲學性的問題，所以他所使用的是哲學性的探究方法，也就是問題要問到最根本。他不接受論理停止在某一個中間的地步，也不接受從中間找一個前提作為論理的開端。

馬克思寫《資本論》的時候，抱持著這種哲學論理的態度，去看待一切和資本相關的現象。最明顯的例子是貨幣。在市場經濟學裡也談貨幣，也有貨幣經濟學，可是那和馬克思對於貨幣的描述、解釋大不相同。因為馬克思提問的方法是根本性的，他要問：作為一種手段，貨幣到底是什麼？貨幣又用什麼樣的方式轉變了它原來作為一種中介手段的身分，而變得在經濟上、社會上有越來越大的影響力？

在討論貨幣的時候，馬克思回到源頭，告訴我們貨幣這種東西的最大特色，以及它能帶來這麼大的力量、產生這麼多扭曲的原因，那就是貨幣具備多重的功能。

貨幣最明顯的功能之一是交易：A物品先換成了錢，再拿錢去換B物品，原來物物交易中的許多不方便，藉由錢的介入變得方便了。

我們為什麼不使用物物交換？因為物物交換的過程中，產生了複雜得難以處理的比例關係，而錢的介入使其得以簡化、理性化。

然而在馬克思的概念下，這是一種魔鬼的交換：因為有了理性化的過程，我們同時也就放棄了對於需求的基本判斷，我們不會再認真地、個別地去思考一瓶水對我們的用處，或一把椅子究竟要用什麼樣的方式來形成兌換。

因為錢產生了量化，我們就直接在錢上面做加減乘除。一瓶水四元，一把椅子九百五十元，我就不用知道一把椅子到底等於多少瓶水，更不會去管一把椅子與一瓶水的使用意義到底是什麼。物與物之間的比例關係被統合在金錢貨幣上，讓所有的交易變得方便。

但如此，貨幣就產生了另外一種功能，變成所有物品在交易時的衡量標準。它是交易的手段、中介，這時還產生了交易標準的作用和功能。而且，還有另外一個重要的功能也在這時產生了，那就是儲存價值。

意思是我可以在這時賣掉一把椅子，但不用急著決定要拿這把椅子去換什麼，我可以暫時將這把椅子賣出去的價格保留在金錢裡。如果這把椅子值九百五十元，我賣掉了椅子，拿到了九百五十元，換來的是貨幣，就產生了時間上的延宕。這些錢我可以明天再用，也可以明年再用，或是十年之後再用。所以也就意味著原來椅子所具備的價值，被儲存在貨幣裡。

貨幣有多重功能，貨幣也就有多重面貌。和資本最密切相關的是貨幣可以儲存價值。有了貨幣，價值可以被儲存，於是就讓時間的因素參與在交易、價值中，儲存在貨幣裡的價值可以抗拒時間。在原始的物物交換關係裡，拿著一把椅子去換二十瓶水，這是二十瓶水和這把椅子有當下的價值交易作用。可是有了貨幣之後，將這把椅子換成了九百五十元，可以不需要去換任何的東西。不換任何的東西得到的是儲蓄。

儲蓄是時間上的延宕。這個價值現在用不到，於是可以借給需要用的人。有人今天需要用九百五十元，我則一年之後才需要這九百五十元，所以他可以到了一年之後將這九百五十元還我。當貨幣具備這種儲存價值的功能時，今天迫切需要九百五十元的人，可以將我一年之後才需要用的九百五十元的價值拿去，滿足他現在的需求。

還不止如此，在這種情況下，時間也被內含在儲蓄裡，變得可以計算，這種計算的形式就是利息。今天這九百五十元我不用，我借給你，滿足你當下的需要；一年之後，當我要把這九百五十元要回來的時候，就不再是九百五十元了，它會加上利息，變成一千元。

利息到底是怎麼來的？本來的九百五十元為什麼到了明年就變成了一千元？這是來自時間的效果，因為錢有儲存價值的功能，所以這個價值可以在不同的時間被實現。依照不同時間實現的需求，被存在這裡的價值就開始有了改變。如此產生了資本的另外一面，我們稱之為「信用」。

原來的價值變成了錢，錢如果借出去，也就是在使用時間上有所改變，它就變成了信用，信用就產生了利息。在貨幣介入之後，價值產生了兩種增生的性質，一種是轉化成資本，去投資在生產上，因而產生較高的價值。但還有另外一種，就是讓它變成信用，借給別人，借給當下需要的人，然後從信用產生了利息，利息形成了另外一種價值增生。

哲學家馬克思提醒我們，要一直追溯到金錢的最根本，看看那究竟是什麼樣的面貌，具有什麼樣的功能，各自產生了一些什麼樣的延伸現象。這是馬克思的思考步驟。

6. 投資所得和勞動所得，根源上有區別嗎？

投資所得和勞動所得真的不一樣嗎？

馬克思是一位哲學家，當他提問的時候，他要問到最根本、最徹底的地方，用一種追問到底的態度來面對與資本相關的所有問題。

這與市場經濟學的區別就非常明顯。舉一個例子，今天在談論收入的時候，我們很多人都有雙重的身分。當我們自己記帳的時候，尤其是當遇到報稅的時候，這兩個身分會清楚地顯現出來。也就是你有一種收入主要是來自你的薪資，我們可以擴大稱為「勞動所得」，這是你從工作中得到的錢。還有一種是你的「投資所得」，你去買了股票，或者是你有更多一點的資本，你去買房子，之後賣房子、換房子得來的收入，都是投資所得。

當我們記帳報稅的時候，勞動所得和投資所得必然是分開記錄、分開申報的。市場經濟學就以此作為起點，分別討論勞動所得是怎麼一回事，投資所得是怎麼一回事，明確有各自的經濟原則。

但馬克思不這樣看事情。他要問的是：勞動所得和投資所得真的不一樣嗎？投資所得到底是怎麼來的？投資所得與《資本論》關係非常密切。一部分你不用、儲蓄下來的錢變成了資本；用資本買了房子，藉由地租的形式或是房屋需求增加的原因，產生新的所得，我們稱之為投資收入。或者是你買了股票，股票上漲了之後，你有了收入，這也是投資所得。但是如果更進一步地追問：例如你買了股票，那麼股票為什麼會增值，錢為什麼會越來越多呢？股票基本的性質是你將這筆錢借給這家公司，讓這家公司作為資本來運用，那麼這家公司又怎麼樣運用你借給它的資本，使得股票上漲呢？

對馬克思來說，你必須追問。追問到這家公司一定有它的產品，它將產品賣掉了，轉成收入，轉成利潤，才能夠讓所借來的資本增值。那麼如何進行生產？在生產的時候，有可能沒有勞動者嗎？不管怎麼樣，這個新的價值必然來自這公司員工的勞動付出。

投資所得也來自勞動者創造的價值

繼續往前追究，所謂的投資所得，依照馬克思的看法，其實和勞動所得是同源的。投資所得，不過是用資本的方式，或是利息的方式，或是信用的方式，將本來由勞動者所創造出的價值，收歸你所有。如果沒有勞動者製造產品成為商品，再將商品賣出去，沒有這一連串勞動製造所產生的價值，投資所得從哪裡來呢？

依照馬克思的看法，這是清楚的源頭，這就是為什麼馬克思堅持他的「勞動價值說」，即一切的價值來自勞動。任何一家公司，不管什麼樣的性質，也不管什麼樣的規模，在工作的環境裡，勞動力的投入必然是最關鍵的。

比如有一位資本家有一百萬元資本，拿這一百萬元的資本開了一家工廠，這家工廠一定要有工人，工人配合他一百萬元所買的廠房與機器，再加上原料，從而製造出產品。他投入的機器、廠房、原料，如果是用對的方式運作，那麼他的付出總和，包括他付給工人的薪水，是小於產品的價值的。所以經過了這樣的過程，產生了更高的價值，這就是投資，這裡有投資所產生的價值增生。

他投資了一百萬元，製造出一百二十萬元的商品，這個產品不可能一生產出來就全部都賣掉。所以這會有時間上的延宕，也就意味著原來一百萬元的資本用完了，可是一百二十萬元的產品還沒有回收。下一筆再投資的資金，包括工人的勞動力再生產所需要的成本、原料產品成本以及機器維修的成本，都沒有著落。這個時候怎麼辦？

這個時候他可以去借錢，也就是說他需要信用。借錢可以用不同的形式，比如說有固定利息的借款。他借了五十萬元，借一年之後，還五十五萬元，借他錢的這個人得到的這額外的五萬元，就是利息所得。

還有一種形式是，他借來的五十萬元，是以股票或者是公司股份的形式得到的，把公司的一部分賣給投資者，用這種方法換得了五十萬元。意味著在此之後，這五十萬元所賺來的錢，這個部分他要分給借他五十萬元的人，這叫作投資所得。

在我們的經濟體系裡有好幾種人，有好幾種不同的收入方式：一種人是資本家，藉由把他的資本投入在生產上，他擁有的資金可以從原來的一百萬元增值成一百二十萬元，這二十萬元是將資本放在生產上所得到的；另外有一種人，他本來有五十萬元，一年之後變成了五十五萬元，這五萬元是他把五十萬元借給人家所得到的利息；還有一種人買了股票，投資了五十萬元，一年之後這家公司賺錢，分給他十萬元，這就是投資所得。

我們用這種方式來分類，看不一樣的所得；但馬克思不是這樣看的。馬克思追究的是所有這些，不管是多出來的二十萬元，還是多出來的五萬元利息，或者是多出來的十萬元分紅，是從哪裡來的。它們不都是來自產品嗎？這意味著如果沒有生產，如果這一切不是投放在生產上，不管這些人拿出的是一百萬元資本，還是借給人家的五十萬元，還是去買股票的五十萬元，都不可能有價值增生，都不可能增加價值。

勞動所得和投資所得的分配方式公平嗎？

所以對馬克思來說，回到最根本上，不用管這些錢到底是資本，還是利息，還是分紅，所有的都來自產品，都來自勞動者投注在製造產品上的心力。沒有勞動者去製造出產品來，資本不會增長，利息沒有著落，更不可能有分紅。這就是為什麼馬克思一而再、再而三地強調他的勞動價值說，要點出在價值的增長上面，有真實的價值增長，也有煙幕式的價值增長。

表面上看起來借出的五十萬元，變成了五十五萬元的回報；投資買股票的五十萬元，變成了六十萬元的增值。我們稱前者為利息增生，後者為股票增值。馬克思說，不管是利息增生，還是股票增值，追究其真正的本源，性質都是勞動增生。是勞動增生換了不同的過程，換了不同的形式，分享、分配給了不一樣的人。

如果沒有勞動，就必然不會產生這些價值。如果把整個圖像用馬克思的哲學追根究底地畫出來，想清楚了之後，會明白所有的源頭都是勞動，因為有勞動才有價值的增生。而勞動價值增生最大的特性，卻是它不會回到勞動者身上，而被分配到別的地方去。

這就是《資本論》的第三冊，在馬克思原來的計畫裡要講價值到底如何被分配。價值分配是大問題。它首先是複雜的事實：產生出來的利潤，有的進了資本家的口袋，有的進了銀行家的口袋，有的進了股票主的口袋；只有非常非常小的一部分，用工資的形式進到勞動者的口袋裡。這是分配上的複雜事實，但馬克思更在意的是：難道這樣的分配沒有一種合理的模式和原則嗎？什麼是「公平的分配」呢？

市場經濟學不問這種問題。市場經濟學的解釋是，這家公司今年創造了什麼樣的營業額，有多少的利潤，獲利率、毛利、淨利多少，由董事會所代表的公司擁有者分到了多少，在公開的資本市場上買賣的股票又分到了多少利潤。另外，這家公司如果有公司債，向哪些銀行借了什麼樣的貸款，貸款當時簽約的利率是多少，如此銀行又得到了多少利息。市場經濟學用這種方法對當下的現實進行分析，然後就結束了。他們不會去問：這樣是否公平？

然而從馬克思《資本論》所建構的經濟學角度，他最不能理解的、最強調的問題就是這個。還是用剛剛的例子：一百萬元的投資生產出一百二十萬元的商品，在那個過程當中，因為有時間的延宕，資本家跟銀行借了五十萬元，另外發行股票又借了五十萬元，總投入是兩百萬元。最後假使一共有五十萬元的盈餘，那應該如何分配？

你就會發現盈餘分配的奇怪現象——不論是資本家還是買股票的人，如果利潤增加，他們分到的就增加；可是分配給工人的則是固定工資。在資本從一百萬元增值成一百二十萬元的過程裡，資本家付了十萬元作為工資，我們理所當然認為工人領了這十萬元，一切就沒事了，不管後面增生些什麼樣的價值，都和工人無關。

馬克思在意這樣的分配原則，追問它是從哪裡來的，以及分配的合理性又是如何決定的。對馬克思來說，很多現象不可能是合理的。例如銀行這邊出了五十萬元，買股票的人也出了五十萬元，那麼為什麼在價值增生分配的時候，銀行這邊拿到的是五萬元，買股票的人分配到的是十萬元？他們拿出來投資到這家工廠生產的同樣都是五十萬元，只不過一個是當作債務，另一個是買股票，一個是借款信用，一個是投資信用，為什麼得到了不一樣的回報？而最早拿出一百萬元的人，他後來所分配到的和用借款信用或投資信用追加進來的人相比，為什麼也不一樣呢？更關鍵的是，為什麼只以工資分給工人呢？明明如果沒有工人，如果沒有勞動，這一切價值都不可能產生。

這就是一種哲學的態度和立場，馬克思要分辨什麼是生產或者是價值增生的必要條件。對他來說，價值增生的必要條件就是生產力，就是生產勞動，這個前提不能夠被動搖。因為它是可以檢驗的：如果將和價值增生有關的其他所有條件一樣一樣拿掉，然後來看是不是這個價值就無法繼續增生，答案是肯定的。你可以拿掉資本，可以拿掉土地，可以思考是否有不用地租投入的勞動形式，是否有不需要工具的勞動形式，是否有不用資本的勞動形式，這些都可以思考，也都可以想像，但是不可能想像那種沒有勞動者的生產形式。

沒有勞動者就沒有勞動，就不可能創造生產所得。從哲學的基本角度來看，勞動者是整個生產價值來源的必要條件。這個必要條件和所有其他的非必要條件相比，應該被單獨處理。

這是馬克思理論中經常被質疑的勞動價值說。當我們試著從哲學家的邏輯去思考、追究、探索必要條件時，也許我們會更明白馬克思說的真正內容是什麼，以及它運用的限度到底在哪裡。

7. 被扭曲的價格，被創造的需求

價格應該由供需來決定嗎？

市場經濟學研究個體，研究理性選擇。幾乎所有經濟學課本的第一課，都是解釋供需如何決定了價格。一兩百年間，這一套經濟學試驗所得出的結論就是，如果我們要理解經濟行為，理解人如何進行理性的選擇，最直接、有效的方法，就是從價格入手。

如果需求增加而供給不變，價格就會上升；如果供給增加而需求不變，價格就會下降。價格是由供給和需求決定的函數，也是經濟行為當中最核心最關鍵的因素。根據不同的貨物、不同供需變動的模式，我們就可以算出價格的彈性。

經濟學對經濟活動的解釋，終究都要回到價格上。比如，如何解釋你們現在購買這本書的行為？從經濟學的角度看，最重要的是有合理的、能讓供需達到平衡的價格。

如果今天出版社突然覺得太虧待作者了，覺得作者應該要有更好的收入，於是把定價提高三倍，那會發生什麼事？很簡單，原本平衡供需的價格不再平衡，結果可能就是有九十%的潛在讀者不願意支付這樣的價格，於是這本書就沒辦法出版了。作為一個商品，這本書就消失了。因為在那樣的價格條件下，需求消失了。

相反，如果出版社覺得要給讀者更大的福利，決定把售價降為三分之一，當然也就意味著我的收入也跟著降到了三分之一。那會發生什麼事呢？也很簡單，這個時候我就覺得：我為什麼要寫這本書？我能夠得到的報酬太低了，那麼這本書同樣會消失的。由此可見，在新的價格條件下，供需失衡，商品隨而消失了。

這是市場經濟學最關鍵卻也最麻煩的一點。每一次要推出一項新產品，都必須在市場經濟學裡去衡量供需，然後決定價格。決定價格這一行為的專有名詞叫作「定價」（pricing），這是做生意的人要仔細理解並且認真探索的一門學問。現在西方的經濟學，就是建立在供需與價格互動的概念上的。

但是價格在馬克思主義經濟學裡，卻不是以這種方式存在的，而是作為被檢討和被批判的對象。馬克思認為，價格反映的是一個商品的社會關係，而不是它的內在價值，這就和市場經濟學很不一樣。

市場經濟學從個體經濟學出發，但是在馬克思的經濟學裡沒有個體經濟學。

在《資本論》第一章的開篇，馬克思就這樣解釋商品：只要有商品存在，一件商品就保證了所有商品都會和這件商品發生關係。換句話說，我們不可能單獨去討論一件商品，而是要討論這件商品及其社會關係的總和。馬克思主義經濟學要探索的是社會關係如何反映在經濟事務上，前提是社會關係的地位高於經濟事務。例如要分辨階級：一個社會有哪些階級？階級之間有著什麼樣的關係？有什麼樣的矛盾？進行什麼樣性質的鬥爭？是可以解決還是不可以解決的矛盾？是內部矛盾還是外部矛盾？要將這些釐清了之後，才能開始談生產和分配。

習慣於西方經濟學、市場經濟學的人，會很驚訝地問：這是經濟學嗎？是的，這不但是經濟學，而且是馬克思主義經濟學當中必須優先處理、明確定位的先決條件。因為在社會關係中，經濟學是總體經濟學，不會是個體經濟學。

西方經濟學將價值置而不論，他們認為價值是主觀的、變動的，每一個人有不一樣的想法，而且在不同的情境下會有不同的判斷。就算假定價值存在，也沒有辦法客觀測量，所以不在經濟學的探討範圍之內。價格才能夠被研究、被探討，並且作為人類行為的變量被預測。對西方市場經濟學而言，價值就像康德哲學裡所假定的「物自身」，的確存在但永遠無法直接如實地碰觸或是掌握，我們能碰觸、能掌握的，只有感官所收到的資訊。對市場經濟學來說，價值只有進入交易關係，變成了可以量化的價格，才能夠被掌握與研究。

例如，眼前的一個杯子，它有「內在的價值」（intrinsic value），但我有什麼辦法來衡量這支杯子的價值呢？要以何種角度及尺度，或者以哪種單位來衡量呢？沒有辦法衡量。即使我們將這個杯子的內在價值假設為零，我們仍然能從市場經濟學的交易立場來看待這個杯子。在發生交易行為時，看需求者願意付出什麼代價來換這個杯子，擁有者願意接受什麼樣的代價把杯子換給對方。如此一來一往，供應和需求之間達到了平衡，就產生了價格。這個價格在經濟學上有其意義，價格才是可以衡量及解釋的，進而可以被預測。

再舉一例：有一杯水，從經濟學的角度，這杯水幾乎沒有任何價格，意即沒有人會願意出錢購買這杯水。可是倘若換成在一個特殊環境，例如課堂上，老師要求同學們把門關上，然後滔滔不絕地講課，中間不下課休息，沒有人能離開教室。那麼六個小時之後，老師桌上這杯水的價格就必然上升了，因為會有覺得口渴的同學需要這杯水。水的需求增加了，但教室裡只有一杯水，供給不變。需求增加但供給不變，結果就導致價格上升。

價格會變動，需要研究價格變動的道理，此即市場經濟學的起點，但不是馬克思經濟學的起點。對馬克思經濟學而言，這不是其中重要的部分。承襲自黑格爾哲學的馬克思經濟學並不僅止於整理、分析現象，馬克思認定工人製造出來的物品亦有其內在的先驗價值，這是他經濟思考中堅不可破的出發點，也讓他的思想和市場經濟學及當今所流行的經濟學之間存在決然差異。

物品的價值來自可用性，越有用的東西就有越高的使用價值，這是物品的內在價值，而不是由供給、需求等外在因素來決定。換句話說，馬克思無法理解當今日常生活裡極為普遍的一種狀況——需求可以被創造出來。原本毫無用處的東西，即使在不確定作用的狀況下，都可能轉眼間變成不可或缺。馬克思無法理解這種現象，因為他判定事物的有用性是絕對的，物的有用程度與其使用價值成正比。

需求如何被創造出來？

西方經濟學在十九世紀被稱為一門「憂鬱的學問」。為何「憂鬱」？因為經濟學存在的前提是人類欲望無窮，但每個人用來滿足欲望的資源卻必然有限。經濟學的任務在於探討如何分配資源，盡可能滿足更多的欲望；即使如此，有限的資源也一定無法滿足無限的欲望。如果資源能夠滿足欲望，經濟學就失去了存在的必要。舉例來說，空氣的供應近乎無限，永遠不會造成需求無法被滿足的狀態，所以空氣經濟學沒有存在的必要，但凡與空氣、呼吸相關，即不需經濟學來分配。

在此邏輯之下，經濟學傾向於將資源視為一定，進而探討用何種方法去滿足最多人的最大欲望。假使預定分配十元給十個人，應該讓每人平分一元嗎？或是讓其中一個人得九元，其餘九個人均分剩下的一元，究竟哪一種分配方法比較恰當？依照傳統經濟學的看法，對取得九元的人而言，他累積的錢會產生邊際效應，遞減的作用；多出來的錢不像有限的錢，後者可以帶來較大滿足。從這個角度來看，集中不會帶來益處，分散才能增添較大的滿足。

在此邏輯下，經濟學也傾向於尋找節制需求的方法，倘若供給不變，但需求增加，只會造成需求更難得滿足的更大痛苦。不過自從第二次世界大戰之後，這種經濟學的基本傾向有了巨大改變。

美國在第二次世界大戰期間，本土並沒有遭受戰爭的破壞。戰爭時期又刺激出大量生產，為戰後的美國帶來空前的富足感。美國人發現原來生產擴張的空間如此巨大，短時間之內就能動員生產力製造出大量武器。戰後將這股生產力轉移，就能製造出大量的民生用品。

此時，美國社會明確感受到供給正巨幅增長，經濟學不需要再堅持假定供給是不變的，勢必要調整需求，才能達到更大的經濟效果。戰爭顯示了之前沒人設想過的經濟活動反應——擴大需求可以刺激供給，達成另一種經濟狀態，也就是供給與需求的先後關係順序顛倒。

以往是有需求在先，之後才創造出供給。由於人有飲水的生理需求，所以才有供水的設施來滿足這個欲望。第二次世界大戰之後，美國出現了供給面經濟學，因為戰爭提供了最極端的例子。戰爭是最極端的需求，戰事規模影響戰備所需，突如其來就需要一百架飛機、三百輛戰車、一萬門火炮、五百萬支步槍。為了因應這個擴大的需求，美國實施大規模的動員，大幅度提升了產量，既滿足了戰備的需求，也沒有犧牲一般平民的生活。由於戰時的經濟，讓美國的經濟學家變得空前樂觀，助長了戰後排山倒海而來的刺激需求、創造需求的新方向——不要求壓抑需求、限制需求來適應有限的供給，反而鼓勵以人為的方式去增加需求，這是非常激烈的觀念逆轉。

的確，如今看來，之後的幾十年，人們的日常生活充斥著被創造出來的需求。某個學醫的朋友曾形容，我們天天洗澡的行為中，舉凡使用的香皂、沐浴乳，都可稱作拿羊油交換人油。因為從人體運作的學說來看，人類的皮膚隨時都會分泌油脂，自有新陳代謝的變化，我們卻用香皂把皮膚上的油脂洗去，再想辦法換上動物的油脂，進而來保護皮膚，不是多此一舉嗎？但是我們今天絕對不會從這種角度來質疑香皂和沐浴乳的盥洗作用，它已經被內化成不可或缺的基本需求了。

需求是什麼？多久洗一次澡算是需求？使用何種類型的香皂算是需求？從前不論洗澡或洗衣服都使用同樣的肥皂，後來區分成有洗澡專用的香皂，再後來衍生出洗臉專用的洗臉皂。現今醫美產品盛行，市面上出現琳琅滿目的沐浴用品，甚至出現專洗背部肌膚的香皂，這對幾十年前的人而言，應該是不可思議的事。這證明了需求可以被創造出來，而創造需求往往是為了將商品的利益最大化。

以此方式創造需求、提高需求，只要再控制供給的稀有性，自然而然能夠提高價格，獲取利益。這是西方經濟學及市場經濟學視之為理所當然的經濟行為，也是他們據以分析和解釋的現象。

但馬克思經濟學絕非如此。討論商品，馬克思對於價格的說法與市場經濟學徹底相反。對馬克思而言，價格是價值的扭曲，價格破壞了更真實且基本的價值觀——以使用價值構築而成的世界。

如今，市場經濟學籠罩了所有事物，解釋我們如何用錢、如何消費，以至於我們往往忘記了檢討刺激創造需求的行為，背後是否存在合乎理性的決斷？藉由創造更多需求來提高價錢的做法，只要能夠達到目的，就都可以不設限，無止境地製造需求嗎？難道沒有更高的道德關懷？是否應該有其道德底線呢？

亦即是說，在人類欲望的驅使之下，開發及創造那些滿足欲望的需求時，是否應該設有合理的生產限制？人與物之間的關係是否應該存有本質與表象上的差異？擁有三雙鞋，與擁有三十雙鞋，甚或是擁有八百雙鞋子，可以等量齊觀嗎？

8. 財富分配的公平與正義

用帽子的道理評斷帽子，而不是套用鞋子的標準

過去我在學術上所受的專業訓練是針對思想史的研究，思想史的基本工作是將流傳下來的著作放回過去的歷史時代，在那個時代的脈絡下，盡可能闡釋作者基於何種思想觀念而著書。

思想史方法論上的一個重要原則是不要誤判作者的主觀動機。舉一個簡單的比喻：一個人做了一頂

帽子，不僅可以遮陽，款式也好看，卻有人把它拿來穿在腳上，因而不滿地批評這雙「鞋子」做壞了，怎麼會做出一雙不能穿的鞋子呢！試問，這樣的批評妥當嗎？分明應該要用製帽的標準來評斷帽子，而不是套用鞋子的標準。可是在面對古人的思想時，我們卻常常忽略如此簡單明瞭的基本原則，理所當然地以現今的觀點去評論當時人的想法。

表面上看，評價一雙鞋的材質優劣以及是否穿得舒適並無對錯，然而只要加上一個前提，這些評價瞬間失去了意義——假使被評價的對象根本不是一雙鞋呢？

思想史研究的首要責任是盡可能謙卑且客觀地釐清眼前這本書對作者而言究竟為何。諸多批評馬克思的論述其實都禁不起這種思想史式的考驗。甚至對馬克思理論的一些轉述，即便是站在肯定與贊揚的立場，往往也都禁不起這個簡單的考驗。

批判馬克思的人往往先入為主，接受了市場經濟的運作法則。他們不瞭解哲學，亦不關心黑格爾哲學的論理。在黑格爾哲學的影響下，馬克思念茲在茲的是目的與手段所構成的辯證變化。千萬要謹記，馬克思曾受到黑格爾哲學強烈影響，他處在劇變的時代，那個時代的人們生活在經濟大幅改變的環境下，導致過去的基本原則與是非準繩不再適用。馬克思的目標是因應新環境，找出符合公平與正義的新法則。

在此特別標舉公平與正義，要深思公平正義在經濟行為及經濟理論當中是否重要。《資本論》並不是一本單純分析性的著作，而有討論是非對錯的重要部分。對馬克思而言，評判遠比分析重要。已經有太多哲學家對這個世界進行解釋，但其實改變這個世界才是迫在眉睫。只有批判才能夠帶來改變。從馬克思早年寫就的《一八四四年經濟學哲學手稿》一直到一八五七、一八五八年間擬的《政治經濟學批判大綱》，他對公平正義的問題做了全面性的反省，最終的結論是「異化」此一概念。唯有不被異化，不被工具或手段反過來統治，人才能過公平正義的生活。

後來撰寫《資本論》時，雖然異化不再重複出現於文本中，卻並不表示《資本論》與異化或公平正義無關。而是馬克思撰寫《資本論》，只講述了他廣大關懷領域中的一部分。

歐洲分配的原則與信念的改變

《資本論》的篇幅非常厚重，馬克思至死都沒有完成，然而從哲學關懷的範圍分析，《資本論》並沒有能涵蓋青年馬克思的全部視野，只從當中挑選出一部分來闡述而已。

《資本論》並未針對新時代如何定義公平正義，或在公平正義的基礎上探究人類能夠不受異化宰割的方法。《資本論》縮小打擊面，聚焦於新的生產條件下，如何能夠得到公平的分配。分配是《資本論》極為重要的核心概念。

《資本論》探求的根本問題，時至今日仍不過時：在運用資本進行生產的時代，創造出來的財富與資源應該由誰來享用？由何種方式分配享用的資格才公平？又該用什麼標準來判斷分配比例？提出這些問題當然就表示我們不應該接受既有的規則，不應該漠視資本家和進行勞動的勞工之間的資源配置存在著天淵之別。

從十八世紀進入十九世紀，歐洲對於財富分配的思考，對全世界產生了深遠影響。一七七五至一七八三年的美國獨立戰爭，以及一七八九年法國大革命都對分配的原則與信念造成了巨大的衝擊。

美國獨立戰爭的起因之一，在於對英國稅制的強烈反感，反映在革命前期的重要口號「無代表不納稅」（No Taxation without Representation）上面。殖民地人民不能忍受納稅的方式及數額皆由英國國會規定，但在英國國會裡，卻沒有從美洲選出的代表。這致使殖民地人民不惜反抗英格蘭，最終脫離了殖民母國。

北美洲革命凸顯了一項觀念上的逆轉：原來由法國中央集權政府所定下的規矩——政府依國家需求向人們徵收稅金，現在演變成政府需在徵收稅金前取得人民同意。

其中涉及了人民財富與政府財富之間的分配原則。從法國中央集權政府而來的這種邏輯中，分配的決定權握在政府手裡，人民只能接受。但美國獨立戰爭結束後，在新成立的政府的邏輯中，人民爭取到分配的同意權，政府與人民之間的財產關係必須依據新的邏輯調整。這是美國獨立戰爭的影響。

法國大革命帶來的衝擊更加巨大。燒起這場革命的燃料在於一般人意識到財富分配不均，從而產生強烈的質疑和不滿：為什麼貴族如此富有？教會可以斂財？為什麼最貧窮的百姓竟被抽取沉重的賦稅？逐漸成形的中間階層，他們保護自身財產的動機非常強烈，連帶激發了下層階級的情緒，他們一起挺身而出，要求保障人民的財產，進而要求分享貴族的財富。一時之間，貴族成為人人喊打的過街老鼠，貴族中的貴族，國王路易十六以及他的家人，甚至被送上了斷頭台。

這場革命以如此戲劇性的手法昭示，社會財富不可能繼續集中在貴族和教會手中，必須要重新分配。究竟應該如何重新分配，以及如何確立重新分配的原則呢？推翻舊有的分配架構已經十分不易，但更棘手的是建立新的分配辦法。美國在一七七六年建國時，國家財政接連十年一場糊塗，當時的邦聯會議所編列的預算，從來沒有得到各州的支持與配合。在最糟糕的一年，邦聯會議向各州請求八百萬美元預算，最後只收到五十萬美元。財政上的困難迫使各州不得不在一七八七年推派代表到費城開會。費城會議最後通過了憲法草案，主張成立一個權力較為集中的聯邦政府，主要原因是財政分配問題已經棘手到無法擱置的地步。國家與各州之間的財產分配都已如此難以處理，遑論個人與個人之間的財產分配了。

法國大革命揭開了政府的病灶，而且絕不只有法國社會掀起波瀾，很快演變成全歐洲的大課題，接著歐洲勢力擴張，全世界都必須一起面對這個大課題。

這個課題在工業化的快速發展中，變得更加複雜。人們不可能再以原本的心態來解決分配問題，需要思考原來的生產成果與財富累積應該如何重新分配，同時面對新的生產成果以及工業資本迅速累積的新財富。

工業化帶來大量的生產，大量的生產容納了大量勞工，同時又創造出大量盈利。人們很快意識到新財富的規模以及集中的程度比起舊財富更可觀，也更驚人。

馬克思：打造一個分配平等的社會

西方經濟學及從中轉化出來的市場經濟學，把經濟問題鎖定在供給與需求的動態平衡上。主張只要有一個市場不受干預，就能夠獲得經濟效益。

馬克思經濟學無法認同經濟問題只與供給和需求有關。經濟在追求效益的同時，甚至在追求效益之前，必須先思考如何解決分配問題。一個社會的產業結構與內需市場固然很重要，但社會生產成果的分配原則，諸如基於何種權利而分配的對象與比例，以及制定這些分配原則的制度，這些問題對馬克思來說更加重要。因此，馬克思經濟學建立在追求公平正義的考量上，他不擅長於刺激生產、提升效能那一套經濟學，然而若想打造一個分配平等的社會，他的經濟學就相當有效。

馬克思的經濟學由人擁有不被異化的權利開始講起。馬克思先假定了每一個人——而不是少數人，也不是一部分的人——都有一套不可被剝奪或被異化的基本權利。他的經濟學的存在目的，就在於設計出一種從經濟方面保障這些基本權利的制度。馬克思設想的權利不是政治上的權利，這套權利的根本是屬於經濟性質的。

例如，人人都應該享有工作權，因為工作讓人創造，創造帶給人滿足和成就感。人有不可被異化的創造的權利，因為人是一種非常獨特且擁有創造欲望以及創造能力的動物。工作不只是人的義務，工作應該是人的權利。只是這樣的權利是連結到人的創造本能上的，人的創造是尋找生命意義的特殊動機。因此，所謂「工作」，應該要讓人可以去創造出能夠為他帶來真實生命中滿足感和成就感的東西，完成創造的過程。

這樣一種觀念對市場經濟學來說，幾乎完全不可理解。在市場經濟學中，工作是有價的勞動，也是一種商品，就好像其他商品一樣，受到供給與需求變量的控制。好的價格讓大多數人在市場上換來足夠好的待遇，人就有工作機會。如果供給過剩，人就面臨失業問題，無法工作，只有退出市場。失業促使供給降低，也讓工資上漲。

工作或不工作在市場經濟學裡沒有定數，隨時在浮動和變化中。沒有任何人或任何力量讓你一直有工作做；你也不能夠預期任何時候都有工作機會，但也沒有任何外力能強迫你非工作不可。這是市場經濟學對勞動的看法。

馬克思經濟學將工作視為不可異化的權利，一個人如果沒有工作，將會衍生社會問題，也是社會的墮落與國家的失職。因此，全面雇傭制和全面就業是馬克思的主張，他認為這代表資本主義之後的一個新階段，也是理想社會所必須提供給人民的制度。如何創造全面就業？如何創造一套全面的雇傭系統？這屬於經濟學的課題。由於將人人擁有基本居住權利、基本就醫權利奉為圭臬，於是如何全面提供住房及醫療服務，也被納入經濟學課題的範疇。理想上，人一生從搖籃到墳墓，都應享有工作、住房及醫療等基本權利。

在市場經濟學中，住房與醫療也應該交由供給和需求來決定，它們也都是能夠在市場上被販賣的商品。但是在馬克思的信念裡，工作、住房及醫療皆屬人人享有之神聖權利，雖然馬克思與市場經濟學皆探討經濟事務，然而深究起來，兩者迥然不同。

9.人如何淪為勞工：被降級的工作成果

馬克思《資本論》的第一卷主要著墨於資本增生的現象與活動，清楚顯示出馬克思經濟學與市場經濟學之間的重大差異。對市場經濟學而言，價值有什麼來歷無須特別去分辨，尤其不需要分辨先後順序，更不用去分辨是否必要。從市場經濟學的處理來看，這些都是價值增生的活動形式。例如貨幣變成了金融商品，從金融商品中獲取的所得就是一種價值增生；你出賣自己的勞動力而得到薪資，這也是一種價值增生；藉由投資在生產活動上，你得到的收入與報償，是價值增生；你把錢借出而拿到利息，也是價值增生。對市場經濟學來說，這些都同樣是價值增生。這種價值增生在市場經濟學裡是平行的，沒有高下之別，沒有好壞之別，全都由市場與供需決定，所以你需要的是懂得市場究竟如何運作。

但從馬克思經濟學的角度來看，這怎麼會是正常的呢？這裡涉及馬克思的一項基本判斷，亦即他的勞動價值說。

從二〇〇八年金融風暴看勞動價值說

勞動價值說一百多年來飽受各式各樣的批判。然而直到今天，二〇〇八年全球金融風暴仍足以提供對馬克思的勞動價值說是否有其道理和價值的新鮮檢驗。

這場風暴源自美國，風暴核心是美國的房地產業。在大家預期美國房地產價格會上漲的情況下，吸引越來越多人投注資金，許多人積極買房子，將存款換成房產。現金不夠的時候，人們就去銀行借貸。銀行十分樂意借這種房貸，因為可以用房地產的價值作為抵押。由於預期房地產的未來價值將比現在更高，所以銀行不只願意借錢給有房子的人，即便買房子的人付不出利息，還是可以用房地產未來可能的漲幅預借更多錢，以債養債。

這些活動與現象，從市場經濟學所認定的市場機制來看，有供給與需求，彼此互相配合。有人有買房子的需求，就有人蓋房子、賣房子來滿足需求。有人在買房子的過程中有借貸需求，於是銀行就提供了資金的供給來配合這方面的需求。這一切都只涉及供給與需求。供給與需求的變化衍生了房價的漲跌，同時也導致房貸的升降。

轉從馬克思的理論看，此中不合理之處在於這些資金的活動都不涉及生產。這些資金都指向既有的商品，亦即在那些固定的房地產商品上炒作，所牽涉的不是商品的價值，因為背後沒有任何勞動投入，固定已成的商品炒高價格，過程中完全沒有創造出新的價值，價格卻一直飆漲，勢必會產生不健康的排擠作用。從原始的馬克思經濟學來看，這些資金都投入在非生產性的投機行為上，於是就必然連帶著排擠生產領域，使得投資不足。依照原始馬克思經濟學的理論，生產領域投資不足，經濟就非崩潰不可。因為沒有勞動、沒有勞動所產生的真實價值增生，資本從勞動生產上被抽開了，造成了投資不足。一邊投資不足，一邊生產不足，經濟就無法維持。

我們可以批評馬克思的勞動價值說忽略了許多其他成分，可是這並不意味他的理論毫無根據。一個經濟體系中，在資本必然有限的情況下，必須要取得一種基本的平衡。放在生產活動中的資本，藉由勞動投入而產生價值增生，它必須要佔相當比例，這個經濟體才有真實的活力，而不僅是用轉手交易產生價值增生。

從需求而來的價值增生，最後必然仍涉及經濟體通過勞動力產生的新的價值。沒有這種新的價值作為基礎，這個需求必然空洞。就像美國的房地產市場，一時之間大家都需要買房子，從需求層面炒作出來的經濟活動看似繁榮，一旦膨脹到一定程度，如果背後沒有勞動所支撐的真實價值，必然變成泡沫，泡沫發展到了一定程度也就一定會破滅。

原始的理想交易：因使用價值不對等而來的交換

我們從《資本論》第一卷第一章就可以看出，馬克思提出的核心問題是價值是什麼，價值從何而來？其中又涉及價值與價格之間的關係。提及價格又會聯繫到貨幣，貨幣究竟是怎麼一回事，貨幣如何中介價值的實現？更進一步推問，貨幣如何扭曲了價值的實現？貨幣具備多種功能，這些功能彼此之間又有怎樣的關係？對這些問題，馬克思以最堅決的態度不斷追問下去。

在《資本論》中解釋資本一定會涉及貨幣的功能，可是理解貨幣時，必須回到最根本的價值與價格之間的關係。《資本論》第一章反覆地說，物品只有在交易當中才會變成商品，商品出現的時候也就必然涉及交易。

在原始的理想狀況下，物品變成了商品，這項交易便涉及馬克思所認為的使用價值不對等。比如在原始的理想狀況下，一個鐵匠打鐵，打造出十支鐵錘，鐵匠為什麼會將鐵錘拿去做交易？因為他一個人不需要用到十支鐵錘，這些鐵錘對他來說沒太大的使用價值，所以他才會拿鐵錘去做交易。他去跟木匠換一張椅子，因為木匠製作了十把椅子。木匠為什麼用椅子來做交換？因為他一個人不需要這麼多椅子，椅子對他來說使用價值並不高。

所以在這種理想的原始狀況下，對鐵匠而言，交易最根本的道理是將使用價值很低的、多餘的鐵錘，拿去交換使用價值較高的椅子。對木匠而言也是如此，將沒有太高使用價值的椅子，拿去交換他比較需要且使用價值較高的鐵錘。所以在交易的過程當中，必然產生雙方使用價值都提高了的情況，才會達成交易行為。

這個過程是物與物之間的交換。物與物之間的交換涉及使用價值提高，進而給予參與其中的人成就感，不僅滿足他們生活上的目的，同時也刺激他們提高自尊。

資本帶來的改變：工人工作成果降級

在資本主義的系統中，資本介入之後，就產生了新的現象，影響了價值與價格之間的關係。

第一個重要現象是工匠和他生產的物品分離開來。以前一個鐵匠煉鑄出來的鐵錘即是他的創造物，他與這個創造物之間有直接的聯繫。前文我們提到，亞當．斯密的《國富論》裡解說了分工。亞當．斯密在意什麼？他在意工人可以用十倍的效率在分工之後生產針。但千萬留意，馬克思不是亞當．斯密，馬克思是一個哲學家，他看重分工和製造制度形成的方式，在意這種分工對人所產生的衝擊。

原來一天做三根針的工匠，在一天的工時中從頭做到尾，在他原始的生產環境中，這三根針就是他一天的創造物，他和創造出來的針之間有著明確的生產者和創造物間的直接的關係。可是如果分工把制針分成了十個步驟，讓十個工人分別來製作，雖然這十個工人一天可以做出三百根針來，但這三百根針沒有任何一根是單獨由其中任何一個工人所製造出來的。這些針變成了無主物，它不再屬於工人。

所以當顧客來買針，買的是這家工廠的針，甚至他們可能只認識這家工廠的主人，於是這三百根針全都屬於這個工廠主人。工廠主人取代了工人，變成這些出產物的主人。反映在社會的效益上，就是工人付出勞動力，卻被剝奪了他與他的製造物之間的從屬關係，轉而賦予資本家、企業家及工廠老闆。

工人與他的製造物之間的關係、勞動者的尊嚴是否值得探究，以及勞動者是否不應該被剝奪他和他的創造物之間的關係？

10.當批量生產代替量身定做，後果有多嚴重？

原始理想環境被敗壞：勞動者地位下降，資本家帶走財富

在馬克思的經濟學中含有極為重要的人文關懷及哲學探究。他關心當一個工人付出了勞動力之後，

他的付出是否能讓他保有作為一個創造者的身分。

工人創造出物品，可以取得自信與自尊，可是自從資本主義介入工業化，工廠制度產生，工人就變成工廠中渺小的一環，此時工人與他的創造物分離開來。工人不再是創造者，無論他製作出來的東西優劣如何，他都無法從中獲得生命的滿足和意義。

這些工廠生產出來的東西不屬於任何工人，於是在產品的認知上，工人被貶低了。而且由於沒有任何工人可以說我製造出了這項產品，反而抬高了資本家的身價。

舉例來說，在大眾認知上，家喻戶曉的蘋果手機具有品牌知名度，甚至認為蘋果手機是賈伯斯一手創造出來的。我們看重的是那個投注資金去建造工廠、經營工廠的人，而不是真正動手做手機的這些工人。真正製造手機的這些工人，他們在鴻海的工廠裡，我們看不到他們其中的任何一個人。這個產品的品牌與工人無關，品牌是與資本家連接在一起的。

為什麼在資本介入之後，生產的過程和性質必然會發生變化？馬克思在《資本論》裡批判資本主義剝削勞動者，尤其在分工的過程中，阻斷勞動者從他獨力完成的產品當中獲取生活上的意義，因而勞動者的地位必然會下降；相對地，資本家和經理人甚至代表了品牌，他們收割了所有光榮與財富。這是我們今日的真實現象。

再者，假使你購入鴻海的股票，由於購買股票，一年多增加了二十萬元的額外收入。這二十萬元從何而來？依照馬克思的分析，這筆額外收入來自鴻海員工們所創造出的價值，來自勞動產生的價值增生，簡而言之，鴻海員工幫購買股票的人賺了錢。投資者賺到二十萬元，但他不認識鴻海的任何一位員工；他只認識鴻海的老闆，因為他代表了鴻海。鴻海的任何一名勞動者，都無法宣稱他們與鴻海的產品或鴻海產品所獲取的財富有關聯，反而是那些不進入勞動環節的資本家或代表品牌的經理人，他們不是勞動者，卻是與產品所衍生的財富關係最深也受益最多的人。有關係的都是資本家，或者是品牌，或者是代表品牌的經理人。

馬克思認為：第一，這是不自然的歷史狀況，只屬於資本主義時代的特殊狀況；第二，前述工匠擁有自己的生產物，在交易生產物的過程中，明確知道他製造的生產物的使用價值被提高了，他得到了自尊及自信，獲取生命上的成就。這是原始的環境。如今我們卻看到資本介入之後，生產環境墮落了，原始環境被破壞了。

勞動者和生產物分離，生產物也會和需求者分離

既然這是一種原始理想狀況的墮落，馬克思就不能視之為理所當然。對馬克思來說，關鍵在於當前環境下，勞動者的處境是什麼。資本介入之後產生的另一個效果也不容忽視——不只是生產物和工人、工匠分離了，生產物也會和需求者分離。

我們前文提到木匠用他製造出來的椅子去交換鐵匠鑄造出來的鐵錘。在交易過程中，木匠知道他的椅子交給了誰，也知道椅子在鐵匠那裡將有更高的使用價值，鐵匠也是如此。所以在原始狀況下，生產者瞭解他的需求者，生產物依照需求者的需求被創造出來。然而進入工廠制度，在分工的情況下，卻不可能再維持這種關係了。

資本停滯

在資本主義制度下生產出來的東西與消費及需求分離，產生的影響和問題非常嚴重。首先，從資本投入到商品被售出，這中間存在時間差。

以前人們對資本沒有那麼大的需求，一支鐵錘所需要的資本就是這支鐵錘的原料。為什麼不需要更多的資本？因為是先有這支鐵錘的需求，才去製作鐵錘的。鐵錘製作完成之後，賣給需要的人，才換到了需要的東西。所以在原始理想的環境中，從商品完成到交付需求者的手中，是一段可控制的時間。

然而工廠生產商品，最大的問題是從商品完成到售出之間的時間延宕，另外也產生了高度的不確定性。這意味著任何人在工廠的生產制度下，都必須要惴惴不安地計算：到底要生產多少，又需要多長時間才能售完？

回到資本的邏輯上，資本必然產生異化。用馬克思的語言來說，是資本投入在生產過程中，將生產物生產出來，使資本發揮作用。資本促使生產變得可能的這段過程中，產生了新的階段和性質，用今日通俗的語言來說，即有一筆錢以存貨的方式被卡住了。

按馬克思的概念，這稱作資本停滯，成了一種無法發揮資本作用的資本。所以必須想盡辦法，讓不流通的資本能夠繼續流通。

不流通的資本所反映出來的形式，是先支付出去的各種不同的成本。某人拿出一百萬元投資，生產了一百二十萬元的商品，為什麼他還要去借錢？因為他沒有辦法立刻把這一百二十萬元的資本回收。

這導致直接且明確的效應發生，也就是資本流通過程當中的資本變質，產生了對於信用的需求——需要借貸更多錢，需要增資。

一百萬元的資金被凝結在一百二十萬元的商品內部，以成本的形式凍結在商品身上。資金凍結的情況下，只好以借貸來換取時間，意味著必須去估量這一百二十萬元的商品需要多長時間才能夠銷售出去，倘若所需時間是半年，半年期間必須先去借支一筆錢，也必須把增生出來價值的部分變成利息；意味著在新形態的生產過程當中，製造了更多資本變成信用、貨幣變成信用，去賺取利息增生的機會。

生產過剩

如何加速資本的循環，即跳過資本被凍結或資本無法流通的反資本形式的循環，就變得極為重要。無論再怎麼重要，都沒有解決辦法，因為高度的不確定性是必然的。不確定性來自這樣一種資本組織形式，來自資本基本的結構。

在資本主義生產環境中，產品實質上和它的需求者斷絕了直接關係。為了應付預期的銷售或需求，這個系統就必然產生生產過剩的問題。生產過剩的問題到達一定程度，又必然產生惡性循環。這個惡性循環就是創造更大需求，藉以解決庫存。可是在創造需求的過程當中，又必須為了需求擴大之後的預期銷售，再去生產出更多東西。這些東西永遠都有一部分是滯銷品。

所以整個資本體系中，生產的物品一端與它的生產者，即工人和勞動者脫節，另一端也和它的顧客關係脫節。經過馬克思分析，我們瞭解資本主義運用這種方法生產及銷售，其內在必然包含著許多盲目的成分。資本主義的盲目帶來各式各樣的生產過剩與資本不足的難題，乃至於整個生產循環陷入停擺危機。資本主義不像表面上看來那麼光鮮亮麗，它內在隱伏著危機，而且是必然無法逃避的危機。

11. 失樂園的悲劇：交易的目的和手段，是如何顛倒的？

馬克思的經濟理論是一種失樂園式的理論，因為他假定早在一切經濟活動產生之前，先存在一個絕對的理想狀態。在此狀態下，人類生活中的任何物品都是獨特且唯一的，既不該被衡量，更不該被交換。每件物品都有它自身的價值，只能夠用自身的單位來衡量，因此，也就不存在等值交換這種事。

回不去的未異化狀態

進行等值交換就必須假設兩樣或更多樣的物品之間，可以共用一套價值衡量體系。一本書和一頓飯可以一起衡量嗎？一雙鞋和一場電影可以一起衡量嗎？一片海景和一次散步可以一起衡量嗎？人類的經濟生活就是源自偏要將這些非共量的東西都納入交換系統裡。因此就必須找到一種主觀方式，把如此多元的物體、現象、服務乃至於感情統統量化處理。對馬克思來說這不是天經地義的，而是代表人類從原始的狀態墮落為交換關係。本來不應該被量化的東西都被量化了，每一樣東西除了自身具備的價值之外，又在交換的過程中取得了共量性的交換價值或價格。

更進一步的墮落，即用金錢貨幣來整合交換價值——也就是價格，讓所有的交換價值都表現在金錢之下，同時標示出價值高低和倍數，以便於讓交換更為容易。將每一樣東西都放進純粹單一的共量中，使人忘記了原初理想狀態下，最原始的不可以異化、不可以量化的根本價值。交換價值降低了原本的內在價值，進而喧賓奪主，放逐了內在價值。

人們此刻就像亞當與夏娃，再也回不去伊甸園，我們也回不到理想的未異化狀態。馬克思承認人的現實就是異化之後的狀態，因此我們必然要找到一種方法來分析異化之後的現實。

交易的成立條件

金錢貨幣出現並且發揮作用之後，人的經濟行為基本上就是一連串圍繞著交換而來的連鎖活動。我們把所有東西都看作可以交換的商品，通過金錢貨幣的中介，定義出它們的交換價值，再把商品換成金錢貨幣，用手上的金錢貨幣去交換我們認為等值的另一樣商品。所以何謂經濟生活？亦即在商品換金錢、金錢換商品及商品再換金錢的過程中不斷循環。

現今每個人的生活都一直處在這樣的循環中。這個交換是如何成立的呢？首要條件是相等的交換價值。例如，你賣掉麵包，這塊麵包有一百元的交換價值，你就換來了一百元的金錢貨幣；你再拿這一百元金錢貨幣去交換一瓶葡萄酒，一百元的麵包與一百元的葡萄酒於是具有了同樣的交換價值。

可是馬克思強調，僅有上述條件，並不足以構成交換的行為，必須有另一項條件同時存在，也就是這兩種物品之間要有不等的使用價值。在何種情況下，你願意拿一百元的麵包去換一百元的葡萄酒？一定是當葡萄酒的使用價值高於麵包的使用價值，也就是說，你認為你對於葡萄酒的需求高於麵包，所以你會拿麵包去交換葡萄酒。相反，兩個肚子餓都想要吃麵包的人，其中一人有一百元的麵包，另一人有一百元的葡萄酒，雖然麵包與葡萄酒兩者等值，但因為兩人同樣都比較需要麵包，有麵包的人就不會拿麵包去交換葡萄酒，儘管表面上這兩樣物品的交換價值相同。

麵包在麵包店裡，對店主來說幾乎沒有任何使用價值，他能吃多少麵包？他當然不需要大量的麵包。於是只要有顧客買走麵包，他店裡的麵包就增加了使用價值——顧客一定是為了吃麵包才買麵包。同理可證，在酒窖裡堆得滿滿的葡萄酒，也對釀酒的主人沒有使用價值，唯有當葡萄酒售出時，離開酒窖的那一刻，葡萄酒的使用價值才增加了。

交易目的與手段的錯亂：從W—G—W到G—W—G

在亞當．斯密或李嘉圖的理論中，此即市場與交易的優點。交易創造了使用價值，貨品從沒有使用需求的人手中，被換到有使用需求的人手裡，提高了使用價值；表面上的等值交換，讓實際上牽涉其中的人都獲得了較高的使用價值。因此他們認為經濟活動越頻繁，交易越多，整體的使用價值就越高。然而馬克思不是亞當．斯密和李嘉圖，他不僅看到交易所產生的價值效應，他更意識到交易過程當中，目的與手段之間的錯亂。

我們應該清楚，在交易過程中，物品是目的，金錢貨幣只是仲介協助的手段。如果人類的經濟活動都是以使用價值較低的麵包去交換使用價值較高的葡萄酒，才是合理的經濟活動。用馬克思在《資本論》裡所定的公式來表達，那就是W—G—W。第一個W指的是商品，G是金錢，最後一個W也是商品。也就表示賣掉商品換來金錢，再拿金錢去換我們更需要的物品。所以是從物品到金錢，再到物品。

但馬克思發現，現今的經濟活動有很大一部分並不是正常的W—G—W，而是倒過來的G—W—

G。它指的是用錢買一樣東西，再把這東西賣出去；交易買賣，不是為了要使用這樣東西，中間完全不牽涉使用價值。最典型的G—W—G就是房地產投資。投資者買房不是為了居住，他們購買房子的動機純粹是等房價升值之後出售房產，投資客是為了轉售房產而購屋。他們不考慮房產的使用價值，只著眼於房產轉賣出去的交換價值。

絕大部分的房地產投資客，他們投資的目標物與自有住宅相距甚遠。他自己喜歡住什麼樣的地段、裝潢喜好、生活機能以及居住環境，與他所投資的房產並不一定相同，他會購入很多自己根本不會居住的房子作為投資目標物。

《資本論》在第一章先討論了G—W—G。G—W—G其實就是異化，也就是手段和目的的錯亂。手段倒過來控制了目的，原本金錢貨幣是作為仲介的工具，現在反而變成了目的，交易就不再是為了增加使用價值，而是為了累積金錢貨幣。

直指了G—W—G的問題，馬克思觀察的經濟活動當然就不像亞當．斯密、李嘉圖他們認定的那麼正面。套用馬克思的形容，某一部分甚至絕大部分的經濟活動本末倒置，其實是為了提高貨幣價值而進行的。在G—W—G的交換過程中，交易成立的前提考慮是賣出的價錢必須高於買進的價錢，這個時候商品本身的使用價值完全被排除在考慮之外。

賺錢是為了什麼？

我們太習慣於市場經濟的觀念，理所當然認為售出必須比買進的價格高，追求盈利、盡可能累積財富成為無可置疑的人生目標。然而就算在以市場經濟為主流的社會，人們還是會不時提出疑問：累積財富之後呢？賺錢的目的為何？或者會出現像「窮得只剩下錢」這種吊詭的批評。

是的，我們忘不了也不能徹底脫離原初的目的、手段、架構，也無法擺脫交易現象的本源。由於分工而產生了交易，分工使得每一件物品在不同人手裡有不同的使用價值。麵包店老闆不需要多餘的麵包，酒窖主人不需要成堆的葡萄酒，所以應該在對彼此有利且能增加彼此手中物品使用價值的條件下進行交易。可是，現在更普遍的G—W—G的活動，使我們脫離交易的根本道理，讓交易徹底變質，轉而為了累積金錢貨幣而交易。從此，交易的標準不再是針對每一個人的使用價值，進而在交易過程中，增加這些貨品對每一個人的使用價值，反而是統一的金錢及貨幣。人為了抽象數字而交易，經濟生活轉變成以抽象數字為目標。

馬克思一百多年前提出此一觀念，一百多年之後，我們必須承認馬克思的經濟學說已成為現今生活的現實描述。

12.剩餘價值的來源：G1＝W，W＝G2，為什麼G1＜G2？

馬克思的經濟學指出了非常根本的矛盾：金錢的介入原來是為了方便交易，交易行為應該是用金錢換來我們更需要的商品。這是W—G—W，W是商品，G是金錢。可是金錢介入一定程度之後，這種行為的順序變成了G—W—G，用貨幣去購買商品是為了將購入的商品出售，藉以賺取更多金錢。

G—W—G的異化，守財奴的誕生

G—W—G是一種扭曲，讓人產生錯覺，將金錢貨幣從手段提升成為目的。人生的富足應該來自擁有許多有用的物品，但活在目的和手段錯亂情況下的人，卻去追求擁有更多金錢貨幣。連帶產生另外一層錯覺，誤以為金錢貨幣才有價值，而非物品。想盡辦法賺錢，不是為了交換更具使用價值的物品，而是以為金錢貨幣最有價值，一旦相信價值就藏在金錢貨幣裡，也就必然選擇盡可能累積金錢貨幣。

一個人手上握有一筆財富，他明明可以拿這些錢去換來很多物品，但他最怕錢財從手中流失。在將錢轉出去之前，他必須確認手中的錢換取商品之後，商品可以幫他換回更多錢。所以這種人可以累積很多財富，他購買商品不是為了滿足自己的需求，也不是為了享受生活，而是為了增值，商品存在的價值是為了換取更多財富，這種人就變成了守財奴。

守財奴最在意的是累積了多少財富。如果你提議辛苦工作一天後去買張電影票，或是去聽一場音樂會，他不會問你要看哪一場電影，哪一場音樂會值得聽。他只會想到，一旦買了電影票和音樂會入場券，他的財富立刻減少了幾百元；而且電影票和音樂會的門票不可能轉賣後讓他賺到更多錢。這類人的基本選擇是盡可能減少手中貨幣的流出，盡量減少貨幣與商品之間的關係，而留住錢財。

另外還有一種人的行為表面與守財奴完全相反，他會積極地用錢去做頻繁的商品交換，但換來的也都不是對自己有使用價值的物品，而是為了在轉賣物品之後牟取更多利益。所以這種人與守財奴一樣，他們都不會珍惜、愛護、喜歡、在意物品。他們不在意物品的使用價值，他們眼中只有金錢貨幣。

G1＝W，W＝G2，為什麼G1＜G2？

在G—W—G的異化交易中，前面的公式關係是G1＝W，也就是你拿一筆錢買到了等值的商品。例如，等值的商品是一枚金戒指，你花掉的錢是一千元，G1就是一千元，你所換來的商品當然就等值。可是在G—W—G的過程中，為什麼要去買這枚金戒指？因為你想轉賣這枚金戒指。又買又賣，顯然你想的是這則公式的後半段。出售W商品之後產生G2，這個G2應該要大於W，意味著商品賣出的價格高於原先買進商品的價格。

從買進到賣出，G—W—G，這個商品就是W，它在中間沒有改變，可是G2卻大於G1。換句話說，W本身並沒有發生任何變化，但在買賣的過程中，它的交換價值竟然增加了。馬克思就把G2大於G1的部分稱為「剩餘價值」，表示那是在G—W—G的不正常關係下產生的不正常價值差異。

正常的W—G—W的關係中，一端的商品W1，它的交換價值等於中間的G。舉例來說，麵包上架販賣時，售價一百元，這個麵包就等於一百元。再拿一百元去購買葡萄酒，此時葡萄酒是W2，這個W2的交換價值也等於一百元，也等於中間的G。這樣的交易沒有增加交換價值，但為什麼會成立？前文提過，對於行為的主體來說，W2的使用價值高於W1，它可以在交易當中獲得較高的使用價值。

在不正常的G—W—G關係當中，只有一個商品W時，它的使用價值不變，但交換價值卻後高於前。如果我們把它寫成馬克思的公式，那就是G1＝W，W＝G2。這本來是兩個等式，但當我們把這兩個等式並聯之後，我們得到的就應該是G1等於G2。可是這超出常理了，在G—W—G的關係裡，我們每個人都認為G2應該要大於G1。

當你用一百元去購買一枚金戒指，在你擁有它的這段時間內，你既沒有使用它，它的價值也沒有改變，但你可能盤算著要找機會用一百零五元的售價把它賣出去。今日我們將這種現象視為理所當然，認為這就是做生意的基本道理以及生意的本質。但是套入馬克思的價值公式，我們獲得了什麼？我們得到了一百＝一百零五的荒謬結論。一百絕不可能等於一〇五，所以對馬克思來說，這中間的五必須要有一個合理的解釋。

我們只能回到W，也就是從這個商品本身來解釋。一種比較簡單的解釋是時間，意思是之前的W與之後的W並沒有不變，因為時間及狀態改變了，所以需求也隨之改變，這是基本道理。買進金戒指的時候，這枚金戒指的整體需求並不高，後來售出的時候，這枚金戒指的整體需求提高了，因此造成G2大於G1的結果。也就是說，商品W（金戒指）沒改變，但是管轄W（金戒指）需求程度的因素隨時間而改變了。這就是市場經濟學的解釋。

馬克思讀過亞當・斯密的著作，也讀過李嘉圖和馬爾薩斯的學說，他對同時代的經濟學有一定程度的涉獵。所以，他也承認這種時間所造成的變化。更進一步，他也瞭解金錢介入所產生的影響。我們可以用原本的低價大量收購某一種商品，等到市場發生匱乏，把需求和價格一併推高，再用高價售出。這是很古老的謀利行為——「囤積居奇」，這是金錢介入所產生的商品資本主義的效果。

馬克思沒有否認這種解釋，但是他從當時英國的工業發展，觀察到另一種現象，並認為此一現象比商業資本主義更重要，這就是他對工業資本主義的描述。馬克思觀察到的是工業狀態下商品W的改變，工業資本家付出G1、買進W的時候，是用分散的方式購買。例如十元的商品被分成了五個部分，每個部分值二元，所以相加之後，這個工業資本家總共付了十元—二元買原料，二元付地租，二元分攤工廠建造的費用，二元分攤機器的價格，二元購買勞動力。這五項元素相加之後，就產生了價值十元的商品。

工業資本家付了十元買進這個商品，當然不是買給自己使用，而是要拿到市場上去販賣，但他賣出的價錢必須高於十元。此即典型的G－W－G的活動，後面的G2高於前面的G1，那麼其中的價差也就是G2比G1多出來的數額。多出的數額從何而來？在整個G－W－G的過程當中，原料價值不會變，地租價值不會變，工廠建造費用和機器價格已經先支付了，更不會改變。那會改變的是什麼？顯然是排除這四項因素之後，最後剩下來的因素，亦即勞動力。

馬克思以這種方式解釋為什麼在工業生產當中G2減掉G1的剩餘價值來自勞動力。他所看到的是從生產到消費的過程中，勞動力因素被用比較低的價格買進，卻又被用比較高的價格賣出，才會出現G2與G1不相等的情況。

勞動力為什麼是剩餘價值的來源？

如果我們想更深入瞭解馬克思的理論，而不只是《資本論》，我們必須要參考他的《政治經濟學批判大綱》。這是馬克思著作裡最晚出版的一本書，直到一九三九至一九四一年間才陸續問世。這是一本馬克思未能完成的政治經濟學手稿。雖然創作時間與《資本論》重疊，但討論的範圍卻遠超過《資本論》。在《政治經濟學批判大綱》裡，馬克思說明了為什麼在G－W－G的過程中，只有勞動力是唯一會變動增值的因素。

第一項理由，勞動力和勞動者無法分割。我們討論的是現代工廠制度，不涉及奴隸制，所以資本家購買的是勞動力，而非勞動者。但勞動力依附在勞動者身上，兩者無法徹底分離。資本家購買勞動者一天十個小時的勞動力，但他所付出的價格不可能真正等同於勞動者養成勞動力所需的成本。

意指一個人要成為勞動者，他要在出生之後長大，然後要接受基本教育。即使是在十九世紀，英國使用童工作為勞動力，童工也必須長到十二歲，才能成為勞動力的提供者。

勞動者形成勞動力漫長過程的時間成本能轉嫁到雇主身上去嗎？不可能。雇主雇傭一名十二歲的童工，只是購買他十二歲之後的勞動時間，不會考慮他十二歲之前如何長大，也不會考慮他如何養成十二歲以後所形成的勞動力。換句話說，從商品角度來看，提供自身勞動力作為商品的勞動者，幾乎毫無例外必定是虧本的。勞動者最大的成本不是他作為一個十二歲小孩的生活所需，而是他成長到十二歲為止已經耗費的成本。

以現今中產家庭為例，養大一個孩子到他從學校畢業，進入職場，需要耗費多少錢？我們可以假設，總計需要八百萬元。純粹從勞動力角度來看，初進職場的社會新人可以領多少薪水？三萬元或者三萬五千萬元？此即他的勞動力所得。三萬元可以支撐他的生活，但是之前成長、受教育所需的八百萬元成本呢？每一個月三萬元，一年三十六萬元，與八百萬元的成本相比，太不成比例了。所以勞動者面對資本家雇主最不利的一點，就是他已經變成一個勞動者，他已經花了八百萬元讓自己變成一個勞動者。

對我們個人而言，你能想像的最大損失是什麼？無論作為人還是勞動者，最大的損失一定是得不到賴以生存的資源，導致你無法從勞動中換回成為勞動者所花費的成本。所以成為勞動者之前的巨大投資是擺脫不掉的包袱。你和雇主都明白出賣勞動力的底線在哪裡，這條底線就是之前所說的勞動力再生產所需，簡而言之，就是能讓你活到明天的基本需求。

應聘時，你已經先陷入了不利的地位——勞動者不清楚老闆究竟有多需要勞動力，老闆卻很清楚勞動者有多需要工資。老闆牢牢掌握著勞動者的底線，勞動者不可能同樣明白老闆的底線，所以這是嚴重資訊不對等情況下的談判與交易。

勞動力的價值有兩種不同的計算方式，一種是計算勞動力所創造出的總價值。一個勞動者一天處理一百斤棉花，紡成了棉紗。這些棉花原來用二十元買進（我們假設分攤的地租、工廠建造、機器損耗的費用也包含在內），現在變成了棉紗，用二十五元賣出，那就表示他的勞動力創造了五元的商品價值。

這是既簡單又合理的演算法。但是另外一種算法是計算這個勞動者為今天這些工作付出之後，他需要什麼樣的飲食以及多長的休息時間，明天才能再次回到工廠，繼續處理另外一百斤棉花。這種演算法並不是評估他創造了多少商品價值，而是計算他的勞動力自身所需耗費的成本。

這兩種演算法的結果截然不同。當後面的一種演算法結果低於前者的時候，就有了資本家獲利的機會。他提供勞動者後面繼續工作的成本，換取勞動者所創造出來的商品價值。他可以只花二元工資，供工人吃麵包、喝白開水、睡一張破床，工人就願意為他處理一百斤的棉花，帶來五元的商品價值。他知道工人會接受這種不等價交易，因為如果賺不到這二元，工人就無法供應生活所需，這是更大的損失，工人絕對無法承受。

這是資本家和勞動者間的不平等交易所產生的雇傭關係。明明勞動者創造了五元的價值，但他只賺取二元——讓勞動力可以再生產的工資——作為成本，於是中間的三元就變成了資本家的獲利。資本家購買棉花、興建工廠及機器、給付地租，加上所有成本之後，由於他只花費二元買勞動力，而這個勞動力幫他創造了五元的價值，所以本來二十元成本的東西，在轉手出去的時候售價變成二十五元，再扣去付給勞動者的二元，剩下的三元就變成了資本家的獲利。

馬克思強調這個獲利不是資本家本身應得，這是勞動者創造出來的，卻被資本家收進口袋裡。用這種方式，勞動者創造的商品價值轉而變成資本家口袋裡的利潤。馬克思用上述方法，仔細地解說了勞動力為何是剩餘價值的來源。

13. 賣不出去的〇．七部手機：資本對生產的改造，導致了多大浪費？

馬克思提示我們，在分析之後，我們會看到資本介入之後重整的生產，有了幾個相關聯的重要現象。

第一，產品與工人的意志沒有關聯。工人不能自己決定要生產什麼，更進一步，工人甚至不知道自己在生產什麼。

第二，產品也與需求者脫離了。並不是因為有一個需要鏟子的人，所以他去找鐵匠幫他鍛造一支鏟子。很多產品在生產時，並不確定產品的需求量，也不知道需求者在哪裡；而是必須先從生產設計開始，等到產品完成之後，運用各種手段去刺激產品的需求，增加產品的需求者。

接下來就必然造成工人勞動地位下降，以及勞動價值的下降。工人不只是勞動力，他們是在社會上真實存在的人，所以勞動價值下降也就必定會影響工人的社會地位，勞動尊嚴也會隨之下降。

雖然馬克思未明確說明，可是他已經預見現今資本主義系統裡的巨大問題。也就是說，由於產品與工人無關，也與需求者無關，所以最終會造成非常龐大的浪費。

龐大的浪費：〇．七部賣不出去的手機

舉一個當下現實的重要例子。人人都使用手機，並且我們沒有人會覺得不需要手機，可是我們回顧過去二十年中因為資本介入進行的工業化會發現，它導致了沒有人知道需求在哪裡的特殊現象。現在絕大部分的東西都不是為任何單一的人而生產的，反而是先製造出來物品，之後再出於統一需求去追求製造出來的產品。

例如，蘋果公司推出最新款iPhone，從需求層面來看，大概每個人都有手機，而且每個人都覺得手機是必需品。也就是說，我們心裡都存有這種需求，但這個需求是從哪裡產生的？並不是在沒有手機的時候促使人們去想如果可以擁有一部手機該有多好，也絕對不是指在最新款iPhone沒有消息時，我們就預先設想我現在需要最新款的iPhone。我們不會用這種方式與這些工業製品產生關係。

這就衍生出一個嚴重的問題，雖然馬克思並沒有明白指出，但在邏輯上已經包含在他的問題分析裡。我們可以去查一個特殊的、被忽略的數字，那就是過去二十年中，到底有多少被設計、製造出來，但是從未被出售過、使用過的手機。這種手機從生產之後，甚至沒有進入市場，就只是存放在倉庫裡。然後等到過時，就變成垃圾，或是變成回收品，再被拆掉回收。

這種手機的數量有多少？數字非常驚人。手機行業是高科技產業，它不僅獲利龐大，且銷售迅速。當蘋果公司在設計及製造手機的時候，你可以觀察出它的思考模式。

例如，關鍵點在於第一批需要多少生產量，以及如何計算出生產量。這個數量是一個豪賭，同時是在投資上的勝負關鍵。究竟要生產三百萬部手機，還是八百萬部？這是個大問題，而這個問題沒有明

確答案。不過在基本的思考模式上，它就默認了不可能售出蘋果公司所生產的每一部手機，不可能用假定全部售罄的方式來計算成本和售價。

如何計算呢？一定要假設這中間有一個加價幅度。加價幅度意味著，並不是計算每賣出一部手機回收的利潤，而是要假定大概要生產一・七部的手機，才能賣出一部手機，從而推算出售價。

你必須要用上述方式去計算成本與售價之間的關係。但也就意味著，因為產品與需求者脫節了，我們不以需求者的需求來製造產品，所以必然產生非常驚人而且可怕的浪費。

服裝業的浪費

所有人都覺得手機行業是光鮮亮麗且有效率的先進行業，如果再看另一個與大家日常生活息息相關的行業——成衣業，浪費的情況就更加嚴重了。

提及大眾所熟悉的成衣品牌，它們的商業模式、製造模式或者資本模式是什麼？它們所進行的生產，大概是以每兩周到一個月的頻率，更換商店裡的商品線，目的是要用快速、大量的製造來刺激需求。換句話說，製造成了需求的來源，而不再是以原始的人類基本的欲望去產生需求，反而演變成去追求滿足需求的製造。

每兩周更換一批，用意是在刺激你或提醒你衣櫥每三個月就要換一批衣服。本來一件衣服可以穿上十五次或二十次，可是由於快時尚製造刺激了集體需求，例如流行的壓力，你很可能購入了一件衣服，卻只穿了三次就不再穿了，因為它已經不再是當季的流行品。

這已經成為一種浪費：一件衣服本來可以穿二十次，現在變成穿三次就丟棄不穿。但你沒有察覺到更大的浪費：快時尚公司需要每兩周或每個月更換一次產品線，當它們在進行生產的時候，它的生產與需求之間的連接出現了一個巨量的深淵。

具體而言，一家手機工廠在製造手機的時候，它假想每賣出一部手機，就必須要生產一．七部手機，換句話說，有〇．七部手機必然在生產的時候就被假定是要浪費的，把這些數量的成本算進去，得出一部確定能賣掉的手機應該的售價。同樣道理，如何去計算成衣企業的獲利公式？它們計算的不是一比一．七，而是一比三甚至一比五。為了要售出一件衣服，刺激顧客更頻繁地進入商店購買衣服，他們可能需要生產三倍甚至五倍的產品。這也就意味著，你每賣掉一件衣服，最後可能要用各種不同的形式報廢掉二至四件衣服。

為什麼能這樣刺激我們的需求？因為流行服飾很便宜，大部分人都能夠承擔。但你沒有意識到對地球的資源來說，這是必然而且龐大的浪費。

所謂必然的浪費並不是因為生意不興隆，每生產三件衣服只能賣掉一件，而是在商業資本運作的邏輯下，事先設定生產的三件衣服中只要賣掉一件，就能夠維持商業循環。也就意味著，不論是地球資源，抑或是人力以及能源，都假定了三分之二的浪費。

對資本的需求讓越來越多的人選擇做一個不勞動的人

這當然是馬克思來不及看到的現象。然而此一現象之所以發生，已經包含在馬克思對資本分析的理論中。關鍵在於工人不能決定產品，需求者也不能決定產品。在此狀況下，由資本家——控有生產工具的人——來決定生產什麼樣的商品。製造走在前頭，需求跟在後面，因此製造跟需求之間的落差就會帶來龐大的浪費。

在資本秩序下，因為發生了從生產到需求的落差，所以在生產任何東西之前都必須先投資，每一樣東西都需要資本，也都牽涉高度的不確定性。投資生產時，因為生產不是針對任何特定的需求，所以，首先，我們不知道到底有沒有需求；其次，我們不知道需求者、消費者在哪裡；最後，我們也不知道需求者、消費者什麼時候才會購買產品。

因而，資本主義系統裡牽涉非常漫長的時間不確定性，時間不確定性進一步造成生產對資本的高度依賴。我們先要有一大筆錢去添購機器、雇傭工人、購買原料，把產品生產出來，之後還要等待這個產品上市，被大眾需求、銷售之後，才能收回利潤。

在獲利之前，對於資本的需求更大。大家都需要資本，於是在不確定的時間中，你就必須負擔資本的利息。所以，隨著社會、經濟對資本的需求越來越高，資本能得到的利息也就越來越高。用今天的語言來說，金融市場越來越活躍，資金需求越來越大，投資的可能性越高，最後產生的效果也就是利息所得和勞動所得之間的差距越來越大。這意味著，在正常狀況下，會有越來越多人選擇做一個不勞動的人，想辦法讓自己成為投資者，讓自己變成運用信用和利息來獲利的人。

這種人越來越多，金融市場也不斷擴張，我們對勞動價值的追求也就越來越低，連帶造成勞動力貶值，同時必然帶來勞動者地位的下降。勞動者地位下降了，工人又覺得自己賺得很少，連工人都不想繼續當工人，也就意味著勞動者的人數會一直下降。

從馬克思的角度來看，越來越少的人勞動，卻有越來越多人想分享勞動所得，於是勞動者能留在自己身上的價值就越來越少。到達一定程度，當勞動者的供給不足以支撐整個勞動結構，勞動生產的整個架構就會瓦解。一個社會失去了勞動的價值增生，勞動價值的所有系統也就隨之瓦解了。這是馬克思預言資本主義無法維繫的一項因素。

雖然關於資本與勞動如何分配利益，從市場經濟學來看，這套邏輯完全合理，因為在供給與需求上可以解釋清楚。例如，新的成衣品牌為什麼需要大量製造？因為即使大量製造，它們仍然可以獲利，即使三件衣服裡只售出一件，他們所創造出的需求仍然可以應和他們的供給。

但是我想要提醒大家，從馬克思的資本分析上看，這完全不合理，其中的每一個環節都是問題。讀馬克思經濟學說，應該從中尋求看待經濟問題的另一個角度，並且看到不同的價值和問題。

14. 馬克思理論的後繼者對《資本論》的補充

根據馬克思留下的書信與檔案，《資本論》的寫作源頭可以追溯至一八四五年。那一年，馬克思和出版社簽署了一份合約，預計出版名叫《政治與經濟批判》的著作。從那一年到一八八三年，即他去世的那一年，馬克思在與家人、朋友、出版商通信時，多次預告那本書就快完成了。

四十年間，他一直在說快完成了，但是最後並沒有真正交稿。然而我們不能指責馬克思偷懶，也不能指責他糊弄，因為有很多證據證明他一直努力想完成這本書，他做了許多研究和思考，還寫了很多筆記與草稿，也曾經多次認真地思考要把寫好的稿子寄出去。

書籍未完成的原因

一直努力寫作卻沒有把書寫完，最大原因在於馬克思並不只是一個研究者和寫作者，他不像關在象牙塔裡的學者，可以有充分、完整的時間去研究和寫作，他同時也是歐洲混亂時代的革命行動者，一八四五年新書簽約後，沒多久就爆發了一八四八年的革命，對他以及全歐洲的知識分子來說，這場革命都是巨大的衝擊。此時他與恩格斯一同撰寫了《共產黨宣言》。《共產黨宣言》改變了馬克思的人生，也改變了他對《資本論》寫作的計畫。

此時的馬克思開始組織共產國際，參與實際的革命行動，這耗費了他很多時間與精力。此外，馬克思最早從事的工作是新聞記者，所以他必須觀察現實，對新聞事件做出及時的反應，並且撰寫報導，這又耗費了他的一部分時間。

更重要的是，不論是革命行動還是現實批判，這些經驗都直接影響了他對歐洲乃至世界政治經濟的看法，也迫使他一再調整本來預備寫進《資本論》裡的內容。

再者，他的思維模式使他總是沒有辦法用簡單的概念或語言去陳述自己。他總是覺得自己對表面現象的挖掘仍不夠深入，認為自己的敘述不夠完整，必須再完整一點。

《資本論》的六個核心概念

《資本論》的成書過程提醒世人應該如何理解這部書的內容：這本著作創生自一個聰明複雜的腦袋，它的作者用了四十多年，發展出來一套體系，剛開始或許只有幾個核心概念，但在漫長的時間中，它們不斷擴張、發展。探究出書中的核心概念，有助於我們理解《資本論》的龐雜內容。

第一個核心的概念是資本和資本主義，第二是工資勞動，第三是土地私有制，第四是國家，第五是國際貿易，第六是世界經濟。這六個核心概念，從一八四五年到一八八三年，一直在馬克思的腦海裡盤旋。

直到他去世前，馬克思大致完成了資本及工資勞動這兩大部分的探索與解析。但是接下來的土地私有制，他就沒有時間去做同樣充分的處理了。馬克思主張資本主義社會由三種不同階級的人所組成，即資本家、工人和地主。分析了資本家及工人，理所當然，他也必須分析地主，尤其是地主賴以存在的這一套社會制度——土地私有制。但是馬克思沒有時間完成，他只留下一些片段式的思考記錄。

馬克思生活在十九世紀的歐洲，那是一個民族國家還沒有完整成形的時代，那時的歐洲人還不具備二十世紀之後被視為理所當然的國家觀念。因而那個時代的人會有超越國家的視野，國家對個人的意義也不像對後世人那樣固定、必然且局限。針對資本、工人及土地私有制的相關議題，馬克思連結了經濟批判和政治批判的關鍵環節。他從經濟批判的角度對當時多變的國家觀念提出新的描述和定義，然後再以國家為基礎，進一步討論國際貿易及世界市場。馬克思經常在他的著作裡提到國際貿易的重要性，畢竟根據他的觀察，英國之所以能夠快速實現工業化、薪資工人取代計件工匠的一大主要原因，就是英國紡織品的海外市場，歐洲的資本主義化就是在國際貿易的條件下開展出來的。不過，馬克思也來不及將他對國際貿易及世界市場的想法闡釋清楚。在這方面，後來俄國的列寧提出了對馬克思理論的重要補充。

列寧和華勒斯坦對馬克思理論的補充

馬克思主義在蘇聯成為「馬列主義」。列寧的貢獻主要在於兩方面：一方面是革命理論，尤其是提出「不斷革命論」，確立了無產階級專政過程中共產黨和工人的角色；另一方面是解釋了帝國主義和資本主義之間的關係。

列寧認為，帝國主義是資本主義發展的最高階段。資本主義的生產方式創造出一套相應的上層結構，國家與政府都被底層的資本主義生產方式改造成配合這套生產方法的機制。國家要為資本與資本家的利益服務，用國家的力量為國內的資本去尋求更廉價的勞動力以及更廣大的市場。在此模式下運作的政治機構，會逐漸演變成帝國主義，這意味著必須到海外去，為資本與資本家尋找更廉價的勞動力和更廣大的現成市場。

資本主義邏輯擴張到國際貿易的層級，形成帝國主義的動機與動能，這是列寧對馬克思國際貿易理論的重要補充。至於世界市場的部分，還要比列寧遲半個多世紀，直到二十世紀七〇年代才由伊曼紐・華勒斯坦完整提出了他的世界體系理論：資本市場的分工角色和權力控制，從原來一個經濟體國家的範圍擴大到全世界。全世界就分成了多層中央與邊緣的體系：體系中央握有資本、生產資源和生產決定權，邊緣則是提供廉價的勞動力，提供沒有決策權的勞動價值。在此一中心與邊緣的關係中，邊緣所產生的勞動價值卻不斷地匯聚到中心，被中心剝削並集中使用，使得中心的權力越來越大，對於邊緣的支配權也就越來越高。

華勒斯坦的理論出現之後，由馬克思開啟的世界市場討論有了比較完整的呈現。不過，此時距離《資本論》第一次出版以及馬克思去世，已經將近一百年了。我們無從瞭解，如果馬克思活得夠久，當他繼續發展國際貿易和世界市場的理論時，他的主張與列寧以及華勒斯坦的主張究竟會有多大差距。不過我們可以從事實上去推論並探索。列寧和華勒斯坦的理論確實都是認真地以馬克思所提出來的資本及資本主義觀念為前提。換句話說，列寧與華勒斯坦的確都是馬克思理論的後期推展者。

資本家熱中於追求資本利得，此為資本主義近乎盲目的一種動力。因此資本不會忽視歐洲以外更有利的勞動與市場條件，尤其若以殖民地形式統治，能提供更低廉的勞動力再生產底價，也能夠提供幾乎沒有競爭對手的市場。因為殖民地的發展落後，所以工業產品在殖民地具有一定的市場競爭力，而且還可以用殖民政府的政治權力壓迫，驅趕所有市場上的競爭者。所以資本與資本家當然就會驅動這種配合他們利益的政府去開發利益，此為列寧對帝國主義的基本看法。

華勒斯坦則是將馬克思對工業化社會中無產者與資本家的兩極分化描述，推廣在整體工業化之後的世界體系裡。在這個體系裡，最耀眼也最礙眼的現象就是上述的兩極分化。當某些國家及地區變成了剝削者，其他國家和地區便會成為無奈的被剝削者，利益不斷地從邊緣被吸納到中心，結果就造成越來越不平等的差距。

上述都是對於馬克思經濟思想的重要擴充，也能夠幫助我們理解馬克思原來的思想架構何其龐大、何其複雜。

馬克思的龐大計畫，必須由後繼者們完成

馬克思制定出六大討論方向，但是在《資本論》裡卻只來得及對資本、資本主義以及工資勞動做出較為詳細的討論。他曾經試圖在《資本論》之外寫出一篇更全面的導論，但也一直沒有完成。馬克思去世半個世紀之後，我們才得以看到被挖掘出來的這份手稿——《政治經濟學批判大綱》。

《資本論》從商品開始寫起，至第三章開始討論剩餘價值。馬克思非常清楚剩餘價值這個概念太過重要，於是就在原來的書稿之外再寫了一份筆記，內容主要是針對剩餘價值的一番徹底思考，這份筆記總共三千頁。翻閱至《資本論》第三章，可見其主要在探討剩餘價值、相對剩餘價值及絕對剩餘價

值等，而這其實是馬克思透過前述三千頁筆記的思考，再簡化之後的摘要罷了。及至馬克思的重要理論後繼者卡爾·考茨基，將這龐大的三千頁手稿做了一番整理，以馬克思遺著的形式出版了《剩餘價值理論》。這本書有時也會被視為《資本論》的第四冊，這就是為什麼對《資本論》到底是一冊、三冊還是四冊會有不同的說法。

上述過程顯示，馬克思的思想體系龐大到他自己無法完成，甚至連他自己都無法理出頭緒，此為他的一大缺點，卻也成為馬克思理論吸引人的一大優點。他提出了很多問題，但沒有來得及寫出完整答案。如果他所提出的問題都有相應的完整答案，馬克思思想恐怕也不會在後世造成如此大的影響。他刺激了許多人沿著他的道路去思索他所提出的問題，進而去討論與爭辯，而且留下討論的空間，讓後繼者盡情發揮，開闢出許多馬克思生前只是簡單描繪在思想地圖上卻來不及親身勘查的一塊又一塊疆土。因此馬克思與其後繼者——擴張他的理論的馬克思主義者——其實兩者很難劃分。馬克思所設計的龐大計畫，其具體內容必須依靠這些後繼的馬克思主義者來填補。

馬克思生前馬克思主義早已存在，而且也已不是馬克思所能夠掌控的。因此馬克思的的確確說過：「我不是一個馬克思主義者。」這是兩難，因為單看馬克思的著作，中間藏有太多缺漏，更有諸多讓人不安的揣測及倉促的結論，顯然這並非一個可以說服人的完整體系。唯有加上馬克思主義者後來的補充說明，才得以更清楚察覺出這套體系的內在連結，並感受到這套體系的世界觀所帶來的真正巨大的衝擊。

然而，若閱讀了足夠多的馬克思主義者對馬克思思想的演繹，便會看到這些馬克思主義者不可能有完全一致的論點，他們彼此之間有許多矛盾衝突的說法。所以我建議先在馬克思自身的著作裡，找出幾個關鍵的概念、名詞，確認這幾個概念及名詞的確切意義，再以此為基礎，吸納眾多馬克思主義者的說法，如此才能比較容易做出正確的判斷。

哪些概念及名詞最重要呢？首先是剝削。馬克思的剝削概念究竟為何，其與經濟事務之間的關係又是如何？再者是操控。剝削及操控兩者之間有著非常密切的關係，但兩者並非完全一樣。

15. 剝削與操控：如何辨別馬克思主義的觀念？

剝削：勞動有其內在價值，不能全靠供需決定

剝削（exploitation），意即將不屬於你的東西據為己有。馬克思使用這個詞的時候還有更深的意涵，他藉由被剝削者的角度來理解剝削，這個角度非常重要。也就意味著當一個人的所得少於他應得的，其中就存在著剝削，因為應該屬於他的那一部分，被其他人用不當手段拿走了。

馬克思最關心的是勞動成果，如果勞動者的生產成果一部分甚或全都不屬於他，即為剝削。馬克思經濟學必須將剝削納入考慮，定出勞動成果所應得的報酬，並且追究其應得的報酬與實際所得之間的落差。

對市場經濟學而言，勞動力進入市場後，同樣依循供需與價格之間的關係，這之中不存在剝削的概念，因為工資由供求所決定。如果供給高於需求，工資就會下降；需求高於供給，工資則會提高。依照市場經濟學，工資原本就隨時都在變動，除了供需互動，別無其他標準可以判斷工人所領的工資是否合理。

我們所知悉的市場經濟學邏輯是透過供需互動，確立最佳、最具效率的資源運用方式。假設貪婪的老闆聘請一名勤奮的工人，每天的工作量是生產二百個麵包。但是老闆只支付給工人與十個麵包等價的工資，其餘製作出來、販賣的麵包都是老闆的利潤。這種做法合理嗎？市場經濟學的答案是不一定，得看當時的勞動供求才能判定是否合理。

為何如此呢？倘若等同於十個麵包的工資太低了，很快隔壁另外一家麵包店就會提出相當於十五個麵包的工資來招聘工人，工人自然就會跳槽到隔壁的麵包店。一看工人的勞動這麼有價值，對面另外一家麵包店也許立刻會決定把工資提高到等值於五十個麵包，工人就會再度跳槽。又假設新東家發覺隔壁鎮有個同樣能幹的工人，他願意以相當於三十個麵包的工資提供同樣的勞動，所以東家又計畫去隔壁鎮聘請工人。一旦原來的工人知道這件事情，在擔心會失業的情況下，也許會主動降低工資，願意改領相當於三十個麵包的工資。

對市場經濟學而言，工資會依照上述情況在不同供需考慮中上下浮動，建立起動態平衡。我們不能說相當於十個麵包的酬勞不合理，也不能說相當於五十個麵包的酬勞不合理。我們只能說，最後經過了各種不同的因素，尤其是供需的互動，薪酬停留在三十個麵包的水準上，就表示這個酬勞最符合當時當地的勞動力供需條件。然而，從馬克思經濟學的角度來看，這裡有一個荒謬的地方，意味著凡是存在的都合理，你無從去判斷它是否真的合理。除了市場供需系統之外，並無其他標準可以作為檢討市場的依據，尤其是檢討價格。

純粹由市場角度來看，即使一朵鬱金香的售價相當於一個工人一整年的收入（歷史上確確實實發生過這類事件，被稱為「鬱金香泡沫」），只要有人願意買，就沒有什麼不合理的。

從另一個角度來看，工人的薪水低到只能天天吃麵包果腹，你也不能說它不合理。因為只要有人願意接受低廉的薪水，自己樂意以低價出賣勞動力，就沒有所謂的不合理。因為這些都是供給與需求互動的結果，一切由市場決定，市場就是它自身的標準。

普遍現象是男性工作者可以比同一職位、同樣工作內容的女性工作者多領十五%的薪水，這合不合理？從市場的角度看，這只是反映了社會對男性工作者的需求高於女性工作者，或者也可能反映了女性工作者的供給高於男性工作者。

如果直覺這種狀況不合理，並高喊「同工不同酬」來表達憤慨，就表示我們相信同工應該同酬，也代表我們認定工作、勞動有其內在價值，同一份工作應有相同的內在價值，不應得到不同的報酬。

倘若如此，事實上我們就否定了市場經濟學的原則，肯定了馬克思式的思考。馬克思式的思考是根深蒂固的勞動基本價值的觀念：勞動不是由市場來決定它的價值，而有其內在的基本價值。

如何評斷勞動價值當然是一個複雜的問題。馬克思在《資本論》裡也提出了很多變量互證的公式，來進行勞動價值的計算。不過，最關鍵、最需要理解的是勞動價值不等於現實工資。現實工資如果低於勞動價值，就出現了剝削，而剝削是一個有待討論、有待解決的問題，此為馬克思的根本信念。

回到麵包店的例子。工人一天製作二百個麵包，如果麵包和麵包店的其他成本加起來總共等於一百個麵包，從馬克思的角度看，意味著工人創造了相當於一百個麵包的勞動價值，這種情況下，他應該領到多少工資？是一百個麵包，因為這是他創造出來的。所以如果老闆實際付給他的工資低於一百個麵包，這中間就出現了剝削，意味著工人的勞動價值有一部分進到了老闆的口袋裡。

市場經濟學的用意是解釋工資如何決定，馬克思經濟學的目的卻是評斷工資的合理性，進而想辦法解決剝削的問題。市場經濟學不承認存在剝削，也無從安放剝削的觀念。但是馬克思經濟學則主張剝削是資本主義社會最重要的特色。所以剝削是定義馬克思經濟學極為重要的一環。

操控：「看不見的手」只是一個市場神話

檢驗馬克思主義觀念的依據之一，是操控（manipulation）。這必須從亞當・斯密講起。亞當・斯密將市場形容為「看不見的手」，這個比喻其實有神學上的淵源。「看不見的手」是上帝的手，人是比較低等的存在，以有限的眼光是看不到上帝的手的。但上帝有他的智慧與邏輯，並按照他的意志將一切事情安排妥當，他的智慧超過人類。市場取代了上帝，非常神奇地幫我們安排了經濟事務，所以市場也就具備了與上帝一樣的奇特能力，具備高於個人意志的智慧與理性。

依據亞當・斯密的說法，每個人都想追求個人的私利，進入市場後，藉由供需決定價格的公式，我們最後可以得到最有效率的經濟運作模式，所以市場就賦予我們一套一般人設計不出也完成不了的人間秩序。

這類藉由協調各方供需來獲得平衡的「看不見的手」，存在於亞當・斯密等眾多經濟學家的心裡。然而它是否能具體實現在日常生活中呢？至少在馬克思的眼中，概念裡的市場、市場運作以及交易行為非但不是同一回事，甚至在本質上相互矛盾。

在現實中，我們無法絕對排除讓市場不自由、不平等的種種力量。而亞當・斯密的論述明白地要讓市場變成「看不見的手」，安排好所有資源，我們必須排除阻礙，假定市場是充分自由的。可是實際上，市場從來都不是自由的，又怎麼能夠假定市場可以發揮所謂「看不見的手」的功能呢？

整個十九世紀五〇年代，馬克思都坐在倫敦大英博物館的圖書室裡努力讀書。他所留下的記錄讓我們清楚知道每一年他的閱讀書單。僅只一八五〇年，他讀遍八十位作者的著作，其中絕大部分都與經濟相關。他幾乎將大英博物館當時收藏的亞當・斯密及李嘉圖的相關著作都讀完了。他曾經如此認真研究過亞當・斯密、李嘉圖所提出的理論分析，我們真的不能說馬克思不懂亞當・斯密、李嘉圖，或說馬克思不懂他們對於市場的看法。但正因為他了然於心，所以馬克思認為他們所說的市場是神話，亞當・斯密和李嘉圖是神話的製造者。相對於他們所說的那一套市場邏輯，馬克思更堅持也更確信自己的看法較為科學。

馬克思堅持自己的經濟理論基於現實，其中並無想像和虛構的成分。馬克思並未挑戰甚或否定亞當・斯密、李嘉圖所提出的經濟邏輯，但對他而言，那是一套憑藉著想像所建構的空中樓閣。差異的關鍵在於，現實裡不存在這種理想化的市場，總是在其間摻雜各式各樣的力量，介入並且操控。操控交易也就是操控市場，因此自由的對面就是操控；在想像虛構的對面就是現實，操控是現實中的重要因素。操控的本意在於讓事物脫離原本的軌道，偏往不一樣的方向。

今天，我們累積了許多數據和知識，可以將馬克思的想法說得更清楚明白。例如，市場運作高度依賴資訊，你必須知道誰在哪些地方，用什麼價錢買賣哪些東西，你必須掌握商品現在及未來會具備何種功能，以及將發揮什麼樣的效果。這些資訊會直接影響並改變我們的行為。市場經濟學假定在交易時每個人都做出理性選擇，但是這種選擇其實嚴重受限，因為你只能按照你所知的資訊來做決定。

當一個人只能根據自己所知的有限資訊來做決定，不全面、不完整的資訊就會讓人無法做出真正理性的決定。不完整的決定不是真正的理性選擇，因為已並非真正合理。可是我們誰又能在進行交易時有絕對把握，並且確實將這件事情的相關資訊都收集齊全，最後再做決定呢？

我們不只需要擁有全面資訊，並且要在做交易的當下，已經擁有全面的資訊。這簡直是天方夜譚。只有在這樣不可能的條件下，每個人才能做出理性選擇，進而建構一個完整的市場。因此，我們怎麼能夠信任市場，接受市場經濟學是正確且唯一的標準呢？

從現實的角度來看，大家進入市場其實都如同盲人摸象，每個人都靠著片面的理解，憑藉勇氣來決定進而付出什麼樣的價格進行交易。沒有充分理性的條件，怎麼會有亞當．斯密所謂的「看不見的手」來發揮作用呢？從應然的角度來看，市場絕不可能完全理性，存在著太多人為操控的可能性。馬克思就是在意應然面的問題，他的道德傾向使得他不只看到市場實際上不理性、不平衡的一面，並且要點出市場是一套虛假的價值系統。

市場上充斥著各種誘騙及欺瞞，而且這兩者是市場的本性。大家都希望藉由誘騙和欺瞞來增加利益，這是所謂理性選擇之中的一部分。在此狀況下，市場存在太多操控，讓人看不清楚一切的真實價值。倘若我們接受亞當．斯密的說法，相信市場恒有一隻「看不見的手」，它會產生公平的管理，你越是相信他的理論，你就越容易受騙上當。

《資本論》的價值理論一方面提出了馬克思認為的正確衡量價值法則；另一方面，別忘了它的用意還要戳穿虛假的市場神話，讓人看清由市場所決定的價值可能為你帶來極不公平的損失。市場存在著偏見，市場最主要的偏見在於價值分配的時候，傾向把較多的價值分配給資本，將較少的價值分配給勞動者。如果你相信市場是公平的，如果你相信「看不見的手」，作為勞動者，當你得到較少的價值分配，被剝削了，你仍然會深信這是正確的，以為市場是公平的。

16. 老闆與勞動者的階級差異，是必然的嗎？

很多人會認為《資本論》這本書非常厚重，或是艱澀，可是在馬克思自己的心目中，他一直認為

《資本論》是一本簡單通俗的教科書；而且為了力求淺顯易懂，他犧牲了相當程度的複雜性，並未將原來寫在筆記內的思考都納入著作。

用簡單易懂的語言，喚醒工人的意識改造

馬克思曾經計畫將《資本論》寫成工人都讀得懂的書，他非常重視這件事，因為唯有如此才能喚醒他們的改造意識。所以他的寫法主要不在於觀念的陳述，而在於形成策略。換句話說，許多他原先寫在筆記裡的艱澀概念，在《資本論》裡，被改寫為較能有效打動工人的說法。

例如勞動價值，馬克思刻意用《資本論》的勞動價值理論，向工人解釋及喊話，對工人讀者說：你應該知道自己值多少錢、你的勞動值多少錢，只是現實中各式各樣令人眼花繚亂的說法把你搞糊塗了；這也是這套體系操控你的手段之一。所以你必須冷靜下來，把腦袋放空，讓自己回到起點上。

由於馬克思問問題、思考問題，都是從最徹底的原點開始，所以他教工人在理解、評斷勞動價值的時候，先從最簡單的基本原理開始。

勞動是一切價值的來源，勿低估自己的勞動力價值

何謂最簡單的基本原理呢？那就是，勞動是一切價值的來源。如果沒有人勞動，不管在哪個領域，都不可能產生有價值的成果，這是顛撲不破的真理；此一原理對馬克思而言，就是一支在充滿鬼魅誘惑的暗夜中可以伴你安心行走的火炬，照亮一切。

馬克思教育工人用這個簡單的原理去衡量價值，依靠它來脫離市場價格以及交換價值所產生的各種混亂，並且避開他人的操控。勞動是一切價值的來源，這個原理如此簡單，簡單到近乎天真。馬克思知道這麼簡單的原理不可能解釋一切，但他的目的是在已經形成的複雜操控局面下，當勞動者已經嚴重低估自己的勞動價值，甚至不知道該如何去決定自己的勞動價值時，為勞動者提供一個自我衡量的機會。

馬克思告訴工人，如果有人說你的勞動價值只值二十元，千萬不要毫不考慮就聽信。尤其不能相信市場價值的說法——只要是市場供需所決定的，你就只能接受。馬克思告訴你，回到原點，先用勞動價值說來計算你的勞動能夠創造出多少總值：進入你手上的原料的價值和你所製作出來的成品價值，兩者之間的價差就是你的勞動價值。然後再計算你作為勞動者的生產成本，明天還能回到工作崗位上，又得花費多少錢。你把飯錢、房租等衣食住行的開銷加起來，等於你的勞動力再生產成本。假設你一天工作十小時，能產出一百元的勞動價值，而你的勞動力再生產成本是十元，這個奇特的公式也就意味著：實質上你每天只需要工作一小時，就能夠創造出你自己所需要的勞動力再生產成本；也就是說，你一天只要工作一小時，就可以活下去了。那麼，多出來的錢或勞動力就是剩餘價值。

剩餘價值：老闆拿錢，就是剝削？

何謂剩餘價值？剩餘價值的定義就是你的勞動力可以被剝削的價值。道理很簡單，不論是否學過經濟學的老闆都明白這個道理，他甚至可能會嘲笑你說：生產、做生意不需要資金嗎？不需要管理嗎？不需要銷售嗎？這些你統統都沒有算進去，你只算你自己的勞動力貢獻，然後就說他剝削你，這樣有道理嗎？

不能說老闆講得完全沒道理，但沒關係，我們可以再回到馬克思單純天真的勞動價值說，把上述老闆考慮的這些全都加進來，加入勞動成本裡再計算一次。你會發現當管理、銷售全部都納入考慮，勞動價值與工人實際領到的薪水還是有一定差距。

更明確的一件事，如上節所述，當你把所有因素全都分開來計算，你就會發現勞動所創造出來的價值，在最終分配時，幾乎必然是資本及利息拿走最大一塊的利潤，這是資本主義社會、資本主義經濟系統的特色。

換句話說，所有其他因素基本上都固定不變，工資、房租及其他的成本都是固定的。在創造出價值進行分配的時候，他們都得到固定數額，只有一樣東西是不確定的——資本拿走了剩餘的一切。所以創造更多的利潤，工人的工資不會提高，房租不會增加，成本當然也不可能增加，只有資本所得增加了。

這證明了馬克思單純的勞動價值理論其實並沒有那麼容易被推翻。你當然不必全盤接受這一套勞動價值說，但我們必須解釋這中間的落差。利潤產生的過程中，可能涉及二十項因素。為什麼在這二十項因素中，高達十九項因素不會隨著利潤上升而有所改變，唯一會改變的因素就是資本以及資本所衍生出來的利息呢？

為何到了最後分配利潤的時候，一定是把多出來的部分分配給資本，而不是平均分配給其他十九個項目呢？尤其是為什麼不分配到創造出價值的勞動者身上呢？為什麼勞動者會在被剝削的狀態下進行勞動？其中一個理由就是勞動市場在其中的操控。

老闆與勞動者的階級差異是必然的嗎？

沿用馬克思對操控的概念，我們可以清楚地看出，市場經濟學本身就是對市場的一股強大的操控力量。從表面上看，市場經濟學解釋了市場運作的原則，但市場經濟學最明顯的作用，其實是讓勞動者接受這種被剝削的生產關係，認為這種狀態理所當然。

每當涉及如何計算工資，幾乎所有老闆都會成為市場經濟學的信徒，絕大部分的老闆不會以勞工所創造出來的商品價值來計算工資，他們不會讓工資隨著利潤浮動。他們也不贊成保障最低工資，更不會支持政府提高基本工資的政策。他們對於工資的基本立場是讓市場決定價格。

一旦牽涉利益，一群人就會傾向持同樣信仰，這個現象值得我們小心謹慎地觀察。人們相信或不相信什麼當然不會是隨機或偶然的。回顧西方近代宗教史，新教運動在西元十六世紀正式興起，對天主教教會展開猛烈攻擊，迅速地在今天的德國建立穩固的基礎。除了德國，法國南部也出現眾多新教教徒。接著是荷蘭、比利時，更進一步，瑞士也迅速改宗新教。與此同時，義大利、西班牙、法國的中心主流依然堅持傳統，他們沒有改變，反而變得更加堅定信仰天主教，與新教產生了激烈鬥爭。

宗教信仰不是隨機決定哪幾個數字中獎，而是不同的生活形態、不同的團體利益影響一個地區、一個團體，或是一群人的信仰決定。老闆都相信市場經濟學，顯然因為市場經濟學最符合他們的生活形態所需，也最能夠照顧到他們的團體利益。以馬克思經濟學作為對照，你會發現市場經濟學的最大特色就是假定老闆和勞動者之間的階級差異不存在，或者，老闆和勞動者之間的階級差異是自然且必然的，不需要任何討論及調整。階級差異不是一個可以改變、應該改變的人為現象。

在市場經濟學裡找出操控者的價值本源之後，馬克思指出了操控存在的事實，並認真討論應該如何消除操控。馬克思提醒我們，操控的原因與結果一直在交互循環當中持續增強，因此產生了這麼強大的效果。但是操控製造了階級差異，一邊是操控者，一邊是被操控者，這兩者當然有差異，而且產生的是兩種不一樣的階級；老闆階級、資本家階級處於操控的那一面，勞動者、工人則是在被操控的這一面。倘若將階級差異赤裸裸地呈現在所有人的眼前，勢必會刺激被操控者覺醒，試圖縮小甚至於消滅階級差異。如此一來階級差異，以及階級差異藉由操控所能得到的利益就消失了。所以讓階級差異繼續存在並且持續發揮作用的前提是：盡量不要讓大家察覺階級差異的存在。

在全世界很多地方講到階級，講到階級差異，還是有很多人感覺到刺耳，因為他們會聯想到鬥爭和暴力，但馬克思的思想裡，階級是可以用來觀察、描述社會與經濟行為的一種新穎的觀念工具，並不帶有這麼複雜的情緒因素。

回到原點：何謂階級？階級意指人類生產分工中的垂直劃分。生產過程中有水平分工，也有垂直分工。譬如，建造一棟房子時，你打石頭，他砌磚，這是水平分工。但是在你打石頭他砌磚的同時，還有工頭站在那裡負責指揮石材何時進場施工，泥水工應該要何時砌磚。負責指揮現場的工頭和石匠、泥水工之間的關係，就是垂直分工。在第一線執行生產的人與其他以間接方式參與生產的人，就構成了垂直分工，也因此，依照他們不同的生產身分，形成了不同的階級。

你介入生產活動的方式決定了你的階級，而你的階級也回頭影響你看待生產活動的角度。不同階級的人對分工的生產程序乃至於分工生產成果的看法不可能完全一致。人存在於生產關係的體系當中，處在何種位置就會站在這個位置上去思考如何最大化自己和自己所屬團體的利益，並且站在這個角度提出對整套生產關係的主張，這就是階級所帶來的階級意識。

從階級與階級意識的角度看，經濟生產活動本質就是一個多元利益衝突、主觀利益交錯的場域。意即不同階級的人會對生產活動抱持不同的利益主張，兩者基本上不可能跨越彼此的階級立場，找到統一的利益主張或是運作模式。

在這一點上，馬克思經濟學的根本精神與市場經濟學形成了極端對比。市場經濟學把自己建構成一門科學，以自然科學作為範本，把自然科學的記錄、分析方法，套用在人類行為上，它的內在理論趨近於盡可能找到最普遍、運用範圍最廣的法則。在此前提下，找到了市場——一個不受身分影響、不考慮個人差異的力量，用供需來決定價格的機制。

正因為這些經濟學家們想要找出最普遍的法則，所以他們偏好將市場當中超越任何個人差異的現象加以凸顯。馬克思卻認為生產作為一項經濟活動，本質上就是社會活動，也是一種人類關係的行為。馬克思關切這種社會關係的方式和他關切所有的社會關係一樣，在生產關係中，角色與立場必然是相對的，不同的人追求不同的利益，所以對這套關係會有相異的看法。

市場經濟學宣稱自己擺脫了身分及個人差異，市場經濟學是一套普遍的經濟法則。但馬克思執意質問：「你是站在誰的立場上提出分析？」只要從這個問題出發，市場經濟學就再也不是一套客觀、普遍的經濟法則，而是一套站在維護資本、擴大資本利益立場上的理論。也就是說，市場經濟學傾向於資產階級利益的立場，把資產階級的操控與剝削合理化。

因此，馬克思經濟學和市場經濟學不是對等並存的兩套經濟理論，馬克思經濟學隱含了對市場經濟學嚴厲的批判立場。

17.十九世紀的歐洲：帝國的誕生，學問的分野

馬克思的《資本論》誕生於十九世紀思想爆炸的大時代，當時出現了許多人類歷史上從未出現過、應對過的重要現象。理解十九世紀發生了哪些重大歷史事件，對於我們進入《資本論》的論述，也有很重要的作用。

工業年代、資本年代、帝國年代

左翼史學家、英國學者艾瑞克・霍布斯邦寫了非常著名的三部曲介紹十九世紀的歷史，準確指出十九世紀受到三股力量的衝擊——工業、資本和帝國，在此之前，人類歷史上從未出現如此重大的影響人類社會的因素。十九世紀時的帝國、工業及資本密切結合，這種情形與中國的秦漢帝國或羅馬帝國、奧斯曼帝國等截然不同。雖然都稱作帝國，但十九世紀出現的歐洲帝國主義的帝國是全新的現象。

在馬克思政治經濟學基本邏輯裡，這三股力量彼此密切聯繫，工業革命塑造出工廠制度，從而形成工人與生產工具的分離——工人沒有能力去投資機器，無法掌控機器，工廠和機器並不屬於工人，於是工人會從原先擁有完整勞動人格的狀態，轉而出賣自己的勞動力。工人的生產方式、生產程序乃至於生產的物品，都不是由自己所決定的，這也是工業革命形塑的新現象。

工業化必須建設工廠以及設置機器，於是產生了資本與擁有資本的資本家。他們掌握工廠和機器，並且控制資本。資本衍生新的現象，也就是集中，意味著即使是過去的商業資本主義，也不可能產生

像工業資本主義如此龐大的集中。

設置了工廠、機器之後，資本家雇傭工人幫他們製造產品，扣除他們付給工人的勞動成本之後，盈餘都集中成為他們的財富。如果雇傭三名工人，他就可以獲得三名工人所創造的盈利。他還可以藉由工廠、機器，雇傭三百甚至三千名工人，進而獲取三千名工人所製造出來的集體盈餘，此即資本家。

歷史上不是沒有出現過財富高度集中的現象，然而以往財富的高度集中幾乎皆與權力及暴力有關。以通俗的語言來說，由帝王或權力者聚積財富，從埃及法老到中國皇帝，乃至於羅馬帝國的帝王，都憑藉高度集中財富塑造強大的國力。帝國形成財富集中的機制很明確，那就是運用權力及壟斷性的合法性暴力，以國家為名徵收人民生產所得，於是產生財富集中，因而此類集中普遍為政治性的。

以往不存在資本家這種角色，資本家在自己所處的體制中沒有必然的政治權力，也沒有任何使用合法暴力的資格和機會。他們純粹通過累積資本，以及剝削勞動者的勞動剩餘價值，成為資本家。這種資本擴張的情形累積至一定程度，就會促使人們從工業時代進入資本時代，意味著資本取得了近乎自主的一種「生命」。

資本的自主生命來自兩項資本家甚至都沒有辦法改變的特性。首先，它隨時都在流動。資本不能停止下來，一旦停滯不前就不再是資本，而是回到了儲蓄。你把錢存在床底下，這可以是一筆財富，但它不是資本。現在基本上沒有人會選擇把錢存在床底下，你會把錢存到銀行去，因為你希望銀行給你利息，這也是資本的概念。

同樣一筆錢存在床底下，與存到銀行裡有何不同？錢存在床底下，變成停滯的死錢，單純只是儲蓄，不具有流動性。然而錢進入銀行之後，銀行會將這些錢借給其他人，賺取借貸的利息，同時付給你賺到的部分利息，作為儲蓄利息，這筆錢就有了流動性。流動性讓錢變成了資本，資本可以用於購買機器、建設工廠並雇傭工人，於是這筆錢創造出更多價值。唯有在流動中，資本才能增生。

再者，資本在流動的過程中，一直追求增生。原來是工業化產生工業的需求，所以需要資本，但是進入資本時代，意味著馬克思所指出的現象發生了，此時工業生產反過來變成了資本的手段；透過工業生產，才能讓資本增生；然後在進行工業投資的時候，才能讓資本保有流動性。這兩項特性決定了何者才是資本。

工業年代、資本年代之後，進入帝國的年代，此時列寧從馬克思的思想中發展出自己的主張。馬克思寫《資本論》之時，對資本的基本性格有了清楚的描述和分析，已經指出資本因為有了自己的生命，所以會不斷尋找能夠流動、增生的出路。

由於資本具備上述性質，資本家必須將資本投資到正確的地方，才能佔有生產的剩餘價值，才能夠增生。所以從更高一層的歷史角度來看，資本家在運作資本的時候也不完全自由，資本有其內在的動力。

分析至最後，此一動力主要源自人的貪婪，即人企圖追求得到更多。但是從集體歷史現象看，資本為了取得這樣一種自身的生命，不斷地往前追逐，不斷地往前滾動。到後來，資本投資和累積的動能不足以由當時的民族國家來限制了。為什麼會形成帝國？因為資本需要更大的領域去進行投資，去進行剝削，以進行累積，讓資本可以增生。

政治經濟學的「how」與經濟學的「why」

列寧有一句簡單明瞭的話，「帝國主義是資本主義的最高階段」。從此一角度來看，十九世紀中不論是工業、資本還是後來形成的帝國，都是人類歷史上空前的現象，影響深遠，將各種不同的社會階層裹挾進來。這些現象在十九世紀時不斷刺激當時的人去思考及解釋，他們試圖去描述到底發生了什麼樣的事情，並且尋找方式去理解這些從未出現過，卻在當下構成現實的力量。

另一方面，他們要問應該如何妥善安排這些新的力量，可以為自己所利用。十九世紀的人對於這些新鮮的現象及力量，區分為兩種不同的態度：一類人問的是該如何分析及理解，另一類人問的是應該如何安排。於是，相應也就衍生出兩種學問。其中一門學問是政治經濟學，另一門學問是經濟學。

然而到了二十世紀，政治經濟學基本上消失了。後來分化出政治學，專門處理權力和權力關係；經濟學則處理交易和利益。馬克思繼承並自覺自己研究的是政治經濟學，但到後來，政治歸政治，經濟歸經濟，政治經濟學瓦解消失了。

如今不論從政治學還是經濟學的角度，我們都無法充分理解馬克思的研究目的以及《資本論》所講述的內容。要研讀《資本論》並理解馬克思的思想意涵，就必須回到政治經濟學的傳統脈絡，必須在背景上釐清政治經濟學和經濟學兩者之間的根本差別。

首先，最簡單的辨別方式是從名稱上區分，政治經濟學意味著這門學問對於人類經濟活動所牽涉的集體權利有著高度關注。經濟學和政治經濟學看待事物有兩種不一樣的眼光：一種是分析到底發生了什麼事；一種卻是去決定或是選擇，在新的變量、新的現象及新的力量出現情況下，應如何安排未來的生活、創建未來的體制。

這樣的區別當然並非絕對。政治經濟學的態度是問「how」，問我們現在應該要如何安排；經濟學的基本態度是問「why」，解釋為什麼會發生這樣的事。

所以經濟學發展到後來以分析和解釋為主，越來越強調分析的能力。經濟學可以向你解釋發生了什麼事，並在解釋的時候——它從十九世紀一路發展到二十世紀——越來越強調科學性，並宣稱它的是客觀的，它沒有告訴你對錯。經濟學解釋人為什麼會有經濟行為，以及人為什麼做出這樣的經濟決定，這些經濟行為、經濟決定是以何種方式結合在一起，其中包括哪些變數，在何種狀況下會導致哪些變化和現象。

經濟學的基本態度是問「why」，並據以分析和解釋。因此，經濟學也就越來越強調，不會受研究者或分析者主觀價值的影響而改變所做出的分析。經濟學家面對同樣的經濟行為和經濟現象時，應該效法物理學家和化學家進行科學實驗的態度，不論由誰來做實驗，只要做相同的實驗，就應該得到相同的實驗結果。

再者，經濟學希望藉由這種方法，發揮在科學上向前解釋及向後預測的功能，所以發展到二十世紀中期，經濟學開始強調、重視並建立各種不同的模型，將數據套進去，這個模型便會自動告訴你目前的經濟體系和經濟行為的未來變化。經濟學系統發展的根本精神，與政治經濟學有著極大差別。

18. 追求科學的經濟學是否有其內在偏見？

理解《資本論》的時候，必須記得一個前提：它是十九世紀政治經濟學傳統的一部名著。政治經濟學不同於我們所熟悉的政治學或經濟學，它強調的是在新的現象下人們究竟應該如何進行安排。

舉例而言，新的現象是資本家掌握這麼多資本，這些資本在運作當中牽涉了勞動者，甚至改變了勞動者。所以當你用這種方式看現實的時候，政治經濟學一直在問，既然這些新的、過去不曾有過的因素與力量加了進來，改變了我們的現實，那麼，下一步該怎麼做？我們應該如何安排未來？

既然它在意的是提出安排，以及對於未來的解答，政治經濟學意欲追究的是工廠制度產生之後，到底應該如何妥善安排工人與工廠之間的關係，工人和他自身的勞動之間會產生什麼樣的變化及發展。

經濟學家問的截然不同。為什麼工人只領這樣的薪水？為什麼工人會過這種程度的生活，資本家卻可以養尊處優，過著和工人不一樣的生活？經濟學主要解釋資本家為何能有不一樣的生活，以及資本家能夠運用的資源、獲得的利益從何而來。

但政治經濟學關懷的卻是因工廠及機器而產生的資本家和勞動者之間的關係究竟該如何處理。倘若你認真回答這個問題，「應該怎麼處理」背後必然存在一個更高的價值選擇，也必然有價值的標準。

所以，經濟學相對於政治經濟學，其實是刻意選擇一條比較簡單的道路。因為經濟學假裝自己沒有價值判斷而專注於分析，所以不需要去問何者對、何者錯，或是何謂好壞，這些都與經濟學無關。及至後來，它用各種不同的方法將這些問題排除在外。

政治經濟學雖然也是以經濟行為、經濟現象作為研究對象，但從一開始，它就是要解答在何種價值標準下，以何種方式安排這類經濟行為才正確，以何種方法著手安排和處理較為恰切。

經濟學是實然的科學，產生的是一種實然的知識。然而政治經濟學卻是一種應然的知識、一種應然的分析。政治經濟學講求should或是should be，經濟學講求be或者being，兩者抱持不一樣的態度。

意圖統合一切經濟理論的經濟學

儘管在十九世紀科學主義潮流影響下，馬克思一再強調他的知識及理論的科學性，然而政治經濟學——尤其是《資本論》——相較於我們今天所理解的更普遍和流行的經濟學，它的最大特色及價值，即延續這一學科的傳統，在於它的「不科學」，或者說它沒有那麼「科學」。

當然其中涉及到底何謂「科學」。在經濟學的範圍裡，它最基本的追求是科學的追求，也就意味著它在研究方法上，必須越來越趨近於物理學。

一直到今天，物理學最大的挑戰，物理學家共同追求的「聖杯」——統一理論。統一理論意味著它能夠將包括光、波、時間、空間等，現在分別處理的這些定理，最終統合在一起，探尋到一個理論，最好是一則公式，藉以應對、解釋所有的物理現象。

經濟學在相當程度上，不論是學院裡非常尖端的經濟學，還是大家比較有機會可以接觸到的通俗經濟學，或普及在日常生活裡的經濟常識，其實都走上同樣的一條路，都遵循這樣的精神：找到表面上看似繁複且與經濟相關的各種行為，不斷地縮減他們的變量，藉此尋找彼此的共同點，最後能夠擁有一套摒除所有差異的經濟規律。

二十世紀三〇年代的突破：供給、需求和價格

如果有人在大學時代學過基礎的經濟學，就會發現八十%的大學經濟學入門第一堂課程的內容大致相同，必定從交易開始闡述。但這和我從馬克思思想及政治經濟學開始切入的講述，其實完全不同。

普通經濟學第一堂課講述供給、需求和價格，這就是二十世紀三〇年代產生的突破。將這三個元素歸納在一起，組成一套方法，使得表面上看似複雜的經濟行為，探求到最根源的地方都可以分析出供給和需求，以及由供給、需求動態變化所產生的價格，此謂交易。

從上述經濟學來分析，經濟學處理的就是有限資源與無限追求之間的矛盾。因為你的欲望無限，但

是資源有限，所以你必須著手資源配置，而決定了人如何進行資源配置的因素即經濟學。

只要靠供給、需求、價格，我們就能夠對經濟決定做出分析。對於你不需要的東西，你不會願意出很高的價格去購買；而物以稀為貴，物品越少，需求越大，價格也就越高。所以供給、需求及價格三者間是互動的，供給下降，需求不變，價格就上升；另一方面，供給不變，需求增加，價格同樣也是上升；那如果價格上升了，需求不變，也就意味著供給減少了。

這則公式解決了所有的經濟行為。你個人的經濟行為最後都能夠以供給、需求、價格為依據，至多再加上價格彈性來加以解決。

某些東西的價格彈性很低，雖然供給減少，但需求不會跟著減少，價格再離譜你都必須購買。這種最沒有價格彈性的東西，我們稱之為必需品，也就是人生存所需的主要物品。

另外有些東西，我們一般稱之為奢侈品。經濟學的分析告訴我們，它的價格彈性很高，因為價格決定你究竟對這樣物品的需求有多高。假設價格低一點，你的需求就大一些；倘若價格太高了，你沒有非買不可的必要，這時你的需求就會下降，甚至消失了。這則神奇公式的確非常有用，它意味著用供給、需求及價格來幫助我們有效地解釋到底資源配置如何進行。

二十世紀六〇年代的進一步理論化：理性選擇

到了二十世紀六〇年代，進一步出現了更加完整清楚的理論，稱之為「理性選擇」。這套理論將我們每一個人都看作理性的選擇者，每個人在進行經濟交易、資源分配的選擇時，都有著理性選擇的基礎。有些東西表面上看似與供給、需求及價格毫無關係，在此之前我們不會將它納入經濟利益的考慮，但到了二十世紀六〇年代，經濟學開始講究理性選擇了。

舉一個簡單的例子，經濟學模式裡本來最難解釋的是利他行為。你追求自身的利益，所以才會產生有限資源和無限欲望中間的問題。倘若有人表面上不汲汲營營追求自我利益，反而捐贈自己的財產呢？此時以需求、供給及價格去解釋就行不通了，這不在經濟學的分析範圍以內。可是二十世紀六〇年代之後，經濟學發展出現重大突破，用「理性選擇」取代之前的交易前提，它的解釋力就擴張了。

為什麼會有慈善家？慈善家為什麼要做慈善事業？慈善事業在理性選擇的理論當中被視作一種特殊交易。錢財換得什麼？名聲，以及別人對你的感激，並且能夠解決你內在的焦慮。換句話說，從理性選擇的角度來看，這一切仍然是在理性考慮下所做出的選擇，推演到最後，仍然是交換價值上的選擇。

企業家為何要捐贈錢財？因為對他而言，錢的價值遠低於他希望別人所給予他的尊敬，那麼通過捐錢換得別人對他的尊敬，這仍然依循著經濟學的原理。他不缺錢，但他缺乏尊重，所以他可以用財富去換取尊重。一旦有機會做慈善，他就不會吝惜於捐贈，因為尊重在價值上對他而言更加重要。因而產生了將利他行為都包納在經濟原則下，並用理性選擇理論來解釋的結果。

經濟學的偏見

表面上經濟學抱持著沒有任何價值判斷、價值中立的態度。對錯抑或好壞皆與經濟學無關；經濟學只是分析為什麼有人會這樣做，以及這種現象和態度究竟從何而來。表面上經濟學盡量謹守著實然科學的立場，但是實際上卻一定還是帶著內在偏見。

對於經濟學而言，其出發點就是現實存在的東西。現實存在是經濟學要去研究、調查及分析的對象，所以現實就在那裡，現實是合理的。經濟學不會去質疑現實，也不會去問如果不是這樣的現實，還有什麼其他的可能性。

經濟學的另外一項內在偏見，在於它強調科學，所以它的探索盡可能忽視差異，把大家表面上看似截然不同的行為統合在一個模式裡。從模式的解釋角度來看這很迷人，因為它的說服力竟然可以包納如此多不同的行為。但有時我們好像也不得不稍微思索經濟學的論理，停下來問一下：這樣是正確的嗎？或者說，這樣是好的嗎？

當經濟學將慈善事業都當作「理性選擇」模式中可以解釋的一部分，意味著我捐錢給你，我做善事，其實並不是真的為了要行善。以前我們認為花錢買麵包給自己，跟買麵包送給沒有麵包的人吃，這是兩種完全不一樣的行為。可是在新的經濟學統合之後，這兩種行為都是理性選擇。原先我們認為前者出於自利，只是為了維持自己的生活，後者是為了幫助別人，但在新的「理性選擇」架構之下，這兩個行為被用同樣的方式分析，也就幾乎等同起來了。

我們真的可以也應該不去追究這兩種行為之間的差異性嗎？強調這兩種行為都是「理性選擇」，用這種方法建立起來的經濟學真理，又會如何影響人的行為、人的選擇呢？經濟學基本上不探問這個問題，也不會分析這門學科的這種態度在社會上將會產生何種影響。換句話說，經濟學是以單一面向分析外在的行為及外在的現象，並未將自己視作分析與檢討的對象。然而在這方面，政治經濟學極為不同。

19. 馬克思的經濟學與市場經濟學的不同前提

以「理性選擇」來看待這個世界，你不會再相信「利他主義」。因為利他的行為追索到後來都是利己的，沒有真正的利他。

從二十世紀六〇年代開始，許多企業成立基金會，去贊助各種不同的公益活動。從「理性選擇」的角度而言，這是要創造品牌價值；在論及商業管理的時候，特別彰顯品牌價值的重要性。品牌價值中的一個項目就是公益事業或社會責任。公益責任和社會奉獻都可以增加品牌價值，所以仍然是經濟行為，仍然在經濟計算的模式中。

曾經，我們怎樣看待慈善？

傳統上，我們認為慈善來自其他價值動機，並不是經濟學可以解釋的。

在中文裡，中國古代有一個非常重要的詞，反映了重要的價值觀，那是「市恩」。中國傳統裡講到「市恩」，是帶著高度批判性的。意思是，你去幫助別人或你做了什麼別人所認定的好事，其實是為了收買人心，用來換取別人對你的感恩。在中國的傳統價值觀中，這是不對的。

這個詞也存在於英文裡，現在的日常用語還是會用到這個說法，例如「begging for compliment」，意思是你刻意運作讓別人來稱讚你，你的所作所為是為了換得別人的稱讚。

在慈善事業中，依照以往與慈善相關的道德價值，有一樣標準是「為善不欲人知」。為善為人知、到處宣揚的為善，與為善不欲人知、藏起來不讓人家知道的為善，是不一樣的等級。

然而，這些差異在「理性選擇」的經濟學模式之下，都被取消了。雖然他們還是承認有人會低調行善，這些為善不欲人知的人和敲鑼打鼓說要捐多少錢，後來也不一定捐款的人不一樣。

有些人是默默行善，有些人則是敲鑼打鼓行善，我們還是要在「理性選擇」中區別處理。可是它仍然依隨著理性選擇的原則，理性選擇理論仍然可以解釋：因為你內心抱持著幫助別人而不欲人知的滿足，高過於你對金錢的渴望，高過於你對名聲的欲望，所以你還是在做「理性選擇」。

但最後，我們不得不問這個問題：經濟學尤其是「理性選擇理論」推進到這種程度，它解釋的普遍性將所有差異排除，得到一個乾淨完整、解釋率近乎百分之百的模式，這個模式是正確的嗎？是好的嗎？

「不科學」的馬克思經濟學，總在考慮人的需求

馬克思並不如他自以為和宣稱的那麼「科學」。他其實並不「科學」，他的基本態度和出發點與前文的科學客觀、價值中立，在根本上是抵觸的。

他不斷地回到人會做不同選擇的這個前提上。當他的討論遇到新的狀況，必須考慮該如何安排時，馬克思的前提總是：如何保障我們能夠有做不同選擇的空間和自由。他並不是要解釋所有的行為，他的前提不一樣。

他是一位哲學家，抱持基本哲學態度，亦即人作為目的而存在的前提。人作為目的而存在和人作為手段而存在，最根本且明顯的差異在哪裡？作為目的的存在，每個人都和別人不一樣，會有不一樣的欲望，也會選擇滿足欲望的不同方式。

在這件事情上，馬克思有一個遠遠高於當時現實經濟狀況的衡量標準。用這種眼光來判斷他所看到的經濟制度、經濟行為及經濟運作，他要追究的是對或錯。他關心的是：這樣的經濟制度、經濟行為和經濟運作，能否保證人作為人、人作為目的而存在，確保人所需要的不同選擇空間與自由？

對於他所處的時代，他所看到的資本主義經濟制度、經濟行為及經濟運作，我們知道馬克思的回答是「不對」。在《資本論》以及其他著作裡，他首先告訴我們為什麼這樣是不對的；其次，他告訴我們究竟在哪裡出了錯；最後，他還要進一步闡釋，我們可以用什麼方法來矯正這些基本的錯誤。

馬克思的《資本論》仔細解釋資本從分工到工業化這個快速變化的發展衝擊，然後他觀察德國以及資本最高度發展的英國社會，再在這樣的事實資訊基礎上，解釋產生新現象的原因。馬克思一直都有一個價值態度：「這些事情為什麼會達到這樣的程度？到底在哪裡出錯了？」

市場經濟學與馬克思經濟學的不同前提

一百多年來，一整套經濟學的變化發展就是不斷將交易過程中的其他性質及差異一一抹除。在這個過程中，經濟徹底改變了我們的行為和生活，也造成了個人與集體之間的問題。關鍵問題：個別交易和集體交易是同一回事，還是兩回事？

在個別的交易當中，選購蘋果或橘子，對馬克思來說，蘋果就是蘋果，橘子就是橘子，我們安排經濟體制及經濟環境，是想有效地滿足分別選購蘋果和橘子的人的個別需求。馬克思試圖設計、推動的經濟制度，其根本前提就是每個人的欲望及需求不同。

這個人想要蘋果，那個人想要橘子，另外一個人想要香蕉，他們的需求不會一樣。當個別情況皆不同時，我們就要設計這套機制，讓每個人都能夠自由得到他們想要的事物。可是，今天流行的經濟學不是如此，經濟學是用貨幣的根本——數字理性，將所有東西都等同起來。你今天不再認真去追問想吃蘋果還是橘子，而是先查看蘋果與橘子的價格分別是多少。如果蘋果比橘子便宜，你覺得應該買蘋果；同理，橘子比蘋果便宜，你就會買橘子。換句話說，不再是先有需求，然後讓交易能夠滿足需求，而是價格決定了你的需求。

很多時候我們都活在價格專制下，價格變成更高的權威，更進一步，能夠決定價格或價格最高層次的運作邏輯，那是資本，資本也就擁有了最高的權威。

經濟行為的關鍵變數：時間

這樣一套經濟學相對於馬克思的經濟理論，非常簡單。馬克思的思想和理論太複雜了。如果不能掌握一個非常哲學性的基礎，就無法分析資本，闡釋《資本論》。經濟行為的關鍵變數是時間。為什麼時間對馬克思而言如此重要？其中涉及哲學立場與哲學前提的差異。

20. 賣時間的勞動者：為什麼我們無法決定自己每天工作多久？

為活下去而活著的時間與真正活著的時間

經濟是人的行為，而人的行為中，絕對不能忽視時間因素。時間最為公平，沒有辦法打折扣，所以時間是最根本的限制條件。首先，馬克思以時間作為前提，人活著，不管是誰，不管在何種狀態下，一天都只有二十四小時，這是最根本、無法改變的事實。

在此之上另一項非常清楚的事實，就是我們可以將每個人的生活分成兩種不同部分。在一天二十四小時中，我們必須要運用一定的比例去進行維持生存的生產行為。也就意味著你的人生一定有一部分是你為活下去而活著，而另一部分對馬克思來說才是真正活著。

馬克思認為我們為了取得生存條件而工作，這部分源自動物本能。所以不屬於人所獨有的真實意義，只有當你已經取得能夠活下去的生存條件後，你用剩下的時間去追求動物性以外的其他欲望滿足，這時你才能與動物區隔出來，成為一個完整的人。

前資本主義的理想狀態

接下來馬克思指出，工業化之前勞動狀況，勞動者自己決定要耗費多少時間、用何種方法維繫生活。當然，這是一種理想型（ideal type）。從「理想型」的角度來看，社會大部分人的生活基本上都是選擇投入多少時間來維持自己的生活，這個比例是固定的。因為在那種生產條件下，這部分時間不可能憑主觀大幅度縮短。如果你是個農夫，為了種植足夠維持生活的糧食，一年中需用多少時間耕田、播種、除草和收割，基本上固定不變，不投入這些時間，農夫不可能耕作出糧食，所以當然不能任意縮短時間成本。

相反，我們不太可能主觀任意地延長勞動時間。因為延長時間不會有所成效，投入更多時間和勞動力，不會增加糧食的產出。更關鍵的是，這些生產是為了我們自己的生活，倘若吃不了那麼多糧食，我們幹嘛耗費這麼多時間生產自己無法享用的所得呢？因此我們不會將時間花在增加生存所需上，省下來的時間構成了我們的真實人生與生活。

賣時間的勞動者：不由自己決定的售價與時間長度

為什麼要介紹前資本主義的理想狀態呢？因為對比工業化之後，人變成了勞動者和工人，衍生出不一樣的狀況。

第一個狀況是，我們再也無法決定要用多少時間去滿足自己的生存所需，因為生產工具不在我們手上，所以只能出賣勞動力來換取工資。

農夫可以在田地栽種出自己所需的糧食，他很清楚自己需要多少糧食。工人卻不一樣，工人出賣勞動力之後，賺取到工資，可是工人的勞動力到底值多少工資，不是他自己所能決定的。所以工人不能說我工作八小時就一定能賺取我所需的工資。因為有時候，他的八小時工資遠超過他的生活需要，有時候卻不夠生活需要。

工人自己可以決定勞動力升值或貶值嗎？不能。因為生產工具不在他手裡，工人無法自行決定生產內容，所以他只能問老闆：「你要付給我多少錢來讓我工作？」老闆告訴他：「你工作一個小時的工資是五十塊錢。」等到過一陣子，老闆缺工了，便提高工資為一個小時六十塊。但工人也可能在工作內容不變及所有勞動條件都未改變的情況下，被老闆告知：「抱歉，從明天開始，一個小時的工資只剩下三十塊錢。」

工人沒有任何權利決定自己付出的時間可以換來多少自己的生存所需。也就意味著進入這個體制後，需要付出多少時間、能夠生產多少、如何能夠滿足自己生存所需，你都沒有決定權。你擁有的仍然是一天二十四個小時，但作為一個人，你的時間劃分變得不一樣了。你被劃分為你可以出賣的勞動時間，以及你不能出賣的勞動時間。

勞動者可以賣和不可以賣的時間劃分是怎麼決定的呢？是勞動再生產所需。意指要讓勞動者有時間睡覺、休息和吃飯，這是勞動力再生產所需的時間。因為如果連這種時間都賣了，作為勞動者，新的一天的價值就比前一天減少了。

所以我們每個人在勞動力市場中都被分成這兩部分：一部分是你需要多少時間離開工作，保障你明天可以回來繼續工作；另一部分則是你可以當成勞動力去出賣的時間，這段時間也不是你所能控制的。你不是自己勞動力的買主，勞動力的買主是握有生產工具的人。以我們今天的語言來說，握有生產工具即創造工作機會的人，實際上就是購買你勞動力的人。

以往，你一直都清楚作為農夫或工匠需要用多少時間勞動，才能維持生活、養活自己。現在你變成出賣時間的勞動者，你就不知道這條界線在哪裡了，因為這條界線和勞動價格之間的關係是浮動的。

勞動者的勞動力時間售價是被決定的。什麼因素決定了勞動力時間的售價呢？首先，不能打破且必然存在的是勞動再生產所需要的成本。作為資本家，他不會害死自己的工人，他要維持工人在第二天還能夠回到生產崗位上的狀態，這是資本家必須遵守的。

除此之外，因為資本家掌控生產機器，又握有生產條件，所以對勞動時數的買賣價格具備高度的決定權。

這又是政治經濟學與經濟學之間的差異。經濟學認定很多人都能接受今年所領的工資，那是一種「願打願挨」的關係，由複雜的供需妥協談判所決定。

老闆願意付給你的工資，你可以選擇接受，也可以拒絕，這就是市場。市場意味著每一項交易成立時必然存在著一種平衡。作為提供勞動成本的這一方，老闆依照自己的需求，在價格上跟你達成協議；你站在供給的這一方，或在有生存需求的情況下，答應以這個價格出賣你的勞動力。兩者形成了平衡，這就是市場。所有的交易在經濟學理論上都是市場上的平衡，因而合理，不但是老闆的理性選擇，也是勞工的理性選擇，兩者找到了匯合點，只要雙方同意工資金額，就必然是平衡的狀態。

虛假意識：由資本家建立的上層結構

然而馬克思就是要反問：真的是如此嗎？我們不能只是去觀察、分析個體的交易。從十九世紀資本存在，資本家與工人之間就並不是單純的個別交易，而是在集體交易的情況下引發與交易有關的許多因素。這些因素不會單純只是供給和需求，也涉及其他因素。

其中的關鍵因素，馬克思稱之為上層結構，其中一部分就是在幫你決定什麼是對的、好的或應該的。這套上層結構反映出下層結構，下層結構是生產的安排。資本家握有大權，所以自然地就會以對自己有利的方式，打造出一套上層結構。在資本家握有大權的情況下，由之而生的社會上層結構就會讓你相信交易是平等的。

這套上層結構必然歧視、壓榨勞動者。因此，在馬克思後來的分析中，出現了他所謂的勞動者的最大敵人。勞動者的最大敵人甚至不是資本家，而是迎合資本家利益所建構起來的上層結構。上層結構影響了勞動者，讓勞動者在心裡產生了一種虛假意識（false consciousness），一種錯誤的利益認同。勞動者不知道作為一個勞動者的真正利益在哪裡，反而認同資本家，或是認同資本家所創造出來的上層結構所給予的這一套價值，因此創造了虛假意識。一旦勞動者產生虛假意識，也就意味著認可這個「一個願打，一個願挨」的交易，不可能意識到還有其他可能性。

而我們今天讀《資本論》，瞭解馬克思的經濟理論，並不是真的要徹底推翻這一套市場邏輯，而是我們需要一種不同性質的提醒，告訴我們：只能是這樣嗎？

當你作為勞動者卻全盤接受市場經濟學的說法時，相信只要有老闆提供任何工資，只要有人願意去接受這份工資，那就是合理的，一旦你進入這種市場經濟學的思考模式，你就會忘記或者忽略這套市場經濟學是以何種方法破壞或傷害一個人作為勞動者的真實利益。

一直到今天，馬克思主義至少在這一方面仍有高度價值，在市場經濟學所產生的上層結構的模式之外，為我們提供了另一種思考方式，告訴勞動者如何更進一步認識到何謂人類行為當中的公平性。

21. 老闆的地位比員工高嗎？員工之間是競爭關係嗎？

市場經濟學告訴我們，經濟能夠達到平衡，最重要的就是讓其他外在力量不干預、不影響市場交易。從馬克思的角度看，這種市場經濟學所建構起來的平衡市場機制觀念就是一套上層結構。

上層結構的內容極為複雜，譬如，它建立了一套價值系統，讓資本家的地位高於勞動者。此外，這套上層結構的價值觀教人用彼此的競爭來看待勞動者和勞動者之間的關係。一個人取得這份職位，另一個人就會覺得自己的機會不見了，得到這份工作的人把他可能有的工作及能賺取的工資拿走了。

以簡化的方式來描述這套上層結構，可以清楚推導出結論：資本家以一種「我提供金錢購買你的勞動，因為有我購買你的勞動，你才能夠活下去」的姿態，凌駕在勞動者之上；又讓勞動者彼此之間形成「我們是競爭者」的價值觀念。這兩項因素是平衡的市場所決定的。馬克思理論非常重要的核心就是在告訴我們，這麼做並不正確。

你的工資，永遠低於你的勞動剩餘價值

馬克思首先強調的就是勞動剩餘價值被剝削，那是因為他所面對的是已經存在的這一套上層結構，以及它所製造出來的種種虛假意識：包含勞動者自己本身都覺得地位低於資本家，勞動者用敵意的眼光去看其他同樣身為勞動者的人。這一套上層結構日復一日製造各種不同的虛假意識。因此，第一個可以且應該改變的，就是必須要創造出一種新的上層結構價值取而代之。

既有的上層結構所創造出來的想像是資本家給予工人工作和工資，讓勞動者有工作，他們才能生活下去。在這種上層結構的想像中，工人怎麼可能有自我尊嚴呢？工人怎麼可能在交易過程中實現他的勞動價值呢？

馬克思告訴我們要反過來看，並且提供一套非常明確的分析方式。即本來是W—G—W（商品—貨幣—商品）的程式，現在要改變成G—W—G（貨幣—商品—貨幣）的程序。

馬克思強調：怎麼會是工人欠資本家呢？資本家支付了一筆錢，購買機器，控制生產工具，收買了工人的勞動力。工人付出勞動力，運用馬克思刻意簡化的演算法，工人在工廠工作三小時，他所生產出的生產價值達到一百元，這一百元指的就是滿足他自己生活所需的價值。也就意味著做完了三個小時的工作，他已經創造出自己生存所需的價值，他大可不必繼續工作。如果他仍然繼續工作，創造出的則是剩餘價值。為什麼稱之為剩餘？剩餘就是多出來或多餘的價值，不是他自己的必需，也不是為

他自己而生產的。

一切價值皆來自勞動。剩餘價值的分配一部分給資本家，一部分回到工人身上。譬如工人這時得到一百二十元，意味著他從剩餘價值裡獲取了二十元，另外的部分分配在支付地租、廠房費用、機器費用及原料成本上，這些剩餘價值如果是八十元，相加之後就達到了二百元。也就表示一個勞動者如果完成了二百元的勞動價值，他就償還、平衡了以上這一切。除此之外，如果還剩有更多的勞動價值，會在哪裡呢？全部屬於資本家了。資本家為什麼能夠擁有資本？因為他用這種方式剝削、拿走了勞動者的剩餘價值。

所以對馬克思而言，必須先確立這樣一種分析和演算法，才能確保勞動者的地位和尊嚴：如果不是把剩餘價值取走了，資本家怎麼可能那麼富有？資本家怎麼可以享受奢侈生活呢？換句話說，勞動者為什麼要感謝資本家所支付的工資呢？資本家給勞動者的工資，永遠低於勞動者實際所創造出來的勞動剩餘價值，因為如果不是如此，資本家就不會給予勞動者工作和工資。

勞動者真正的競爭者，是資本家

馬克思提醒我們的第二件事，即勞動者與其他勞動者之間不是敵對競爭的關係。勞動者的競爭者是資本家，勞動者之間真正的關係是要聯合在一起，盡可能取回他們所生產的勞動剩餘價值，而不是集中地交給資本家。勞動者卻反而敵對勞動者，討好資本家，害怕另一個勞動者搶走自己的工作，這是錯誤的虛假意識。

馬克思的理論和市場經濟學完全不同。首先，他不把交易結果當作既有事實，他要分析交易是在何種集體狀況和上層結構價值的影響下進行的。

其次，對錯與好壞在馬克思的理論中有一個簡單樸素的標準。務必要找到一種方法去計算和衡量「公平」。

在生產中不但需要計算資本增值的總量，也要一併計算一個勞動者需要付出多少勞動時間才能維繫生活所需的增值。務必記得，勞動時間並非客觀，勞動者沒有辦法將勞動時間與自己分隔開來，或者作為一種財產賣出去。勞動時間就是勞動者的生活，勞動者的生活不可能無限延長，他的生活時間一部分賣掉了，也就等於減少了他可以擁有的其他生活，也就是非勞動的真實生活。

付出代價、出賣勞動的時間，究竟在勞動的過程中產生多少勞動價值？最簡單的公式是把生產的勞動價值扣除掉所有成本。第一是勞動再生產所需要的成本，也就是讓勞動者後續還能回來繼續正常勞動所需的一切。第二個成本是讓資本家所提供的環境成為可能的所有成本，包括工廠、機器和原材料。接下來如果還有剩餘，那就是勞動者所創造卻沒有回到勞動者身上的，也就意味著這部分被資本家取走了。

資本家沒有付出任何勞動，也沒有參與任何生產。資本家出資，因為他所掏出的金錢變成了資本，所以竟然能夠把勞動者所創造出的勞動價值的大部分剩餘都取走，為什麼？身為勞動者，你最需要的意識是什麼？你必須鍥而不捨地去問：我的剩餘價值哪兒去了呢？

馬克思對公平與自由選擇的執著

馬克思是非常負責任的理論家，他要徹底處理我們如何計算公平的問題。直到馬克思去世，他想講述的資本的三個階段——價值增生、價值實現和價值分配，第三個階段都還沒有時間可以仔細地分析。但是我們知道他的理論導向，他告訴我們：明明每天生產了二百三十元，扣除掉所有成本，包括應該交付給資本家的成本，總數是二百元，二百三十元減去二百元後還有三十元的剩餘，那麼這三十元為什麼資本家不還給我？馬克思的思考方向是簡單明瞭的。

馬克思為什麼這麼在意這件事？那來自他哲學家的個性、哲學知識的基礎，以及哲學所帶來的理想性，他必須讓人有選擇的自由。我生產了二百三十元，我所需付出的只是二百元，剩下的三十元我就有許多選擇的可能性，這三十元表示我超時工作了，你可以以時間的形式還給我。

馬克思資本分析的重要前提是時間。一旦我生產二百元，一切就足夠了，我為什麼要多出賣我的勞動時間呢？我可以把勞動時間收回來，因為我出賣的勞動時間與我個人的生活分不開，我只需將維持生存的勞動時間縮短，就可以增加更多選擇性，我可以選擇在其他時間過我想要的生活。

可是資本主義的架構和資本增生的要求都告訴你，你應該要多出賣一點時間，如果資本家有更多的勞動需求，你可以藉以賺取更多錢。一旦資本家發現你還有剩餘的時間，他就會用降低單位時間價格的方式，把你多出來的勞動力也買去。

可是實質上，你投入了更多勞動力，卻沒有得到更多工資，馬克思不接受這樣的事情。在他看來，人被分成兩段：作為手段而存在的那一段，是無從選擇的，所以不是真正的人的生活；作為目的而存在的那一段，意味著自己可以決定、可以選擇自己的欲望，可以自由地去滿足自己所選擇的欲望。

然而資本主義所創造出來的這套結構用一切方法縮短我們作為目的而活著的時間。馬克思所堅持的立場是：我們應該想盡辦法，縮短每一個人作為手段而活著的這一段時間，用這種方式來增加作為目的而活著的時間，每一個人可以自主自由地去選擇怎樣活著，去從事各種不同活動。

22. 資本的歷史：錢是如何變成資本的？

在我們的日常語言中經常會談論資本，但很少有人認真地釐清究竟何謂資本。我們今天經常把資本與錢或是財富混為一談，但對馬克思來說，錢或財富變成資本的歷程再重要不過。

錢或財富是歷史上不同社會、不同時代所共有的現象，但資本不一樣。馬克思特別提醒：資本是在非常特定的歷史時期、特別的條件及環境下才創造出來的。

金錢變成了資本，從而產生了資本主義，才出現了這樣一個特別的歷史時期，這與工業化、生產工具的改變有著密切關係。

工業化帶來的影響

工業化發展出機器，機器作為一種生產工具，從資本產生的角度來看，最大的特色就是機器的價值和個人平常的生產價值不成比例。一台機器所涉及的價值累積、價值總和，不是一個工人三天、五天生產的價值能夠換得的，甚至是三到五個月也不能。如果從生產者、工人的角度來看，從工業革命中產生的這種由蒸汽或其他動力推動的機器，有可能等於他五千天的生產所得，所以一名工人絕對不可能只憑自己的力量擁有一台機器。這個根本現象帶來了很多變化。

其中一項關鍵變化是前述一再提到的生產者與生產工具的分離。以往，一名鐵匠、一名農夫、一名木匠或是其他職業的勞動者，不管生產活動是什麼，生產者都擁有所需的生產工具。當時，生產者需要的生產工具可能頂多以三個月的勞動所得就可以換得。然而當時間變成了五千天，他就不可能依靠一個人的力量來擁有生產工具了。所以擁有生產工具的人，不再可能是生產者。

哪一類人能夠擁有這種生產工具？擁有這種生產工具的人必須先有一筆財富，然後拿這筆財富去購買機器。在這個過程中，錢換成了機器，成了資本。在其他社會或其他時代，錢或大筆財富都存在，可是這些財富不是簡單地儲存，就是運用在消費上；而有了機器和機器與生產之間的連結，造成生產者和生產工具的分離，使得擁有機器的人能靠著機器去購買勞動力，讓勞動力來替他增加財富。所以這筆錢的性質就不一樣了。擁有這筆錢，用這種方式去打造機器、建造工廠的人，他的身分便轉換了。這筆錢變成了資本，這種人也就成為資本家。

用錢賺錢：資本給財富帶來的新性質

金錢被用於購買機器，為什麼就變成了資本？因為這筆錢與所有以往存在的財富都不一樣。可以簡單地說，就是用錢賺錢。用錢去購買機器之後，它非但不會像消費之後那樣消失，反而還會越來越多。

用這筆錢去購買機器、因而將這筆錢變成資本的人變成了資本家，資本家的資本和財富之間的關係，與歷史上有錢人和他們的財富之間的關係完全不同。

歷史上有錢人與財富之間的關係是賺錢就能夠累積財富，並增加財富；金錢花費掉之後，就會變少，財富也隨之減少。換句話說，錢怎麼來和錢怎麼去是兩回事。大部分的時候，如果他是國王，他憑藉的是權力；如果他是地主，他依憑著地租，靠著佃農替他生產——這是他財富累積的方式。

可是資本賦予財富一種新的性質、新的去處。用金錢購買機器，金錢轉而變成了資本，資本也就造就了一種可以獨立於機器之外的以錢賺錢的特別現象——它會幫你賺取更多錢財。

在這個過程中，因為資本利用了生產者無法擁有龐大生產工具的基本條件，讓生產者不得不將自己變成出賣勞動力的勞動者，勞動者所生產的部分剩餘價值就可以被機器生產的制度收納進去，收到資本家身上，變成資本家的財產。也因為如此，產生出新的欲望——錢既然可以賺錢，大家就會想把財富拿去換取更多財富。

一旦資本被發明出來，開始出現以錢賺錢的新形式，財富或金錢也就跟著改變了性質。現在錢轉換成為資本，不是立即實現它的價值，而是拿去換取價值增生的工具，亦即生產工具。生產工具具備了特殊權力，可以用以控制勞動者。金錢暫時不直接實現金錢的價值，轉換成資本，通過投資換成了機器，再由機器轉化別人的勞動力變成財富。在轉化的過程當中，衍生了增值的效果，進而產生了新的欲望。

也就是以前人們想擁有金錢，用錢去交換各種物品。在交換的過程中，換取物品後金錢變少了。可是擁有資本之後，除了有想像原來那樣用錢去交換物品的欲望，還有另一種可能性高於消費的欲望——讓錢賺來更多錢。

產生了資本，接下來就產生資本轉換。資本改造了現代的財富，現代的財富被認為具有投資及轉換成資本的可能性，它可以用以生產，用以換取更多的錢。這個時候才會出現我們視之為理所當然的現象，但馬克思一再提醒我們事實並非如此。以往有錢有財富，但沒有投資，投資是資本主義系統下隨著這套系統而產生的一種新欲望、新行為。擁有這樣的投資欲望之後，它會清楚地改變我們每一個人和錢之間的關係。

資本和時間的關係

資本剛產生時，因為機器太過昂貴，不是一般生產者所能夠承擔的，需要有人拿出一大筆錢去購買機器。添購機器的過程中，這筆金錢就變成了資本。哪種金錢會變成資本？簡單地說就是閒錢，閒置的錢才會變成資本。

那些迫切需要用在消費上的錢，就像「月光族」的工資，想要養活自己並支付所有生活開銷可能都不夠。這並非表示他沒有錢，可是他不可能用這些錢去投資，因為能夠用以投資的錢是閒置的錢。

從馬克思更為普遍的理論角度來看，資本是經過時間累積的錢，不是當下所需要的，經過時間累積了價值之後，保存了價值的金錢。

關鍵在於時間，所以我們要從兩個角度去看時間與資本之間的關係。一個角度是，一開始機器那麼貴，哪一種人會去投資機器？他手上必須擁有財富，財富從何而來？來自過去三年甚至過去十年的餘錢，一點一點地累積下來。本來他一年有五千元的餘錢，十年之後就有了五萬元的餘錢。這五萬元餘錢相當於一個勞動者五千天的總收入，而一個勞動者工作五千天也不可能累積五萬元。於是這個人累積了十年的財富，變成他的閑錢，這筆閒置的金錢能夠轉化成資本。

他拿這五萬元去購買一台機器，建造一座工廠，工廠和機器都完備之後，他就可以雇傭生產者，生產者替他工作，他支付給他們工資，扣掉他付給的工資之後，所有剩下來的勞動價值就變成了他的財產，這筆錢就變成了資本產生的價值增值。

資本來自他前面十年的累積。不過這種時間關係可以從相反的方向來看：如果一個人沒有十年的累積卻想要擁有一台機器，他應該怎麼做？他可以去借貸五萬元來買機器，之後再用這個機器的生產所得來償還借來的五萬元。而償還這五萬元借貸，他可能需要用上未來五年或十年的時間。換句話說，資本和時間的關係來自累積的需要，資本不是現成的，它不是今天生產就能今天獲得的。資本必然與時間有著密切的關係。

資本和時間用這種方式結合，接下來就產生了極為複雜的資本運作，其中涉及一些我們今天如此習慣因而視之為理所當然的事物。例如：為什麼錢可以生利息？利息是什麼？利息的根本性質是什麼？為什麼當我們把錢存到銀行之後，就預期我們應該可以從銀行得到利息？銀行為什麼要給付利息，這中間到底有著什麼道理？

23. 利息的「必然」存在：錢存在抽屜裡，何時變成了蠢事？

猶太人放貸

借貸與利息之間的關係，不是資本主義時代才存在的，然而在資本主義時代出現了關鍵轉折。在西方漫長歷史中，基督教會所制定的倫理規範無所不在，影響力非常強大。當西方教會有巨大權力時，它堅決反對放貸收取利息；為了追求利息而去借貸，也是教會絕對不允許的。

這也在一定程度上解釋了為什麼猶太人是這麼奇怪的民族。他們並非基督徒，因而不受基督教教會禁止放貸的規定約束。歐洲猶太人從中古時期以前開始，主要在各個城市從事借貸取息的活動。

猶太人不受基督教教會的管轄和影響，從某個角度看是良性循環，但從另一個角度來看是惡性循環。良性循環意指猶太人如果稍微有錢，就可以做基督徒不能做的事。他們把錢借給基督徒，然後向基督徒收取利息，通過借貸收取利息，財富累積得越來越多，他們也就有更多本錢可以去放款，收取更多利息。但這也是惡性循環，因為在基督徒的眼中，猶太人的身分與形象在歷史上每況愈下。

猶太人從基督徒口袋裡賺來越來越多的錢。基督徒明明就看到猶太人不需做任何事情，只是借給你一百元，三個月之後，你就必須還他一百一十元，其中的十元差額就是從基督徒的口袋裡掏出來的。當然在歷史上還有更明確的形式：基督徒向猶太人借貸一百元，實際上只拿到九十元，因為猶太人先把十元利息扣掉了。借據上面寫明一百元，可是只借到九十元。

猶太人之所以用這種方式賺錢，是因為基督徒被禁止如此做。教會宣教時說放貸會下地獄，宣稱以放貸牟利是邪惡的。在基督徒看來，猶太人既邪惡又富有，而且他們越來越有錢的原因是他們持續做著邪惡的勾當，用這種方式拿走了基督徒口袋裡的錢。

因此，我們就會明白為何猶太人會引發歐洲各地如此強烈的反感。歷史中猶太人變成了貪財的象徵——猶太人就是貪婪的、極為愛錢的，以及熱中於賺錢的。但從另一個角度來看，全世界的金融業因而絕大多數都控制在猶太人手裡。

利息，為什麼該存在？為什麼不該存在？

借貸收利息是非常悠久的歷史現象。不過馬克思又要告訴我們，那時基督教教會禁止借貸及收利息自有其道理，因為借出的錢沒有任何的必然途徑使之變多。一個人需要借錢，根據公平的基本原則，應該借多少就還多少。

在大部分的歷史時期中，包括工業化以前的其他傳統社會，例如中國宋代，借貸行業非常發達。但是他們的利息邏輯是：付利息源自競爭。意思是說，借錢的人多，需求量大，但是能夠借出的錢有限，借錢的需求超過能夠借貸的錢，於是產生了競爭。

歷史現實是在這樣的原始狀況下產生：我要確保能夠借到錢，只好付出代價去爭取機會，讓別人願意借給我。如何爭取呢？我必須提供別人借錢給我的動機：只要對方借給我錢，就會獲得利益，一百元借給我，我還他一百零一元。而另一個也想借錢的人，也急需用錢，他說只要借一百元給他，實際上只需給他九十八元，他仍會還一百元。這時有錢的人心裡想，只需要借出九十八元，就可以回收一百元，所以他願意把錢借給另外這個人。

利息在相當程度上反映了這些需求者爭奪借貸金額所產生的動機。此處並未涉及或保證借錢的人可以累積更多財富。

資本主義時代，利息成為「必然」的存在

到了資本主義時代，工業化使財富變成了資本，並投資生產工具。因為生產工具不再是鐵鏈，不再是鼓風爐，而是龐大的機器和蒸汽鍋爐，還有新式紡紗機，所以必須建造大型工廠來放置機器設備。

當資本運用在投資上，必然帶來欲望：我亟欲投注金錢，在一段時間之後，它將會帶來更多錢。在這種情況下，資本與時間產生直接的連動。將錢投資在生產工具上，運用勞動力生產之後，錢就會越變越多。於是錢、借貸和利息彼此之間的關係改變了，這時的利息是因為將資本拿去投資，經過一

年，一百元的投資產生的資本效果會將價值增值為一百五十元。從一百元變成一百五十元，多出來的五十元依照馬克思的理論，其實是來自勞動者的勞動價值，可是因為資本的剝削關係，剩餘價值被集中到了資本家的口袋裡。

資本家擁有資本，自然會產生一種欲望。意指當你擁有一筆財富，你就會去購置工廠，添購生產工具，到了來年，一百元會變成一百五十元。但是倘若你現在沒有一百元，你就必須想辦法借到一百元。你借一百元是為了投資，這是你的資本。借錢的人也明明知道借你一百元，你會把它拿去當資本，投資了之後，這筆錢來年會變成一百五十元，所以他不會平白無故借你一百元。

這就是《資本論》第三卷所要講述的價值分配。因為資本有這樣增長的動向，所以握有資本的人會隨著時間計算這些資本所產生的價值增生，以及他自己應該獲得哪一部分。

這時的利息是什麼？利息就是我們預期將財富變成資本，又將資本拿去投資之後，在一段時間當中會增生的價值，其中有一部分要分給幫你出資本的人。一種人自己擁有財富，變成了資本家；還有一種人沒有資本，但他可以借到資本。後來這兩者越走越近，合二為一。合二為一意味著只要你手上有錢，錢都會優先被當作資本來看待，也就是你預期擁有的這筆錢可以幫你通過投資賺取更多金錢。

如果現在你的這筆錢沒有辦法立刻轉換成機器、變成資本——這台機器需要二百萬元，你現在只有二十萬元。假設你一年能積累二十萬元，那麼需要經過十年才能累積成二百萬元的龐大資金。你可以通過累積和等待，醞釀十年，湊出二百萬元去買機器。然而，在這十年的等待中，你會慢慢察覺到這種方法沒有道理。等到你累積了一百二十萬元時，你就會想方設法去借八十萬元。借到八十萬元之後，你等於減少了這四年的等待期。這八十萬借貸可以讓這一筆資金提早四年就開始增值。

然而你要去借這八十萬元，對方也知道你需要這八十萬元作為投資的資金，一旦資金投入，你就會取得增值。你會發覺：為什麼一定要存足二百萬元，才能讓自己的錢開始產生資本價值增生？明明有一種可以立即產生價值增生的方式——你可以借錢給別人。你的資本、你的投資會產生增值，你可以分享借錢人的生產所得。

資本增生是理所當然的事嗎？

原來的財富或原先的借貸與利息之間的關係，在資本主義的狀態下改變了。因為我知道這筆錢是用來投資並能夠產生價值增生的，所以借貸的人就要承諾將價值增生中的一部分分享給我。

在資本主義的運作中，所有財富都變得具備轉換成資本的潛能。也就是任何一筆錢都帶著人們對資本的期待和想像，期盼錢與財富可以滋生出更多錢、更多財富。

資本系統連結產生了現代的金融體系。現代金融體系就是我們所生活的現實，在這個現實裡，如果你有錢，你會怎麼處理你的錢？

一種方法是把錢放在抽屜裡，或藏在床底下。現代的人對這種理財方式嗤之以鼻。為什麼呢？先不討論方不方便使用，從儲藏的角度來看，有什麼不對？你質疑的是：錢藏在床底下會增生嗎？錢的金額固定不變，它不可能變得更多。

另一種方式是存到銀行。這是在資本主義體中誕生的現代金融機構的基本邏輯——錢存在床底下，屬於傳統的財富；錢存在銀行帳戶裡，則成為潛在的資本。潛在資本清楚地反映在銀行提供給你的存款利息上，它變成了金融機構可以為其他人提供的投資，即投注在生產工具、生產系統裡的資金，所以你可以在理論上分享資金所賺到的錢。

整個系統以這種方式，改變了我們對於財富、利息及金錢的各種看法。實際上在這種狀況下，意味著我們隨時都處在視之為理所當然的欲望之下。每一筆錢都應該潛在地幫我們賺取更多金錢。你不會再預期自己擁有的金錢數額不變，你會期待錢轉變成資本，可以藉以投資及增生。

但是資本為什麼能增生？這是理所當然的嗎？這是必然的嗎？這就是馬克思根本的思考方式，他告訴你不能只相信錢會生錢，因為銀行給你利息，因為你去投資股市時有股利，或者是交易時有利潤，而是要想這些錢為什麼變多了，從錢裡生出來的錢是怎麼來的。

追究到最後，他指出一件非常重要的事實：所有資本的增長其實都來自別人幫你生產的未來承諾。

24. 資本與債務：無法實現的承諾

繼續解釋資本運作的邏輯。我們先這樣假定：你手上有十萬元，這是你所擁有的財富。這筆錢本來藏在你家床底下，當你需要的時候，你可以用這筆錢去換來你想要的物品。當然一旦你將錢用在消費上，這十萬元就會減少。但是倘若你將這十萬元借給另一個人，這個人就會承諾支付給你一筆利息。

但是，為什麼他能承諾付給你利息？因為他要將這筆錢用在投資上。那你借錢給他的原因為何呢？因為他承諾你借出十萬元，每年會多還你一萬元；借貸期十年，最後十年結束時，你一共可以取回二十萬元。你當然樂於借錢給他。

可是為什麼他願意提供這種條件？意味著他向你借十萬元，變成自己的資本，投資在生產中，在未來十年內首先要確認的是他向你承諾這筆錢每年將增生一萬元。他向你借貸十萬元用作生產投資，未來十年至少會增生十萬元的價值，然後他把這十萬元分配給你。你的利息或是投資所得來自他的投資行為的價值增生所產生的預期，這是他的承諾。他承諾獲得這筆錢之後，這筆錢會投資在生產上——記得，他是投資者，並不是他自己去生產——意味著他會去雇傭足夠多的勞動者，聚攏足夠多的勞動者的剩餘價值。到達什麼程度呢？足以讓他至少將這筆十萬元增長到二十萬元。

但千萬別忽略，如果只是從十萬元增長到二十萬元，他不會承諾每一年向你支付一萬元。他必定預期、計畫十年內將這十萬元漲為二十五萬元。他迫切需要這十萬元作為資金，否則他就得不到未來的二十五萬元。他願意將這十萬元提供給借給他資金的人，最後自己保留五萬元。

「自己借給自己」：資本與債務的結合

何謂利息？利息以及資本的整體運作在本質上非常麻煩，這是因為資本在運作中所產生的全部都是債務，資本和債務永遠結合在一起。你自己的資本換來了增生，即使是你自己在運用資本，在資本的邏輯下都會變作你自己借給自己，只為了讓資本換來更多的價值增生。

這句話可能看起來不合邏輯：為什麼在資本的邏輯上，我自己擁有的資本會被假設為是我自己借給自己的呢？以下試著舉例解釋這一句話。假設在傳統環境中，你擁有一間房子，你在這間房子裡開設一家小雜貨鋪，這家雜貨鋪所賺得的錢足夠養活你一家人。在歷史上，這是做生意最基本的模式。可是，換成另外一種眼光來看，繼續用這種方式做生意的人就變得很愚笨。為什麼呢？因為你在做生意時缺乏一個基本的概念，你少計算了一件事，也就是房租。

為什麼需要計算房租？雜貨鋪開設在我自己的房子裡，我不需要支付房租——如果你的想法是這樣的，證明你不會做生意。你需要計算的不是你的雜貨鋪所需要的房租，而是如果你把這間房子租給別人，你可以有多少房租的收入。

理所當然，你用自己的房子開設雜貨鋪，在漫長的時間當中，你養兒育女，支撐了家庭開銷，所以你一直用之前的方式去計算。可是現在你必須重新計算：比如，開一家雜貨鋪一個月大約有二萬元的利潤。明眼人一看就會笑你：你開一家雜貨鋪有二萬元的利潤，可是如果你把房子租給星巴克，他會支付你多少錢？假設星巴克同意每個月支付三萬元房租，你會做出什麼選擇？突然之間，你發現拿自己的房開雜貨鋪，得到二萬元利潤，原來是這麼愚蠢的一件事。這二萬元不是獲得了利潤而是在賠錢，因為實際上你應該要支付給你自己三萬元房租。有三萬元房租價值的房子，在你自己的手裡面經營竟然只產生二萬元利潤。在這種完全不一樣的觀念和資本運作的邏輯之下，你必然會做出決定將雜貨鋪關掉，把房子租給星巴克，這樣你就能坐享每個月三萬元的房租收入。

這裡試圖用這個例子凸顯，當一個人變成資本家之後，他看待事物的方式、他的計算邏輯就改變了。資本如何產生？是有人用不同方式去處理他的財富。這筆財富本來可能會用以買花園、開盛宴，現在這些開銷都取消了，而決定去購置工廠，因為如果買花園、開盛宴，錢只會變少；但是購置工廠，工廠的價值會讓資本也增值了。資本有勞動者替他勞動，於是毋須做任何事，只靠資本就能賺取更多金錢。

資本的普遍競爭性

你以為這樣足夠理想了嗎？不是。由於雜貨鋪的例子，你換了另一種眼光，用資本的邏輯計算：如果你有一百萬元，它變成了資本，第一年可以幫你賺來二十萬元，那就變成了一百二十萬元，來年會變成一百四十萬元。可是如果這個時候有人來向你借一百萬元，去投資蓋工廠，每年付給你三十萬元利息，突然之間你發覺自己運用這筆資金，一年只能拿到二十萬元，那為什麼還要自己投資？於是你將這一百萬元借給另一個人，讓他去幫你賺到三十萬元的利息。這意味著什麼？意味著財富變成了資本之後，就產生了一種普遍的競爭性。而這競爭性的基礎是什麼？馬克思特別提醒了我們這中間的差異是從哪裡來的：一邊是你投資這一百萬元，這一百萬元一年可以幫你產生二十萬元的投資利潤，從一百萬元變成一百二十萬元；另一邊，這時因為有人願意用一年三十萬元的利息向你借貸一百萬元，你就會覺得自己投資其實不划算。

其中有一項關鍵的差異：一邊是你已經具體實現了的投資所得，意味著你已經先投資了一百萬元，一百萬元增值為一百二十萬元，這是你明確掌握的投資所得；可是另一邊，有人向你借錢，給你的利息是他未來的承諾和期待。所以前者是過去式，已經實現了；後者是未來式，是期待、估算及預期。

當這些錢變成資本之後，就產生了升高的欲望，引導所有資本都進入這種競爭性當中。靠什麼來競爭資本呢？靠對未來的期待和承諾。

資本主義根本的風險與危機

這之中產生了兩件事。第一件事，馬克思告訴我們資本的運作為什麼有那麼高的風險？因為資本主義有很大一部分是捲在一層又一層的債務關係中的，債務關係產生了各種不同的債權，債權有相關聯的利息。

如果仔細思索，便能發覺這個基礎很不穩定：每個人都在想像，如果擁有這樣一筆錢進行投資，未來可以賺得多少錢；都在期待擁有這樣的資本之後，這個資本能增加多少增值的效果。未來的承諾不可能都是事實，而一旦未來的承諾沒有變成事實，連帶會產生各種不同的風險。依照馬克思的推論，資本必然處在這樣一種競爭狀態，風險越來越高，引發諸多不理性的現象。

運用上述方式，可以理解資本主義內在結構性的根本風險與危機。假設一家工廠的資本是一百萬元，一年內這筆資本可以從一百萬元增值為一百二十萬元。從資本的角度來看，只有資本能夠達成這件事，讓一百萬元增值為一百二十萬元。

為什麼資本具有上述功效？因為資本投入在生產的過程當中，控制了生產工具，所以可以剝削勞動者的剩餘價值。因為剝削了勞動者的剩餘價值，所以資本可以在一年內從一百萬元增加為一百二十萬元。

作為資本家，你的資本用這種方式為你帶來這麼多剩餘價值，你應該覺得很高興。但事實也許不是這樣，因為如果投入的一百萬元資本是用三十萬元的利息向別人借來的，工廠以這種效率將一百萬元在一年內增值為一百二十萬元，對你而言，只要投資不能把一百萬元增加為超過一百三十萬元，就支付不出本來承諾給別人的利息，資本就會被取消。所以這是奇怪的現象，但這個現象必然附隨在資本主義的系統下。

用最簡單的風險概率來計算。我們預測所有人——不論其他條件，只要是想要投資的人——都不會因為變成投資者就突然之間變聰明。正如我們的日常經驗，你在上班——以勞動者的身分——但是抽空偷看股市行情，觀察你購買的股票到底現在在升值還是貶值，或是思考轉賣現有股票或入手其他股票。於是在你偷瞄股市行情的那一瞬間，你就從勞動者的身分轉換成投資者身分。在這中間，你的腦袋不會因為從勞動者的身分變成投資者身分就變聰明，你還是你。

為什麼特別強調這點？容我假設，所有投資者對於投資所能產生的報酬預期，有一半正確的概率。換句話說，也有一半錯誤的概率。僅是從中間數去分析，你就應該能體會資本主義是多麼可怕的系統。

你為什麼需要借錢？如何來衡量利息？你能支付多少利息？不同人會提出不同利息的承諾，產生競爭效果，於是過程當中就會一直把資金的成本提高。資金成本最後一定是所有競爭者所提出的利息達到平衡狀態下所產生的。

在現實層面上，假設資本市場的基本成本是六％，也就意味著有人只願意出三％，有人願意出九％。我們假設它達到平衡，即六％，而願意出九％及三％的人，其中都有五十％的人會錯。那你也就知道有二十五％的人在高估預期收入的情況下去借錢，他們所估計的資本成本過高了。所以在資本主義的系統下，至少會有二十五％的人借用資金及資本以進行投資，但是他償還不了，因為他投資的生產效率和他原先的預期不相符。

所以馬克思還經常引用培根所說的另一句話：「想要改變自然之前，你必須先服從自然。」

馬克思為什麼預言資本主義會垮台、崩潰甚至瓦解？回到馬克思的理論，如果我們認真體會和理解這套論理，就會知道馬克思有其根據。

馬克思是非常負責任的思考者，他預期資本主義會瓦解，資本主義建立在一個極為複雜而不穩定的資本與債務、債務與預期、預期與實現的關係當中。每一個人對投資所得都有所預期，這個預期會產生偏差，又因為產生了偏差，進一步促使資本的利息無法實現，也就無法支撐債務。在整體狀況下，只需有二十五％的人固定是錯誤的，這個資本體系就會被無法實現的循環債務拖垮，這是馬克思預言資本主義必然瓦解的關鍵內在推論。

25. 貨幣：我們與國家間的債務關係

馬克思是一個非常負責任的思考者，他對資本主義究竟是如何運作的，以及如何估計資本主義的未來，提出了一套非常堅實的推論。

馬克思並不是盲目地想改變現狀，並非他主觀認定資本主義社會是邪惡的，便聲稱要予以推翻。他指出的是資本所造成的競爭狀況，將促使許多投資無法符合資本成本，所以在資本主義的運作中必然會產生非理性的現象。

資本主義瓦解的因素

假設一家工廠的投資可以產生五%的收益，而運用這筆資金要付出六%的利息，此時，工廠產生的五%的投資增值就變得毫無意義。這家工廠因為無法達到至少六%的收益，最後將導致停擺乃至崩潰瓦解。

資本主義如何產生增生的效果？憑藉剝削勞動者的剩餘價值。

投資者作為工廠的主人，面對利息高於工廠的效率所能夠產生增值效果的情況有兩種選擇。第一，為了償還債務，他賣掉工廠。在這種狀況下一旦投資失敗，工廠就會停擺，這就是馬克思所說的資本主義的一種危機。資本主義為什麼不穩定？來自其內在資本利得邏輯的不確定性。

不過，作為資本家，此時他還有另外一種選擇。這是馬克思不願意看到的選擇，不過這個選擇必然存在，而且這個選擇會導引出資本主義的另一項危機。

作為資本家，為了維持工廠能夠繼續運作，必須讓工廠的效率從五%至少提升至六%。因為資本家自己不勞動，也不能生產，所以他讓資本增值的唯一方式，就是加強對勞動者剩餘價值的剝削。做法很簡單，降低工資，並加長工時，把工人的勞動力條件降低，工人獲得的薪資和資本家所得報酬在分配比例上改變了，資本家將會獲得更多利潤，也就能夠解決錯估未來生產的承諾所造成的危機了。

不過馬克思提醒我們，如此解決眼前危機，其實製造出了另一份危機。資本家只能夠藉由剝削勞動者來提高他的資本利得和資本效率，在過程中，為了達到資本的需要，他們經常不得不鋌而走險，也就是可能冒犯勞動條件當中的底線。這個底線是勞動者完成一天勞動之後，第二天還能夠依照原先條件回來勞動的所需，這是勞動再生產的最基本條件。然而一個用借來的資本去開設工廠的資本家，為了避免資本被取消、工廠停擺，他必須增加對勞動者的壓榨，在肉體和精神上把勞動者壓迫到距離勞動力再生產這個底線越來越靠近的地方。

因而也就會產生兩種可能的效果。其一，勞動者沒有辦法繼續維持原來的勞動強度。這名勞動者前天工作十個小時，產生十分的工作成果；昨天工作時間被拉長成十一個小時，他能產生十一分的勞動成果嗎？不必然如此。因為此時，十一個小時的勞動已經超過勞動再生產所需要的條件。因此等到他今天工作的時候，正因為他昨天工作了十一個小時，在今天工作的十個小時、十一個小時內，他不可能再產生十分、十一分的勞動效果。所以降低勞動者的勞動條件，不必然會產生等比的效益增加。

還有另外一件事：當你將勞動者精神上的勞動再生產條件破壞了，勞動者會以各種不同的形式，或自願或被迫地罷工。所謂被迫罷工，就是他有可能受傷，有可能生病，導致無法繼續工作。所謂自願的罷工，也就意味著他受不了惡劣的勞動環境，不願意繼續工作，他想推翻這套制度。

從馬克思的思考來說，他指出內在於資本主義的一種必然崩潰的邏輯，這是來自資本主義本身的機制。一種是資本的成本。因為有了錯誤的未來承諾，資本的成本一定高於資本真正在現實上能夠產生的利潤，這個價值增生在預期與現實上產生了落差。另外一件事是在價值增生不如預期的情況下，資本家將訴諸過度壓迫、過度剝削勞動者，使得勞動者不得不起而反抗。於是在這種狀況下，勞動者和資本家之間的關係改變了，他們力量的權衡也同時改變了。工人的人數、工人的力量在新的狀況下必然是高於資本家的，所以資本家會被推翻。這兩件事情互相關聯，使得資本主義的系統發展到後來，終究無法正常有序地運作。

最普遍的債：貨幣

資本主義的根本是一連串的債，又有前兩個問題使得資本主義的債務關係更加複雜化。在《資本論》第二冊及《政治經濟學手稿》裡，馬克思部分觸及了這個問題。

首先是債的概念、債的性質。現代社會裡，債更加普遍，也更麻煩。最普遍的債就是貨幣，貨幣其實也是一種債務，只是我們平常不用這種方式來看待。

不只是在馬克思的經濟學裡，即使是一般的市場經濟學、貨幣經濟學，也是用這種方式和角度來解釋貨幣。尤其進入到二十世紀之後，國家、中央銀行和貨幣密切關聯。一張鈔票代表什麼？代表國家欠你的。我們現在所有的貨幣都是由國家、政府所保障的，這意味著你必然要相信國家和政府。

所以重點不在於鈔票本身，而在於誰保障鈔票可用。國家或者是國民生產的所有價值，事實上在現代系統裡都是寄存在政府那裡，你去勞動、工作，不是得到五斤米、三斤豬肉，而是得到薪資。

你的工資是貨幣，當你領取工資，你會預期如果你需要五斤米、三斤豬肉，只需拿錢到店裡購買就好了。但你從來不會問為什麼店老闆願意給你五斤米和三斤豬肉，那是他相信價值可以寄存在鈔票裡。鈔票的價值是由誰保障的？是國家和政府。

所以你的勞動成果是藉由鈔票的形式寄存在國家和政府那裡，等到你需要的時候，再由國家和政府幫你保障。

這是我們整個經濟的基本運作邏輯，它全部依靠著普遍的債務關係，而債務關係最奇特的是依靠著所有國民所生產出來的各種不同的價值，將這些價值全部都寄存在國家和政府那裡，國家和政府才能發行這麼多鈔票，才能夠保證這些鈔票可以被兌換。所以在普遍的意義上，整個債務關係更加複雜，因為其中有大多數人都沒有意識到的債權人及債務人關係。債權人是誰？債權人是你們。債務人是誰？債務人是國家和政府。可是正因為國家和政府是債務人，它欠你們每一個人，所以它不怕你們任何一個人，反而是你們怕它瓦解，你們會害怕沒有辦法用鈔票讓國家償還你寄放在它那裡的價值。

於是出現了現代社會最為棘手的債務關係，即債權人依賴債務者，以至於債務者的權力高於債權人。

接下來也會產生另外一項大問題：我們把所有的生產價值寄放在國家和政府那裡，政府就可以拿我們存放的生產價值，藉由發行貨幣的方式進行操控，它可以決定印製多少鈔票。

可是國家、政府如果多印鈔票，也就意味著你原來帳戶裡的貨幣的實質價值貶值了。它多印鈔票，除非多印到整個系統垮台，否則在這個過程當中，你都還是要盡量持續地讓你各種不同的價值輸入這個系統裡，去維護國家貨幣的價值——你寧可它貶值，也不希望整個債務關係瓦解。

在現代社會裡，由國家和政府所保證的貨幣，又將我們每個人都捲入這個與公共資本、私人資本相關的龐大債務關係下，這是高度複雜、環環相扣且近乎不可思議的債務關係。如果你從債務的角度看，你就不再覺得資本主義如此理所應當，你會發覺那是一連串難以控制和執行，且充滿債務堆積的危險系統。

馬克思在他的論述中專注於幫我們揭露資本與債務的本質關係，這是他對資本的一種特殊的分析方式。在這個分析的過程中，他同時也在批判資本主義系統，警告我們必須對資本主義的未來發展保持更高戒心。

26. 泡沫經濟：二〇〇八年的金融危機，是怎麼發生的？

前文解釋過，金錢和物品的關係從金錢作為物品交易的仲介，發展成物品變成讓金錢能夠增值的手段。也就是公式從W—G—W（商品—貨幣—商品）變為G—W—G（貨幣—商品—貨幣），在G—W—G逆轉的關係中，必須預期後面的G大於前面的G，即轉手商品之後會換來更多金錢。它在表面上就產生了——對馬克思來說——一種假性的藉由商品產生的價值的增長。

不過我們必須更仔細地觀察，增長有兩個方向：其中一種是傳統的，馬克思心目中認為是正統的，即資本投資在生產上，藉由勞動力產生了新的價值，得到增值的效果；另外一種是將錢投資在商品交易上，預期通過商品轉手而提高價值，形成資本的增長。

「泡沫」：荷蘭的鬱金香狂熱

這兩件事在本質上不同。首先，交易的增長可以沒有現實基礎。眾所周知在歷史上荷蘭曾經發生過

「鬱金香狂熱」：一朵鬱金香從原來的三元變成了五元，後來又漲價為五十元、五百元。對願意用五百元去購買原來只值三元的鬱金香的人而言，鬱金香並不一定有這麼高的價值，而是他預期花費五百元之後，接下來會有人願意以六百元的價格再買走。

這意味著如果物品變成商品，在與使用價值徹底脫離的情況下，就變成單純只是G－W－G當中的W－夾在前後兩個預期應該要增長的G中間，W的增值就不具有理性，可能會在各種不同預期的助推下暴漲。因為暴漲，所以假象上資本增長了，而且遠遠超過生產所能夠創造出來的所得。

這是一件可怕的事，因為它意味著將有更多資本進入這種假性資本增長的交易當中。價值實現的這個階段所產生的利益，其實是表面的繁榮，這種表面的繁榮在歷史上很早就有特定的名稱——「泡沫」。

「泡沫」的關鍵在於你處於什麼樣的階段。在五十元的階段，後面有人出價一百元；一百元的階段，後面有人出價一百五十元……鬱金香市場表面上看都是繁榮的。可是如果價值翻漲到六百元，預期或想像當中應該要出八百元來接手的人卻沒有出現，甚至就連願意出六百零一元的人都沒有了，那麼「泡沫」就破滅了。於是鬱金香會一路跌回原形，甚至跌破最開始的三元價格。

這種泡沫引發雙重的破壞：第一重破壞是因為它太誘人了，太容易賺錢了，所以資本會去追逐這種商品所產生的假性增長；另一重破壞是，如果資本因這種方式被吸引，本來應該用在投資生產的資金就進不了生產部門，表面上的繁榮使得生產部門得不到成本相對比較低的足夠資金，反而導致生產部門的萎縮。這雙重破壞使得資本主義的系統分外不穩定。

資本的增長，建立在對於未來生產的一系列非常不可靠的預期與承諾上。如果得不到預期的結果，資本家的這種投資就極有可能危害勞動者進行勞動再生產的基本條件。

讓整件事更複雜、棘手的問題是，已經很龐大且錯綜複雜的資本債務關係又建立在貨幣上，貨幣是國家、政府和所有國民生產之間的一套債務關係。同時，商品市場會和生產部門競逐資金。在競逐資金時，靠勞動力製造出來的生產增長比較有限，因為它受限於勞動者的勞動力；可是商品的買賣幾乎無限，因為它可以純粹通過投機獲得，可以完全不顧商品本身的使用價值有多高、交易價值有多高，只需要在買進後再加價賣出即可。如此複雜且不穩定的資本主義系統，可以繼續維持嗎？

二〇〇八年金融危機，從中國的崛起開始

從前面的解釋基礎上，讓我們試著從馬克思的觀念來理解二〇〇八年所發生的全球金融危機究竟是怎麼回事。首先，必須從中國的崛起開始講起。

中國崛起的一大原因是因為中國提供了大批的勞動力。中國龐大的人口在改革開放、進入二十世紀八〇年代之後，被大幅轉變成勞動力。勞動力的供給在中國過剩，而中國過剩的勞動力供給又影響了全世界的勞動力供應情況。

二〇〇八年金融危機之前，可以觀察到一個最重要的背景：中國變成了「世界工廠」。中國變成「世界工廠」對世界和中國都產生了一種幸福效果，我們看到所有商品在這段時間都在降價。

商品為什麼會降價？因為商品生產過程中需要付出的勞動力成本由於中國大批勞動力供應的介入而下降，同時相應的，所有商品的生產效率都提高了，因此它們都具備了在競爭過程中降低價格的條件。

在這個過程中產生了許多傳奇的現象。在浙江義烏出現傳奇——某一家店，號稱是某品牌的旗艦

店，但那家旗艦店的面積有多大呢？可能不過就是二十平方米。二十平方米憑什麼叫作旗艦店，那是因為它很可能在過去連續二十年中，每一年的營業額都超過一億元人民幣。只靠這麼小的一家店，就可以做出這麼大的生意，那是因為義烏已經成為全世界小商品的採購中心，全世界所有廠商都要來義烏採購。

美國資本的出路：從投資變成消費貸款

中國變成了「世界工廠」，義烏才會因此變成世界小商品的採購中心。相比之下，其他地區工廠的生產情況顯得較為冷清。在美國乃至於全世界原來先進的工業國家，資本市場上的利息越來越低，後來出現所謂的「零利率時代」，甚至到後來還變成「負利率時代」。

為什麼利率越來越低？因為在這些地方，工廠生產開始失去競爭優勢。這些地方的工廠無論如何經營，都很難超越中國，所以願意把錢投資在生產上的人變得越來越少。

不再生產也就不再需要資金，導致資金的利息越來越低。當資金利息低到零利率時，將會發生什麼事呢？所有人會不會變回傳統的儲蓄方式，將錢存在床底下？反正和在銀行儲蓄沒有差別。答案當然是否定的，因為這已經是一個資本主義的系統，資本必然有一種要去尋求利潤的動能。所以資本就從原先投資生產的出路，慢慢轉向消費放貸。這也是馬克思提醒的——資本除了生產增值的方式之外，它還可以轉到商品交易上。

交易很快就會聚焦在一種商品上，最容易創造資本收穫的就是房地產。在很短的時間之內，整個美國的房屋市場形成巨大的「泡沫」，美國人買房時，當下幾乎不用準備一分一毫，因為銀行願意提供幾乎等於是房價的貸款。

銀行為什麼願意這樣借錢？一是因為這些錢放在銀行賺不到利息，但是借給你就可以開始賺利息，銀行迫切需要你向它借錢；二是因為銀行預期等到你要賣掉這間房子的時候，它在房地產市場上已經增值了二十%。所以銀行從這個角度去計算，今天全額貸款給你，等於只借給你這個房子未來價格的八十三%。所以銀行就這樣不斷地提供貸款，房屋也不斷地轉手，不斷疊加貸款，到後來，房屋市場就變成了典型的「泡沫」。

二〇〇八年，「泡沫」破滅了。而這個「泡沫」之所以破滅，完全是由於資本沒有進入生產事業、得到增長，而是被用作商品交易了，所以在生產上面的投資相對不足。純粹從轉手交易中所得到的增長，不論買賣的是房屋還是鬱金香，本質上差異不大。

美國的解決辦法：量化寬鬆

在這種狀況下，「泡沫」破滅了，該如何收拾呢？美國聯邦政府出面收拾的方法，事實上就回到了前文所說的債務連動的概念。房貸市場引發的「泡沫」破裂了之後，產生了龐大債務，美國聯邦政府接收了其中最嚴重、危險程度最高的保險公司及金融銀行的這一部分債務。聯邦政府將接著這一筆債務寄存在美元貨幣上。前文介紹過，美元本身也是一種債務，所以它利用寄存在美元上的所有價值去承擔「泡沫」破滅之後金融業所產生的龐大債務，運用藏在美元當中的價值去抵債。

於是二〇〇八年之後，在美國總統奧巴馬的任期內出現了幾個重要的流行詞，使得原先在金融業通用的縮寫詞用法都被改變了。那段時間很流行說Q1、Q2、Q3，Q1就不再是以往的quarter one，不是「第二」季，而是「第一期量化寬鬆」，Q2是「第二期量化寬鬆」。

何謂「量化寬鬆」？為什麼要把它縮寫成Q1、Q2、Q3？主要是讓它看似無害。可是換作大白話時，「量化寬鬆」就是多印美鈔。

按照道理講，多印美鈔應該會造成美元貶值，甚至有可能造成美元的惡性通貨膨脹，甚至於幣值瓦解。美國為什麼敢採取此一做法？經過了Q1、Q2、Q3這幾次的「量化寬鬆」，美元竟能維持住價值。於是憑著多印美鈔，美國政府也就等於創造了龐大的價值，最後用這種方式解決了來自「泡沫」的債務。

為什麼美國可以憑藉著多印美鈔來解決二〇〇八年的金融危機呢？容我提醒，其中內在的邏輯與國際金融市場相關，與中國相關，也關乎中國的勞動者。

27.二〇〇八年金融危機：為了保住美元地位，中國做了什麼？

二〇〇八年爆發全球金融危機的原因

之所以會爆發全球金融危機，最重要的導火線就是來自以美國為核心的先進工業國的資本危機。因為向生產事業投資無利可圖，但資本一定要追求利潤，所以這些資本就往消費貸款上大量轉移。消費貸款能夠使用最多資金，讓資金看似能夠快速回收進而產生利潤。其中最重要的領域是房地產，它有各式各樣的方式可以消耗大量資本，而且在消耗大量資本之後，人們預期房地產可以保值和增值。

在預期不斷上漲的情況下，消費貸款進入房地產，相對應的，更多人因而買得起房子。於是需求被創造出來，創造出來的需求去追逐原來的供給，於是又更進一步促使房價上漲。房價上漲，銀行就可以提供更多房貸給更多人去買房，因此形成循環效果。

在這個循環效果中，房價越高，貸款就越容易。從銀行的角度來看，以往如果你的房子值一百萬元，銀行最多可以借給你八十萬元。可是現在銀行的想法是不必只保守借你八十萬元，反正如果你付不出房貸，銀行可以沒收你的房子，你的房子還有一百萬元的價值，甚至因為房價一直在上漲，等到我沒收你的房子時，這間房子也許已經價值一百二十萬元了。既然我預想你的房子會在兩三年後價值一百二十萬元，我現在貸款借你一百萬元，也不是一件高風險的事情。

甚至到後來，等到真的有一些人還不起房貸，為了保住他的房子，這些人就順著房地產的上漲趨勢重新估價。本來只值一百萬元的房子，他用房子貸款八十萬元，當他連貸款的利息都付不出來時也沒關係，只要重新估價，在房地產的熱潮下，房子現在算起來市值一百四十萬元。他不害怕，因為他可以拿一百四十萬元的新價值，再去向已經借款給他八十萬元的銀行，多借二十萬元，甚至再找另一家銀行，這家銀行還願意在已有的一百萬元房貸上面再多增加二十萬元，那就是「次級房貸」。

拿到這筆多出來的貸款，他會發現：為什麼還要工作？領這麼一點點薪水，根本無法享受生活。而且因為他已經買了一間房子，憑藉房子的增值，額外拿到這些錢，可以過上很好的生活。所以大家趨之若鶩，全都向銀行借錢買房子。

所有人都向銀行借錢買房子，於是原來非常低的利率現在上漲了，銀行可以從中賺到錢，當然也就願意提供更多錢給這些想要買房的人。

但如果還有人想要將錢投資在生產上、在生產事業上獲利就更困難了。競爭之下已經微薄的獲利，又加上利率上漲，資金成本越來越高，想要回本和賺錢，想要靠著借錢而運用資本投資生產，那是難上加難。

所以投注在生產上的資金越來越少，集中在消費貸款及房地產上的流動資金卻越來越多。多到什麼樣的程度？不論你賣的是鬱金香還是房地產，實質上此時它的價格與使用價值，甚至於它的交易價值都完全脫節了。

這就是投機買賣。何謂投機？意指不論你現在花費多少錢去買這樣物品，你之所以買，是因為你斷定將來會有人願意花更多錢從你手裡買走這樣物品。

所有人都這樣想，所以不斷地進行交易，靠著交易中的集體預期心理，使得這個市場異常繁榮。但繁榮只是表面的，一是因為這種價格與使用價值徹底脫節，不可能一直維持下去；二是因為經濟體大量資金都被送往非生產的部門，生產進一步地萎縮。所以表面數字下真正的經濟基礎，事實上是在走下坡路。

兩相疊加，到了二〇〇八年，泡沫經濟再也維持不下去了。維持不下去的時候，首當其衝的就是保險業，因為保險業拿別人支付的保險費去做各式各樣的投資，本來等到需要支付保險金的時候，這些錢已經回來了，然而現在，這些錢不會回來了，每個人都想趕快終結，把錢要回來。銀行也開始產生擠兌的可能性。如果沒有找到把這些危險穩定下來的方法，以美國為首的整個國際金融體系極有可能會瓦解。這些大型保險公司和大銀行，已經巨大到不能崩壞，因為一旦它們倒閉，美國都會陷入嚴重的動盪。

美國的處理方式及可能的後果

於是美國聯邦政府破天荒地承接了這些事業。聯邦政府承接了花旗銀行，承接了AIG保險公司，但這些銀行及保險公司都有一堆無法解決的債務。所以聯邦政府承接的並非什麼樣的企業體，而是一大堆債務。

聯邦政府如何處理這些債務？其中一種方式就是拿納稅人的稅金去還這些債。納稅人會同意嗎？納稅人為什麼這麼冤枉？納稅人的稅金不能用在對他們有利的事情上，而是去賠償這些已經把自己做垮的機構，納稅人不可能會同意。那麼還有什麼方法呢？於是在奧巴馬的總統任期內，開始出現「量化寬鬆」，實質上就是印美鈔。在需要還債的時候，美國聯邦儲備系統（The Federal Reserve System，簡稱美聯儲）就改變標準，讓聯邦政府可以多印一些美金去還債。

方法如此簡單：債務到期了，就多印鈔票。如果每個政府都可以用這種方式還債，哪裡還有政府還不起的債？當然不可能如此簡單。每多印一美元，也就意味著本來分配在每一美元上的生產總價值被沖淡、稀釋了。

美國多印鈔票，仍然是每一個用美元、擁有美元的人買單。因為原來手上的一百美元經過了「量化寬鬆」，假設多印了五％的鈔票，那麼這五％多出來的鈔票並沒有自身的價值，所以原來的一百美元當下就貶值了五％。那人們為什麼要接受？如果不接受，又能怎麼辦？很簡單，你可以不持有美元。

所以在一般邏輯下，美國大量印鈔，一定會造成逃離美元的潮流。很多人會開始選擇不用美元，把美元賣掉，然後可能去買黃金，可能去買歐元，買人民幣。可是我們卻看到非常神奇的現象，那就是經過Q1、Q2、Q3，一波又一波「量化寬鬆」，多印了這麼多美元，但並沒有大規模逃離美元的現象出現，美元也並沒有在它的價位上崩潰。這是為什麼？

首先，美元是美國國內所運用的通貨也是實質的國際貨幣。在國家之間，從資本到商品，所有的結算甚至報價都是用美元。所以如果美元貶值，不只影響美國經濟及美國政府，而是擴及全世界的災難。哪一種人會受到最大傷害？即持有最多美元的人。當時全世界除了美國政府之外，誰擁有最多的美元？那是中國政府。

中國為保住美元地位所做的行動

中國政府手上為什麼會有這麼多美元？那是因為中國經濟崛起的過程是靠著將大批勞動力所產生的商品賣往美國，也賣到世界各地。中國在經濟成長的過程中賺來大批美元，為了要保證自己內部系統的穩定性，所以必須有外匯管制。外匯管制也就意味著雖然賺了美元，但不能直接把美元拿到中國的市場上使用，需要經過手續把美元換成人民幣，才能在中國市場使用。外匯管制的美元全部收到中央銀行，由中央銀行發出人民幣。人民幣就像是一張借據一樣，我證明你借給我一美元，所以我發給你六元人民幣作為證據。你拿到了人民幣，背後有美元作為保證，就可以在中國市場上去購買商品或服務。

日積月累，中國政府當然有很多美元，如果這時大家都逃離美元，甚至美元崩潰，握有這麼多美元的中國政府就會損失慘重。怎麼辦呢？唯一的方法就是面對現況。

事實上，美國在增發美元時，吃定中國以及其他握有大批美元的國家和政府，他們不會坐視美元崩潰、瓦解。當然，為了避免中國政府或是其他國家政府所握有的美元一起崩盤，美國也做足了准備。美元「量化寬鬆」最主要的準備就是美國政府發行公債，用借錢來發鈔。中國政府與其他手上握有美元的政府不得不支持美元，公債就有了買主，所以多發行的美元就有基礎和支撐了。所以雖然多印了鈔票，但美元的價位不會崩潰瓦解。

中國在這個過程中又如何承擔被美國波及的龐大壓力呢？那段時間，中國經濟有一個關鍵詞，稱作「保八」。「保八」指的是一定要維持中國每一年經濟的高增長率，才能夠彌補美元所帶來的損失。中國的做法就是用馬克思的觀念，回歸資本投資在生產上的用途，用生產的擴張來製造實質的經濟成長；再靠著實質的經濟成長，以更多商品、更多勞務及更多外銷，確保自己的經濟持續往上走，才能夠抵消美元所帶來的巨大負面衝擊。

中國在這段過程中又是如何「保八」的呢？還是回到馬克思的觀念，「保八」最重要的策略就是將更多人口用更快速的方式轉化成勞動者。這些人成為勞動者，維繫著龐大且源源不斷的勞動力量的供給。對這些勞動力的剩餘價值進行充分開發和運用，使得中國的經濟體維持每一年至少增長八％。再通過中國經濟體在勞動力生產上的增長，一方面保住中國的經濟，另一方面實質上也保住了美元，保住了與美元相關的美國經濟，也維持住與美國經濟連鎖的全世界金融運作。

《資本論》並未過時：分析現實的另一套觀念系統

當然，這是一則很長的故事，其中有很多複雜的環節，在此只能盡可能簡化。這只是一個小小的示範，並不意味著你應該以此當作全盤的道理，因為後面還有很多環節需要介紹。

以此示範關鍵在於說明《資本論》真的沒有過時。《資本論》為我們提供了去看待與分析現實狀況的另外一個角度，以及另外一套觀念系統。

馬克思的這套觀念系統中的環節，在他的書及思想體系裡建構得極其完整。我們讀馬克思的理論、讀《資本論》，重點在於學到這樣一個完整的觀念系統。

用這種系統去觀察，有一些東西在我們心裡就會有更重的分量，最重要的是在所有經濟活動當中，請不要忘記追問：到底是誰在付出？他們的付出與他們的所得相比公平嗎？這之中是否存在一個正義的標準？倘若沒有這種關切，就不會是馬克思思想或馬克思主義了。

經濟學如果只是分析而沒有關切，只會讓我們變得更加無情和冷酷。我相信，這絕對不是作為人的我們希望看到的。

28. 馬克思的預言為何沒有實現（一）：對人的研究不是「科學」

馬克思早在一百多年前就通過《共產黨宣言》及《資本論》建立了分析，指出資本內部的種種矛盾。因為存在這些矛盾，所以在時間的發展中，資本主義應該會瓦解崩潰。但一百多年過去了，資本主義還是在整個世界上有非常大的影響力。

為什麼資本主義沒有瓦解？為什麼馬克思的預言並未實現？這兩個問題彼此相關卻又不完全一樣。

對人的研究不是「科學」

首先讓我們來看馬克思的預言為什麼沒有實現。這有一部分是馬克思自己造成的。馬克思弄錯了一件非常關鍵的事，他自始至終被十九世紀的科學主義影響，他堅持對資本主義進行的研究是科學的，他推導出來的是科學的結論。

在這一點上面，馬克思弄錯了。他的研究並不是他想像當中那種可以獲得非常明確答案的「自然科學」。人文研究與自然科學之間有非常大的差異，最大差異就在於自然科學研究的結論不會反過來影響被研究的物件，而當我們研究人的時候，情況就不同了。

舉例說明，在自然科學研究上，你發現氫加氧會變成水，或者水可以被分解成氫和氧兩種元素。在發現這個原理之後，你將氫和氧加在一起，仍然會合成水，水仍然可以通過電解變成氫和氧這兩種元素。如果我們研究人，通過研究得到一個分析結論，一個對於人是什麼、人的現象的某種結論，這個結論卻會反過來影響人的行為。馬克思的預言非常著名，但也正因為馬克思做了這樣的預言，這個預言在歷史上發揮過巨大影響力，使得這個預言必然不會實現。

當馬克思預言資本主義一定會失敗，產生了兩種反應。其中一種反應是希望加速資本主義的瓦解，藉以趕快進入社會主義或共產主義的新階段；另一個反應是從資本主義當中獲得利益、得到權力的人由於擔心真的會發生資本主義內在矛盾所帶來的瓦解，他們必須因而承受巨大損失，所以開始對資本主義進行各種不同的改革，尤其是針對馬克思已經指出的這些矛盾，進行調整及修正。

預言的影響之一：共產主義革命在非資本主義國家爆發

首先來看第一種狀況。馬克思認為現有的資本主義必然會失敗，而在資本主義失敗、瓦解之後，就會進入社會主義、進而走向共產主義的理想世界。他反覆且非常堅定地宣稱這是科學的結論。

科學的結論也就表示這是必然的。於是有人被他的這種科學分析說服了，真正相信人類繼續向前發展就會走到共產主義的理想狀態。他們接受馬克思的預言，並且將之當作科學的真理，也就從中產生了巨大的集體預期，以及一種具體想要實現理想的推進力量。這種預期和力量亟欲讓共產主義提前到來。提前到何時？至少應該要提前到我能看到，或者至少預期我的兒子、我的孫子輩可以看到、享受到的這種時間點。

人們已經知道人類的未來就是美好的社會主義、共產主義——一個平等的、可以自在去追求的美好境界，但現在卻告訴他們這個歷史進程需要慢慢發展。既然歷史必然要走到那一點，為什麼我還要慢慢等待？依照馬克思的推論，人就是要走到社會主義及共產主義的階段，這樣的一種理想世界才是真正最美好的人類的狀態，為什麼需要等待呢？我不想等待。所以我們看到一種受馬克思影響最明顯的歷史潮流——共產主義革命爆發了。

共產主義革命發生在俄國，接下來又發生在中國。而事實上，當這兩個國家發生共產主義革命時，它們的實際狀態都不是處於發達的資本主義階段，它們並不是馬克思所形容的資本主義高度發達的國家。

換言之，俄國和中國的革命真正著眼的是共產主義的理想，但用的是馬克思的「招牌」。它們內在真正發動社會革命所使用的口號和革命者的真實想法是：我們現在就可以擁有共產主義，我們現在就可以實現一個讓大家沒有財富差距、可以在生產上和分配上徹底公平的世界。

這個世界很迷人，尤其是對大多數受壓迫的無產者來說。當無產者看到那些有錢人享受生活的奢華方式，看到他們支配社會，他們憑藉著財富而瞧不起自己，拿他們的財富欺負自己，會夢想有一天自己可以也應該改變這個現狀。這時有人站出來告訴你：你當然可以改變，我們一起來改變，因為歷史的變化與發展被科學地證明了是站在我們這一邊的。

這是共產主義革命背後非常清楚也非常素樸的一股力量。這股力量在歷史上其實一直都存在，與馬克思及其思想沒有必然關係。

馬克思的科學主義刺激了革命決心

長期以來，歷史上出現了很多反對貴族、反對富人的不同要求及運動，但最大的問題在於這些要求和運動就算有道德及論理上的合法性，它們往往也很難刺激出一種真正的決心。

真正的決心為什麼那麼困難？因為你無法確定是否會成功，而且在社會現實與歷史記載裡，窮人的革命與反抗失敗的比例太高了。掌握權力和金錢的人有太多方式可以鎮壓這種反抗。他們可以分化窮人，可以用各種不同的方式來削弱甚至消滅窮人的反抗，這是歷史留下的長期教訓。

而馬克思的思想為什麼有用？馬克思弄錯的地方，卻也是它產生最大效用的原因。因為馬克思一再堅稱發現了科學真理，他用科學的方式證明資本主義消亡必然會發生，所以宣揚「無產階級革命必勝」的信念與口號。

這個預言來自馬克思，預言我們會有一個共產主義的天堂，到後來變成一個自我實現的預言，因為一旦越來越多的人相信這件事是真的，它就能夠凝聚越大的力量，讓它實現。首先在俄羅斯，接下來在中國發生了革命；但正因為那不是在真正的資本主義狀態下發生的，而是通過發動下層農民來完成的，所以客觀地說，那只是共產主義革命，不是馬克思主義革命。

這種現實與馬克思的預言有關，卻又有著巨大差異。因為馬克思的分析全部是以資本主義的現實作為前提，然後進行分析、預測後續的發展。離開了資本主義的現實，馬克思的分析和理論就不再適用了。

馬克思理論的資本主義現實非常明確並且有所根據，它的根據是英國歷史上的泛十八世紀（long 18th century），也就是以十八世紀為主體，但是前推到一六八八年光榮革命，後面延長到一八四八年，在這一百多年的時間當中，英國所發生的現實。英國就是從傳統的農業社會，在這一百多年當中徹底完成轉型，變成一個工業化的社會。

所以，一八四八年馬克思和恩格斯為什麼寫下《共產黨宣言》，宣告共產主義的理想將會實現，或即將到來？因為他們的結論建立在非常明確且特殊的工業化之後的英國情況上。並且，馬克思看到了英國資本主義的各種不同力量、不同因素與它們彼此之間的互動狀態。

《共產黨宣言》的文字風格

然而，《共產黨宣言》的成功對馬克思的思想和表達帶來很大的困擾。《共產黨宣言》是再重要不過的歷史文獻，其重要性不只在於文章表達的內容，更在於文章論理的方式。

在《共產黨宣言》發表一百五十周年的一九九八年，義大利學者兼小說家翁貝托．埃科特別寫了一篇文章，標題是〈卡爾．馬克思的文學風格〉。在文章當中，埃科提醒我們，馬克思的影響力部分來自文字風格的力量，他的筆調是揭露式的，用極具自信的口吻為讀者撥開表面現象的層層紛亂，直指其背後的真理，絲毫沒有懷疑，也無須討論。

他從歷史中看出明確的道理和秩序，很多人被馬克思的這種風格震懾，成為他的信徒。當然也有很多人因為馬克思的風格感到惱怒，批評他是煽動家。具備左派知識分子和語言符號學家身分，埃科非常敏銳地點出馬克思之所以能夠成為思想巨人，重要的原因在於他是一個風格不凡的寫作者。

《共產黨宣言》開篇第一句，相信很多人都知道，甚至很多人都會背誦——「一個幽靈，共產主義的幽靈，在歐洲遊蕩」（A spectre is haunting Europe-the spectre of Communism）。幽靈，這個懸疑的字眼，瞬間就抓住了讀者。接著，馬克思又以雄辯的姿態告訴我們這幽靈是什麼。憑藉強而有力的風格，《共產黨宣言》在短時間之內激勵了很多人，讓他們覺得自己看見了真理，看見了歷史的規律和方向。

《共產黨宣言》是重要的歷史文獻，其重要性和它的文字風格關係密切。不過《共產黨宣言》的風格其實不同於馬克思的其他文章，和它相比，《資本論》更複雜、晦澀和曖昧。《資本論》的文字絕對不是乾淨清澈的，在《資本論》中，每一個字的背後彷彿都拖著另外一長串沒有寫出來的哲學前提和論理，彷彿每一句話都是勉強從意義的深淵裡拉拽出來的一條大魚。

《共產黨宣言》的成功使許多人相信馬克思已經證明共產主義是歷史的真理，歷史中必然會誕生共產世界。這樣一股力量使得原先非常素樸的共產主義夢想，加上了馬克思的名字，也加上了科學的「保證」。

這就是為什麼從十九世紀到二十世紀，會有共產主義革命成功；同時有些共產主義革命即使不是在資本主義發達的國家中發生，但革命者仍然奉馬克思為「宗師」，並將自己的革命冠上「馬克思主義」的字樣。

馬克思的科學主張一方面促成共產主義革命實現，另一方面，共產主義革命成功卻不在資本主義的階段後發生，這違反了馬克思歷史唯物論的階段論。他的預言具有太大的力量，反而使預言的另一面沒有辦法實現。

29. 馬克思的預言為何沒有實現（二）：非資本主義國家揭竿而起，資本主義國家調整行動

《共產黨宣言》對無產者的鼓舞力量

在行文的風格上，《共產黨宣言》和《資本論》截然不同。馬克思平常的寫作方式比較接近《資本論》，這種風格源自他的思考方式。當他思考一件事的時候，幾乎都是先用三句話對主要的名詞與概念進行定性的解釋。然後在這三句話當中，又會衍生出另外三項需要被定性、解釋的名詞及概念。他所受的哲學訓練使他無法讓任何概念在句子裡草率地敷衍過去。

但《共產黨宣言》是個例外，這篇文章是特殊條件下的偶然產物，因為他在動筆之前就將這份文件定位為宣言，設定好只呈現結論而不羅列推論的過程，也設定了要採取小冊子的版面形式，以及篇幅容量等，因此馬克思不得不將他平常一定會提到的內容、必定會採用的迂迴曲折的句子都刪除了。

勉強把自己的想法塞進小冊子裡而寫出的內容，意外地塑造出對馬克思的刻板印象。許多人通過一八四八年出版的《共產黨宣言》認識了馬克思，以行動或是思想聚攏到馬克思和恩格斯的身邊。通過《共產黨宣言》，他們看到一個充滿號召力、擅長鼓動人心且有魅力的行動領袖。

的確，《共產黨宣言》是一套徹頭徹尾的行動綱領，它宣告歷史演變有一定的規則可循：藉由過去的演變軌跡，我們確認歷史的演變方向，接下來，歷史必定進入工人階級與資本家進行殊死決戰的時代，而且工人終將獲得勝利。倘若工人失敗，表示歷史被延遲了，所以應該要站出來，付出血汗，努力奮鬥，勇敢地促成下一階段的歷史的順利到來。

這既是鼓舞，也是威脅。工人有機會將世界帶往下一個階段，成為社會的主人。但如果你不奮鬥、不努力，導致現階段的歷史遭到延遲，受苦最深的也是工人。工人有機會在自己這一代憑藉著自救進入天堂，那是一個此刻的天堂（paradise now），而且是世俗統治下的天堂（paradise in secular rule），不必等到末日審判，也不必乞求耶穌基督的救贖。但倘若你不想辦法讓自己通往天堂，你就會一直留在地獄裡受苦。這種一邊是地獄、一邊是天堂的絕對差異，保證了工人應該有的選擇。

工人們為《共產黨宣言》所鼓舞，接受了他的預言。不只是工人，只要是無產者，或他感覺到被富人、貴族及有權力有財勢的人所壓迫，都會被《共產黨宣言》所鼓舞，也都會接受馬克思的預言，自然期待《共產黨宣言》的作者能夠挑起領導運動的重任。

不過必須說明，馬克思不是適合走入群眾、組織群眾、說群眾語言並帶領群眾戰鬥的人。在這方面，他的朋友恩格斯還比他有經驗，也比他有資格，至少恩格斯還管理過家裡經營的工廠。套一句中國古人的話：「一室之不治，何以天下家國為。」馬克思真的連家裡的事情都管不好。

在人際關係上，他也不曾有任何值得稱許的成就，他主要的時間都用在讀書及思考上。他與社會最直接密切的接觸不過就是擔任記者的經驗。連他在擔任記者的時候，他所寫的文章都比我們一般預期在報紙上看到的文章更複雜艱澀。但是，因為他對歷史及社會的思考，因為《共產黨宣言》，這樣一個人被推上了群眾運動的最前線。

共產主義的提早到來，是歷史的「倒錯」

《共產黨宣言》裡以口號式簡單語句所寫的內容，不符合馬克思普遍的思想風格和表達方式。可是後來主要發生共產主義革命的兩個大國——俄羅斯和中國的社會狀況，與馬克思在寫《共產黨宣言》以及後來寫《資本論》時所看到的英國社會的資本主義，及相關的歐洲其他國家正在發展當中的資本主義，其實完全不一樣。

俄國和中國並未發展出發達的資本主義，以任何標準來看，都不能說一九一七年的俄國或一九四九年的中國是資本主義發達的社會。按照馬克思的標準，首先必須確認資本在這個社會系統佔有主宰的地位，才能確定資本主義的系統，這才是馬克思分析的起點。

所以我們看到歷史上的交錯：自認為完成馬克思式的共產主義革命、將資本主義消滅的這兩個社會，其實並不存在發達的資本主義。同時，因為沒有發達的資本主義，也就不需要消滅資本主義，亦無資本主義作為反抗的對象。

所以在此情況下，我們看到的事實違背馬克思所謂的歷史科學定律。這兩個社會是先發展共產主義，在共產主義的情況下走向非常不同甚至是獨特的道路。

例如在二十世紀八〇年代，蘇聯就遭遇到因為資本化不足，所以儘管國家一直努力推動工業化，但國家的資本體系無法支撐下去，因而導致生產嚴重不足的情況，只能勉強維持高科技和軍事工業發展的表象。由於底層投資不足，資本並未形成足夠的力量，這種表象也維持不下去了。及至戈爾巴契夫上台之後進行的改革，必然要嘗試利用私有化、個人化，甚至是自由化，增加蘇聯社會的生產動機。

然而一旦開放便一發不可收拾。蘇聯先是進入共產主義的社會，從一九一七年到一九九一年這一段長達七十餘年的時間內，蘇聯嘗試了共產主義的各種實驗，但它的基礎是一個尚未經歷資本化的經濟體系。於是這種情況持續到一九九一年，蘇聯的共產主義政權瓦解了。在瓦解的過程中，這個國家才試圖重新去建立資本主義，在這個過程中付出了相當高昂的代價。

直至今日，俄羅斯仍然處於非常奇特的生產體制中。這與我們過去所看到的資本主義的道路、資本主義的發展，也就是馬克思分析的歷史現象非常不同。

在缺乏發達資本主義的情況下，發動了推翻資本主義的革命，並且成功了——事實上從來沒有建立起資本主義，共產主義革命卻先成功打倒了資本主義——從馬克思理論的角度來看，這是倒錯的。

相當程度上，馬克思的思想在資本主義社會——也就是那些真正有資本主義秩序的地方——因為蘇聯的例子而被當作笑話，他們說馬克思的理論最後竟然實現在一個不存在資本主義的國家，在這樣一個國度裡出現了共產主義，這與馬克思原來所設想的完全不一樣。

馬克思提出的「資本主義必然瓦解」的預言產生了力量，鼓舞人們想要讓預言加速，然其作用出現在根本不是馬克思認為資本主義應該瓦解的地方。

資本主義國家的調整行動：資本家與勞動者身分的混淆

另一方面，馬克思的預言之所以並未實現，是因為英國或其他歐洲國家，以及後來的美國，這些原來馬克思認定的資本主義高度發展的地方，由於馬克思的預言，刺激資本家做了相反的事。資本家探索各式各樣的辦法，推遲馬克思的預言可能實現的時間或可能發生的概率。有很多做法都不是馬克思當時可以預見，甚至不是他可以想像到的，但是這些做法相當程度上都能追溯到馬克思對資本主義內在矛盾必然引發瓦解的分析，以及通過分析所得出的預言。

馬克思清楚地推論，整個資本市場高度複雜到會出現無法承擔的債務系統，這個系統建立在極度不穩定的基礎上。利息用未來的生產價值增生作為保障，可是未來價值增生在資本的運作下一定無法趕上能夠支付、已經承諾的債務。在這種情況下，馬克思的預言必然會發生，工人將會越來越多，資本家越來越少。

因為無法解決債務關係，所以更進一步，小資本家們也會瀕臨破產，也就只好把自己的小資本再賣給大資本家。此時工人人數越來越多，大資本家基於掌握生產工具而能夠對工人所施加的剝削也就越來越嚴重。這與資本家的心腸好壞、仁慈或殘忍毫無關聯；之所以發生剝削，在於資本運作當中的債務必然趕不上利息和資金的成本，所以資本家只好進一步去壓榨勞動者，勞動者的酬金也就越來越低。

所以馬克思的預言非常清楚，一是資本家會越來越少，所有的資本會越來越集中。這些資本家為了實現放在資本利息中的未來利益，讓未來的價值增生能夠趕上對資本利潤的預期，他們就會變得越來越殘酷。他們握有越來越多的資源，因而也可以更加殘酷。相對而言，勞動者的處境只會越來越糟。到了相當程度，當勞動者的處境已經低於勞動再生產的條件，勞動者不是開始生病，導致生產力快速下降，就是一定會憤而反抗，掀起革命。在這一連串的推論中，馬克思預言最後這些勞動者包圍著越來越少數、越來越孤立的資本家，勢必會推翻資本家和資本系統。

這是馬克思歷史預言的圖像，但是稍微比較就會發現，馬克思的歷史預言與發生在蘇聯或中國的情況，其實截然不同。馬克思的理論全都圍繞著工人與勞動者，和農民無關。《資本論》處理土地和地租的部分，事實上從未完成。所以馬克思並未闡述關於土地、地租及資本主義瓦解之間的關係。最關鍵的一點，如果沒有工人和生產工具之間的特殊關係，亦即資本家控有生產工具，進而促使工人變成勞動者，也就不會產生這樣的處境。

在此情況下，馬克思提出了這個預言，而當預言看似開始部分實現的時候，整個資本主義體系卻因為馬克思所提出的警告，做出對應的調整。一個關鍵的調整反映了馬克思預言當中最強而有力也最有威脅的部分。資本主義的系統裡開始產生混淆勞動者身分——尤其是混淆勞動者與資本家身分的各種不同的做法，用這種方式大大緩和甚至部分逆轉了馬克思的預言。

何謂混淆勞動者與資本家的身分？有一種辦法就是改變他們之間的數量比例。最簡單的一件事是開放資本市場，讓一個更普遍的資本市場能夠形成，更多人可以進入資本市場，成為大小規模不一樣的資本家。從十九世紀到今天，其實這個調整非常明顯，而且非常成功。

以往工廠由大資本家所建設，這些人才會具有那種為資本家及資本辯護的態度。可是到了今天，我們看到這個想法變得非常普遍。

很多人即使自己從未做過任何投資，但在分析這個經濟體系時，也理所當然地認為資本家有所貢獻，因為資本家必須承擔風險。倘若再進一步細分，由於必須配置資本的管理人員，所以這些管理者們也有所貢獻。如果沒有資本，怎麼能產生事業？沒有事業怎麼能賺錢？怎麼為工人提供工作？

容我再強調一次根本的觀念：

首先，當馬克思在釐清資本家與勞動者剝削關係的同時，他探索的最根本的問題是如何分配。馬克思理論向後推演，絕非意指資本家沒有資格獲取任何利益，而是指在一個資本主義的社會中，為什麼大家會理所當然認為出錢的人應該分配到更多利益，而不是出力的勞動者？

從馬克思思想理論延伸出來，真正關鍵的問題在於：這個比例應該如何制定。其中當然涉及何謂公平與正義。

現在我們很多人不是過去意義上的勞動者，而是勞心、費腦的勞動者。如果這時有人告訴你一家出版社既出了稿費和版稅，也支付了書籍的印刷費及發行費用，那麼它當然有權利得到所有生產出的有價值的東西；作者沒有任何權利，因為作者已經拿走版稅，所以就不應該擁有著作權。你覺得這樣合理嗎？

可是很多人在思考資本家與工人如何分配利潤時，就陷入這樣一種態度與邏輯——認為那是正常且應該的。所以，如何在資本與勞動之間進行利潤分配，不是那麼簡單的一件事。

其次，我必須反覆強調，我們現在這種狀況與馬克思當時的情形有著很大的差別。當時你可以非常清楚地分辨誰是勞動者、誰是資本家，勞動者與資本家的身分完全不可能混淆。可是在一百多年之後，我們有了新的狀態。這個新狀態使馬克思那種尖銳的分析不再完全適用，但並不表示馬克思所提出的分析方法完全失效。只不過我們每個人現在既有可能以勞動者的身分領取薪資，也有可能以投資者的身分——以類似資本家的身分——獲取資本利得。在這當中，雖然你我只是個人，可是關聯到不同角色的利益時，我們會做出不同選擇。

馬克思的論理值得我們進一步去分析自己：我們在做不同判斷時，究竟是以何種身分為出發點？當然不是只有勞動者與資本家如此截然劃分的兩種身分，這兩種身分現在也許變得像是一組光譜，但這光譜的兩端必然還是存在的。

30.馬克思的預言為何沒有實現（三）：越來越多的勞動者，仍在擴張的資本主義

擴大財富變資本的可能性，混淆資本家與勞動者的身分

資本主義做出了非常重要的調整，其中一項是擴大財富變成資本的可能性，不論財富多寡，每個人都能夠參與，把個人財富變成資本。

什麼意思呢？例如以往一個工人一年只能儲存二十元，二十元有何作用呢？二十元不足以購買機器設備，一台機器可能需要二十萬元資金，這與工人的收入完全不成比例。所以坐擁二十萬元的人可以將財富轉型成資本，但工人的錢太少了，少量財富不可能轉化為資本。工人和資本沒有任何關係，工人絕對不可能參與資本的形成，也就不可能變成資本家。

可是現在出現了不同情況。我們創造了一個系統，幾乎讓所有財富不論多寡都可輕易地轉換為資本。例如，現在不論你領多少薪水，你不會把薪水藏在床底下。你甚至看不到你的薪水，因為會直接匯入你的銀行帳戶裡。

你的銀行戶頭是數位形式的財富，以銀行帳戶作為儲存地。一旦薪資匯入帳戶裡，就成了銀行可以運用的資本，根本不需要經過你的同意，銀行可以直接用你的錢去進行各式各樣的操作，借給不一樣的人去做資本投資。銀行唯一需要做的是付你利息。

在此情況下，雖然你是勞動者，但你隨時可以介入資本市場。你必然處於部分被動的資本市場：是銀行將人們存入帳戶裡的錢匯集起來，去做各式各樣的投資。銀行可能用一百元投資獲利十五元，然後分給你一元或者二元作為利息。

你也可以主動積極地去參與並介入資本市場。最簡單的一種方式是買股票。買股票雖然也有一定的最低限額，可是現在這個最低額可以低到幾千元台幣，讓你就能買股票。而只要你入手了一點點股票，你的身分就改變了。

今天的這套系統裡，不論個人所擁有的財富多寡，都主動或被動地變成了資本。所以當你在賺取薪水時，你是勞動者；薪水進到你的帳戶之後，在不知不覺的情況下，你變成了投資者，也就是一個微型的資本家。所以原來馬克思預言的勞動者與資本家之間必然有衝突，到最後勞動者必然會起而推翻資本家，這件事情就被緩和了。

當然這並不表示它不存在，只是被有效地緩和了。因為我們一方面身為勞動者，另一方面，我們有一小部分的資本家性質，在這種狀況下，我們會調整不一樣的身分，從不同身分去思考利益的問題。你作為勞動者可能面對的問題經常可以在你身為小型資本家時，在參與資本運作的過程中得到補償。有的時候，單純作為一名勞動者，如果要求加薪得不到滿足，你會支持罷工。可是現在不必然如此。即使你的公司大幅加薪，你作為勞動者，也不見得欣然同意，為什麼？因為如果你同時是這家公司的股票投資人，那麼此時基於這兩個身分的利益考慮會相互衝突。

今天，勞動者和資本家並非決然對立，甚至在自然人的身分上可以結合為一。這是一百多年來，為了防止馬克思的預言實現，整個資本主義體系做出的重要調整。

絕對勞動價值的持續增長

不僅如此。關於為什麼馬克思的預言沒有實現，還必須看到另一項歷史因素，即一百多年來，勞動的絕對價值一直在增長。或者換另一種說法，所謂勞動經濟，其中最重要的發展，就是把人轉換成勞動者藉以提供勞動力。資本主義的根源是生產者與生產工具的分離，將人變成了勞動者，從原來的工匠經濟轉型成為勞動者的經濟系統，形成資本家與勞動者之間的對立，或者分離。

用這個定義來看，一百多年來我們看到一項重要變化，即勞動經濟持續擴張。以更簡單的語言來說，就是從經濟生產的角度來看，在工業化的過程當中，英國的紡織業機械化了。原本紡織是由人來操作的，現在改由機器紡織，但這種變化不會只停留在一個領域或一個地區。以英國社會而言，緊接著發生了機器擴大運用在紡織業以外的生產領域。

以機器紡織的做法，接著又會傳播到其他地方，包括英國以外的國家及社會。機器紡織傳播到哪裡，那裡的人就會被改造成工人、勞動者，因而這個地方的經濟體系也就被改造成勞動經濟。原本織布的人從製造布匹的工匠變成為領薪水的工人，因為他必須依賴機器。

在很短的時間之內，機器持續擴張到全世界各地。機器每在一個地方運轉，原來的工匠系統及製造業就全數瓦解。瓦解了之後，這些人就在不一樣的地方及領域轉型成為工人。變成工人之後，就被納入工廠體系內，從而產生馬克思所說的變化。此一變化就是他們都成為勞動者，於是他們的勞動剩餘價值都能被運用，或者應該更直接地說——被剝削。

為什麼按照馬克思的經濟理論，他的預言沒有實現？因為世界作為工業化、資本化的範圍和領域，資本一直在擴張，資本化一直在發展。某個地方資本增生，這裡的資本家對工人的剝削到達了不容忍耐的程度，可能會產生危機時，他們將會在新的不同區域，另外去聚集一批新的人口，改造成勞動者，使其依附在機器上，於是又產生了新的勞動剩餘價值。

以世界為規模，我們看到這一百多年來，勞動經濟持續擴張，不斷有新的勞動力加入，有新的人口被轉變為勞動者，所以也就一直有不斷增加的勞動剩餘價值可以被剝削。在此狀況下，資本系統不會停滯，因此始終沒有走到馬克思所預言的境地。

「滿足」的勞動者

《資本論》第三冊闡述了這種爆發出來的勞動剩餘價值應該如何分配。我們看到的實際分配情況是勞動的剩餘價值進入資本家手裡，資本家取走一大部分，剩下來的一部分進入國家及政府的體制裡。然後政府也以各種不同的方式去收集這些勞動剩餘價值，例如控制公司、控制工會等。

進入國家的部分，只有少部分真正留在工人身上。可是，僅是這非常少的部分，相較於工人轉變成勞動者之前的生活條件，尤其是如果以貨幣來計價，還是增長的。

資本主義之所以沒有瓦解和崩潰，原因在於這些勞動者所分配到的絕對生產價值，足以讓他認為自己的生活改善了。

這是一個長遠的歷史發展過程，與馬克思原來分析的最大差別是，馬克思觀察的是個別、單一國家內部的資本與勞動之間的關係。可是馬克思看不到在他之後的時代，資本的系統不是以國家作為單位，而是以全世界為其範圍。

當比較先進的資本體系的資金成本高到一定程度、無法解決時，會有外圍的新的勞動力創造出來的剩餘價值投入進來，達到平衡。再發展到大一點的面積、大一點的區域，等到又開始出現瓶頸及問題時，還有更外面的區域又被收納進來，如此循環往復。

一百多年的時間裡，資本體系一波波不斷地擴張，到現在為止仍沒有結束，仍然在變化過程中。然而，每到一個地方，在封閉有限的系統裡，只要時間一久，資本一定會出現問題——這個基本邏輯在這一百多年來，並沒有發生根本的改變。

31. 馬克思的預言為何沒有實現（四）：勞動者被弱化的「被剝奪感」與資本家的無償佔用

絕對價值的增長與被弱化的「被剝奪感」

人口轉換成勞動力的過程，資本體系很容易可以爭取到時間。為了解釋這句話，舉個例子：比如有一個農戶在進行農業生產的情況下，不會有太多的剩餘；就算有剩餘拿去出售，以貨幣計價，一家人努力耕種了一年，多生產出來的農作物全部賣掉，也許只能賺得三千元。

此時，如果他家裡有一個兒子，十八歲的時候離開了農村，到都市去當工人。先不論他的待遇及處境如何，一年結束後，他可以帶回家裡、他領到的工資也許是二萬元。所以相較之下，他們會覺得這是「有所得」。

在有所得的情況下，只要這個所得在貨幣計價中是增長的，工人或勞動者就會覺得被轉換成工人這件事情很合算，不會抗拒這樣的轉型。他甚至還會感激成為勞動者的這種身分轉換的機會。

在待遇用貨幣計價的情況下，如果貨幣增長，勞動者就能夠容忍，也不會去計較那種相對的「被剝奪感」。譬如，上文提到的農戶所得，在一年內，他們的收入從三千元變成二萬元。但是，雇傭這戶農家小夥子的老闆、資本家，因為控制了生產工具和生產程序，雇傭連同這位小夥子在內的一批工人，在同樣一年裡，他的利得可能從二十萬元增長為八百萬元。

此時的工人不會太在意，也不會去想自己的所得從三千元增長至二萬元，而資本家的利得卻從二十萬元增長至八百萬元，這到底公不公平。關鍵在於，因為工人感受到收入增長，所以相對而言，他的被剝奪感不會那麼強烈。

但馬克思強調：這種狀況不會維持很久。因為從中產生的勞動剩餘價值在增長上有其限度。到達一定程度之後，機器無法更新，技術無法進步，市場無法擴大，於是增長就開始停滯。如果這時候你發現自己的收入增長不再是從三千元變成二萬元，而是從二萬元變成二萬零一百元，資本家的增長卻從八百萬元大幅增長至一千二百萬元，那麼你心裡就會開始凸顯相對的被剝奪感，因為你的增長已經停滯。

所以這時，你就會開始質疑：為什麼增長中只有一百元屬於我？為什麼老闆可以多拿四百萬元？太不公平了，這中間一定有問題。

可在現實中我們看到的是，你不能忍受收入只從二萬元小幅度增長變成二萬零一百元，但此時又有新一批原收入只有三千元的人爭取工作，變成了工人，他們樂於接受工資從三千元增長至二萬元。你不想做的工作、你覺得委屈的工資，他們願意接受。所以只要一直有新的勞動者加入，在擴張並未停止的情況下，這個系統的危機會一直往後遞延。

不斷遞延的資本主義危機

任何一個地方的勞動經濟剛開始轉化的時候，都會產生巨量的勞動剩餘價值，所以地區經濟一定會有爆發性的繁榮，而被視為這個地區經濟的黃金年代。這個經濟體的黃金年代過去了之後，不可能以這種速度繼續增長，就出現了停滯。

於是這種爆發的動能轉移至其他地方去，靠著其他地方所產生的新的勞動剩餘價值來投入、補貼原先的系統。這是一百多年來的趨勢。現在我們面臨的困境是越來越不確定全世界還有多少勞動力可以被壓榨出來，還有多少人口可以被轉型成勞動力。當中國的經濟發展到一個階段，平均工資開始提高，資本就會開始尋找下一個可以提供人口使其轉換為龐大勞動力的地方。

上述情況證明馬克思理論中的兩件事。第一件事是在資本主義的系統下，最根本的、真正能夠創造資本價值的，仍然是勞動及生產。

一百多年來的變化發展提示我們，如果沒有新的勞動力，沒有新的勞動者的投入，這個世界的經濟就會陷入停滯。不論你的金融體系多麼健全、投資方式多麼智慧，只要沒有新的勞動者、新的勞動剩餘價值投入這個系統，這個系統立刻會陷入危機，整體經濟就會下行，這是非常明確的一件事。

另一件事情，馬克思也告訴我們，如果這個系統窮盡它的勞動力，就會使得資本家與勞動者固定關係僵化，進而導致資本家和勞動者之間的矛盾越來越尖銳，以至於系統沒辦法維繫下去。

一旦理解了馬克思的預言，也就不能說這個預言並未真正實現，事實是，這個預言的實現時間一直在往後遞延。我們並不清楚這個系統到底要擴張到什麼樣的程度，才會再也無法擴張，也不清楚何時會到達馬克思當時的預言所基於的前提——這個系統窮盡了它的勞動力開發。

此處還涉及一個關鍵但同時非常敏感的問題：人是如何被轉換成勞動者的？人被轉換成勞動者的可能性究竟有沒有差異及限制？

馬克思分析這個問題的時候面對的英國現實是，從圈地運動開始，農場主靠畜養羊收穫了大量羊毛，因此開始有機器突破、工業化突破，而英國原來的農夫則很容易被轉換成勞動者、工人。但是在全世界的資本主義體系擴張過程中，我們又發現這種資本、機器及生產系統的擴張在不同地方，會得到不太一樣的結果。

舉例來說，非洲人口非常多，可是卻很少有人認為，如果當下中國的勞動市場擴張停滯，大部分的生產會轉移到非洲。為什麼？人變成勞動者的轉化過程，還需具備一些什麼樣的影響因素，尤其是涉及社會組織及文化的因素？這都是關鍵且重要的問題。

遞延資本主義危機的另一個原因：無償佔用（成本外部化）

馬克思預言沒有實現的另一項原因，其實已在他的理論中提出。馬克思提到了一個重要觀念，他將其稱為「無償佔用」，這是遞延資本主義危機的另外一項重要因素。

何謂無償佔用？簡單來說，資本主義的系統不是一個誠實的系統。所謂誠實的系統，是資本投資在生產的過程中，扣除掉成本之後，產生了勞動剩餘價值，資本家把勞動剩餘價值中的一部分予以佔領、剝削，變成利得，是依照這樣的流程運行。

這是我們談論資本主義時最基本的描述。我們這樣描述的對象是誠實的資本主義，可是現實的資本主義卻並非如此。在誠實的情況下，資本家的利得絕大部分來自剝削工人的剩餘價值，所以工人知道自己創造出了多少價值，也知道除了自己得到的維繫勞動力再生產的必需份額，還有少數其他本來就要付出的代價之外，其餘剩餘價值都被資本家奪走了。

在這樣的分配情況下，勞動者和資本家之間的關係會非常緊張。可是緊張的關係可以在現實當中被緩和，那是由於資本主義不誠實，他們用很多無償佔用來降低成本。降低成本的過程中，並不增加對勞動者的剝削。

無償佔用，在市場經濟學裡被稱為「成本外部化」，意指本來是你應該付出的成本，你卻找到一種方法，讓別人去支付。

一百多年來，整個資本主義的生產系統中，最明顯的無償佔用就是汙染所帶來的成本。資本所使用的空氣、水及自然資源，已被改變和汙染。然而資本運用這些資源時，沒有付出任何的代價。使用了這些資源之後，也沒有將它們還原。

這些成本外部化的效果有多大，我們可以舉一個例子，就是火力發電。火力發電如何計算發電成本呢？首先要計算的是如何建造這家發電廠；接著計算花費多少人力成本來運作發電廠；再下來，必須購買煤炭或天然氣；從煤炭產地挖掘這些煤炭，接下來又會產生運輸成本，才能將煤炭運輸至發電廠；然後在燒煤或使用天然氣的過程中，產生電力。

所有成本計算完成之後，你就會知道生產一度電的成本是〇・五元。因為成本是〇・五元，所以可以用〇・七元的價格把電賣給使用電力的人。這稱作合理的生產、合理的交易。

但在這中間，你漏算一件事，那就是在生產過程中，你必須使用空氣。而你運作發電廠的時候，空氣被汙染了，進而產生了危害性，包括視覺上產生的霧霾，以及其他破壞集體健康方面的因素。

如果以上述方式來計算發電廠的成本，此時它一度電的成本就不可能是〇．五元，也許會變成二元。所以在過去的生產方式中，每度電有高達一．五元的成本被外部化了，意味著它由環境、社會來共同承擔。

資本主義在這一百多年來，不誠實地設計了太多類似上述的無償佔用、成本外部化的方式，盜用且掠奪了各式各樣的資源。而被掠奪的資源被拿來彌補那些無法承擔且過高的資金成本。由於無償佔用，資金成本就被降低了。

因為這樣的因素，它產生的效應也會讓資本體系取得更多的資源。由於這些資源，原本預期必定一步步走向困境的那一刻會再往後延遲。但是，也和一直擴張勞動經濟一樣，只是把問題往後延，並未真正解決問題。馬克思所分析的那個無法解決的複雜債務結構，仍然存在於資本主義的運作體系當中。

32.馬克思的預言為何沒有實現（五）：資本家無償佔用的類別

本節繼續解釋何謂無償佔用。在此之前必須先澄清一點：這裡並無將馬克思塑造成一位先知的用意。我們用現在的例證去說明到底什麼是無償佔用，並不表示馬克思在十九世紀時就已經發現環保及地球能源的問題。

對技術能力的無償佔用：以從手寫稿件到打字為例

馬克思講述無償佔用時，提及了一個關鍵現象——技術能力被資本家無償佔用。在勞動者形成、勞動轉換的過程中，一個人變成工人，其實並非理所當然。

為何在全球化的經濟環境中，我們並不看好非洲的發展？為何我們不預期非洲會像亞洲或其他地方那樣產生巨大的勞動經濟變化？為何非洲勞動轉化的程度那麼低？又為什麼在歷史上，英國迅速且成功地出現了勞動者，把人變成了勞動力？

一個人作為農夫或工匠，他原具有一定的生產能力，但是現在要把他變成工人，他必須學習，必須具備操作機器的能力。這種轉換過程由誰推動？成本由誰支付？在付出成本、具備這種轉換能力之後，成本支付者能夠由此轉換過程獲得什麼？

容我以自己的親身經歷作為清楚的例證。在二〇〇〇年，我接任《新新聞》周刊雜誌總編輯，在職時間四年半。剛接任時我寫稿的速度非常快，因為我是用手寫的。手寫稿交出去之後，周刊編輯就會把稿子打出來，變成可以印刷刊登的鉛字。

到了二〇〇四年，我記得我在卸任總編輯前的最後一期雜誌上寫了三篇稿子，但這三篇稿子跟我剛進雜誌社時有著非常大的差別——沒有任何一篇是手寫的，都是由我自己打字。

我們這輩寫新聞、寫稿的人，都經歷過這種轉變——剛開始我們用手寫，這是我們的技能，慢慢地沒有人為我們檢字排版了，所以我們必須練習如何將筆放下，轉為以鍵盤打字，培養新技能。報社、雜誌社省掉的檢字、打字工人薪資，轉換到哪兒去了？

在我們養成新技能的過程當中，需要花時間，經歷重重艱難，並不斷地練習，甚至必須承受一種心理代價——我們將被會用電腦打字的人瞧不起，必須承認自己正在努力學習新的「把戲」。

如果學不到這樣的新把戲，會發生什麼事？培養新技能後，成為可以自己利用電腦寫作的人，卻沒有任何補償或獎勵。報社、雜誌社、資本家，他們省掉了打字人員的薪水和成本，可以轉變為我們的工資嗎？不能。反而變成另一種情況——如果你沒有這個能力，就會被淘汰。打字轉變為新的揀選標準：你不會打字，就等著被淘汰。

按照馬克思的理論，許多人在轉變成勞動者的過程當中，首先，當他進入工業工廠的生產環境，他就必須適應新環境，培養新技能。更何況身為勞動者，他也不斷被要求升級，重新打造、增進自己的技能，但這些技能卻被資本家無償佔用了。無償佔用意味著不會因為他增加了新技能，其勞動剩餘價值的分配就會隨之增加。資本家將這件事視為理所當然，導致後來連勞動者自己也這麼想，他可能會說：「你要做這份工作，怎麼可以不會打字呢？」以馬克思的觀念回到他所處的環境下，他特別提出了資本家對勞動者在這方面的無償佔用。

對提高工作強度的勞動的無償佔用

另一項無償佔用不易於討論，因為它無法量化。

譬如一名工匠在工作時有一種自由，可以決定自己想生產什麼及生產的程式；可是到了工廠裡，生產計畫由資本家規定。作為工匠，他本可以決定在工作上投入多少時間，同時也可以決定投注在工作上的強度和專注度。可是當生產工具從工人手裡被奪走，轉變成由資本家來做決定，那麼資本家站在資本增值這個單一的價值評斷上，就會想辦法確認工人生產的緊張度是否到達最高點。

資本家購買了機器，建造了紡織工廠，工人就要配合紡織機和紡織工廠去工作。資本家會用何種方法來調整機器運作的速度呢？在他決定的範圍之內，他一定會盡可能把它調到最快，因為如此一來就可以獲得最大利益。同時也意味著即使工人仍和原先一樣工作八小時，可是這八小時的付出在速度調快之後，也與原來的情況不等值。假設這台機器原本的運轉速度是一分鐘轉三圈，經過調整後，它的滿負荷是一分鐘轉六圈，情況就顯而易見了。

那麼，工人領同樣的工資，同樣付出十小時的工作時間，可是實際上創造出來的勞動價值卻變得不同了。這份勞動價值，資本家並不會分配給工人。資本家的想法一定是他有充分運用工人勞動時間的權利，這麼做才不會讓工人佔到自己的便宜。然而一分鐘轉三圈和一分鐘轉六圈，這中間工人所提高的工作緊張度及辛勞，就被資本家無償佔用了。

要計算這種無償佔用非常困難。但按照馬克思的推論可以理解，的確存在著這種藉由機器的介入和控制，促使許多勞動者投注越來越高的能力和專注力在工作當中的情況。

對勞動者教育成本的無償佔用

資本主義榨取很多無償佔用，且利用無償佔用的形式也越來越厲害，勞動力的質量、勞動能力一直被要求提升，可是提升勞動能力的成本，卻在資本主義系統中被資本家外部化了。

美國曾經出現非常嚴重的問題，包括二〇一一年「佔領華爾街」的時候，那些年輕的工作者提出了嚴厲的批判與抗議。但是在美國，有個問題無法解決。這個問題就是，美國的教育在市場經濟完全籠罩的情況下，也變成了一種商品。

教育交易是商品，我們從商品的角度來看，很容易看出這個過程中不平等的部分。舉一個非常普遍、接近事實的例證。如果你在美國沒有大學學歷，只有高中學歷，你能找到的工作的平均年薪大概是一萬五千美元。你得到了大學的學歷之後，你能得到的平均年薪會提升到二萬五千美元。此時你覺得這是很大的差距，我一定要獲得大學學歷。

可是如果我們把大學教育直接就當作商品，我們問：這樣的一個商品要賣多少錢呢？我要付出多少代價，才可以受大學教育，領到一張大學學歷證明？四年的受教育費用，很可能是十五萬美元。這個價格，是你用來投資自己的。

這個說法似乎沒有問題，每個人都要投資自己，可是你的投資的回報率如何？我們看到在美國非常普遍的現象，就是這些受高等教育的人在購買教育、投資自我的過程中，都得先借錢。向誰借錢？向銀行借錢。於是他買到了這樣的能力，可是資本家絕對不會按照你所增加的教育商品的成本來給你支付工資。資本家願意支付給你的，不過是平均一年比一個高中畢業生多一萬美元的年薪而已。也就意味著，在受教育過程中的貸款，必須要用很久很久的時間，靠你自己來償還。

這就是馬克思所說的無償佔用中的一種佔用。你的教育水準幫你所提升的能力，直觀地反映在你能提供的勞動質量上。但是這個成本，資本系統、資本家可不買單，而是讓勞動者自行承擔，這是一種無償佔用。

這種無償佔用的形式十分普遍。從馬克思的時代到現在總共一百多年來，勞動的人力水準提高了多少？僅僅憑藉這方面的無償佔用，就幫助資本主義省掉許多成本，讓資本主義可以更進一步運作、維繫。

既然可以運作和維繫，那麼馬克思的預言就不會實現。馬克思並沒有看到資本主義可以用這種方式不斷擴張，在擴張的過程當中囊括越來越多無償佔用。既然它是無償的，甚至可以推回勞動者身上，資本主義就不會像馬克思原先預言的，在如此短的時間之內，遇到無法解決及承擔的內部債務關係帶來的致命壓力。

33. 馬克思的預言為何沒有實現（六）：我的專利，只值一筆工錢嗎？

無償佔用使得資本系統不斷擴張，馬克思沒有辦法預見資本主義系統後來會發展出多少不同的方式來進行無償佔用。

對勞動者專利的無償佔用

說起全世界市值最高的公司，我們馬上就會想到谷歌、蘋果或微軟。這幾家公司為什麼如此有價值？因為這些公司都可以被稱為「專利收藏家」。我們算不出來，甚至很可能連這些公司內部都算不清楚，他們究竟擁有多少專利。因為專利多到這種程度，所以這種公司隨時都雇有律師在打專利官司。

專利非常重要。擁有多少專利，在現在的資本運作系統中可以證明你能夠以壟斷的方式取得多少利益。

專利為什麼和無償佔用有關呢？以馬克思的思想理論來看，他一定會問：為什麼這稱為「蘋果的專利」、「谷歌的專利」？這些專利從何而來？明明是勞動者設計、發明出來的，為什麼全都變成蘋果、谷歌的了？因為在勞動過程當中，資本家用「偷天換日」的方式把這些東西偷走了。

第一種方式是組織的力量，強迫所有為它工作、領取工資的人，把他們所創造出來的事物自動轉變成公司的財產或專利。從組織機構的角度來看，這怎麼會是無償佔用？公司付出了工資，可是公司給你的工資並不會依照你究竟創造出多少專利來支付，公司給你的是固定的工資，一筆固定的工資就收買了你所有的能力以及你所創造出來的東西，這當然是無償佔用。

另一種無償佔用更加複雜。在這個架構下，它分成各種不同的專利，使得你發明的東西不可能留著自己用。這不只是因為公司付給你工資，更是因為在這個架構下，你所創造出來的任何單獨發明的價值都在這個系統裡。想像一下，你在蘋果公司裡，你的發明一定是鑲嵌在極為繁複的手機生產過程的一環上，離開了這個結構，這個專利本身沒有獨立的價值。回到馬克思的思想，這就意味著人的能力以及人通過自己的能力所創造出來的東西，最後所產生的價值增生，與真正的創造者無關，全部都被資本家佔有了。

資本家為什麼可以收走這些專利？他們收走所有專利後，任何個別專利都變得無效了。整個系統控制在資本家手裡，你無法為自己的能力定價。所以你耗盡心力地發明，但是你的發明只能賣給蘋果，因為你自己永遠不可能擁有一家手機製造廠，也絕對不可能去重建一套手機製造的程序。所以只要資本家將所有專利都控制在手裡，這些專利就都會變成他的無償佔用，而佔用越多，他所需要付出的成本就越低。

一百多年來不斷產生新形態的生產環境、生產目的，還有對生產工具的控制，資本在這些方面從未放鬆過，事實上還在不斷收緊。從生產工具的控制進入生產結構的控制，通過對生產結構的控制，進行無償佔用；再由這些無償佔用所得到的龐大資源，維繫資本體系。

關於馬克思的預言之所以沒有實現的總結

希望大家能夠明白，當我在解讀《資本論》時，我的重點並非一邊倒地為馬克思辯護。我們探討這個問題，更重要的是必須清楚地瞭解，從馬克思的角度來看，我們今天所看到的種種經濟現象會有需要借用馬克思的思想才能明白之處。為什麼馬克思的預言沒有實現？

首先，因為馬克思的預言本身造成了某種為了促進它更快發生而產生的連帶效果。例如在俄羅斯爆發的革命。沒有進入資本主義的社會，竟然有了共產主義的革命，這就使得馬克思的預言裡必須經過的所有步驟都被打亂了。

其次，馬克思的預言所帶來的危機感，讓資本主義體系針對這個預言進行了一番重要調整。

其三，這個體系在過去一百多年中，一直到現在仍然在擴張。依照馬克思的理論，我們必須說，這個資本體系並沒有走到盡頭。因為馬克思的預言，就是建立在勞動者所產生的價值增生是主要的價值來源上的。一百多年來，一直有更多勞動者產生更多勞動剩餘價值，被資本系統剝削。所以我們至今為止，還沒有看到那個終點，那個不會再有更多勞動者投入這個系統的終點。

其四，資本主義系統有很多「把戲」，這種「把戲」的核心可以總結為無償佔用。到目前為止，資本主義體系一直用不同的方式把成本往外推。譬如推到環境，推到社會大眾、社會安全、社會生活之上，以及教育的投資、國家的政府體系裡。它用這種方式，得到眾多無形、無償佔用的利得，靠著這些利得，這個系統握有更多資源，如此一來，它便有充分的條件繼續維持。

為什麼不能拋開馬克思來講資本主義？

必須再次回到最根本的解釋：我們為什麼要先講馬克思的這個預言，然後說馬克思這個預言沒有實現，接著再探索馬克思的預言為什麼沒有實現呢？為什麼不直接講述資本主義到底發生了什麼事，我們為何要重新思考馬克思的理論？

首先，馬克思的理論不是提出一些零星、片段的洞見及觀察，他建立了一個龐大又完整的結構，這個結構和當前的資本主義體系形成了對照。我們學習了馬克思的結構，得到不一樣的眼光。這種眼光所分析的概念，不只在馬克思的結構下有效。一旦我們在馬克思的結構下理解了這些觀念的意義，就可以在原來的市場經濟學之內看到很多市場經濟學無法看到的現象。

以臉書為例，這家美國公司是知名的社交網路媒體。社交網路媒體到底是什麼？它與好多人都有關係。這些人與社交媒體發生關係，不完全是使用者的關係，更關鍵或更重要的是生產者的關係。很多人每天在臉書拚命寫文章上傳至網路，變成臉書上的內容。大約幾億人每天在臉書上寫文章，難道他們都買了這家公司的股票，所以有意識地增加內容，讓臉書的價值可以提升嗎？當然不是，這些人都在無償幫臉書等社交媒體生產內容。為什麼在沒有任何明確金錢收益的情況下，積極地去生產這些內容呢？這件事情應該要被解釋。

從馬克思的角度，他會觀察到什麼？馬克思曾非常明確地指出一點，也就是我們要區分人活著是作為手段而活著，還是作為目的而活著。作為手段而活著的時間是勞動的時間，有其價格，勞動就是為了要去換取工資。勞動時間對我們而言很重要。

馬克思認為我們基本的動向會是想要盡可能縮短這種作為手段——有價格去領取工資、賣給別人——的時間。馬克思關心你到底創造出了多少勞動價值、勞動價值用何種方式被剝削，因為他認為如果這些被剝削的剩餘價值回到自己的身上，本來你需要工作十個小時來領取的工資，可能只需要工作四個小時就能得到了。如此一來，你就省下六個小時，可以作為目的而活著。馬克思念茲在茲的這件事，最終成為他的經濟學和市場經濟學最大的差別。

馬克思認為一個健全的社會體系，不應該讓你為了金錢可以無限出賣自己作為目的而存在的時間。這種時間是品質的，而不是數量的。

馬克思的理論能夠解釋為什麼現在的社交媒體佔用了人們那麼多時間，這麼多人願意去充實臉書等社交媒體的內容，無償讓它們佔用你的時間。

因為當你在社交媒體上寫文章，你並沒有把它當作勞動。你使用的時間是人作為目的的時間，而不是作為手段的時間。所以你在社交媒體上發的文字、寫的內容，從一開始就沒打算成為可販賣的內容。那是你活著的目的之一，而不是你活著拿去換取任何事物的手段。

在市場經濟學裡，上述情形無法解釋和理解。沒有價格、賣不出去的東西都沒有價值。然而馬克思思想卻提醒我們，在這個世界上，對大部分人來說，沒有價格、不出賣的才是生命當中最美好的。目的性的時間相較於其他時間，有著質量上的差別，唯有馬克思的經濟學以這種方式，將品質上的差別予以突顯和強調。

市場經濟學沒有辦法解釋何謂業餘的精神、業餘的追求。但是業餘的精神、業餘的追求不論是在個體還是集體現象上，都如此重要。馬克思建立起的系統就是在這種應然價值面一而再、再而三地提醒我們，並且幫我們解釋了眾多市場經濟學裡無法解釋的現象。

第三章　馬克思的社會理論與歷史觀

1. 馬克思的共產主義不是一種空想

自從一八四八年馬克思與恩格斯撰寫、發表了《共產黨宣言》之後，這個世界開始有了共產主義。但究竟何謂共產主義？在馬克思的思想中，從他和恩格斯開始將這個概念及名詞打造出來，共產主義就絕非簡單的思維。

共產主義的三個面向

一八四八年之前，人類在不同時代、不同社會中，都有簡單樸素的類似「共產」觀念。人人皆平等，不該有懸殊的貧富差距，貧富之間必須盡可能拉近……這類想法在任何時代、任何社會都有，並非馬克思思想下的共產主義。

共產主義在馬克思的思想中產生了三層面向及功能，將它們結合在一起，才構成一套完整的概念，可以從十九世紀到二十世紀一直發輝巨大影響力，直到今天。

馬克思所說的共產主義的三層面向，第一層是作為人類未來的理想，共產主義意味著人類可以在未來活得更好。在這一部分，共產主義刻畫了一個理想，它預言幾十年之後，我們可以擺脫現在我們所厭煩的這些困擾，以及那些帶來痛苦的事物，並且能夠解決一些現在解決不了的問題。到那時候，我們會活在一個天堂般的境況中。這是想像中的投射，也就是它的第一層面向。

它的第二層面向與第一層面向相關聯，也就是將這個理想圖像作為對現實的批判。馬克思特別強調他的思想和理論不是空想，他曾經嚴厲批判與他同時期的一些社會主義者，譬如法國的聖西門、蒲魯東，馬克思將他們稱為「空想社會主義者」。

他特別強調他們是空想的社會主義者，對應的是他自己對共產主義的描述：雖然有理想且看似烏托邦、天堂一般的那一面，但並非出自空想，而是有科學根據的。所謂科學根據，意味他是依據當下現實資本主義所推演出來的。

所以這是共產主義的第二層面向：藉由推想未來人類社會的面貌，使之作為一面鏡子，回過頭來映照現實，尤其是映照出資本主義的缺點。未來的天堂可以幫助我們看到為什麼今天活得這麼悲慘，發生了什麼事、缺少了什麼樣的成分、又出現了哪些問題。共產主義作為一個對照組存在，利用這個對照組具備的高度理想性質，讓我們清楚意識到當下現實存在哪些問題。

除此之外，馬克思主義建構的共產主義還有第三層面向，也就是他一再強調的共產主義是人類歷史往下走必然會到達的下一個階段。也就是說，這是必然的結果。這層面向沒有那麼理所當然。事實上，我們每個人都曾經有過各式各樣的幻想，尤其當你對現實不滿的時候，會很容易開始幻想：如果這個時候沒有令人生厭的老闆，我的生活會好很多；如果這個時候公車和捷運沒有這麼擁擠，我的生活會好很多；如果這個時候沒有那麼多人發出吵鬧的聲音，我的生活會好很多……

人開始發揮想像力，往往是出於對現實感到不滿，對現實有所批判，於是投射美好的想像，構築一種比較完整及全面的理想生活。我們每個人都會這麼做，當然，會做到什麼樣的程度以及每個人的動機和想像力，都不相同。

然而有多少人會進一步去想：當現實在眼前，而我的想像所投射的理想在另一頭，那麼該如何從眼前的現實走向理想那裡呢？當我們留在想像狀態，就忽略了這些更進一步的問題。

你極度厭惡現實，想離開現況前往理想的天堂，但中間這條路存在嗎？我們到底該如何做才能尋找到這條路？很少人像馬克思一樣，他在這方面確實極其獨特，甚至獨一無二。馬克思一方面明白表示資本主義社會是一個壞社會，而且清楚分析資本主義各種不同的缺陷，以及為什麼資本主義如此之壞。這是他解釋這個世界的部分。但別忘了，他不只要解釋這個世界，他想做的是改變世界。所以另一方面，他要打造一種方法，告訴你如何改變這個世界。

他所建構起來的理論，其獨特之處在於，從當下資本主義的種種問題中，可以挖掘出方法，一步步讓資本主義必然走向共產主義道路。我們想要抵達那個目的地，就必須從現實的分析和刻畫當中，探索到存在著的那條道路，而且沿著這條道路，運用這種方法，我們就一定可以到達彼方。這就是為什麼馬克思再三強調他的理論不是空想。

為什麼馬克思的理論不是空想？

在馬克思的思想裡有一個專有名詞，叫作praxis。這個詞在中文裡非常難翻譯，因為它涉及兩個方面，一邊是批判，一邊是實踐。praxis也就是批判作為一種實踐，或者說批判當中的實踐。如果你用對的方式去批判，能夠找到現實的各種不同的問題，並且分析這個問題的來歷，同時你就找到了可以實踐的具體方案。

在馬克思的理論中，共產主義會變成人類必然的未來。這就將我們引到馬克思說過的另外一句名言，他說，「在資本主義的廢墟上升起了共產主義。」大家可能聽過這句話，但是對這句話我們要聽得很小心，因為放回到馬克思的思想裡，你不能簡單地看待這句話，也希望不要產生誤會。通俗地理解，我們會以為，資本主義被推翻了，就建立了共產主義，這叫作在資本主義的廢墟上升起了共產主義。我們想像是當資本主義消失了，或是資本主義被取代了之後，而有了共產主義，這是一種先後的時間關係。但你要記得，馬克思不是這樣講的。當馬克思在講這句話的時候，他的意思是資本主義和共產主義有一種邏輯上的先後連結，而不單純只是時間上的先後而已。

為什麼共產主義不是空想？因為如果沒有資本主義，也就不會有共產主義。共產主義在歷史的層面上，應該是建立在資本主義的基礎上的。後來因為發生在俄國和中國的革命，再加上二十世紀後半葉冷戰的結構，長期以來，就使得馬克思理論當中這句話真正的意義被擱置了。因為發生共產主義革命的俄國沒有經過資本主義的高度發達，就直接進入了共產主義，所以就使得共產主義國家不會特別去強調馬克思主義裡指出的這個必然性。馬克思所謂的必然性，不只是告訴我們人類社會會發展到共產主義的階段，而且還告訴我們共產主義是在資本主義的廢墟上出現的，也就是等到資本主義過熟發展，自我毀滅、瓦解之後，共產主義才會出現，取而代之。

資本主義體系下，與勞動者有關的三大矛盾

馬克思對資本主義有一個非常重要的分析：為什麼資本主義會維繫不下去？除了我們前面提過的一些說法之外，另外還有一點，它關係到人的存在，關係到資本主義社會性的重要議題，大部分生活在資本主義環境下的人，需求會變得越來越少，而這些已經變少了的需求，卻又會變得越來越難被實現，難被滿足。

我們來仔細地解釋一下這句話。在資本主義的架構系統下出現了工人，工人是專門為了工作而存在的人。工人或者是勞動者，在馬克思理論下，包含的範圍到底有多廣呢？一定要在工廠裡跟機器生產有關的，才叫作工人或是勞動者嗎？在我們現在的工作環境裡，還有多少人是馬克思思想中說到的勞動者、工人呢？

馬克思真正在意的定義，是專業分工所產生的生產環境。工人、勞動者會出現，是因為整個生產環境的改變，生產力的突破，工業化的發展，各種不同機械的產生，於是改造了生產關係，讓生產從原來存在於家戶、工匠、工坊中，現在換到了工廠裡。人進到工廠變成了工人，在這個過程當中，資本的需求讓勞動者必須專心工作。所以工作這件事情以外在的力量，在你沒有辦法選擇的情況下，佔據了你生活中越來越高比例的時間。這是馬克思所認定的，工人、勞動者在新時代中的勞動條件。

你可以問自己：你現在對於要投注多少時間在工作上，有多大的主控權？如果你有很大的主控權，那你就不在馬克思所描述的勞動者的範圍以內。如果今天你什麼時候工作，什麼時候休息，你投入在工作上的勞動強度，以及包括你每一天、每個星期到底要投入多少時間在你的工作上，你沒有決定

權，那麼你就是一個工人，一個勞動者。

在工人的處境下，因為資本會一直擴大對勞動剩餘價值的剝削，所以就會傾向於讓勞動者能夠不工作的時間越來越少。還有另外一個傾向，就是資本會希望勞動者耗費在工作當中的強度，包括注意力、體力和精神、心智上的投入程度，要一直加強。

在這兩種傾向影響下，會產生什麼樣的效果？工人、勞動者在這樣的環境當中，會被訓練成一個為了工作而活著的人。這就產生了奇怪的狀況，生活和你之間的關係會越來越疏離。你耗在工作場合的時間越來越長，更重要的是，你在工作的時候，付出了所有的心力。

當你在工作的時候，這樣的工作環境和生產關係逼著你全力以赴。於是當你從工作的場所離開的時候，你已經筋疲力盡，以至於一方面你真正的生活時間、屬於你自己的時間越來越少，另一方面還產生了一個作用，就是對於這種時間應該要如何利用，你越來越覺得無能為力，你對生活感到越來越陌生。因為工作所產生的高度專業分工，使得你的生活能力不斷地下降，不斷地退化，不斷地消失。

所以馬克思說在資本主義的社會裡，人的需求會越來越少。因為到最後，你的需求就只剩下勞動力再生產的最基本條件而已，也就是讓你明天還能健康地、有力氣地回到工廠，回到工作崗位上繼續工作。你的需求越來越少，但是你的需求卻越來越難以滿足。因為即使是這樣的一種低度的需求，都在資本利潤一直需要提高的情況下，又不斷地被壓縮。這就是資本主義會產生的一種嚴重的矛盾。

另外還有一個同樣嚴重的大矛盾，出現在生產力和生產所得兩者之間的關係中。一方面因為專業，因為分工，因為使用機器，勞動者越來越有效率，機器也會在技術的發展上變得越來越有效率。

資本能夠生產的東西越來越多。可是另一方面，工人、勞動者，也就是構成社會消費力量的這些人，他們的需求以及他們能滿足需求的手段，卻一直在萎縮、在倒退。

所以產生了這樣的一種情況：工人、勞動者在工作的環境裡一直增加生產，生產越來越有效率。然而生產出來的這些產品，接下來，同樣的這一批勞動者，他們卻沒有錢去買。還不只如此，這些勞動者到後來不只是沒有錢去買，就算有錢的時候，他也缺乏那樣的一種品味和能力，去需求，去欣賞，去享受。這是第二個嚴重的大矛盾。

第三個嚴重的大矛盾，在分工的架構下，人的生產效率提高了，那麼可以生產出維持生活的必需品的時間理應越來越少。換句話說，人可以不需要花這麼多的時間在工作和生產上，能去做其他事情的時間，按理說應該越來越多。

但資本主義就是這樣一個不正常的制度。它的生產力的爆發以及相應產生的生產關係，釋放了巨大能量，然而這些巨大的生產能量，卻是以工人一直被簡化作為它的條件的。所以每一個勞動者到後來都變成了馬庫色（Herbert Marcuse）所說的「單向度的人」（one-dimensional man）。變成只會工作，除了勞動中所需要的技能什麼都不會的人了。

這樣的情況從生產方面來說，對資本主義是好事，是資本主義所追求的，也是資本主義所創造的。但是換成另外一個面向，卻帶來了資本主義的危機。因為它讓資本主義生產越來越有效率，卻又讓資本主義的生產結果，沒有辦法被分配，沒有辦法被享用。

換句話說，一個單向度的勞動者，他不會讀柏拉圖，不懂莎士比亞，不會聽音樂，不會看舞蹈，也不會自己想要跳舞，甚至也不會想要去做瑜伽，更不會想要去唱歌，或者是去學習畫畫。他什麼都不會，他都不知道自己有這種需要，因為他只會上班，他每天就只會工作。在這種狀況下，被資本主義所釋放出來的龐大生產能力就消費不掉。而且本來應該有的勞動者在時間上的解放，到這個時候也會累積，變成越來越大的問題。

這三大矛盾內在於資本主義，所以資本主義越運作，必然就會碰到越來越大的難題。它的運轉一直卡住，所以後來馬克思說，你只要看現在資本主義運作的狀態，就會知道如何精確地分析，就會相信資本主義繼續這樣走下去，必然會走向下一個階段——資本主義崩潰，然後產生共產主義。

2. 資本主義是經濟系統，共產主義是社會系統

解放人又捆綁人的資本主義

馬克思的理論告訴我們，資本主義不斷發展，自身的這一套經濟體系一定會瓦解。而共產主義就是建立在資本主義的必然矛盾上，由此轉化出來的。

馬克思所描述的共產主義，非常重要的一件事情是，需要經歷資本主義這一套人類經驗。而這個階段最大特色在於，因為運用了機器，所以人終於可以不需要那麼辛苦地和自然搏鬥。在馬克思的概念中，在這之前的人類歷史，一直到封建主義時代，人都把絕大部分的時間和精力耗在和自然的搏鬥上。你不能控制自然，所以必須耗費精神心力，不斷地進行生產活動，才能夠得到最基本的溫飽。

從社會的整體層面上看，生產仍然是以農業為主，以小型手工業為輔，在那樣的環境下，除了極少數的貴族之外，大部分的人沒有任何的餘裕可以享受生活。那個時代的人有這樣的需求，但沒有可以滿足這些需求的基本條件，是資本主義產生、帶來巨大的革命性變化之後，才釋放了每一個人。

從哪裡釋放出來呢？從自然的制約裡面釋放出來。的確，我們不再需要有這麼多的農夫，不再需要

有這麼多人從事畜牧業，過去那麼多人在自然生產中奮鬥，現在不需要了。既然不需要，那麼很多的人就可以從這個在自然生產之間密集消耗勞動的狀態當中解脫出來。

解脫了之後，依照馬克思的看法，資本主義為什麼一定會崩潰瓦解？因為資本主義要把工人、勞動者訓練成「單向度的人」，符合整個資本體系的意識形態，和它的價值系統相匹配。工人、勞動者在解放了的生產關係當中，明明不需要再花這麼多的時間在工作上，然而資本主義卻矛盾地要求他們不能在工作之外有其他的開發和發展。人得到了這樣的一種生產力的解放之後，投入工作的需要必然會降低，就會去開發自己各種不同的、多面向的可能。

共產主義理想：人作為目的而活著

朝這個方向看，你才會知道馬克思所想像的共產主義，為什麼是這樣的一個理想。

共產主義社會的理想，第一，這是一個經濟生產力高度發展的社會。這個社會裡有這麼多工廠，但是這些工廠不需要工人、勞動者花這麼多的時間工作，它保障了每一個人都有基本的溫飽，這種情況下才可以共產。因為在平均分配的情況下，每一個人都還是可以得到基本富裕的條件，得以追求多元的享受。

另外，共產主義作為一個理想，我們要知道它對應於資本主義的差別在哪裡。資本主義是一個經濟系統，共產主義卻不是經濟系統。共產主義比較接近一套社會系統，或者是更進一步的，它也是一套文化體系。它所產生的作用是鼓勵每一個人多元、多面向發展，這是它的理想狀態。

第二，更重要的是它能滿足每一個人都有的，在生命當中最核心、最高貴，卻又最基本、最具體的一種需求，那就是貢獻全人類創造的需求。所以在共產主義社會裡，每一個人都為其他人而活著，那是出於你自己的本心，因為你替全人類有所創造，你會得到最高的滿足。你為什麼不去追求這樣的滿足？當所有其他的限制都已經被拿掉了之後，我們絕大部分的人都願意為其他人而活著，從貢獻其他人當中得到我們最高的精神滿足。

這是馬克思所刻畫的未來的共產主義。所以，馬克思的共產主義並不是說，大家生產出來的東西全部集合在一起，然後大家再一起分，不是這樣的物質性，它不是一個經濟系統。共產主義在馬克思理論下，是一種哲學性的描述、哲學性的思考，意味著回歸到我們每一個人都有的這種最根本卻又最高級的滿足和需求。

人什麼時候最快樂？什麼時候活得最有意義？什麼時候我們覺得自己活得最像一個人？那就是我發現我有能力創造，我不需要依循著既有的規則，按照規則每一天重複地去做事的時候。只按照規則去做，對我們作為一個人活著來說，是非常悲慘的狀態，而更高更好的狀態，就是能夠創造。而可以比創造本身帶給你更高度快樂的是，當你發現這些創造不是為了自己，可以為了全人類而創造時。

馬克思所刻畫的共產主義社會是這樣的，而他還要再三地強調，這樣的社會不是空想出來的，也不是在紙上描繪的一個了不起的烏托邦，讓人們去尋找和追求。他的想法很明確，他告訴人們，不，這樣的一個理想的社會就在我們眼前，資本主義繼續發展下去就一定會走到那裡去。所以在《共產黨宣言》裡他就明白地說，這是一套歷史的定律。

然而如果這就是歷史定律，那就引發了另外一個問題：我們要做什麼？我們什麼都不做，資本主義就會自己毀滅，自然演變到共產主義嗎？是不是意味著，我們只要活在歷史規律裡就可以了？

不是的。在這個歷史的規律裡，我們應該扮演和能夠扮演的角色，是一個促進者，尤其對每個勞動者來說更是如此。勞動者要團結起來，因為你已經陷入資本主義必然的矛盾當中。你明明在生產力解放的條件當中，已經不需要每天花這麼多的時間工作，卻還被外在的制約用各種不同的方式強迫，以這種非人性的、非更高追求的方式來工作。所以你當然有動機要擺脫這樣的限制。在你擺脫這種限制的同時，你也就在促進、加速共產主義理想的到來。

從資本主義到共產主義，勞動者要站起來，因為你面對的資本家們聯合在一起了。資本沒有國界，所以工人、勞動者必須要自己選擇團結在一起。要明確提出要求，要求實現資本主義在生產力解放之後原本應該要有的一種內在的合理性，其實也就是說，你生產了多少，資本家就應該讓那些扣除成本之後的剩餘價值回歸到你身上，分配給你，使得你可以取得相應的自由，不需要工作那麼久。

在生產力解放了之後，只要勞動者能夠團結起來，對資本家提出這樣的要求，把原來由資本家額外侵佔的剩餘價值還給勞動者，勞動者就能夠從原本在這個資本體系當中被扁平化、純粹為了工作而活著的狀態中解脫出來，或者說活過來，重新立體化，變成多面向的，也就是馬克思所想像和定義的活生生的人。

當你作為一個人而存在，你就會去釋放、開發你內在最深刻的需求，去問你自己，去追求你想要創造的東西，而不是僅僅要製造什麼。你會去想，作為一個人，有什麼東西是你和別人不一樣的，或者是你可以創造出來的。更重要的是，你創造出來之後，可以讓別人來跟你分享，可以把這些你所創造的內容交給別人，讓別人的生活也變得更好。如此活著，對馬克思來說，才是作為人而活著，作為像樣的人而活著。

共產主義只能在「社會」中實現

一旦你用這種方式活著，你就進入了共產主義的社會情境，這就是馬克思的共產主義。要把馬克思的共產主義弄清楚，你也就要明白這一整套馬克思的論題中有幾個前提是不能挑戰，非承認不可的，否則結論就不能成立。這是因為，基本上馬克思的理論和個人經驗無關，他討論的是社會，他的結論也只能在社會當中去實現。

在資本主義出現之前，還有很多人，或者說比例比較多的人，可以脫離社會而存在，單純作為個人，或者是極小型的原子式單位而存在。一個家庭擁有一塊土地，那麼這個家庭和這塊土地就可以用這種方式獨立存在，這是一個獨立的組織，追求的是自給自足，就算需要和其他社會組織有所互動，互動也非常鬆散、非常零星。比如，每隔一個星期、一個月，你才需要到隔壁打鐵匠那裡去修你的農具，也許過上一個月、一個半月，你才需要到市集上去買一些你自己無法生產的東西。所以在資本主義出現之前，整個社會的形態有許多游離的可能性，它是鬆散的。

但是從封建的生產形態進入資本主義形態，會發生的現象就是集中。人的集中、勞動力的集中，也就必然造成社會組織的集中。所以資本主義的一個重要效果，是改變了社會組織的原則，逼迫我們必須要改變對社會的認知，以及對社會的理解。

所以因而馬克思必須同時是一個社會學家。他在思考從十八世紀到十九世紀之間歐洲經歷的變化。什麼叫作社會，或者說社會的這個概念是如何改變的。廣義來說，社會是人群的組織。人組織起來共同生活，稱之為社會。而馬克思的理解，後來影響了整個西方社會學的成長和發展。

第一項影響是特別關注比較龐大而且互動緊密的人群組織。如果人群是鬆散的，像前面說到的以獨立的、小型單元的方式存在，在不太受限制的狀態下生活，那麼社會規範、社會組織等不會那麼清楚。可是進入近代之後，因為有了城市的存在，城市所產生的網絡後來構成了城鄉之間的各種差異，於是社會的範圍越來越廣。另外，在社會所涵蓋的範圍之內，人與人之間彼此組織互動的要求也變得越來越嚴格。

社會學是幹什麼的？社會學因應獨立在個人的行為以外，有對集體所產生的互動和組織來進行分析和理解的需求，這是社會學的基本性質。

不過馬克思的理論和後來發展出來的這套社會學，還是有一項重大的差別，那就是重視生產活動佔據的核心地位。

資本主義有很龐大的社會效果，因為資本主義是沒得商量的生產組織上需要。工業化、機械化要發展，一定需要大量的資本。工人不可能擁有自己的資本，工匠被轉化為勞動者，工廠制度產生，聚集了大量的工人。同時一併改變的不只是工人和工人之間互動的方式，也改變了工人的家庭，更進一步改變了工人居住的方式，使得家庭和家庭之間也都被工廠制度所制約，決定了他們應該和能夠如何互動，改變了工人以及工人家庭的社會組織方式。

這是馬克思的分析模式，一切都從生產講起，可是講到後來就會碰觸到許多龐大同時也非常尖銳的問題。例如人作為個體而存在，和人作為群體當中的一分子而存在，根本差別在哪裡？人活在自然的環境當中，跟人活在社會組織當中，又有什麼根本的差別？這整件事情變得越來越複雜。

作為社會學思想者的馬克思

馬克思許多的思想都跟社會有關，於是他有另外一個身分，他是一個提出了眾多重要概念的傑出社會學思考者。怎樣從資本主義社會進入共產主義社會，這個論題絕對不可能從個人的角度來回答，一定是集體對集體、組織到組織，這是社會性的變化，這是對社會史和社會階段的觀察以及描述。

資本主義出現之後，純粹的個人消失了，人必須活在社會之中。在群體、社會裡，我們可以得到什麼樣的自由，我們可以得到什麼樣的生存方式，也就成了資本主義和共產主義最大的差別。離開了社會的這一面，我們就無從討論資本主義和共產主義之間最根本、最決然的差別。

馬克思不太在意，也不太願意討論人離開了社會的那一面生活，他重點觀察和分析的是人在社會當中，作為一種社會性的存在。因而，當馬克思在談論人如何活著的時候，他指向的都是人如何在這樣一個新的、變動的、社會性的環境當中活著，這是他清楚挑明的問題。這樣的一個經濟組織、經濟系統，如何影響你活著的方法？這樣的一個社會組織，又如何影響你活著的意義？

當然，不可能馬克思講的每一句話都對，或都有用，但是他的這些觀念，這樣的一種思考的體系卻絕對不可能過時。我們隨時應該閱讀馬克思，同時反省：作為一個人，我們自身的多面性達到了什麼樣的程度？從經濟的角度來看，我們是如何活著的？從社會的角度來看，我們又是如何活著的？

所以接下來，我們要把重點轉到馬克思的社會理論上面，來看馬克思如何解釋社會，如何分析社會，並且如何預測社會從現在到未來的發展與變化。

3. 都是勞動者，你為什麼不支持罷工？

在這一節中，我要以一場實際發生在二〇一九年的長榮航空公司空服員罷工事件作為例證，來切入分析到底什麼是馬克思理論裡的階級意識，它和社會之間的關係又是什麼。

關於這場罷工，重點不在於事件本身，而在於社會態度。我們可以普遍地這樣來想：遇到航空公司罷工的時候，你會覺得這件事跟你有沒有關係呢？如果你覺得跟你有關係的話，你又會用什麼樣的態度來整理這個事件和你之間的關係呢？

資方和勞動者的劃分

依照馬克思的理論，關鍵是我們對勞動者的認知和理解。馬克思經濟理論清楚建立在基本的對立上，這樣的對立在長榮航空空服員罷工事件當中，以最清楚、最戲劇性的方式顯現出來——一邊是資方、資本家，另一邊是勞動者、勞工、工會。

資方和勞動者之間是怎麼劃分的呢？那就是資方控有了勞動者必須要依賴的生產工具。

從十九世紀到二十世紀，生產關係發生了巨大的變化，但是有一些理論和概念稍做調整，仍然能夠適用。例如航空公司和空服員的生產關係，這不是馬克思、恩格斯他們所解釋的那種機器和工廠的環境，但是我們仍然知道，這裡有一個生產的場域，有一套生產條件，那就是班機，以及關聯於班機的所有制度。將班機以及它背後的航空公司當作一個生產機構的話，又會連接到許許多多其他的制度和其他的因素。像是飛機必須要飛到機場，那就和這座機場之間有合約的關係。這個機場裡的其他勞工必須幫忙，讓班機可以停靠，可以滑行，然後到空橋，讓旅客和貨物可以進出。

每一座機場和航空公司，和每一個航班，都是一套套的合約關係。而長榮航空公司的空服員，他們最大的問題、最主要的性質是，他們不具備決定這些合約的任何的權利。包括和班機航行有關的所有的這一切機構、制度、組織，再加上合約，是他們的基本生產條件。這樣的基本生產條件、生產組織控制在資方的手裡。

生產條件為什麼控制在這些人手裡呢？他們為什麼被稱為資方？或者反過來，工會為什麼沒有辦法擁有自己的飛機？工會為什麼不能決定自己去簽合約，並且去建立制度呢？這就涉及資本，之所以是資本家來控制，是因為這裡需要大量的資本投入。

長榮航空公司空服員的罷工時機選擇

在今天的工作環境下，長榮公司和這些空服員之間也有合約，這些合約甚至規範到空服員罷工的權利，以及他們罷工的程序。這裡按照法律和合約的要求和規定，包括了工會要開會決定罷工，以及工會要通知資方。

後來，在長榮公司的罷工事件中就產生了一個爭議，那就是公司方面認為這是「突襲罷工」，沒有按照原來法律的要求和規定，留出適當的時間通知資方準備。而工會的立場是否認有任何突襲，他們主張在各個階段都按照原定的要求和規定做了，是資方一再地沒有反應，一再地不理會，所以這並不是突襲。

不過如果我們回到現實處境中看，其實選擇在那個時間罷工，當然有工會組織的算計和考慮。因為他們覺得在那個時間點上，長榮資方比較容易讓步，這背後的原因是有一家新的航空公司正要成立。這家新的航空公司是「星宇航空」，創建者張國煒原來就是長榮航空公司總裁家族中的一員，在家族的內鬥中被趕出來之後，決定成立他自己的航空公司。

「星宇航空」原定在二〇二〇年的一月正式開航，當然那時候不會預見，二〇二〇年因為新冠肺炎疫情的關係，整個航空業大受打擊。所以那個時候「星宇航空」大張旗鼓，第一批訂購了三架客機，其中第一架就在二〇一九年的十月交機，等到了二〇二〇年的一月，這三架星宇航空最早的飛機會全部交機完成。所以很明顯，長榮空服員和工會當然瞭解這些情況，這是航空業中極度關心的一件事情。

星宇航空這個時候正在招兵買馬，二〇一九年的上半年，他們從最開始的籌備階段已經擴張到有五百個員工了，這是個不斷擴張吸收員工的機構。星宇航空和長榮航空又有著非常複雜的關係，簡單地來看，就是家族內訌衍生出來的競爭關係，這在業界沒有人不知道。

從長榮空服員的角度來看，這是對他們最有利的時機。長榮應該會投鼠忌器，意味著這家公司這個時候知道，這些空服員有別的地方可以去。如果長榮公司這時採取強硬的態度，那麼空服員就有條件罷工，如果公司不讓步的話，他們可以跳槽到星宇航空去，星宇航空非常有可能會接受這批在長榮已經有經驗的空服員。如果長榮考慮到這件事情，忌憚這件事情，他們對於空服員的工會所提出來的條件，應該就會有比較善意的、比較願意讓步的反應。

工會特別挑選了這樣一個對他們來說最有利的時機。那出現了另外一個資本家、另外一個資方，這已經是空服員和工會能夠掌握的最有利時機了。這也清楚地表明，這些空服員和工會不能夠想像也不可能期待，自己變成生產工具和生產條件的擁有者。

尤其是在航空產業當中，資方和勞方有著非常清楚的區隔。雖然中間經過了各種不同產業的變化發展，但這種情況就符合馬克思心目中資本主義社會的基本劃分，也就是一邊是資方，一邊是勞方。勞方和資方涉及生產條件的時候，沒有灰色地帶，生產條件、生產工具一定握在資方的手裡。勞方因為沒有生產工具，沒有生產條件，所以在沒有決定權的情況下，他所擁有、能決定的只有自己的勞動力，只能把自己變成勞動力賣給資方。

在這樣的一種情境下，依照馬克思的理論，展現出這兩個群體的處境：第一，資方握有所有的生產條件，他所需要的只不過是用這樣的一種生產條件去購買勞動力；另一邊則是離開了飛機、離開了機場、離開了所有這些組織制度和法律，就無從生產的一群航空業中的空服員，他們是勞動者。

當勞動者遇到這樣的資方，馬克思就要問，這兩方當中，誰的條件比較好，誰佔有優勢呢？這個答案再清楚不過，沒有人會說空服員那邊比較強，他們的條件比較好。

空服員怎麼對抗資方：取消勞動可替代性

空服員如何對抗資方？這就聯繫到馬克思為什麼會有這種主張，以及他的理論。他認為，社會基本上是資方控有生產工具，勞方只能出賣勞動力，而且出賣的勞動力是依附在勞動條件和生產工具上的，因此勞動者永遠不可能翻身。資方的基本態度，只有在沒有辦法維持他所需的勞動力和生產力剝削狀態的情況下，才會讓步。所以一直到今天，長榮空服員面對他的資方，僅僅說到勞動內部的控制權，你就知道優勢一定掌握在資方那邊。

所有馬克思才進一步提出來：當資方控有資本、控有生產條件時，勞動者想要爭取對自己比較合理的、不會將所有的剩餘勞動價值統統都剝削走的環境，就必須團結起來，採取包括罷工的行動。這個罷工權的背後也就意味著，他們要努力取消讓資方可以為所欲為地剝削勞動者的重要條件，那就是勞動的可替代性。

我們回頭再看，當長榮公司的空服員罷工的時候，長榮資方的第一個強硬表現，就是開始招聘新的空服員。這也就是馬克思所說的在資本立場上，在資方所控制的生產上，會區分出可替代性和不可替代性。什麼是不可替代的？在這個實例中，不可替代的是飛機，是機場，是所有這些資本的投資，因為它需要龐大的金錢，不是一般人想要就可以擁有的。這樣的不可替代性非常清楚，因為當空服員對勞動條件不滿意的時候，他們絕對不會站起來高喊：來，我們自己來買飛機，我們來成立自己的航空公司。他們心裡只會想，張國煒正在成立新的航空公司，這對我們是比較好的機會。所以從這個邏輯上看，我們就知道資方所控有的絕大部分是不可取代的。

反過來，當資方握有了這種不可替代的條件，他眼中所看到的勞動力就是可替代的。可替代的意思就是如果你不幹，那好，你不想做就不要做了，反正有別人要做，換別人來做就好了。你走了之後，反正會有人做，新的勞動力進來，取代了離開了的勞動力。如果勞動力一直可以用這種方式替代，這項可替代性也就變成了無法提升勞動價值、無法改善勞動條件的致命傷。所以在勞動者這一面，如果你面對資方，只要資方不把條件壓低到低於勞動再生產的基本條件，你就一點辦法都沒有。唯一的選擇是，勞動者必須藉由團結取消勞動力的可替代性，或者說勞動者團結起來，讓勞動力變成不可替代的，資方不能任意將你解雇，換上另外一批新的人。只要勞動力是可取代的，那勞動力和勞動條件就會一直被資方壓在最低的水準，也就是讓勞動力可以再生產的最基本條件。因此馬克思才會進一步主張，整個社會應有的變遷，就是讓勞動者團結起來。

勞工意識的重要性

反過來說，關鍵的問題是：勞動者為什麼會不團結呢？明明對勞動者來說，這個道理再清楚不過，他們最大的利益，甚至唯一一種能夠保護自己利益的方式，就是團結。如果明明白白地告訴資方，我們這些勞動者是不可取代的，那麼不可取代性就可以提升勞動力的價值，可以讓勞動者過得更好，但是勞動者為什麼不這樣做呢？

這裡就涉及馬克思的社會理論中非常核心的一件事：因為勞動者有個非常嚴重的缺點，他們不知道自己是勞動者。這就又涉及馬克思提出來的關鍵理論——階級意識的理論。為什麼階級意識需要一套理論？對馬克思來說，那就是因為從社會現實的角度來看，階級明明就存在，一邊是勞動者，一邊是資本家；可是偏偏勞動者不會因為事實身分是勞動者，就必然具備勞工意識。

勞工意識為什麼那麼重要？為什麼我要知道自己是一個勞動者，是一個工人？這和我的工作有什麼關係？這和我的生活有什麼關係？我知道自己是一個工人，我會有不一樣的工作方法嗎？我知道自己是一個工人，我會有不一樣的生活嗎？這一連串的問題馬克思又有清楚的答案，他告訴你：擁有勞工意識，知道自己處於勞工階級，關鍵不在於你，而在於你和其他人之間的關係。在這樣的情況下，你會知道你和其他所有的勞動者，在社會關係上擁有共同利益。勞工意識指的就是，你要認清楚在這種階級利益上誰是和你在一起的。

為什麼要有勞工意識？因為有勞工意識你才能產生一種勞工共同利益的感受。你認同勞工，你認同勞動權，你認同勞工團結，這是一種勞動者之間的團結意識。

什麼樣的狀況下，資本家會感覺到受威脅，會覺得處於不利情況呢？還是回到具體的這個案件來說。在長榮空服員罷工的時候，如果有更多的人具備勞工意識，認為這些長榮空服員跟我一樣，都是勞動者，雖然我們在不一樣的行業，我們有不一樣的工資，但是在這個根本的身分上，我們都是勞動者，而那一批勞動者，長榮的空服員，他們正處於和資方衝突的過程中，那麼因為我是一個勞動者，所以我自然選擇的立場，就不會也不能去幫助資方，站到資方的、錯誤的那一面去。

這又有兩種不同的具體行動反應。一種是直接的，比如說資方拿出了各種不同條件的誘惑，對你說反正這些人不工作了，我讓你來代替他們的工作。你羨慕當空服員的那種光鮮亮麗，羨慕空服員的薪水比其他人都高，羨慕空服員可以飛到世界各地，隨時都有免費的旅行，那你來取代他們。但如果這個時候你選擇說不，因為你和這一群勞動者而不是和資方有共同利益，你沒有理由在這個關鍵時刻去幫助資方。這個時候幫助資方就傷害、破壞了勞動者的權利。

還有另外一種比較間接的，在更普遍的勞動意識情況下，作為一個勞動者，你會感覺到即使你一輩子都不可能去當空服員，你也不想當空服員，你一輩子和他們所從事的行業沒有任何直接關係，但是出於勞動者的共同利益，你會相信，如果長榮空服員的工會可以用這種方式，讓勞動者在面對資方時爭取到更好的勞動條件，那麼這件事情對你自己會有好的影響。作為勞動者，你的權益會因為長榮空服員工會的罷工，藉由罷工或其他手段，讓單一特定的資本家讓步。整體來說，他們的勞動條件提升了，同時也意味著你自己作為一個勞動者，你的權利得到了比較高的保障，你自己在這裡作為勞動者的一分子，也有所收穫。

在馬克思的想像裡，他認為必然要產生這樣一種勞動者的勞動意識。當勞動者都具備這樣的勞動意識時，資方就必須面對致命的大問題：他們雇傭的勞動力是不可替代的。如果這一群人不幫你工作，就沒有人幫你工作，你的機器就會停擺，你的工廠就沒有任何的產出，你的資本就不可能發生增值的作用。所以這個時候，資方必須對勞動者讓步，資方對勞動者讓步，將從勞動者那裡剝削得到的過多勞動剩餘價值，還給勞動者。所以一定要在勞動者可以擁有勞動意識的情況下，才有可能建構一個不被資方予取予求、相對比較健康的社會。

4. 面對罷工，你站在消費者的角度，還是勞動者的角度？

通過前文對馬克思資本理論的介紹，相信很多人都有了一種感受：馬克思的理論從一個方面來說非常複雜，這種複雜在分析或者是理解現實的時候是有效的；但另一方面它又非常簡單，其中有一部分是因為它作為一套政治經濟理論，運用在現實中的時候，尤其是在社會層面，是有落差的。因而這就使得它從政治經濟學角度刻畫出的社會圖像，有時候跟我們所體會和理解的不太一樣。

舉個例子來說，在上一節中提到了航空公司罷工事件。那麼，遇到航空公司罷工的時候，你是用什麼態度來對待的呢？你支持航空公司，還是支持罷工者空服員的工會呢？

在這裡特別指出這個問題就是要說明，作為一個政治經濟學學者的馬克思，當他把他的經濟理論投射在社會上，所產生的圖像經常是會有問題的。因為馬克思認定，每一個人的社會角色和他的社會意識是由他的經濟或者說生產的身分來決定的。你如果是一個勞動者，那麼因為你的生產角色是勞動者，依照馬克思的經濟理論推論出來，你就應該產生勞動者的認同。

勞動者的正確意識和虛假意識

勞動者的認同在馬克思主義理論當中牽涉兩種：一種是正確的意識，另一種是虛假意識。所謂虛假意識，也就表示你是一個勞動者，但是有的時候你被資本家騙了。資本家相較於勞動者，當然更便於借助他的勢力、金錢以及包括政治權力在內的因素，可以通過對媒體的利用等形式傳達資訊，這都是他的優勢。

所以一個勞動者活在資本主義的社會結構下，被資本主義相應的上層結構包圍——資本主義的上層結構當然是為資本家、為資本利益而服務的，這裡甚至包括了國家和政府，當然也一定包括教育和宣傳的機制——就給了勞動者一種虛假意識。

虛假意識也就是自我認同上的迷惑，甚至是在虛假意識上的自我欺瞞：你明明是一個工人，卻去認同資本，作為工人階級對立面的資本家的利益變成了你的虛假意識。不過虛假意識反過來，也就可以藉由教育，或者像馬克思念茲在茲的，包括他寫《共產黨宣言》和《資本論》所要做的那樣，藉由社會啟蒙讓你看清楚，恍然大悟：我為什麼要去支持資本家？資本家是害我的，或者說資本家的利益是和我的利益衝突的；就算資本家個人不是壞人，他在主觀上沒有要害我，可是他的利益根本上是和我的利益衝突的，我怎麼能傻傻地跑去認同資本家呢？於是這個時候，你就恢復了一種正常、正確的勞動者的勞工利益意識。

一個擁有虛假意識的工人，他會搞不清楚狀況，當資本家在對付其他工人的時候，他也傻傻地、乖乖地去幫資本家當替代者。搞不清楚這是對資方有利而傷害整體的勞工利益的，傻傻地去當資本家的幫兇，這是虛假意識所產生的作用。

在馬克思的理論當中，勞動階級就要有正確的階級意識，遇到這種事情，你要站在勞動者利益的這一面。你搞錯了或你被騙了，才會在虛假意識作用下去支持資方，反對勞動者。這是馬克思描述的相對比較簡單的一種社會圖像。

關於長榮空服員罷工的四種態度，你屬於哪種？

現在我們就來思考一下：在剛剛所描述的這樣一個比較簡單的馬克思的社會圖像裡，你屬於哪一種？你的態度是什麼？

這個問題，在馬克思的經濟理論中是二分的，意味著你們當中應該有一部分人，本身是資本家，所以當然支持長榮航空公司。資本家站在自身的利益上去支持另外的資本家，這是他正確的資產階級的意識，這是第一種。第二種，你是一個勞動者，有著勞動者的身分，你領別人的工資，應該考慮所有這些勞動權益的相關問題，於是就自然地選擇支援長榮空服員工會，這是勞動者的正常意識。

除了這兩種選擇之外，交錯過來還有兩種虛假意識的選擇，不過有一種幾乎可以不必討論，因為少之又少，這不只是在馬克思的理論中認為幾乎不可能出現，我們在現實裡也不太容易遇得到。那就是明明你的身分是一個資本家，你很有錢，你做了大幅的投資，都是靠著各種不同勞動者的努力，讓你的投資可以一直增長，讓你有利益。你是這樣的一個人，但是你卻認為在這件事情上，長榮公司錯了，空服員才是對的。你認同勞動階級，認為應該給予勞動階級比較好的福利和待遇。這是資本家的虛假意識，你認同錯了，你到勞方的那邊去了。

當然最後一種就是勞動者的虛假意識：你明明是一個勞方，但是你反對工會。那麼在這四種可能性中，你符合哪一種？

第五種態度：從一個消費者的社會角色看待罷工

或者，有多少人會說，我不屬於這四種當中的任何一種？最直接的就是，有人認為雖然我是一個勞動者，但我仍然反對航空公司的空服員罷工。我反對並不是因為我支持資方，而是我有另外的理由。我不是資本家，我也不是認同資本家的利益，我有我自己對空服員罷工的另外一種態度，我認為我這種反對的態度是站在公共利益的角度而來的。

你們有沒有考慮到那些買了機票的人？我們看到在新聞裡，因為空服員罷工，許許多多的班機被取消了。接下來本來準備要搭飛機出行、做了各種不同計畫的人，現在計畫統統都要被改變，這製造了多少不方便！

站在這個角度上，同樣有直接和間接的區別。直接的是我就是長榮航空公司的乘客，我的利益受到損傷。還有一種是間接的，如果航空公司都動不動就可以取消航班，動不動就因為罷工，使得我們沒有辦法合理地而且有把握準確地去安排行程，這對我們的生活產生的破壞太大了。

如果是後一種想法，我就必須承認這是馬克思沒有看到、沒有討論，但在我們今天的環境中非常重要的社會角色的衝突。社會角色的衝突不只是來自生產關係，馬克思凸顯的是勞動者跟資本家這兩種社會角色的衝突，可是當你在思考航空公司罷工時，你並不是以勞動者的身分來評斷，也不是因為你有虛假意識，所以去支持資本家。你的思考是基於另一種社會身分，而這種社會身分在當下的環境裡越來越重要，那就是你作為一個消費者的社會角色。

德國對罷工的態度

二〇一九年，台北國際書展的主賓國是德國。因為我的女兒這幾年在德國上學，我也因此多次前往德國，算是和德國有比較特別的淵源，所以我就幫書展主持了德國館的許多活動。其間我遇到一位德國記者和學者，同時也是作家，他寫了一本關於世界歷史的書。他的寫法非常特別，因為他集中地寫了世界歷史上一些明明不是事實卻一直在人們心中的故事，人們一直堅持這些錯誤，拒絕更正。

我在和他聊天的時候對他說，我承認你在書裡所說的一些被固執堅持的錯誤我也會犯，所以我看過你的書之後仍然沒有把握，還是忍不住會想：這是真的嗎？真的是你講的那樣嗎？

例如書裡告訴我們，拿破崙不是個矮子。我說這是真的嗎，拿破崙不是個矮子嗎？接下來他就舉了很多例子，用史料論證：不，拿破崙真的不是矮子。我說，我接受了，我希望在未來的時間裡可以修正這個錯誤。

後來在書展的講座活動中，我選了類似的一種方法，我開場跟大家介紹德國時，講的是大家對德國會產生的最嚴重而且最堅持的十大誤解。明明這都不是事實，可是每一次想到德國，大家就會想到這些。

因為我是用中文講的，所以跟我一起參加座談的德國作家必須要靠翻譯。可是我一開始講，講到第一件對德國的誤解，還沒有翻譯完，講到一半的時候，他就笑了出來。不僅笑了出來，他還一邊笑一邊點頭，因為這的確是他認同的大誤會。

我說的是，我們對德國最嚴重的誤會是德國人很守時，還有德國的火車系統很準時，他笑出來了。沒有德國人不知道我在講什麼，因為德國的火車系統誤點率高得一塌糊塗。

我們不容易相信這一點，因為想到德國，我們很容易想到另外一個國家日本，覺得德國和日本都有那樣嚴謹、一絲不苟的民族性格。然後我們想到新幹線，在日本堪稱幾十年來的人類奇蹟，它再準時不過，再可信賴不過。但是德國的火車系統真的不是這樣的。因為德國有非常複雜、環環相扣的鐵路系統，它沒有自己的高速鐵路，所有軌道、車站都是不同列車一起使用——有快有慢，有貨車、有客車，甚至有地方性的、有全國性的——全部都混雜使用同一套鐵軌系統。所以只要有某一個城市的鐵路系統中的某一段的某一個組織的某一個部門正在罷工，那麼就完了，整個德國的鐵路系統就會嚴重誤點。

而且最令人驚訝的，是德國人面對這件事情的耐心。例如，你坐ＤＢ（Deutsche Bahn，即德國聯邦鐵路公司）的班車，它誤點了，它不會賠償你，誤點列車取消也不需要提前跟你說。甚至我遇到過很過分的事情：我原來預定的一班火車，我買了三號車廂第六十九號的座位，可是過程當中，因為火車調度的各種不同的因素，所以這一班本來應該有一到十號車廂的列車的一到五號車廂消失了，它掛上的是六到十號車廂，以及十六到二十號車廂。那麼，這裡就沒有了三號車廂，當然也就沒有了我的第六十九號座位。

我的座位不見了，可是我是花了錢、付了特別的費用去訂這個座位的[1]。我去詢問：我原來預訂了

1　根據德國ＤＢ列車的運營規則，乘客如需預留座位，需在訂票時提前選座並額外付費，否則只能在上車後隨機選擇未被他人預訂的座位，且不能保證買票上車者均有座。——編者注

座位，但現在沒有座位了，我的座位在哪裡？得到的答覆是讓我自己去找。那如果所有車廂的六十九號座位都被別人坐了，甚至所有的座位都被別人坐了，我沒有座位怎麼辦？同樣，也是只能自己想辦法。

德國人在這種事情上服務非常糟糕，這種事情我們很難想像會在台灣發生，更難想像的是，面對這些事情，德國人從來都不激動。為什麼你的權利受到傷害時，你不會跳腳？為什麼你不去要求賠償？

面對罷工，你站在消費者的角度，還是勞動者的角度？

當我在德國待了更久之後，我對德國人、德國社會和德國的生活有了更深的體會，才明白這個事情的看法是要倒過來的。應該說只要涉及罷工，德國人通常就很有耐心，這是不一樣的社會角色所產生的不同社會期待。

對我們和對德國人來說，同樣是遇到這種事情時會看到雙重角色，一種角色是消費者，另一種是勞動者。例如前面提到的長榮罷工事件，長榮怎麼對付這些空服員？長榮相當程度上就是利用消費者權利意識高漲的社會氣氛，擺出了它要滿足消費者的態度。

本來，長榮航空一直在強調它對消費者的服務有多好，然而非常特別的是，在空服員罷工的時候，他們一直快速地把後來的班次提前取消，而且一直把取消的班次提前公告出來。

急著取消班次，這是很奇怪的一件事。因為當時工會雖然決定罷工，但是還有五百位空服員在上班。可是長榮公司不理會這件事情，故意大量而且提早取消班機，擺明就是要激怒消費者，刺激消費者非常生氣地問：「為什麼我們的班機被取消了？」這樣他們就可以告訴你，因為空服員罷工了。

當我們消費者遇到這種狀況，就產生了討厭這些罷工空服員的態度。你就會覺得，他們為什麼不能好好上班，你本來要到日本去旅遊，或是要到其他地方去做生意、辦事情，但你的飛機現在不見了，都是因為罷工空服員。這個時候你作為消費者，就會從消費者的角度考慮問題，因為當代社會對於消費者意識如此強調，以至於大家都認為在服務業當中，重視消費者、保護消費者、讓消費者滿意，是天經地義的。

台灣社會和德國社會，最清楚的就是社會角色決然的對比，尤其是反映在對待交通事業罷工的態度上。從消費者的角度來看，你會覺得，他承諾要讓你方便，怎麼可以違背承諾？他怎麼可以傷害你的利益？作為消費者，你反對長榮空服員罷工。在這樣的社會情境下，消費者意識高漲，而消費主要的形態是服務業，所以產生這樣的態度幾乎是必然的。

當德國人遇到鐵路罷工時，為什麼那麼有耐心？因為這個時候，對他來說，他的首要身分不是一個消費者。雖然作為消費者的他仍然受到了影響，可是他認為他必須要尊重和支持這些在罷工中的勞動者，這是整體勞動條件，涉及勞動權的伸張。他自己也是勞動者，在自己身為勞動者的情況下，他必須支持現在正在罷工的勞動者。相對的，他作為消費者被影響的這一部分，就會比較容易忍耐。

社會角色和社會意識除了由經濟和生產決定的這一部分以外，還有很多其他的部分。所以當我們解釋社會，意識到社會運作時，就有了現代社會意識，有了現代社會學，在馬克思的政治經濟學以外崛起了。

這是我們討論馬克思的社會學的時候必須要提醒大家的。不過我相信大家已經熟悉我論述的方式，就是可以完全承認馬克思的不足，承認他的錯誤，然而即使有這樣的缺陷，有這樣的問題，也並不表示馬克思的社會理論在今天完全過時了，可以忽略不看。就算將這些不足和缺憾統統納入考慮，直到今天，馬克思的社會學仍然給了我們很多不能忽視，而且非常值得理解、思考和更進一步探索的，非常廣大和豐富的內容。

5. 如何認識工業化的社會：社會學的誕生

同是社會動物，人的特殊在於意識

馬克思有這樣一段名言：「在動物世界裡的蜘蛛，作為工匠，它擁有和我們人類當中最優秀的紡織匠人同等的技藝。」他還把這句話再延伸，當然也不無誇張，那就是「蜜蜂築巢的能力，可能讓人類當中許許多多建築師都感覺到汗顏」。

的確，在動物的世界裡有很多優秀的工匠。蜘蛛可以織那麼漂亮的網，蜜蜂可以聯合在一起，蓋這麼漂亮的蜂巢。不過關鍵的差異在哪裡？人類織工，或者是人類的建築師，和蜘蛛、蜜蜂最大的差別在於，不管他造的是什麼，在他真正造出對象之前，已經先在腦子裡把這整件東西製造過一次了。

這句話的關鍵點在於本能和意識，或者是直覺的動作和全盤的設計。人當然不是唯一的社會性動物，在自然界還有很多其他社會性動物。而像螞蟻、蜜蜂這些社會性動物，它們都組成了非常複雜而能完整運作的組織——工蜂、工蟻在它們的生物構造上有著高度專業化的發展，又比如狼群在打獵和防禦的時候也會分工。這些動物都是社會性動物。

人類組成社會已經有非常長遠的歷史，不過我們追究動物所組成的社群和人所組成的社會，就一定會看到，有個非常重要甚至是絕對的區別，蜜蜂、螞蟻、鳥類的社會性都是出於本能，而不是經過思考的，不是經由想像或者設計而產生的。

我們可以換另外一個方式來描述人類的獨特性。蜜蜂只能用一種方式組成社會，你不可能讓作為社會性動物的蜜蜂去組成ＡＢＣ不同層級、不同分工的三種社會。因為蜜蜂的組織純粹出於本能，它能夠組成社會，但沒有選擇的可能性。在所有的生物當中，只有人類會思考、會想像，在做任何事情之前，人都是先想像了才去做。

人類織工和蜘蛛之間的差異，就是織工在織任何一塊布的時候，是先想過他打算要織什麼樣的布的。蜘蛛沒有這個程序和這種想法。蜘蛛出於本能，不管它怎麼織，織來織去，同一隻蜘蛛只會織出同樣的網。但是一個織工卻可以隨著他的思想，出於他想像上的設計，織出不一樣的產品。

人就是在這樣的基本條件上，和其他的生物區隔開來。尤其在社會形式上，這是更加關鍵的問題，我們組成了什麼樣的社會，也是先想像，甚至先經過了試驗，才會去實踐的。人會組成什麼樣的社會，其實沒有必然性。

十九世紀歐洲社會意識的出現

人類社會很早就存在，但是對於社會的認知和探討，在十九世紀的歐洲仍然發生了劃時代的變化。這個時候產生了強烈的意識要研究人類的社會。人類社會作為事實的存在，到這個時候已經有了幾千年的歷史，然而大部分的時間只是作為事實而存在。即使少數的時間當中，人們開始產生對於社會的自覺，產生了討論，但這種討論和十九世紀出現在歐洲的這種社會意識或者是社會學意識，仍然非常不一樣。

十九世紀所發生的事情是源於西方哲學的主流，我們稱之為「主客體分離」的觀念所產生的一種意識思考模式。人類過去在思考和討論社會的時候，都是出於這是我們自己的社會來考慮的，是在討論我們自己的生活。換句話說，這裡的思考者、討論者跟思考討論的對象，主體和客體是合二為一的。可是十九世紀出現了新的觀念、新的思考方式。從笛卡兒開始的一種主客體分裂二元架構，在西方的哲學乃至於在一般的思考上，力量和影響越來越大。於是到了十九世紀就產生了巨大的轉換，要把社會當作一個課題來研究。研究者的主體和他所要觀察、研究的對象也就是社會，就被區別開來。這個時候不再是研究我們的社會、我的社會，不再是去討論我的社會、我們的社會應該怎麼樣，而是採取了抽離的、客觀的距離，去問一些普遍的大問題。人類社會早就存在，但是用這種方式來研究社會，卻是到了十九世紀才有的新鮮事，因此到了十九世紀才有了社會學。

社會學意味著這樣的一種態度：需要你將自己當作研究者、觀察者，將自己抽離出來，然後來問幾個重要的大問題——社會是什麼？社會如何產生？社會的現狀應該如何分析，應該如何理解？更重要的是接下來就一定要問，什麼樣的社會是最合理的社會，或者是最好的社會？這是一連串彼此連在一起的問題。

為什麼會用這種方式來描述社會學呢？說到這裡我們就要提到兩個人，其中一個當然是馬克思，可是在馬克思之前還有另一個人，奧古斯特·孔德（Auguste Comte）。

孔德對馬克思的影響：用社會本位來觀察社會變化

孔德在年紀上比馬克思稍長一點，他一七九八年出生，到一八五七年去世。孔德是最早用我們今天所理解的客觀方式去看待社會的人，他建立的這套社會學觀念密切、直接地影響了馬克思。馬克思看待社會有兩種角度，一種就是把社會形式看作在經濟生產的變量下推演出來的產物，而另一種則是把社會當社會來進行觀察和研究。什麼是把社會當社會呢？這就必須說到孔德，因為這是他在這個時代提出來的一種特別的主張。

馬克思在進行社會分析、社會理解的時候，其實是有分裂之處的，因為他的觀點有兩個不一樣的來歷。一個來歷是他思想的根源，也就是黑格爾以降所發展出來的這一套歷史觀。黑格爾觀念論當中的歷史概念被馬克思拿來運用，同時加以修正。修正了之後，馬克思就主張生產力和生產關係是歷史最根本的變動原因，一切歷史的變化是隨著生產力和生產關係一路連環地運作下來的。

他建立了這樣的一套歷史哲學，從這套歷史哲學引發，就必須要認真、仔細地去建構他的經濟學，尤其是資本主義經濟學。資本主義經濟學附帶著，就有一種社會結構、社會景觀，這樣一種來歷引導出了馬克思的階級社會理論。

不過，在發展這樣的階級社會觀念的同時，孔德又給了馬克思非常大的刺激。所以我們可以在他的著作裡，另外看到他嘗試著從孔德的態度出發，以社會作為本位，而不是以社會作為經濟的衍生品，用經濟來解釋社會的變化。也就是說，用社會本位來觀察社會變化，來進行社會思考。

這和從經濟本位出發所進行的社會思考相比，最大的差異是什麼呢？那就是對社會的複雜性的想像很不一樣。在經濟理論推演出來的社會思考當中，對社會複雜度的想像是有限的，受制於經濟和生產相關的這些變數。當用這種方式分析的時候，馬克思會把社會的一切變化都歸結到階級關係，階級關係就變成了主要的，甚至是唯一的一種社會關係。

我們經常誤以為這就是馬克思所有的社會理論。馬克思的確非常強調從階級角度看到的社會組織和社會變化。然而重點在於，這只是事情的一面。也許這一面刻畫比較深、比較清楚，但馬克思的思想的確還有另一面，就是受到了孔德的影響，讓他可以發展出不一樣社會想像和社會理解。

在這裡產生了西方社會學非常堅實而且龐大的系譜。最上面是孔德，接著是馬克思。馬克思承接轉換後，雖然轉換並不完整，但也啟發了涂爾幹（Émile Durkheim）、馬克思．韋伯（Max Weber）這些後來的社會學家，他們和孔德、跟馬克思都有著非常密切的關係。拿掉了孔德和馬克思的理論，我們就無從理解涂爾幹到底在講什麼，更不可能知道韋伯所有複雜的社會理論到底是從哪裡來的。

孔德的重要性

孔德是一個標準的十九世紀人，他在一七九八年出生，沒多久就進入了十九世紀。十九世紀的環境打造了他的看法、他的理論，也就是這一切都源於他有一個清楚、主觀的自覺，知道自己活在一個高度變動的時代。

孔德的理論重要的起點在於，他觀察並且主張人類社會的組織有新有舊，而他自己的時代就是舊的，正在傾頹衰落，而新的正在形成，正在興起。

什麼是傾頹衰落的舊社會組織原則呢？主要的一種是宗教的社會組織，另一種是軍事的社會組織。

而取而代之、正在快速新興崛起的是兩種完全不一樣的社會組織，一種是科學的社會組織，另一種是工業的社會組織。

孔德之所以會建立起這樣一套社會意識，那是因為他和馬克思一樣，看到了自己所處的時代正在發生新興的工業化，而工業化會帶來極其龐大甚至極其可怕的變化。

工業化不只是蒸汽推動機器的力量，不只是建造工廠，不只是在生產上釋放了龐大的可能性。雖然在當時只能說是山雨欲來，但是稍微敏感的人，像孔德、像馬克思，已經可以推斷，這樣的一種變化不會停止於影響人如何生產，一定會直接或者是間接地影響人和生產出來的物品之間的關係，然後更進一步直接或間接地影響人如何形成生產組織，還有新的生產面向和完整的作為一個人的生活之間，又有什麼樣的關係。

因為有了工業化，有了這樣的一種機器生產，人過去視之為理所當然的一切，現在全都搖搖欲墜、岌岌可危了。於是這個時候孔德明白，這裡有一項基本的需求，他應該要努力去滿足，那就是人們想要知道什麼是工業化以後的社會。

社會早已經出現，但是研究社會的態度和研究社會的知識以及理論，過去沒有用這種方式呈現過。在這裡，孔德的角色為什麼如此重要？因為他剛好站在特別的時代轉折點上，擺出了非常明確的一種態度：舊的社會以宗教作為它的合法性主要來源，藉由教會、藉由神學、藉由宗教，提供組織社會的一些基本原則和方案，這樣的一種情況已經注定要沒落、要消失。連帶著有軍事的需要，來自中古的封建制度，以及後來產生的列國系統，使得社會、國家有足夠的軍事力量參與戰爭，這些組織的形式也在快速沒落當中。孔德所要研究的社會，當然不是這個注定要消失的現實的社會，而是那個正在發展中，作為進行式甚至是作為未來式的，即將要產生的社會組織和社會原則。

以前討論社會的時候，討論的是當下現實中「我的社會」；而孔德不要討論當下現實中「我的社會」，因為這樣的社會已經注定要消失了，還去研究它做什麼？於是觀察者、研究者就被推到那樣的一個地位上，他應該要離開現實社會去思考未來的社會，用抽象的原則去打造一套對於未來更合理的，而且必然要到來的社會組織原則，將它描述、分析出來。這就變成了社會學的新角度、新觀點，也就成了新興的社會學呈現在大家眼前的一種知識和論理的雄心。這是孔德非常了不起的劃時代歷史貢獻。

6. 拋棄人名與事件，從社會的角度重新認識歷史

傾頹的現實和興起的未來

孔德在十九世紀初期提出了一個清楚的社會歷史觀點，他認為過去作為主流的宗教社會組織，還有軍事社會組織，在他所處的時代，正在快速地沒落。他提出了一個預言，說這些舊有的社會組織必然要消失。

他先這樣宣告了。不過我們要記得，當他提出如此宣告的時候，其實宗教和軍事組織的力量還很大。經歷了法國大革命，在十九世紀民族主義、民族國家崛起的過程當中，軍事還是非常重要，宗教也仍然還有一定的影響力。

但孔德在他的思想和推論過程中，勇敢地堅持強烈科學信念。對他來說，從科學的角度看到了什

麼，就直接地把這樣的意念表達出來，斬釘截鐵。

他說，人們以為這些社會組織的方式現在還擁有龐大的力量，但我告訴大家，它們一定會過去。所以在這些舊有的力量消失之前，我們就應該開始觀察，甚至要進一步地去準備，新的社會組織的形式會從哪裡來，還有舊的形式消亡了之後，取而代之的這種社會組織到底要用什麼樣的原則去建構起來。

他又提出了他非常清楚的論斷，他說，新的社會組織會建立在兩種基礎上，一個是科學，另一個是工業。工業不只是一種經濟活動，還會徹底改變我們如何安排社會、如何組成社會的方式。

用這種方式，孔德設定了他的問題意識。我們已經知道舊有的社會無法延續，所以投射過去，就不必再問了。但我們如何理解，如何展望和想像，如何才能提早看到那個新的社會呢？擁有這樣的一種問題意識，產生了方法論上的主張：正因為我們活在既有的，但注定要傾頹、要消失，卻到現在還沒有消失的舊社會當中，所以這個舊的社會，當下的現實社會，就不應該是我們真正要去關注的對象。

以前人類關心社會的方式是從現實出發，假定這套現實的原則仍然有效，然後進行討論，討論的都是現實下我們的社會。但是孔德就提出了基本的警告和提醒，因為這個社會雖然是我們的，但不是我們應該關心的。你要關心的是，會將舊社會取而代之，要誕生的新社會形態以及社會原則是什麼，你要關心的是，新的社會來的時候，你該如何處理，你該如何應對。如果你還要用討論自己社會的方法和態度行事，你就看不到新的社會，察覺不到、整理不出新的社會原則。所以你必須要暫時離開，你非得拉開了這個距離，離開自己的社會，才能夠看到社會發展的變化趨勢。

的確，當西方現代社會學在方法論剛剛建立的時候，內在有奇特的矛盾。孔德在大學裡教的是實證哲學，他一再地強調實證的重要性。然而這樣的一個實證哲學家，一位實證哲學的提倡者，他所建構起來的這一門社會學，剛開始的時候卻是反對現實的，或者是離開現實的。他不是以現實作為分析的對象，他分析的對象要離開具體，因為只有離開具體，才能夠去想像即將要到來的。所以現實不過是提供我們去想像未來的一些材料、一些資源而已，而不是真正讓我們去觀察、去調查和研究的對象。這是孔德所處的背景環境。

科學將取代神學和宗教

在這樣的背景環境當中，孔德就特別強調，新的未來社會裡，科學將要取代神學、取代宗教。這有兩層意義，第一層是未來社會的合法性。什麼樣是對的社會？未來將再也不會是上帝說了算、教會說了算，而是科學說了算。還有第二層意義，那就是只有科學才能夠提供一種新的、崛起當中的社會的合法性。

科學取代了神學，所以科學和神學之間的巨大差異會反映在我們看待社會的新態度上。神學和科學最大的差別在於神學是固定的、靜止的答案，科學卻是一直流動的、冒險的過程。換句話說，以神學作為基礎的社會，它依賴的是既定的、已有的答案，這個社會是不變化的，或者是稍有變化且變化極為緩慢的。然而我們將來要面對的社會，不會是這樣的一種社會。為什麼需要社會學？因為你會面對很不一樣的情境。當科學取代了神學，科學又是在時間當中流動變化的冒險，就需要一直探索，一直找答案。科學本身不是答案，而是一種找答案的方法和態度。科學和神學會有這麼大的差別，就是因為科學不會滿意於任何時候已經找到和呈現的答案。

用科學取代神學所產生的新的社會對比舊的社會，也就是用神學、軍事這種老原則產生的社會，我們就很容易理解：舊社會是固定的，建立在一套不能變動的答案上，將這不變動的答案攤開說這就是社會，就沒有持續關懷和研究的需要了。然而新的、未來的社會不是這樣的，未來的、新的社會是以科學作為原則，更進一步還是一個工業社會，因此必然是一個持續變動的社會。以持續變動的科學作為合法性的社會，相應就必須以一種科學的態度來認知和理解。為什麼這個時候處理人和社會之間的關係需要現代社會學？因為要有一種可以持續不斷觀察、調查、研究這個社會的態度、知識、學科，社會學是會隨著社會的變動而不斷變動的。

於是孔德建立起來的這套社會學也就涵蓋著非常強烈的時間感、歷史感。

孔德剛建立的社會學是有高度的時間感和時間緊張性的。社會學在孔德的建構下，開始從社會的角度重新看待、重新認知人類的歷史。這個時候在歷史上要看的不是帝王將相，不是哪一個英雄所塑造的什麼樣的功業成就，不是重要的事件或者是軍事行動，而要以另外一種方式重新看待，並且重新描述人類歷史——去看社會組織、社會形態是如何變化的。

從社會角度研究人類歷史

孔德主張的理論和馬克思的思想之間有著清楚的連結，這個連結是「歷史是什麼」。

馬克思在這個問題上是追隨著孔德的。歷史是人類過去的經驗，而看待歷史、描述歷史時必須決定，在這麼多的人類過往經驗裡，到底什麼是重要的？在這個面向上，延續孔德，馬克思提出了他自己關於歷史的看法。這就是為什麼馬克思還有另外一個重要的身分：他也是一位歷史哲學家。

馬克思給了歷史新的定義。以前我們認為歷史上值得記載的是什麼？是偉大的人，是重要的事件，是這些人做了什麼樣的事，這些事發揮了什麼樣的作用，有什麼樣的影響。當我們講到希臘的歷史，我們講伯里克利斯，講蘇格拉底，講柏拉圖，講亞歷山大大帝如何建立了馬其頓帝國，馬其頓帝國如何征服了希臘。往前說，我們講到希臘人和波斯人之間的戰爭，波斯人如何侵略希臘，後來又如何被希臘人給趕了出去。這是我們以前認知的歷史，在這裡凸顯出一種對歷史敘述選擇的態度，這些被認為是重要的。

馬克思拒絕了這種態度，推翻了這樣一種看待歷史的方法。他認為，去講這些內容，真的重要嗎？現在的關鍵點在於，歷史上真正值得看到的是，希臘人如何組成社會。希臘人如何從比較簡單的部落、村莊開始發展出城邦，而城邦又是一個什麼樣的社會組織？雅典這樣一個城邦，經歷了第一次波希戰爭、第二次波希戰爭之後，它又如何從原來以城邦為主的社會組織，開拓發展變形為以城邦作為核心的帝國社會組織、政治組織？這種帝國的社會組織在希臘所發生的事，又是如何近乎宿命般地複製羅馬從共和變成帝國的變化發展線？然後羅馬帝國滅亡，滅亡之後蠻族進來，中古的封建社會、封建組織又如何產生？

對馬克思來說，這才是我們真正要從歷史上認識和理解的。換句話說，歷史的重心怎麼會是這些人物，怎麼會是這些事件呢？人物和事件是依隨著這個社會組織形態的變化而產生的。有的時候我們會需要這些人物、這些事件，不過是拿他們來作例證，說明這些事情是怎麼發生的，或這樣的事情發生了之後，連帶產生了什麼樣的現象。

孔德建構社會學的過程，對馬克思產生的最巨大的影響在此。馬克思研究的範圍、分析的架構又超越了孔德。

怎樣從社會的角度切入去研究人類歷史，進而重寫人類歷史？把人類歷史寫成了不同的社會組織相繼產生前後因果變化的這一套新的理解方式，我們稱之為「唯物史觀的歷史」。在根本性質上，這是一套社會史、社會組織史，或者說社會結構史。

不過我們要記得，從孔德延續到馬克思，他們並不是說這是歷史或史學當中的一種分支，不是說歷史可以分成政治史、文化史、藝術史、社會史，所以社會史是其中的一個分支。孔德和馬克思都堅持，在他們的理解中，這才叫作歷史，歷史就必須要用這種方式來看待。

因為這樣才能夠真正通過整理歷史、瞭解歷史，去面對現實。要面對現實關鍵的大問題：舊的社會組織要瓦解、要沒落了，那麼接下來什麼樣的新的社會組織會出現，會產生？你要如何得到關於新社會組織的答案呢？孔德影響了馬克思，他們主張的是我們要去整理人類歷史，把人類歷史和社會組織有關的部分整理出來，反過來也用社會組織的改變來重新描述、重新認識人類歷史。

如此改造了之後，我們可以看到，人類歷史上累積著長期的經驗。社會組織如何變遷，更重要的是社會組織的變遷現象之間到底有什麼樣的因果關係。從這樣的因果關係，進而推出人類社會組織變化的規律。於是我們得到了抽象的規律，把它運用在當下的現實上如此就能預測未來了。

以當下的社會為因，找到了規律套上去，我們就能夠從這裡投射，由因而果，這樣的果就會是科學的規律所規範出來、預測出來的準確的人類未來。

用這種方式來理解社會，連帶著改變了對歷史的理解，乃至於理解歷史如何導引我們看見未來、走向未來。

7.混亂中的清醒者：「社會學之父」孔德眼中的社會

孔德：工業社會裡，財產是組織人的最大力量

孔德認為，人類社會必然要產生的變化，就是變成工業社會；而工業社會和過去所有的其他社會最不一樣的地方，孔德指出，就是財產和社會組織之間有著最密切的關係。

依照孔德的看法，人類過去的社會組織有神學的社會、宗教的社會，還有軍事的社會，也就是不同的社會在組織的原則上，會有一種先決的原則。在神權的社會裡，宗教信仰最重要，人基本上依照教會所給予的答案，依照對上帝的信仰來進行社會的組織。又例如我們可以用同樣的方式推斷，在中國社會的組織中，最先行、最重要的元素是倫理，是宗族，是血緣關係，這非常清楚。

對於新興的工業社會，孔德提出的看法和主張是：在這個新興的社會組織當中，人與人組織的第一原則，最關鍵的、最重要的、最大的力量，是財產。新的工業社會中，我們依照「人與人之間的財產關係」和「人如何管理財產的方式」來決定社會關係。

財產和如何管理財產，決定、改造了未來人類的社會組織，這是孔德的說法。從這個說法引出了馬克思的重要修正，但這樣的觀念是先由孔德提出來的。馬克思通過孔德提出的這個觀念不只建立起了關於資本主義的經濟理論，更進一步也提出了對資本主義社會組織的一種特別的看法。資本主義在處理財產和財產管理的方面，變得跟所有以前的社會都不一樣。資本介入在每一個面向上，因此才有了資本主義社會。

社會的定義：集體人際關係的總和

讓我們再來溯源，瞭解孔德到底建立了一種什麼樣的社會學概念，馬克思繼承了什麼，同時又開展、修正了什麼。

什麼叫作社會？就像日常經常使用的許多口語名詞一樣，一個詞用得越多越普遍，往往就越難定義。這裡先把社會簡單地定義為集體人際關係的總和。我們如何理解社會，其中一種角度就是看你有多少人際關係，你和多少的人會用什麼方式產生互動，而這種關係互動的總和就構成了社會。

為什麼要這樣定義？因為把這個定義稍微簡化一點，我們就可以看清楚一個方向——回到現實裡，社會的範圍是在實踐當中不斷變動的，尤其是不斷擴張的。你可以回溯自己的人生記憶，不管它是二十年、三十年還是五十年，在這個過程當中，相信你都可以體會到你的人際關係的範圍，也就是社會，是一直在擴張當中的。

社會意味著什麼？涉及各種不同的形式。和你發生關係的那些人，他們到底有多少，他們在哪裡？這很複雜。在我們意識當中用這個定義的話，現在的社會甚至是大於國家和政府的，也就是說你的社會關係是超越國界的。包括現在你身上穿的衣服，你家裡用的東西，更不用說你接收到的各種不同的資訊，都已經不是由國界來限定的了。用這樣的關係來理解社會，那你所處的社會是超過國家和政府能夠管轄的範圍的。

從歷史上來看，我們也能看得清楚。第一，用這種方式定義，那麼社會當然存在，而且已經存在得非常久。人開始有組織，就有了社會。社會在歷史的實踐中，不會停留在固定的形式上，更不會在固定的範圍、固定的規模裡。

作為一種社會動物，人類所牽涉的社會在規模上是一直擴張的。開始的時候，兩個人、三個人組成一個家庭，或者是藉由血緣關係開始產生擴大一點的互助團體，這是最小、最原初的社會。但這個社會越長越大，兩個家庭、三個家庭變成了部落，接下來變成了酋邦。只要這個集體互動的關係不斷拉進越來越多的人，那麼社會組織、社會規模也就改變了。改變到一定的程度，它就不可能維持原來的組織方式了。

兩個人之間組成一個團體，這是一種方法。二十個人組成了一個團體而產生互動，就絕對不可能維持兩個人之間那個樣子。如果有兩百個人，社會關係當然更不一樣。

我們現在所處的社會的規模，稍微算一下就能瞭解：如果將社會當作人際關係的總和的話，那麼在我們一般日常生活裡，有互動影響的，很可能涉及幾千人，甚至幾萬人。這種社會關係當中，面對面的只佔非常小的一部分。通過網路，通過資訊，通過各式各樣不同的聯繫，有太多的人和我們產生了社會人際關係。

在這裡，又產生另外兩個重點，區別於之前對馬克思經濟理論的解釋。

第一個重點，馬克思提醒我們，我們的社會關係非但不是必然要面對面的，甚至我們很多的人際關係其實是只靠交易，尤其是靠著物品互相連結的。在生產和交易的過程當中，通過商業，通過商品，我們有了人際關係。

沿著現在最流行的「物聯網」概念去想像的話，你就知道為什麼和你日常生活有關的社會人際關係可以涉及幾千人甚至上萬人了。因為圍繞著物品的生產及其交易，牽涉多少的人，那是數都數不清的。你不能說和這些人沒有關係，因為交易就是明明白白的關係。

第二項重點，仍然關於從馬克思的經濟理論過渡到他的社會理論。前面提過，當我們用中文在談、在想像商品的時候，要小心，因為馬克思說的「商品」（commodity），和我們一般日常生活用法，要深刻而且嚴格得多。

對馬克思來說，「商品」有一個特性是可以幫助我們去區隔社會關係。這是什麼意思？也就是「商品的交換只存在於共同體之外」，這是馬克思的原文。那又要追究什麼叫作「共同體」，其實「共同體」反過來說，也就是我們不會進行商品交換的人際網絡。看上去這兩件事不是一樣的嗎？這不是同義反覆嗎？

那就讓我們再仔細一點說。舉例來說，你今天早上去刷牙，你擠出牙膏，這個時候不會有一個人拍拍你的肩膀跟你說：這牙膏是我買的，你今天用這一小截牙膏，你要給我一塊錢。這個人是誰？這個人是你媽媽。你也不會反過來跟你媽媽說：我昨天掃地，你應該付我三塊錢。

這中間有物品，有服務，家庭是我們最自然的共同體，在這個共同體內部，基本上說，所有的物品是共有的。所謂共有也就意味著，這裡沒有貨幣的介入，你不會去算錢，更重要的是你不會讓貨幣介入，變成互動當中的主要行為。家人之間，到現在我們仍然是這樣定義的，也是這樣體會的——我們可以互通有無，我們用這種方式彼此互助，我們不互相計較。

離開了共同體，你要和別人進行任何的交換，不管是物品上的交換還是服務的交換，這個時候就要有價格。為什麼商品交易必然涉及貨幣、涉及價格？因為它在共同體以外。你已經離開了那種互通有無的情感和思考，你換上了另外一個腦袋，商品的腦袋，讓你進入另外一種社會關係中。

我們可以更進一步地推論，這也就意味著馬克思在他最理想的狀態下，在講什麼叫作「共產主義社會」。

「共產主義社會」也就是將這種共同體的經驗，盡可能地擴大。人和人之間的關係，盡可能不是商品關係，而是一種互通有無、彼此關懷、彼此不計較、彼此都能夠在這裡得到像是在家庭內部，沒有任何商品中介時，所得到的那種滿足。

「共產主義社會」當然是一個理想，這個理想在馬克思的心中是非常明確的，有著從經濟理論導引到社會理論的嚴整邏輯基礎。

在不一樣的社會裡有不同的人際關係，這又聯繫到前面講的孔德的提示，人是社會動物，但人是特殊的一種社會動物。拿人和其他動物相比，沒有任何其他的社會動物不是出自本能，這些出自本能而組成的動物社會相較於人的社會，沒有高度變動性。

螞蟻要用什麼樣的方式組成它們的社會，豺狼要用什麼樣的方式組成它們的社會，都是固定的。在動物世界裡的社會規模，一個蜂窩、一個蟻窩或者是一個狼群，必然有規模上的限制，不可能太小，也不可能太大。因為太小或太大，就無法維持來自本能所形成的社會組織。一個蜂窩達到了一定的程度，就必須要用某種方式分離開來。

還有一種最戲劇性地提醒我們這件事情的動物，就是澳洲的旅鼠。澳洲旅鼠作為一種社會性動物，社群大到了一定程度之後，就會以自我毀滅的方式來減小社群規模，用這種方法還原，讓社群回到本能社會組織必須要維持的數量和規模。

對比之下我們也就明白，在這個地球上沒有其他一種像人這樣的社會性動物。人作為社會性動物所組成的社會，最重要的是變動不居，在歷史當中，光是從規模上看，社會就在不斷地擴大。擴大的過程中，組成社會的原則也就必須相應不斷改變。

為什麼孔德創建的社會學會留下來？

談到人類社會，不得不面對兩個特殊問題：第一，人類的社會是具備時間性的，是會變化的；第二，在它變化的過程當中，我們要去理解組成的原則是什麼，又如何改變，如何和新的社會的規模發生關係。

為什麼會有社會學？在人類的經驗當中，社會經驗、人際關係、集體的人際組織，非常原始、非常根本，起源很早。但是誕生一種特別來研究社會的知識和學問，需要有一整套的方法和方法論，這卻是非常晚近的發展。人類社會存在了幾千年，相應的，社會學的存在卻不過只有一百多年的時間。

孔德創造了社會學這門學科，原因是大革命之後的法國社會，受到源自革命的龐大衝擊。革命之後的法國社會，陷入了長期動亂、沒有辦法穩定下來的狀態。

到了孔德的時代，他不得不和當時其他的法國人一樣，感受到衝擊，試圖去尋找解釋這些現象的方法。舊的社會瓦解了，新的社會卻不知道會用什麼樣的方式和面貌出現。

法國大革命最早產生的衝擊沖垮了波旁王朝，使得路易十六和他的政府垮台了，看起來這是政治上的革命。但是在政治上推翻了路易十六之後，接下來所引發的問題就不只是政治要如何重新建立了。在沒有了王權之後，制度要如何安排？所謂的民權，這個高蹈理想要用什麼樣的方式予以伸張和落實呢？民權本身可以沒有規範嗎？什麼方式可以規範民權，又要如何規範呢？

從政治開始，革命性的變化很快超越了政治的領域，進入我們現代定義下的社會，社會也有了各種不同的動盪。到了孔德的時代，另外一件事情看起來越來越明顯，那就是政治不在於單純成立一個新的政府，還需要找到一種新的方式來安排這個政府和一般的人民，也就是處理和社會之間的關係。在這樣的背景和環境下，才有了孔德的態度。

孔德的基本態度是，他要描述的這個變動社會有新有舊，要將新的和舊的明確區分開來。舊的社會也就是即將要被淘汰的社會，是以神權和軍事為主，那樣的社會組織過時了，即將要被消滅。

有一股強大的力量不斷地往前推，要將這些舊的原則消滅。孔德也給了這股新鮮的潮流一個相對具體的描述：未來會出現科學的社會、工業的社會。

孔德幫助當時的人們體會，快速變動中，大家覺得混亂得無法掌握，因而產生危機感、眩惑感的處境下，有一種方式可以來掌握到底發生了什麼事。

社會學能夠建立起來，就是由於孔德針對普遍的變動危機，針對這樣一個讓大家惶惶不安的情境提出解答。有效的方式是讓社會回到歷史上來，將社會在歷史上的各種不同階段弄清楚了，我們就能夠斷定歷史變化中，當下自己站在哪裡。

孔德告訴當時的人，他們正處在宗教神權和軍事組織為主的社會快要被取代，而科學和工業的社會正要興起的節點上。

並不是孔德刻意要去建立一門新的學科，這門學科就會按照他的主觀意願成立並留下來。我們要探索和瞭解的是，孔德當時所說的這些東西為什麼那麼吸引人，以至於能夠留下來。包括他所創造的這個名詞，社會學，關於社會的知識，這個說法為什麼能留下來？

其中最重要的因素是，這個說法給了當時的人一種依憑。在那樣像是無頭蒼蠅般慌亂的情況下，人們只知道周圍的生活和人際關係原有的模式現在統統不適用了，以至於不知道該如何自處。孔德給了這些人一個架構，讓他們藉此去整理、去看待身邊的社會關係、集體人際關係。

他告訴人們不要著急，不要慌，只要先分清楚自己在這樣的環境裡，尤其是在這樣的人際關係中，什麼是新的，什麼是舊的，將新的和舊的分清楚了，自然知道該怎麼處理。舊的部分讓它淘汰，予以拋棄；新的部分予以擁抱，予以追隨。於是給了當時處於不安的環境中的人們一種相對清楚而簡單明白的答案。這是孔德開發的這一套社會學的知識和理論會存留下來，又更進一步地強烈影響了馬克思的主要原因。

8. 研究社會就像研究一隻貓：孔德的「三階段論」和「社會靜態學」

藉由理解孔德的社會學，進一步可以討論馬克思對孔德的社會學做了什麼樣的修訂。在解釋孔德社會學的過程中，也很容易體會和瞭解馬克思的歷史觀念和孔德有著多麼密切的糾結關係。

人類社會的第一階段：用神學來解釋世界

孔德最早建立的社會學，主張人類的社會要經歷三個不同階段——第一是神學的，第二是形而上學的，第三是科學的。這三種不同的社會，表示在不同的時代，人類會用不同的方式來解釋世界。

在第一個階段，人們把世界看成是有一個神或者是一群神，用超越人的力量，尤其是超越人類可以理解的方式，來創造、管轄這個世界。為什麼需要有對神的信仰？因為在現實當中，不管是自然的還是人為的環境，都有高度的不確定性。人們為了處理高度不確定性，在不確定性當中得到安慰，就需要神作為保障。

不過，神的觀念能給予人的安慰，其實相當有限。我們對於神的意志，仍然無法理解。神可能會做什麼，仍然有高度不確定性。這是將當下現實錯亂現象所產生的不安，那種害怕和恐懼，轉換成另外一種對於超越神的能力的恐懼。

以恐懼代替恐懼，只不過是我們可以膜拜上帝、向上帝祈禱，讓我們的意志有一個中心。真正能夠發揮的現實作用當然有限。在這種狀況下，人是渺小的。尤其是針對超越的「靈」，人只能夠膜拜，只能夠祈禱。

形而上學階段：用哲學取代神學

這一階段的解釋無法讓我們真正安心，所以人類也就不可能一直停留在神學解釋的階段。接著進入了另外一個階段，孔德把它稱為形而上學。我們可以不必太拘泥於這個名詞，我們可以理解他試圖要描述的是，人不再依賴神，而是對自我的能力多了一點信心，用哲學取代了神學。

哲學對紛紜的現象進行整理，然後猜測、虛構在這些現象的背後，應該有一些統合的原則，再將原則架構起來。哲學的討論讓我們相信，所有生物的背後有一種生命的基本原則，萬物變化的過程中也有一種變化的原則。

哲學一直在尋找紛紜現象背後可以統合起來的幾條原則，如果將複雜的現象整合縮小，就可以產生另外一種令人安心的作用：你不再需要一一去認識、一一去受到紛紜萬象的衝擊和刺激，可以只知道幾條基本原則，以這些原則來面對這個世界。

不過孔德也對第二階段提出了他的批判。第二階段這種解釋方式最棘手的地方在於，提出的許多原則其實禁不起考驗，於是才會進入第三個階段，也就是科學的階段。

科學階段和形而上學階段，都是試圖在自然或人文的紛紜現象中，去尋找和歸納規律。可是科學的態度和形而上學最大的差別是，科學要明確去除虛構、猜想，不再想像各種現象背後統合的原則，而是如實地看待、具體地看待，探測一個個具體事物之間的關係，只在具體的層面去形成事物關係之間的道理。這是科學的態度。

科學的解釋，是它是經得起考驗的，這裡沒有任何自猜想或虛構的內容。A物和B物之間有什麼樣的關係，A、B、C物彼此之間有什麼關係……一一建構，具體地搭起了科學知識。

孔德主張，這是人類歷史發展過程中必然的規律。人從一種比較愚蠢、原始，或比較無效的神學模式，進入可以放棄神，不需要依賴神，不需要一直揣測神的意志，擺脫了恐懼狀態，尋求哲學和形而上學給予的原則解釋。

然而，因為哲學、形而上學的解釋中帶有太多想像，會產生很多矛盾，再加上不一樣的人有不同猜測，不可能一致，於是有了根本的混亂，需要進入第三個階段。那是明確的科學的階段。

人類學問的科學化：從非生物到生物

因應人和環境之間的關係的需要，人類的歷史必然經過這三種不同階段。更進一步，孔德指出，那些不同的知識和學問，也就有相應不同的三種階段變化發展。

人類的歷史發展，可以視為是科學如何一步一步改造、征服不同知識領域的過程。有一些學科、一些現象是相對容易科學化，比如說數學。

數學這個領域是最快科學化的。2+2=4，3×3=9，這樣和具體事件明確對應的內容，很容易掌握。不需要神來證明，讓你知道兩東西再加上兩個永遠等於四個。你也不需要上帝，也不需要以形而上的、猜想的原則去探索，去主張每一堆有三個東西，這樣的東西有三堆，加在一起就是九個。所以數學可以快速地、非常早地就科學化了。物理也是針對具體的物產生科學的關係，也很容易讓我們以科學的態度予以轉化。

科學最早可以轉化的屬於無生物的領域，無生物的世界比較容易被科學化。研究對象是非生物，是無機的，可以導向科學，被科學轉化。接著在人類知識的變化中，需要重大突破，如何將研究無生物世界所得到的科學態度，運用到研究有生命的物體上，於是有了生物學。

科學的生物學是找到了科學的方法，能夠用來研究植物、動物。仍然依循著科學的態度，觀察具體的事物，以及事物間的聯繫，形成關係原理。

用科學方法研究生物和用科學方法研究礦物、石頭、建築，畢竟不一樣。其間，人類知識花了很長的時間，才終於實現了重要突破。研究數學、物理非常簡單，孔德提醒我們，它們都必須用到分析。分析，簡而言之就是處理非生物時都將它拆開來。拆開來之後，一個部分一個部分弄清楚了，再把所有的部分架構在一起，形成整體。在科學的分析方法上，你去研究一個陶碗，去研究圓周和半徑之間的關係，瞭解到底什麼是圓；接下來，你去研究什麼是立體；再接下來，你去探測這個陶碗，得出它的高度和它的體積之間的各種不同的關係；將這些特質都累積研究過了之後，加在一起，這個陶罐的研究就形成了。一張椅子、一棟房子，都可以用這種分析的方式來處理。這就是科學方法中相對比較簡單的一種，它的原則是部分先於整體。

然而這種科學方法，卻很難應用在對生物的研究上。因為生物有生命，所以不可能先切開來，再進行研究。生物一旦切開來就死了。即使是一塊一塊地研究，最後拼在一起，仍然不會是原來的生物，因為缺少了生物最重要的特質——生命。

生物沒有了生命現象，就不再是生物。分析的方法將生物拆開來，生命就消失了，所以你研究的就變成了死物，不再是生物。因此，這裡需要的是重要的邏輯態度跳躍，程序上的逆轉。

研究非生物，基本上是部分先於整體。然而研究生物時，卻必須是整體先於部分，整體高於部分。我們不能將一個個部分切開來，獨立出來進行研究。個別地研究部分，最後是拼不出生物來的。

孔德認為還原人類知識史的變化，我們就能夠體會、認知，為什麼人類社會早早就存在，但是卻到十九世紀，才出現以研究人類社會作為主旨和範圍，也作為使命的社會學。因為社會學是最困難的。社會學要研究的是有機生命，不只是有生命，而且是有意志的生物，是這些有意志的生命所組成的團體。

科學需要很長的時間發展，先懂得如何研究抽象的數學、物理、非生物，然後經過生物學產生必要的轉化，接下來才能懂得用綜合的方式，而不是用分析的方式，來研究生命。

到這裡還不夠，還要更長的時間、更多的努力，將這一套綜合的新科學方法，經過不斷地精練，達到一定的程度，得到掌握總體高於部分的方法和態度。最後才能以這種總體先於部分、總體高於部分的基本原則，來看待社會，研究社會。

社會靜力學和社會動力學

研究社會就和研究生物一樣，你不能用分析的方式，而要用綜合的方式。在綜合的過程當中，總體比部分更加重要。總體和部分之間的關係有兩種，一種屬於社會靜力學（social statics）。什麼是靜力學呢？那是研究不受時間影響的、靜止的、當下的社會。就像研究一隻貓。你可以把貓抓過來，研究貓為什麼用這種方式存在。將社會當作一隻動物去分析、去認知、去理解，看它的各個部分到底以什麼方式綜合組成這個生物。

用這種生物學的比擬方式來看待社會，到後來發展出了現代社會學中最龐大的一支，我們稱之為功能學派，或者是功能論（functionalism）。

這很容易理解：功能論的思考模式，就像研究一隻貓，將各個不同的部分綜合在一起，問：貓的尾巴是幹什麼的？它在跳躍的時候是平衡用的，它在外觀上可以表達情緒，這都是尾巴的功能。貓的爪子，我們要如何解釋？研究貓的爪子，它作為一個部分，什麼時候收進來，什麼時候放出去，它和貓腳之間的關係是什麼？最關鍵的是，爪子有什麼用？一旦我們可以描述爪子有什麼用——有防禦的功能，在攀爬的過程中還可以幫助貓附著，還有威脅的功能——我們就可以解釋，貓爪為什麼會有軟墊。軟墊的功能，一方面可以讓貓消去腳步聲，隱匿行蹤；另一方面，軟墊可以幫助它，在跳下來時緩沖身體所受到的震動。還有貓的毛皮、貓的耳朵、貓的大腦，我們可以用同一種方法，描述這隻貓各個部分和總體之間的關係。整隻貓的所有部分組成了一個有機體，而且是我們可以理解、可以掌握的總體。因為每一個部分都有其功能，只要弄清楚功能，就能夠形成整體的生物圖像。

剛開始孔德發展的就是這樣一種社會分析方法。對社會上各個不同現象，先探索背後的機制，再分析、探究這個機制在維持社會運作上發揮了什麼樣的作用。在現代社會學中，很早發展出來的就是功能學派，功能學派對應了孔德的「社會靜力學」。

不過，孔德的社會學概念，除了提出了「靜力學」之外，還開創了另一個領域，對應稱之為「社會動力學」（social dynamics）。「社會動力學」比「社會靜力學」更重要，尤其是關係到馬克思如何看待社會，如何解釋社會，以及如何解釋社會各個不同階段的變化和演進。

9. 孔德的雄心：所有學科，都應該隸屬於社會學

社會動力學的出現

孔德特別解釋了為什麼到他的時代才出現了社會學。因為我們需要足夠長的時間讓科學得以發展。科學發展到能夠研究生物，已經非常困難了，還要更進一步發展，才能研究社會。也因為社會的最基本模式是總體先於部分，所以在這種狀況下，產生了光是用生物學來研究社會並不足夠的缺憾。

講到生物學研究的方法，如果研究一隻貓，當下的這隻貓，我們有一個基本假定，那就是我們研究這隻貓，就等於是在研究歷史上所有的貓。我們不需要假定歷時性的情況，會和共時性情況有差別。即今天我們看到的一隻貓，這樣的一種架構及功能，研究之後也可以將結論推廣到所有的貓。在不同的歷史時期中曾經存在過的貓，應該都符合我們所研究出來的結果。

不同的部分所謂的功能，表示的就是在同一時間裡，不同的部分扮演了不同的角色，形成一個系統，這是從功能的角度，對於生物基本的認知和理解，以及從這裡推演出來的研究方法。研究一隻貓時，研究它的耳朵有何作用，它的尾巴有何作用，它的爪子有何作用，它的大腦有何作用，而它的胃在進行些什麼……這是共時性的圖像和系統。

按照孔德的說法，我們可以挪用這種在生物學上的研究方法，以及它所帶來的想像，來研究人類社會，研究當下所有人彼此之間的社會關係，包括所有的社會元素扮演了什麼樣的功能：社會階層、社會地位、社會身分，以及如何彰顯社會身分的儀式，還有社會上許多交換的模式。這是一整套系統，我們可以將這套系統用生物學的方法予以分析及描述。

但這還不夠，不能滿足我們徹底理解人類社會的需要。為何會產生社會學？因為當時有非常強烈和特定的歷史時間感，令人感覺到社會正在快速變動，舊的社會即將被推翻，另一個新的社會將由此產生。所以人類社會還有另一個整體更龐大的面相，就是在實踐中發生的改變。

進一步，孔德就在「社會靜力學」之外，另外成立了「社會動力學」。

「社會動力學」不是在靜態中理解社會，而是去理解社會為什麼會產生變動，還有社會會如何變動，社會在時間當中是如何從前一種狀態變化到下一個狀態的，這中間有一些什麼樣的必然道理，又有一些什麼樣的重要因素、重要力量在發揮作用。

孔德的雄心：所有學科，都應該隸屬於社會學

在孔德的那個時代，他不只明確地設立了一門新學科，稱之為社會學，而且他對於社會學的定位雄

心勃勃，有著強烈的使命感。

在今天的知識架構下，社會學被認為是諸多社會科學當中的一門。社會科學包含經濟學、政治學、法學，另外也包括人類學，有時也將史學包納在裡面。其中的一門，即我們現在所認知的社會學。不過在孔德剛建立社會學的時候，不是這樣看待的。馬克思看待社會學的方式、態度和孔德是一樣的。孔德將社會學看作人類知識發展的最新、最高巔峰。

為了找到一種能夠運用在研究社會上的科學，人類等了那麼久，才達到足夠的成熟度，累積了足夠的複雜性。人類要把運用在其他各個不同領域的科學，不斷地試驗、成長並趨於成熟，找到一種可以運用在社會研究上的正確方法。因此，社會學是所有學科的最高峰。

不僅如此，研究社會時，因為總體高於部分，所以必須研究社會的總體，才能稱為社會學。社會學研究的是社會總體，意味著它統納了所有人與一切事物相關的知識分支。

意指你必須弄清楚政治是怎麼回事，政治是人類社會當中的一種權力關係模式；你必須知道法律、制度、經濟交易是怎麼回事……知道這一切之後，弄清了社會龐大整體當中所包含的部分。

用這種方法一塊塊切開來去研究，把每個部分都研究透徹。但這仍然不是社會真正的面貌。最後必須找到一條路、一種方法，產生總體的概念，將所有部分重新整合起來，我們才能夠看見社會，瞭解社會。所以這些分支，包括研究這些分支的知識理論，都應該隸屬於社會學。

孔德欲建立的社會學是一種統納性的、包含性的、總體性的學科，它是科學進展到最高階段時才會出現的。他的社會學有明確的基礎，是他在大學裡教授的課程「實證哲學」（philosophie positive），「實證哲學」是社會學的知識基礎。

社會學等於將所有人類相關現象分析研究的結果，將所有知識所得全都統納在一起，才產生的偉大、高層級的學問。用這種方式所顯現出來的社會學，同時規範了其他學科應該如何進行研究。

對孔德來說，如果沒有這種社會學的視野，沒有這套社會學統合的系統，我們該從何研究、談論政治呢？最後依然要回到社會的總體上，依據這套標準，才能解釋政治在這個社會上本來應該發揮何種功能，才能判斷實際的政治系統、政治運作、政治制度究竟是對還是錯。

可以整理過去、指出未來的社會學

依照孔德的觀察念，歷史學也被包含在社會學的架構下。社會學的架構給了歷史學不一樣的使命，甚至反過來，將過去的歷史學予以嘲諷了一番。意思是這些歷史學家研究了這麼久，一直以為講述往事就稱為歷史，其實那是浪費時間走錯誤的路。要用社會學的方式重新定義、改寫歷史和史學。

孔德認為，歷史學應該告訴社會如何改變，這才是歷史應該去研究和為我們記錄的最重要訊息。歷史為何重要？因為社會需要動力學。社會的動態改變只有在實踐當中開展，在比較龐大規模的歷史事件當中呈現，我們才能夠看得到。僅僅經過三年、五年甚至二十年、三十年的時間，我們不能體會和理解社會正在改變。那就必須關注歷史，歷史可以帶來五十年、一百年甚至一千年的眼光。從這個角度才會看到，孔德自己所處的法國社會，原來是要從過去存留了幾百年的神權社會、軍事社會中脫胎換骨，打造科學社會，進入工業社會。

神權社會、軍事社會為何沒落，導致今日它們瀕臨過時？想要瞭解這件事，就必須往前追溯。神權社會和軍事社會，以往是如何被建立起來的？之前它們取代了什麼不同的社會？從這種觀點去探究，就可以解釋社會形態如何在實踐裡不斷地改變。

對孔德來說，這就是唯一有意義的歷史。我們以前所說的歷史講述拿破崙住在巴黎時愛吃什麼、他在哪裡向約瑟芬求婚、婚禮用什麼方式安排……孔德對此嗤之以鼻：這怎麼會是歷史？這些內容和我們去理解並追索社會變化毫無關聯，那就不該是歷史學研究的合理對象。

有趣的是，孔德這個人被譽為社會學之父，但其實他當時所想建立的社會學，或他認為自己所建立的社會學，並非今天的社會學。

孔德他絕對無意建立今天這種在眾多社會科學當中的一門社會學。如果今天孔德復活了，有人告訴他，這是你所建立的學科，然後讓他認識今天的社會學，他大概會氣得舉起拳頭作勢打架，因為這根本不是他提出和追求的社會學。

他認定自己發明的這門學科，是人類用科學研究與人相關的所有現象，堪稱最高峰、最頂尖的一門學科。這門學科在孔德心目中，絕不可能僅與政治學、經濟學、法學、人類學平起平坐。他所認為的社會學高過所有這些學科，而且統納它們。

社會真相基於哲學，可以用實證哲學開發出來的科學方法予以探究。它的整體性意味著除了當下現實共時性所展現出來的面貌之外，還將時間和歷史也加了進來。它是科學的、整體的，不僅可以分析當下現實的社會，亦能回溯並整理過去社會變化的歷史。同時它還有一項作用——為我們指出社會變化發展的未來。

人類未來會發展出何種社會？這是社會學使命的一部分。如果你真的採用實證哲學，以歷史的方式研究來龍去脈，要檢驗清楚是何種因素、何種力量促成社會汰舊換新。同樣的因素、力量及模式，理應可以向前投射，對於未來社會將如何改變及發展指出答案。

社會學要掌握社會的真理及規律，一個對的結論不只適用於過去和現在，也必然適用於未來。我們可以預見未來會形成什麼樣的社會，或更進一步，未來應該塑造什麼樣的社會，乃至於科學地證明將於未來實現的社會。

孔德與馬克思一致的信念

這才是孔德的社會學，他的這套思考方法當然遭到許多質疑、困難及挫折。然而，正因他將社會學抬高至這般層次，有這份雄心和使命，以及他展現這些決心的那套說法，令其思想在當時極度吸引人。

在這個層次上，孔德告訴人們，他可以將眼中看到的混亂、有時讓你極度不安的社會，清清楚楚地替你描述是如何建立起來的，還能投射出寄託於未來的光明希望。只要以這種方式整理人類經驗，就可以更進一步探索到人類社會的應然。所以我們要去整理並探索人類社會當中最好的模樣。社會的應然，又等同社會未來的必然及實然。

這門學科多麼了不起，它幫我們確認了人之所以組成社會自有其道理。過去組成這樣的社會，我們經歷了許多曲折，這些曲折來自在實證哲學及科學上準備不足。

但科學一直在發展，在科學方法上，我們現在可以去探究社會了，能夠找出人類社會最好的一種模式，同時探索出讓這個絕佳社會出現的方法和途徑。

這是科學的調查，既然是從科學調查當中所產生的結論，就必然會發生，關鍵只在於發生時間的快慢。當我們擁有了這樣的科學知識，掌握了科學上所呈現的社會道理，我們就可以讓討厭、過時且落伍的社會加速消失，讓應然的未來社會加速到來。

如果我們不具備這種科學性社會學的知識，在渾渾噩噩的情況下，沒有科學的協助，就只能繼續緩慢摸索，但並不表示那個未來的社會不會到來，只不過需要更長久的時間罷了。

這是多麼光明的一道啟示！孔德的這套想法給了馬克思強烈的影響。馬克思研究社會的態度和孔德一致，要研究系統，找到科學方式來研究系統，找到所有因素最終組合起來。

人集合成社會群體，這個現象會有不同的變貌。科學為何偉大？科學為何重要？因為科學幫助我們去探索各種成分及元素，以及應該以何種方法尋求最好的安排。

所謂人的歷史、人的社會，也不過就是這樣一種模式的推演，推演到後來就可以區分，哪些東西應該被淘汰，哪些東西不只應被保留，還應該被強調，甚至是加速發展。這是科學研究歷史的目的，也是孔德與馬克思一致的信念及雄心。

10.馬克思與孔德的分道揚鑣：資本主義是社會的終極形態嗎？

孔德與馬克思的分歧：哪個社會是終極社會？

孔德刺激馬克思發現、認識了什麼叫作社會。當馬克思談社會時，他的認知與理解依隨著孔德的思想。在談到社會時，他關心在歷史上社會為什麼會變化。要最徹底地研究社會，就必須要具備這樣的視野，要探究出社會變化的最根本原因。

最關鍵的是總體，是同時包納了現實以及時間，將歷時性一起加入進來的總體。馬克思關心「人類關係的總體」。不過他和孔德當然也有一些根本的差異，他們對於人類社會之所以改變的一些看法和解釋並不一樣。

社會為什麼改變，這是過去歷史學研究所忽略的。因此孔德和馬克思都很討厭他們當時所看到的歷史學，認為它一點都不科學。歷史學禁不起考驗，充滿了各種錯誤觀念和說法。

在過去探究人類社會的變化和影響時，歷史學特別看重偉人，看重政治，看重軍事，看重「重大事件」。「重大事件」對現實產生極大的衝擊，例如拿破崙在滑鐵盧戰役的失敗，例如羅馬帝國的滅亡，例如蠻族入侵，這都是「重大事件」。

這些「重大事件」到底應該如何寫進歷史呢？從孔德到馬克思，他們認為關鍵之處不在於描述這些事件，而是要去探索這些事件如何讓社會產生了變化，尤其是哪些事件讓社會從舊的階段進入新的階段。

馬克思在這方面走得比孔德更遠，因為他提出了比孔德更明確的答案。他的答案是，政治所造成的社會變化完全是表面的，在根本上，如果要真的能夠解釋社會如何變化、有什麼樣的變化，那就一定要看到經濟以及和經濟生產相關的因素。

羅馬帝國之所以衰亡，看以前的解釋是由於政治上的變動，還有蠻族入侵。可是對馬克思來說，他看到的是，如果單純只是蠻族入侵，可能造成社會上統治階層的改變，但不會改變社會內部或者是社會根本的人際關係。造成人際關係根本改變的，是蠻族入侵所形成的生產方式上巨大衝擊。生產力和生產關係出現了巨大倒退，在這個倒退之下，歐洲才有了封建制度，產生了封建社會。

所以封建社會的起源必須從經濟的角度來看，而不是看羅馬皇室、羅馬軍隊、羅馬人怎麼和蠻族打仗、怎麼敗退，這些相對沒有那麼重要，從經濟的角度才能夠將歷史的社會變化看得更清楚。

馬克思從孔德那裡承襲來了社會分析、社會綜合的概念，也從那裡得到了關於如何將科學調查和研究運用於社會理解上的態度和方式。當他要解釋社會變化時，他指出了經濟是決定社會改變的力量。對於經濟，馬克思的概念到達了孔德從來不曾到達、也無法到達的一個層次，那就是從根本上去理解經濟，去討論經濟，這個經濟的核心當然就是資本。

要如何理解資本，就和馬克思心目中如何解釋這段時間中社會性質的改變，是彼此循環、密切相關的。孔德看到了法國大革命之後法國社會的變化，他的描述方式是舊的神權和軍事的社會讓路，讓科學和工業的社會產生。馬克思同樣也在描述這個時代的變化，但他描述的語言不一樣，他所使用的概念不一樣，更重要的是，他的評價不一樣。

他的概念是，這個時候產生的新的社會是資本主義的社會，取代了過去封建主義的社會。資本和封建推動社會產生差異，因為它們有不一樣的經濟力量，有不一樣的生產制度。為什麼會產生資本主義社會？因為有了工業化，有了資本，徹底改變了生產。

馬克思和孔德兩個人在社會變化上的評價，也因而不一樣。在這方面，孔德比馬克思簡單，也比馬克思樂觀。孔德樂觀地認為，建立了這樣一套科學的社會學之後，自己站在科學發展即將到來的終點上，他相信他所描述的新興工業社會、科學社會，就是人類社會真理所指向的終極形式。孔德認為人類社會階段的歷史演變，依照科學所得到的結論，應該就會產生最美好、最合理的人類社會。

對於這一點，馬克思完全不同意。馬克思認為資本主義當然是新的社會，然而這個新的社會最大的特色，不會是我們用這種方法探究人類社會，瞭解了所有不同因素變化與互動之後的最後結果。資本主義的作用是讓我們有機會透過資本主義，超越資本主義，最終看到終點的社會圖像。資本主義是非常重要的過渡，雖然這個社會的形態是新的，它取代了、推翻了原來的封建社會，但這不是必然的。

馬克思認為新的不必然就是終結，就是最後的。這個新的社會有它自己的問題，並不是終極科學性的人類最美好的社會，而是讓人類最美好的社會找到了一個不一樣的方向。我們如果理解了，就可以沿著這個方向，去加速資本主義的發展，更進一步加速資本主義的崩潰瓦解，讓之後的下一個更新的階段能夠到來。

馬克思的流亡反思：法國霧月政變與英國古典經濟學

為什麼馬克思採取了這樣態度，來看待當下的資本主義和資本社會呢？有一部分是因為，馬克思在寫《資本論》的時候，非常關心經濟恐慌。

讓我們進一步瞭解一下馬克思的背景。在一八四四年之前，他是一個德意志人，他的身分是一位哲學家，而且他主要學習、信仰的是黑格爾哲學，他是「青年黑格爾派」中的一分子。

不過馬克思真的有非常特別的氣質，他有高度的內在反省的能力，這是從好的一面來說。如果從壞的一面、用不那麼客氣的方式來說的話，那就是馬克思內在有一種最大的動力，他討厭和別人一樣，所以他一定要找到能夠展現出自己和別人不一樣的各種方法。

大家都承襲德意志黑格爾哲學的傳統，但是馬克思早期寫的一份手搞，他和恩格斯一起寫的，叫作《德意志意識形態》。那是他們回頭檢驗自己德意志哲學背景的產物，文章中告訴我們，在檢討的過程中，他們發現德意志的哲學出現了哪些重大的問題。

他是這樣一個具備高度自覺的德意志人，然而德意志政治上的動蕩和變化，使得馬克思在流亡之中，先經過了法國，接著又跑到了英國去，這是非常重要的過程和經驗。到一八四八年，他寫了〈路易・波拿巴的霧月十八日〉，反映拿破崙三世登基時發生的革命。

這篇文章開頭的那句話應該有很多人聽過，他說：「在人類歷史上有很多事情，第一次發生的時候是悲劇，第二次就變成了鬧劇。」當然他在講的是一八四八年似乎是拿破崙登基舊事重演了一次。第一次是在法國大革命之後，混亂的法國社會廢墟上，升起了一個悲劇英雄。但是第二次捲土重來，變成了一場可笑的鬧劇。年輕的時候，馬克思就保有這樣的習慣，要去探究我們看到的表面現象，背後是不是有集體的意識形態或者是意識思考在發生作用。

有了以〈路易・波拿巴的霧月十八日〉檢討法蘭西意識形態的經驗，等他到英國，馬克思被歷史和社會變化最重要的一項新奇現象深深地吸引了，那就是工業化，也就是資本主義經濟產生的變化。因為已經有了思考層面上的習慣和經驗，所以馬克思也很快就在研究英國工業化的過程中，注意到英國人也有英國人思考的背景，也有英國人的意識形態，而他看穿了英國古典經濟學家沒有辦法處理的大問題，那就是經濟恐慌。

在資本主義開始發動工業化之後，英國的古典主義經濟學用了各種不同方法，試圖來解釋經濟運作的邏輯。可是在解釋時，他們所整理出來的這套道理，和現實之間有了落差。

我們可以再往前推，推到工業革命還沒開始時，英國古典經濟學最重要的基礎，亞當・斯密。亞當・斯密相信分工，分工會帶來「看不見的手」，把大家的私欲整合成公共的利益。只要在對的分工架構下，每一個自私的人的追求，反而會創造公共利益。這是英國古典經濟學的基本論調和基本邏輯。所以在看經濟系統的時候，就要描述經濟系統如何一方面維持每一個人的自私，因為只有自私才能夠產生工作的動力；但是另一方面，又使得每個人越為自己工作，反而就越是造福其他人。這是他們對這套經濟模式運作的描述。

這項描述碰到的最麻煩的情況，是生產力的循環效果——經濟體系不時會遇到生產和消費無法匹配的狀態。生產過剩帶來了經濟恐慌，更進一步，用後來總體經濟學的概念來說，就有了通貨緊縮，通貨緊縮之下生產停滯，又帶來了生產衰退。那麼經濟恐慌到底是什麼？如何將經濟恐慌和英國的古典經濟學派所描述的經濟系統連接在一起？

在那個時代，從李嘉圖一路下來，基本上古典經濟學家都將經濟恐慌視為這個系統當中的例外或是意外。意思是說，因為系統中的某些零件壞了，或者是有一些地方沒有上油，或者有人開錯了開關，所以這個系統在某些環節上被破壞了，因此就沒有像想像中應該運作的那樣好好運作，外來的因素造成經濟恐慌。

要消除經濟恐慌，就要讓這套系統回復到純粹的狀態下，在最正常的狀態下運作，不要有外來的、偏斜的、意外的因素介入，來干擾這套系統。如果這套系統可以乾乾淨淨地運作，就不會有經濟恐慌。

這是他們的解釋，也因而使得英國的經濟政策基本上都是朝著這個方向走：要解決每次遇到的經濟恐慌，就要去找出所謂「非經濟」或是「非市場」的因素，將它們排除在外。如此這個系統就能夠發揮功能，就不會有經濟恐慌，就不會有衰退了。

然而馬克思不是這樣想的，他來到了英國，看到這些古典經濟的理論，立刻就察覺了一件事，那就是這些經濟理論都是在英國的意識形態下操作的，而英國的意識形態就產生了一個致命的盲點，他們無法看到，經濟恐慌不是資本主義經濟體系沒有運作好才產生的，它是資本主義系統內部必然存在的一部分。

從這個角度出發，他所看到的經濟系統引發的社會改變也不一樣了。在這裡，馬克思建立了他的經濟理論，同時也和孔德分道揚鑣，他建立了另一套截然不同的社會變化和社會史的圖像。

11. 一個德意志人的觀察：英國古典經濟學的漏洞

馬克思在觀察以及分析討論資本主義時有一個非常特別的切入點，那就是經濟衰退或經濟恐慌的現象。

馬克思來自德意志，他到英國，看到英國的資本體系運作時，心裡已經有了清楚的視野，不會隨便進入別人的思想體系裡，所以他很快就看出古典經濟學思想體系裡最根本的盲點。

這是《資本論》的開端。《資本論》要解釋，所謂的經濟恐慌並不是外於資本經濟系統的，不是因為經濟系統沒有好好運作才發生的，而是內在於資本主義經濟系統。

經濟恐慌的原因之一：無法償還的債

在《資本論》當中，馬克思提出了一條條理由，告訴我們為什麼資本主義的系統必然會產生經濟恐慌。其中一條重要的理由，在前文曾經講述過，那就是資本會產生時間遞延。因為時間遞延，所以所有的資本都要以支付利息的形式變成債而存在。資本家的所有錢都變成了資本，同時也就都變成了債。

整個資本主義是一套債務系統，而這個債務系統要能夠運作，建立在兩項矛盾基礎上。第一是沒有利息的預期，債務系統不可能成立。債務系統在資本中產生競爭，要能夠得到資本，就必須要承諾盡可能高的利息。資本刺激的利息期待，會一直被炒高，炒到最後，儘管它是未來償債的保證，但這些承諾的利息會超過經濟生產真正能夠創造的成長。換句話說，經濟生產成長的速率，一定趕不上資本作為債的利息承諾的成長。

為何會產生經濟恐慌？那就是因為這些利息、債務無法實現，這種情況下，資本開始萎縮，就進入緊縮的循環裡。

經濟恐慌的原因之二：被剝削的勞動者，成了拮据的消費者

不僅如此，我們再看馬克思理論涉及工人的身分。馬克思引導我們專注地來看工人、勞動者，這時會看到另外一個矛盾。

前面講到勞動者，講到了剝削。資本家為什麼能夠累積資本？資本為什麼能產生這些利益？憑藉的是集中榨取勞動者的剩餘價值。把勞動者的剩餘價值榨取之後，接下來資本主義系統會遇到另一個不同面向上很棘手的事。

借用這種方式累積資本，用資本投資機器大量生產，提高了生產率，生產出許多商品。接著，商品要用什麼方式兌現它的價值呢？商品就必須回到市場上，賣給消費者。更進一步追問：消費者在哪裡？相當大程度上，消費者就是由勞動者、工人所構成的。因此，資本主義系統的資本要能夠流通，必須要建立在這前後兩段的剝削上。

但這前後兩段的剝削是矛盾的。前段剝削是因為資本家控制生產工具，或者用我們今天擴大的觀念來說，他控制了生產組織，所以使得人只能變成薪資勞動者。資本家願意給你多少薪資，要讓你付出

多少時間，是由他來決定的。而你生產的價值多過於你的工資，就變成資本家的資本所得，他一定會盡可能降低你的工資，這樣他就可以得到相對更高的資本所得。

這是前一段的剝削，但是還有後一段剝削，在馬克思思想裡，也稱之為異化的剝削。異化的剝削根本上來自生產的過程。工人的產品，不是由工人擁有。工人要擁有自己的產品，要回到市場上，只能夠到市場上將自己製造的東西買回來，這稱為異化的剝削。

一名工人在紡織工廠裡通過操作機器織了一塊布，但這塊布當然不屬於他，他不能夠將這塊布帶回家，這塊布屬於資本家。那麼他何時才能把這塊布變成他身上穿的衣服？他必須到市場上將自己生產的這塊布買回來。

再觀察得更仔細一點。織這樣一塊布，其中有八十％的價值是由勞動力創造的，勞動者領到二十元工資。這塊布做好了，勞動者不能說這八十％是我的，補二十％的錢，就將這布帶回去。你沒有這個權利，這塊布屬於資本家。

資本家、公司、工廠拿走這塊布之後，到市場上去賣，這時要賣二百元。你必須累積夠多的工資，才能拿二百元去買回這塊布。這與這塊布八十％的價值來自你的勞動完全不相干。

異化的剝削表示，雖然這樣東西出於你的勞動力，但它不屬於你。本來是你所創造出來的東西，這個時候卻回過頭來剝削你，一定要有這個後段的剝削，才能使得資本的累積、資本的所得快速增長。

不過這後段異化的剝削，跟前段的剝削基本上是矛盾的。前段的剝削使得工人作為消費者的角色，會一直被削弱，弱到工人所領的工資，不足以讓他到市場上去消費。這個時候不就有很大的問題嗎？大量生產的這些商品，要賣給誰？如果這些商品賣不出去，那些投入的資本就無法回收。

資本運作最大的矛盾就是前段的剝削。給工人很低的工資，工人就沒有能力及資格回到市場上，作為消費者去買這塊布。前段剝削得越嚴重，後段能夠剝削到工人的機會也就相對變少了。所以這兩種剝削彼此矛盾。

從兩個方向看，第一個方向，為什麼會產生經濟恐慌？因為這兩段剝削當中存在必然矛盾。你要降低工人的工資，讓工人用很微薄的工資過日子，來取得更高的商品價值剝削，來尋求資本所得。但是，到後來就會產生你的商品沒有消費者，沒有人買得起，商品賣不掉的情況。對馬克思來說，怎麼會是外面的問題呢？在理論上，顯然就是資本系統、經濟系統的運作方式使然。

再從另外一個方向看，看到了資本主義後來進行的調整，包括有最低工資的保障，勞動力市場上存在的不是一個非常單純而直接的供給和需求的關係。因為資本家要顧慮到，如果讓大量勞動者都處在最低生活界限上，他們所生產出來的巨量商品就沒有人買，就沒有消費了。

由此可見，從資本主義進入後期資本主義，為什麼全球商品的系統那麼可怕，因為它就使得本來一個國家當中的這種前段後段剝削的矛盾，因此被延後，同時被擴大了。你可以持續地剝削自己國家的工人，維持非常低的薪資，以致他們無法購買製造出來的大量商品，但沒關係，因為這些商品可以賣到其他市場上。其他市場的工人、勞動者，他們有比較好的工資，就可以買這些商品。於是真正生產這些商品、在工廠裡工作的工人，他們的薪資會一直維持在很低的水準，這個系統仍能夠運作。

不過馬克思也如此預見：只要前段剝削和後段剝削的矛盾持續存在，那麼這個經濟系統不管擴張到什麼樣的程度，都必然受到這個因素的影響，因而不時會遭遇經濟恐慌。這就不只是馬克思的經濟理論了，這也涉及他對社會的看法，包括從孔德得來的啟發。

貨幣崇拜：全新社會形態下的全新思想與信仰

在寫《資本論》的時候，馬克思同時是在幫我們解釋，社會的變化到底如何產生。原來的舊社會為什麼消退了，又為什麼會產生一個新的資本主義社會？

在這件事情上，他的態度、立場繼承了孔德，但是馬克思的思維比孔德要複雜十倍，他提出的解釋也就比孔德複雜十倍。他所講述的是，在歷史上，造成人類社會變化再重要不過的因素，是經濟力量以及和經濟生產有關的這些因素。

再回到《資本論》第一章，這一章同時解釋了資本社會是如何產生的，那就是藉由商品形成。不是所有物品都是商品，甚至不是我們通俗意義下可以買賣的東西都稱作商品。對馬克思而言，商品不只如此。

首先，一個物品如果不能被交易，它當然不是商品。可是在資本主義的社會架構下，和以前最大的差別就在於，這個系統下商品之間的交易，涉及fetishism。這個詞我們一般翻譯成「拜物」，或者是「拜物精神」。

什麼是fetishism？它指出形成商品交易的不只是市場，還有它背後的一套信仰、信念。這套信仰、信念也是內在於資本主義的。我們可以把fetishism中的一個面向稱為「貨幣至上論」或「資本至上論」，或「貨幣崇拜」。

貨幣本來是讓人可以更有效交易的一種工具，可是在資本主義的系統下，貨幣因為累積變成了資本，為了要追求資本的成長，人們迷信應該要累積更多的資本。貨幣從工具脫胎換骨，變成了目的。

本來在不同的信仰下，交易的關鍵核心、重點是物品，可是到了資本主義的狀況，交易的關鍵、重點不再是物品，而是貨幣。

馬克思在《資本論》裡用這種方法來解釋：一個新的時代、新的社會，是在這樣一個思想信念的基礎上形成的。我們要探索馬克思的社會理論、社會描述的時候，就不得不瞭解什麼是資本主義當中的貨幣信仰。

馬克思明白表示，這裡有一個重要的聯繫：正因他是德意志人，所以他到了英國就可以觀察到英國人看不到的東西。英國人不會意識到，他們在資本的系統下，已經和貨幣和商品之間的關係產生了一種宗教般的信仰。所以他舉了一個例子，是從宗教的角度去看英國人在資本主義下的行為和信仰。

德意志地區從一五一八年馬丁・路德的宗教改革之後，基本上就有了非常興盛的新教信仰，這種新教信仰和原來的天主教，以及英國將新教和天主教混合所產生的英國國教截然不同。因為有這樣一種宗教認識，以及宗教研究、宗教批判的知識背景，馬克思就發現，英國人在資本系統下看待錢的方法，和宗教背景環境中看待上帝的方式其實很類似。所以他舉例，如果在這樣一個宗教系統下對一名信徒說：你身上佩戴的這個十字架，不就是一個金屬所鍛鍊出來的項鏈裝飾嗎？或者說，教堂裡的十字架，不就是一塊木頭嗎？你為什麼要崇拜和相信這塊木頭？而耶穌基督不就是一個人，他的經歷不過就是記錄在一本書裡的一段故事，你為什麼要相信？如果用這種方式和信徒說話，我們知道會得到什麼樣的結果——信徒絕對不會因為有人可以用化學的方式證明十字架只是金屬或只是一塊木頭，就放棄他的信仰。

於是我們便可瞭解，貨幣在英國的資本社會中，變成了一套信仰。你可以用各種不同的方式去嘗試，讓大家來看一下：銀行帳戶裡的數字不就是數字嗎？甚至你可以證明，通過什麼樣的方式來更改這個數字，或讓這個數字產生不一樣的意義。或者說，還有人手上有紙鈔的話，你來拿一張一百元的鈔票，告訴別人你對這張一百元的鈔票進行了化學分析，這就是一張紙；你甚至可以明確地還原這張紙是怎麼被印成一張百元鈔票的，用了什麼樣的油墨，在油墨印刷的過程當中加了一些什麼樣的防偽裝置。這就是一張紙，那為什麼要對這張紙賦予這麼多的意義，給予、投注這麼多的信心，覺得有這一張紙跟沒這一張紙對你的差別這麼大，甚至更進一步地對這張紙或對這些數字產生那樣的著迷？這就像一個基督徒不能忍受別人把他的十字架拿走，告訴他這個十字架不過就是一塊木頭，你也不可能改變一個對貨幣有信仰的人。

對在資本主義系統裡的人而言，鈔票就不只是一張紙，帳戶裡的數字就不只是數字。最關鍵的是，他相信這張紙和這個數字可以增長，所以他的信仰有其基礎和方向。

這就表明了一個全新社會形態的出現，來自一種新的經濟架構，並由此誕生了全新的思想和信仰。如果你看不到這件事，就無法理解在歷史上社會真正的改變到底是什麼，也無法追究社會的改變從何而來。

從這個角度看，《資本論》是非常重要的社會史以及社會學理論的文獻。

12.「人是社會關係的總和」意味著失去自由嗎？

馬克思與傳統西方哲學本質論的相反立場：「人是社會關係的總和」

馬克思的社會理論有一個起點，那就是他重講了一次人的定義。他對於人的定義是「人是社會關係的總和」。為什麼說這是重新定義人呢？因為它有一個具體的針對性。

長遠以來，西方哲學的傳統在探討人的時候，最重要的是要去追索人的本質。在那樣的追索過程中，產生了一項對馬克思來說非常嚴重的錯誤，就是我們在探索人的時候，想要找到人的本質。

人的本質如何找到呢？在想像的過程中，首先會排除所有的社會關係，在探索人的本質的時候，要將社會關係當作偶然的、外在的因素，必須將這些偶然的、外在的社會關係剝除之後，才能看剩下來的是什麼。從長遠的西方哲學來說，這才叫作人的本質。

人都有一些偶然外在性，比如作為一個父親，作為城邦的一分子，或者是作為一位消費者，任何這種社會關係、社會身分，依照原來西方哲學的本質論看法，正因為隨時會變動，即這個時候有這樣的身分，到了別的時間，你的身分可能就不一樣了，所以這些都不是本質。如果要探索本質，就必須要排除社會關係。

但是馬克思採取了明確相反的立場，他認為「人就是社會關係的總和」。我們一定要記得這句話。他重寫了人的定義，這句話也就是說如果離開了、捨棄了社會關係，你就找不到人了。

例如經典小說作品，丹尼爾．笛福所寫的《魯濱遜漂流記》。這本書寫的是一個離群索居的人，沒有社會關係的人，到了一個小島上孤零零的一個人。這樣的一個人和我們認識的其他所有人都不一樣，他沒有任何的社會關係。

然而這樣一個人的生活，想像上極為有趣，但是也極為難寫。我們看這本小說寫到後面，還是要讓魯濱遜的身邊有一個野人「星期五」，發生了人際關係。所以即使是這樣一部經典的孤島小說，仍然不能真正做到徹底沒有社會關係。

《魯濱遜漂流記》之所以吸引人，因為它記錄的是例外。我們一直將魯濱遜掛在嘴邊，因為除了他，沒有任何人會這樣過日子，我們其他所有人都活在社會關係裡。即使是魯濱遜，後來也還是進入了和「星期五」兩個人之間的社會關係。

每一個人都擁有社會關係，社會關係如此普遍，於是馬克思當然認為你怎麼能說擺脫社會關係之後去追求的沒有社會關係、光禿禿、赤裸裸、沒有真實的人的生活情況，才算是人的本質？用這種方式瞭解或明白了人的本質，有什麼意義呢？因此馬克思採取了相反的立場，主張人就是社會關係的總和。要瞭解人，必須先探索人的社會關係。

從東方傳統社會現狀看「人是社會關係的總和」

離開了社會關係去尋找人，必定是錯誤的路。馬克思的新定義故意逆反了西方哲學強大的傳統主流，尤其是經過文藝復興時代，重新接回到蘇格拉底，接回到古希臘城邦的時代，那是一種個人主義的立場。個人主義的立場認為，每一個人不應該依附在社會關係或者是集體關係上，因此才會想，應該要在離開了社會關係之後，尋找一個個人主義的、個人性的主體。

相對地，我們就能明白，與西方這種個人主義相對照，在東方，尤其是在中國的傳統裡，某個意義上，主張的不就正是馬克思說的，沒有任何人是能夠離開社會關係而獨立存在的嗎？

在中國的傳統社會裡，你到底是誰、如何定義你，不是在討論你個人本身，而是在討論你是誰的兒子，你是誰的哥哥，誰是你的妹妹，你的姑姑又是誰。更進一步，那就是你在這個社會的網絡上扮演著什麼樣的角色。

中國傳統文化在十九世紀到二十世紀的這個轉折點上，為什麼會面臨深刻的危機？正是因為缺乏一種個人主義的觀念，沒有個人可以離開社會關係，昂然獨立存在的概念。因此個人在社會的網絡當中，不會有自由。

從荀子開始，在思想理論上，中國的傳統就非常講究位份，即在什麼樣的位置上就應該做什麼樣的事情，而且只能做什麼樣的事情。社會關係決定了你這個人是誰，規定你可以做什麼，你不能做什麼。

從這個角度看，我們當然也就特別能體會，如果人單純只是社會關係的總和，那種人生也挺令人畏懼的。個體沒有自由，只能依照身分去做這個社會或集體所要求你做的事情。於是我們不免在聽到馬克思特別針對西方哲學的個人定義時提出了相反的追求，在說「人是社會關係的總和」時，會覺得冷汗直冒。

馬克思的真實用意：「人是社會關係的總和」的同時，人有選擇

當馬克思在講人是社會關係總和時，並不表示他放棄了人的個體，或者是個人主義的立場。當他在

講這句話的時候，說的並不是我們剛剛所提到像是中國或者日本那樣高度集體性的社會，非常講究社會角色，有什麼樣的社會責任在社會角色上，你就只能依照規範來行動、來認定自己。馬克思的用意不是如此。

馬克思在探索社會關係的同時，必然堅持人的主體和主體性。人的主體在於他可以、有辦法、有權利對構成作為他這個人的所有社會關係，表達他的不同意見。這個不同的意見來自他的認知、理解及批判，甚至表達抗議。

雖然人是社會關係的總和，但是當馬克思如此定義人時，他知道人作為一種社會存在，和其他的社會動物有何不同。蜘蛛、螞蟻、蜜蜂都是非常複雜的社會動物，但是它們的社會組織來自本能，所以蜜蜂不可能組織出不一樣的社會，每一隻蜜蜂在組織中也不會有不同的社會關係。每一隻工蜂，它在蜂巢裡的社會關係統統都是一樣的，每一隻雄蜂在這個蜂巢裡的社會關係也都一樣。蜜蜂在建造蜂窩時，那種建造的技術會讓很多人類的建築師都感覺到不好意思，覺得沒有蜜蜂這麼了不起，沒有像蜜蜂那樣會蓋房子。但是蜜蜂和人類建築師最大的差異，在於一名建築師不論蓋出什麼樣的房子，他在蓋那個房子之前，就已經在腦海裡想像、選擇好了要蓋什麼樣的房屋。但是蜜蜂沒有這樣的想像或選擇，這是人和動物最根本的差別。

這也就是馬克思念茲在茲的人的主體性。人有主體性，是因為人會思考、想像及有所選擇，這特性在人蓋房子的時候可以清楚地表現出來。人不是蜜蜂，一定會想自己要蓋什麼樣的房子。在沒有先運用這樣的一個主體性，去選擇、去決定要蓋什麼房子之前，人不可能去蓋房子，這才是人，這就是人。

人蓋房子的時候會有這種自主的選擇和想像，當然也會受到許多條件制約，最後蓋出來的房子和原來想像的可能不是同一回事。但即使如此，人仍然不會取消自己的主體性。你的主體就是會思考、想像及選擇。

蓋房子的時候是如此，同樣，在對待我們的社會關係時也是如此。我們作為人最重要的主體性，用比較廣泛的方式來說，就是我們仍然保有選擇自己社會關係的一份主體力量。我選擇了什麼樣的社會關係，這些社會關係最後構成了我是一個什麼樣的人，在這個過程中我不是單純被動的。

以非常嚴密的集體性的社會關係管轄每個人，讓每個人都沒有自由，這絕非馬克思所認為對的社會組成。中國傳統社會以親屬為主，以社會角色為主，每個人會在親屬網絡中被固定其位置和人生追求，他只能成為這樣的人，這不是馬克思心目中正確的社會存在。或是在一個高度集權的社會組織中，人被規定了一種身分，甚至成分，只能依照這個身分或成分去行為，去過日子，這樣的社會關係也不是馬克思心目中應該建立的，因為這樣的人缺乏主體性。

人的主體性應該在哪裡？應該要有說我不想接受這樣的關係的能力。也就是我可以選擇，我不希望別人一開始看到我的時候，先看到我是誰的兒子，是誰的爸爸，誰是我的姑姑。我不希望別人用這種方式看待我，我有別的社會關係，我可以選擇自己的社會關係，我也可以對自己既有的社會關係表達不同意見，這就是我們的主體性所在。表達了不同意見，意味著我有所選擇，我不接受任何社會關係強加在我的身上。這是馬克思的社會理論的起點。

人是社會關係的總和，而人的主體性又在於對構成我們作為人的社會關係，我們有提出不同意見的權利，我們可以有異議。當我們有異議的時候，也就意味著人之所以為人的主體彰顯了出來，變成了真實的人。

依照馬克思的說法，人必然有一種批判性，這是和我們的選擇權、選擇傾向結合在一起的。選擇必然帶來批判，因為你必須判斷好壞。當你看到不好的部分，提出不同意，不就是批判嗎？

我們和蜜蜂不一樣，蜜蜂源於本能，它無所選擇，所以它不會回過頭來反身質問自己為什麼蓋這樣的蜂巢。蜜蜂也不會問，它為什麼是一隻工蜂，為什麼在所有的工蜂當中，作為其中的一分子。蜜蜂也不會問，它和旁邊的另外一隻工蜂，為什麼一定是這樣的一種合作關係。

這需要反思的過程。明明是你自己的生命，這些事情發生在你身上，可是你必須進行主客分離，離開自己原來的意識，把自己變成一個相對的客體，用這種方式來觀察、來檢討、來理解自己生命的處境。這是只有人類才擁有的力量。

回到哲學的根本上，馬克思對人的雙重定義：一方面的定義，人是社會關係的總和；另一方面的定義則是人具有主體性。所以人會運用自己的主體性，去檢討自己的社會關係所構成的這個「我」，然後更進一步去選擇我要變成什麼樣的人。於是，我要變成什麼樣的人，不是落在我和大家都一樣的本質上來進行的。你如果和其他人都一樣，就不會有主體了。

所以人的主體性在於我要選擇什麼樣的社會關係，讓這些社會關係總和而構成我。你不是一隻蜜蜂，而是一個人，就必然有一種批判性，普遍地內在於你的精神。

「批判」：《資本論》解釋了為什麼我們身上會有這些強制性的社會關係

馬克思的理論經常出現批判，這些我們都不能放過。因為《資本論》的內容太多了，所以一直講述至此，我才有機會回到一個根本事實——《資本論》這本書有一個副標題。

在講《資本論》經濟理論的時候，我刻意避開了這個副標題，因為它直接聯繫到古典經濟理論。現在講到馬克思的社會理論，才能夠更精確地瞭解這個副標題的意義，那是「政治經濟學批判」。

我們仍然專注在「批判」這件事上。當馬克思說人是社會關係的總和的時候，他又清楚地把決定所有人角色的社會關係分成兩種，意味著雖然每個人的社會關係決定了他是一個什麼樣的人，但還是要切記他的主體可以不同意這些關係，並有所選擇。

因此我們要批判、反省地注意到，在構成我這個人基本成分的社會關係當中，有一部分不是我自己選擇的，或不是我自己可以選擇的。馬克思將構成人的社會關係分成兩種：第一種是正常的社會關係，或是源自主體的社會關係，你自己可以選擇；另外一種可以稱之為強制性的社會關係，它是取消你的主體性、硬加在你身上，讓你無從拒絕、非得接受不可的社會關係。後者在性質上，違背了我們作為人的基本批判性以及基本主體性。

從這種角度進一步看《資本論》。《資本論》的目的之一，就是馬克思想要解釋，在現在的這種情況下，我們要分辨身上有哪些強制性的、不能拒絕的社會關係。

依照馬克思對人的定義，如果是我們自己所選擇的社會關係，毋須解釋，因為那是運用本能的權利。那麼什麼才需要解釋呢？那就是：我作為一個人，本來我有我的主體，我可以選擇我的社會關係，為什麼現在卻有一些社會關係是強制性的，我無權拒絕？強加在我身上的社會關係是怎麼來的？

《資本論》為我們解釋：在現代的環境下——我說現代，意味著我認為經過了一百多年，這個論題仍然成立——為什麼我們身上會有這些強制性的社會關係？

這些不容我們選擇的強制性社會關係，馬克思明白指出，就是來自資本主義。所以在《資本論》裡，馬克思主張，並且用非常細膩的方式證明，這套經濟制度不是單純的經濟邏輯而已，它同時創造了一套特殊的社會關係。這一套經濟制度要能夠運轉，就必須仰賴這樣一套社會關係，強制規定許多人的社會身分。必須將這種社會身分，當然最主要的就是勞動者的身分，強加在大部分人身上，否則就不可能產生資本主義，不可能維持資本主義的運作。

對於被這個制度強加在身上的社會關係，一定要進行檢討和瞭解。如果你想知道為什麼自己會變成勞動雇傭者，為什麼你對這件事沒有選擇權，這個社會關係從何而來，你就必須更仔細地瞭解資本主義的系統，並聆聽馬克思給予你的解釋。

13. 馬克思的雄心：完成資本主義社會的「哥白尼革命」

依照馬克思的理論，資本主義要能夠運作，就必須創造出雇傭勞動者。把一部分人定義為雇傭勞動者，強制他們接受這個身分，以雇傭勞動者的社會關係作為他們的人的定義、人的性質；進而，這種社會關係、這個社會身分、這套制度的設計與運作凌駕於作為勞動者的這個人以及他的其他社會關係之上，這個人的其他社會關係是由作為勞動者的身分來進行組織和安排的。

馬克思的《資本論》清楚解釋，所謂勞動者的社會關係，或他的社會身分究竟是怎麼一回事，而它又如何變成一種強制性的社會關係，取消了勞動者、工人用自己作為一個人的自主身分去決定自己的社會關係的這一面的自由和權利。

《資本論》對資本主義、社會主義的刻畫

為了釐清此事，馬克思刻意將社會關係簡化成三種人彼此之間的互動——資本家、地主和雇傭勞動

者。關鍵當然是雇傭勞動者，所謂的雇傭勞動者意味著這樣的身分不是他可以自由選擇的。

《資本論》刻畫了一種社會制度、社會組織，最大的特色是它由非自由的人所組成。這一群非自由的人最核心的部分就是雇傭勞動者，他們的最大特性是，被取消了對這樣的社會關係提出異議，甚至選擇其他選項的自由和權利。在這種社會架構下，勞動者是以非自由的形式參與社會組織，社會組織取消了勞動者的主體性。

我們要先瞭解馬克思眼中資本主義社會最重要的角色，也就是勞工，他們是非自由人，是被取消主體性的人構成的群體。那麼何謂社會主義？社會主義的定義就是取消、去除這種強制性的社會關係，讓每個人都能夠回歸到馬克思對人的定義，即人是擁有主體性的自我選擇：你是一個什麼樣的人，是你行使主體自我選擇的權利之後建構起來的，你是圍繞著你的所有社會關係的總和。

在社會主義的組織下，每個人都以擁有主體的自由人的身分參與。所以社會主義沒有那麼難理解，依照馬克思的概念，那就是一種新的社會組織，相較於當下我們所處的資本主義社會——這種錯誤的社會組織，它是一種對的社會組織。

這當然是一種理想的社會主義。這種理想的社會主義如何組成？這不是馬克思努力撰寫《資本論》、探索資本主義社會還能有餘力去仔細探索和描述的，因為這涉及未來。包括關於社會主義的基礎是共產主義的生產模式以及社會主義的社會組織，馬克思都沒有機會仔細琢磨。因為除了時間和精力上的限制之外，也涉及馬克思的哲學立場，以及從這樣的哲學立場而來的一種選擇。

對馬克思而言很重要的一件事情是，去描述、規範未來是違背他的哲學任務的。未來是什麼？馬克思很少具體描述，他要描述的是未來和現在應該有哪些地方是不同的，也就是當下現實所存在的，有哪些依照我們現在的判斷，不應該也不會被帶到未來去的。

所以《資本論》描述的是一個錯誤的、由非自由人藉由強制性的社會關係所形成的組織。這是《資本論》在社會層面的使命，要讓我們明白，為什麼這種社會組織的方式是錯誤的。

「哥白尼革命」的比擬：資本主義不該是中心

接下來，為什麼如此錯誤的社會組織會形成，甚至可以持續運作？如何瞭解馬克思所看到的資本主義作為一種社會組織產生的強制性社會關係？這種錯誤究竟從何而來？我們又該如何發現並確定這是錯誤的？

馬克思提出了一個有趣的比喻，對我們在這方面的思考和理解也許會有幫助。這個比喻的開頭是「哥白尼革命」，它是我們對於太陽系在天文物理認知上的重大突破。

我相信大家多少知道「哥白尼革命」，它修正了從希臘開始的看法，尤其是柏拉圖的主張，看待天體運作的基本錯誤。基督教會主張既然上帝造人，上帝造地球，那有人的地球當然就是宇宙的中心，人所投射的上帝所在的地球就是中心。所有其他物體、天空上的星體，我們看到它們在天空中不斷變換位置，就認為它們必然環繞著地球旋轉。其中最重要的是太陽，因為它是與我們關係最深的，太陽每天繞地球轉一圈，我們總是會看到太陽在繞著我們轉。

「哥白尼革命」的關鍵就在於糾正了這個錯誤，他發現並不是太陽繞著地球轉，真正的中心其實是太陽，是地球繞著太陽轉。其實這也不難發現，因為在記錄星體運轉的時候，「哥白尼革命」到後來幾乎無可避免，你若繼續堅持地球中心論，就無法整理出這些星體運作的規律，就會顯得亂七八糟。以至於在當時天文觀察的理論當中，人們加入了許多「周轉圓」來補充，但還是有許多星球運行的現象無法解釋。

譬如最為人所熟知的「行星逆行」。相對於地球的位置，我們可以看到許多其他行星，如果它們是繞著地球轉，那麼應該會不斷沿著同一個方向轉，轉了一圈又一圈。如果用這種方法想像，就會觀察到有些行星轉了轉，竟突然變換方向，甚至逆轉。如果地球是中心，怎麼可能發生這種事？

「哥白尼革命」解決了這些問題，最簡單的事實就是行星是繞著太陽轉，地球也是繞著太陽轉，所以行星和地球之間的相對運轉方向當然就不會是同一個方向。

馬克思先用「哥白尼革命」來比喻，探討人們在對待宗教時發生了什麼事。

宗教就像是人們在哥白尼之前陰差陽錯創造出來的一個中心，以為一切都繞著這個中心轉。基督教就類似「哥白尼革命」之前的一個虛假的地球中心。後來人類歷史上的重要進步，就是瞭解了宗教並非中心。宗教非但不是中心，反而如同哥白尼所提出的「地球繞著太陽轉」的說法，宗教也繞著真正的中心在轉。

馬克思一再強調何謂真正的中心。真正的中心是人，即我們自己。我們不應該繞著以往我們所創造出來的假象，也就是宗教去轉，別將宗教奉為中心，以為宗教控制人，而人是被控制的。

在這件事情上因果關係完全顛倒過來了。如同「哥白尼革命」，我們原先以為人被宗教牽動，隨著宗教改變。我們發覺了事實真相正好錯位，應該是宗教被人牽動而改變。人才是真正的中心和動因，是由於我們希望信仰某種宗教，所以讓宗教繞著我們轉，宗教亦從我們的意欲中產生，這才是歷史事實。

接下來，馬克思再用類似這種「哥白尼革命」的說法解釋何謂資本主義及其運作。資本主義的運作，也就是資本主義這套意識形態，它取代了宗教、建立了體系，讓我們欺騙自己，誤以為自己應該繞著這個中心運轉。

現在宗教的牽掛消失了，照理而言我們應該回歸以人為中心的思想。我們的自我理論上應該是中心，萬物應該繞著人轉。然而事實並非如此，人仍然無法確立以自己作為中心的社會。

我們已經看穿宗教，它再也無法牽動我們，宗教只會繞著人轉。無奈人卻如此虛弱無用，我們放棄以宗教作為虛假的中心之後，又去尋找另外一個虛假的中心，那就是資本主義，資本體制。

馬克思為什麼特別引用「哥白尼革命」來解說資本主義呢？因為他要讓我們觀察到，這是我們後來單純從經濟的角度看待資本主義時會錯失的極為重要的觀念及性質：資本主義是一套信仰，它並不單純，也不僅是經濟及生產的總和。

對馬克思而言，資本主義是一套信仰，所以他必須創造出一種特別的社會組織來維持信仰。基於這套信仰，人們將資本、資本主義供奉為絕對中心，讓我們的人生及生活中的一切，都錯誤地繞著這個信仰轉。所以這是「哥白尼革命」之前的一種錯誤假象。而馬克思在《資本論》裡要做的就是為我們再完成一次「哥白尼革命」，讓我們明白資本主義、資本不應該是中心。

資本主義的核心信念：貨幣會自我增值

資本主義信仰最核心的部分，用馬克思的語言解釋，就是相信貨幣的自我增值，這是貫穿整個資本主義世界最強烈的信念。錢應該具備增生錢的作用，這是根深蒂固於所有人心中的想法，卻是資本主義信仰所給予的一種錯誤觀念。

現在不論你有多少錢，你都是用一種資本的概念來看待手中握有的錢。這筆金錢變成資本，我們將它寫作M。M在時間當中，你會預期它應該變成M＋。簡單的公式：M＋＞M，這就是人們心中最根深蒂固的資本主義信念。這在資本主義之前並不存在，它也是資本主義改造每個人最為徹底的一種想法和信念。直到今天大家仍然相信這件事，完全不去質疑為什麼M會變成M＋，M＋為什麼必然大於M。

錢經過一段時間就一定要自動增值嗎？為什麼我們視之為理所當然？M經過一段時間要變成M＋，但倘若經過計算，M＋竟等於M，我們就會覺得受不了，認為一定是哪裡出了差錯。如果將錢藏在床底下，二百萬元永遠都是二百萬元，你會覺得這件事在這世上並不合理，愚笨得無法理解。

應該反過來問的是：我們的信念到底從何而來？我們曾經探索過為什麼隨著時間推移，M一定會變成大於M的M＋嗎？這個大於、增值究竟是怎麼來的？我們不想追究，只確認、堅信這件事，認為錢和資本就是如此。

其實這件事比我們想像中更加複雜。馬克思仍然用簡化的公式告訴我們，本來M絕對不可能自動變成大於M的M＋，還原過程應為M—C—M＋，也就是以金錢換取商品之後，又獲得了下一筆貨幣，變成M＋，這個M＋比你先前花去的貨幣要多。這中間必定經過交易，倘若沒有交易，錢怎麼可能自動變多呢？

然而，資本主義在此之上建立了一套信仰，使得我們即使明知未經交易，貨幣就不會增長，但只要貨幣不增長，就仍會心煩難耐。我們希望且認定貨幣會增長這件事已經成為一種信仰。我們認為在正確且正常的狀態下，甚至可以將C省去，讓貨幣經過時間的醞釀自動由M變為M＋，我們堅持這份信念。

這是資本主義的魔術，但它並不如我們想像中神奇。譬如，我們怎麼讓M變成M＋？通過將錢存進銀行，或稍微複雜一點——進行投資，投資所得讓後面的M＋能夠大於M。但何謂利息？投資所得和利息是怎麼來的？在這個信仰所創造的假象中，我們忽略了這些。我們必須忽略一些環節，才能夠得到這種資本主義的公式及信念。

錢變成資本，進入這個循環裡，同時也擁有了一種虛假的認知：堅信資本一定能夠產生更有價值的商品，同時能夠將更有價值的商品銷售出去，進而使得資本增值。這是承諾，也是假定，是對於未來生產的商品一定能夠創造利潤的假定。但它畢竟只是假定或承諾，不是事實。

換句話說，資本從一開始運作，本質上就是複雜的債務關係，有資本就會產生複雜的債務。未來運用資本所產生的利潤，以利息形式先附加在資本上，還未真正實現其利益，就已經開始被我們要求，附加的利息要開始增值了。

資本主義必定會出問題，這是馬克思的論理，而且非常精確。接下來他要告訴我們，資本主義體系之所以能夠運作，是因為它建立了這樣的信仰，此一信仰又被落實在我們的社會角色、社會關係上，所以它是一組非常縝密而複雜的制度。這些制度環環相扣，產生了資本主義的歷史時期。因此，資本主義的歷史時期涉及罄竹難書的欺瞞，也必然帶來無以計數的災難。

14.《資本論》的副標題有什麼含義？

馬克思最早是黑格爾學派的德國哲學家，他進行了一番對自我的認知和理解，並寫下了《德意志意識形態》，以感受德國人的思考方式，以及體會在思考過程當中受到了何種限制。

接下來最關鍵的是，一八四八年他除了與恩格斯一同撰寫《共產黨宣言》之外，還寫了〈路易·波拿巴的霧月十八日〉這篇重要的文章。我們可以將其視為他受到一次重大震撼後所產生的回應，這是他初次瞭解何謂「法蘭西意識形態」，即法國人看待世界的角度及思考模式。

他重新掌握了「德意志意識形態」，緊接著又掌握了「法蘭西意識形態」，等到他流亡到英國，讀完英國古典主義經濟的理論，他對於英國現實的資本主義運作的觀察就變得無比敏銳，以及明白了此一運作如何反映在英國人的思考上。因此，他產生了撰寫《資本論》的想法。

社會的落差：社會的實際面貌比社會理論更新

回到〈路易．波拿巴的霧月十八日〉這篇文章最關鍵之處，就是馬克思敏銳察覺到一個巨大落差。法國經過大革命後天地變色，導致法國大革命之前的社會（主要分成貴族、教士和一般平民）徹底被推翻了，也因而產生了極其複雜的社會階級及社會關係。

如果大家對這段時期的法國社會史有興趣，我向大家建議，最重要也容易的理解方式不是去讀一些學術著作或歷史著作，而是去讀偉大作家——雨果的小說。其名著《悲慘世界》，背景基本上就是在進入十九世紀、經歷大革命之後，社會階層互動極為頻繁的法國社會圖像。

馬克思悉心觀察這個荒唐的情況。一八四八年整個法國政權的大變化來自這些新鮮的社會力量、社會階級。可是框住這個新鮮社會現象的，卻都是舊觀念、舊語言、舊道具、舊儀式，彷彿要被推回到原來的法蘭西帝國。

以這些陳腔濫調框住新鮮現實，馬克思體會到了相當關鍵的一件事。這件事情在一般人的認知上原本是常識，大家都明白，甚至能夠體會，但馬克思認為非常重要的是，要將對於人們認知的這種常識，擴及對於社會的描述和理解上。

所謂的常識是指什麼呢？打個比方，應該沒有任何人會天真地認為人的外表和內在會完全一致。我舉自己的經驗為例，我平常盡可能不隨便參加同學會，我甚至有些佩服願意且頻繁參加同學會的人。

對我而言，參加同學會最令人驚駭的就是，二十年、三十年不見，同學怎麼都變得如此蒼老？當年我認識的那位十八歲的青春少年，怎麼轉眼之間就變成了四十歲、五十歲？可是當我用這種眼光察覺並備感訝異時，倘若內在反省一下，就會發覺那是因為我以為自己也還是十八歲的模樣，卻毫無自覺，看在同學的眼裡，我也是剎那之間便顯蒼老。

許多人熱中於參加同學會，其實多少都帶著一點幸災樂禍的心情，看到同學們個個白髮蒼蒼，以為自己相較之下算是維持著比較年輕的模樣。這意味著我們看別人時是看到現實的樣貌，卻看不到自己的現實，在心中建構起自我形象，認為自己一定是同學之中最年輕力壯的那一位。

其實每個人的自我描述及其內在，也不可能完全相符。不只是別人如何看你，在別人眼中，你的外表和內在不會相符，甚至你的自我形象和內在也不可能完全符合，這是一般常識。而馬克思則看到、理解並推導出了這個洞見——這種事情不只會發生在個人層次，在社會層次上也有著同樣的現象。

每個社會都存在著這種落差，而且它們基本上是同一個方向的。當社會出現新現象，往往缺乏跟得上的語言或觀念來予以描述。所以一個社會的實際面貌，會比這個社會大部分用以描述這種面貌的語言和觀念更新穎且特別，也可能變動不居、難以掌握。

從自我反省到自我批判

我們要描述這個社會，尤其當我們不知道要如何掌握這些新鮮變化時，就會訴諸舊有的語言、舊有的觀念，於是掩蓋了社會的實相。因此馬克思在〈路易．波拿巴的霧月十八日〉裡點出了這件事，同時推演出：一個社會觀察者、一個社會學家，他的任務為何？在這方面，馬克思當然繼承了孔德，同時也超越了孔德。孔德依然認為自己要做一個科學的研究者，但是對馬克思來說，他所設定的社會學，研究的方式就必須要包含批判。

何謂批判？也就是要有一種反省的能力，要瞭解、看穿自我的形象和內在的真實是會有落差的；更進一步你要再反省，自我形象和現實之間的落差到底有多大，還有到底是如何形成的。

在馬克思思想的意識下，「批判」不是提問單一的問題，而是一連串的對於問題的追溯——從自我反省變成自我批判。

自我反省和自我批判，問的問題不一樣。自我反省時會說：我的自我形象和現實中間到底有多大的落差呢？我一向把自己看成一個非常善良的人，但省思之後我必須承認，原來我常常做一些不善良的事。這是一種自我反省，讓人必須修正自己這種自我欺瞞的善良形象。

如果要進行的是自我批判，接下來應該要認真地去記錄和探索：一個善良的人的自我形象和不善良的事實，兩者之間究竟有哪些差距？你要去記錄、批判並反省這中間的差距。再下一個問題是：為什麼不是事實的情況會被建構成我的自我形象？理由是什麼，涉及哪些因素，又有著何種構成，也就意味著它的成因以及它的動能，還有動態的變化究竟是什麼。這才是馬克思的理論觀念下所謂的「批判」。

副標題「政治經濟學批判」：對英國古典經濟學的批判

《資本論》這本書有一個副標題，叫作「政治經濟學批判」。要準確理解這個副標題，首先必須瞭解馬克思複雜的批判觀念。

當時他到英國，看到了英國以工業化作為核心，產生出一套古典經濟學。古典經濟學就是對英國的工業化、資本化發展提出的解釋，他們提出了一種國民經濟的概念，或說是國民經濟的理論。

在英國發展出來的古典經濟學當中，認定國民經濟是一種純經濟活動上的規律。沿著亞當・斯密一路下來，學者們相信在社會分工的基礎上，我們每個人都可以大膽地去追求自我利益。自我利益會在一個奇妙的——甚至不需要上帝——純粹來自互動邏輯的「看不見的手」之下，被進行調配，於是就能夠創造出最大的公共利益。這樣的一種分工架構就構成了社會，構成了國民經濟的基礎。

古典經濟學的圖像當中擁有這樣一種「看不見的手」，來幫我們調配經濟利益，背後也就連動著一個社會圖像。這個社會圖像所刻畫的，也是每一個人可以自私自利地去擁有並發揮對於利益的追求。這些自私自利的人，在國民經濟的架構下，不只能夠和諧相處，還能夠刺激並且貢獻集體利益。

這是馬克思在寫《資本論》時所看到的國民經濟圖像。據此可以進一步推斷何謂「政治經濟學批判」，就是要將這樣一種國民經濟的圖像，和他在現實中的英國所看到的，乃至於在歐洲正在發展的新鮮的國民經濟現象，來進行比對。

〈路易・波拿巴的霧月十八日〉那篇文章告訴我們，許多社會集體的圖像、描述和現實脫節且不相符。要進行批判，就要努力塑造一個更接近事實的分析，並且產生語言和觀念，對事實進行更準確的描述。

《資本論》就是這樣的一本書，它背後就有這樣的一個用意，它要進行對國民經濟假象的一種評辯，這是馬克思的批判。

在批判虛假社會組織結構時，馬克思的論述分成兩部分。其中一部分是針對每個人自私自利、原子式的存在，就能夠組成由「看不見的手」所協調出來的公共利益協和組織。馬克思說這樣的圖像是虛假而錯誤的。資本主義真正的社會圖像，是在貨幣信仰下對人所產生的階級劃分。人都是帶著階級身分進入資本主義系統，而不是以個人的地位、身分。

因此這也從另一個角度呼應了馬克思為什麼要重寫人的定義，把人當作「社會關係的總和」。因為這種在古典主義描述下的國民經濟，將人明顯具備階級性、社會性的這些特質都剝除掉了，將人化約成自私自利的經濟人。它告訴你人性當中自私自利的本質是唯一重要的，而且只要發揮這種自私自利的本質，通過「看不見的手」的調和，就能夠創造出美好的社會，然後大家可以活在一個公共利益有所發展的社會當中。

馬克思要告訴你：怎麼會有這種說法呢？分明不是如此，資本主義的社會並不是由一個一個缺乏社會性的「經濟人」（homo economicus），具有自私自利、追求自我利益的本質的人所組成的。人具有階級性，你不是資本家就是地主，或是工人及勞動者，是以階級身分參與到這個體系裡的。

馬克思清楚明白地在《資本論》裡，用這三個階級的互動來理解社會，並進行動態分析。只有將人還原為社會關係的總和，我們才看得到資本主義社會。

15.「職業無貴賤」，只是說說而已

「職業無貴賤」是假口號，金錢決定所有職業的價值

在資本主義的社會裡有一個口號「職業無貴賤」，這口號其實是不得已的反應，甚至是一種悲哀的反應。為什麼會有「職業無貴賤」的口號？因為在資本主義的系統下，職業有著明確的貴賤，這個口號試圖要保留、恢復，在資本主義的系統成立之前，各種行業間的關係。

在當時，有國王，有貴族，也有一般人。國王、貴族和一般人有階級上明確的差異，否則也不會發生法國大革命。可是法國大革命推翻的是國王和貴族壓在一般人身上的差異性，在原來的傳統社會中，國王、貴族當然高於一般人，可是一般人所形成的生活卻有相對價值的空間。意味著我作為一個鐵匠，跟你作為一個木匠、作為一個農人、作為一個水車磨坊主相比，很難估算出我們之間的高低貴賤。

相對價值除非進行具體交易，否則不會產生價格的高下。譬如有一名農夫，當他想去購買一座水車磨坊，他才會去與水車磨坊的主人談價錢，因此才將原來浮動、不確定的相對價值固定下來。水車磨坊的主人向農夫開價，他所開的價錢可能是這個農夫三年的收入。因而在這個具體的交易當中，這座水車磨坊相當於農夫三年的收入，這就是形成的一個固定價值。然而每個不一樣的行業、每個人的財富又以不一樣的形式而存在，所以這中間非常難換算，也就不容易顯現出有什麼樣的高下。

在原來一般的平民環境，一直存在著這樣的相對的價值，「職業無貴賤」，你依靠自己的職業而生

存，誰也無法為你判斷你的職業究竟價值多少，那個時代沒有這種判斷標準。

可是資本主義在社會組織上最重要的一種特性，即有一個嚴格且理性的，而且幾乎不允許用任何其他方式平等化的貴賤分辨，那就是金錢。

金錢決定了所有職業的價值，不是指某個行業的價值，而是清楚明瞭地將所有職業都按照錢來排名，劃分貴賤。「職業無貴賤」就是在呼籲，並不是賺錢最多的就是比較高貴的行業。為什麼要如此強調？正因為大家都認為只要是能夠賺更多金錢的職業，在這個系統之下就順理成章地是比較高貴的職業。這樣一種商品結構所產生的貨幣獨裁，取消了從物品到人、到行業，原來所具備的相對價值。

資本主義社會的必然：私領域的不平等

所有的東西都被貨幣絕對化之後，資本主義社會所產生的私人領域產生了不平等。它涉及你賺多少錢，擁有多少財產，你能將多少財產用於可見之處。在這個資本主義系統當中，一切均以金錢衡量、來排序。歷史上存留的一些高低貴賤之分，也都在金錢的沖刷之下被推翻、被改變了。

舉例而言，在二十世紀四〇年代到至六〇年代，發生過一種現象，那就是大學教授與司機的職業地位產生了讓當時的人非常驚訝、難以接受，卻又不得不接受的改變。

在二十世紀四〇年代，由於重慶在後方，必須通過滇緬公路才能將物資運進中國，所以這時候地位最高、收入最多的就是司機。而在五〇年代後期到六〇年代早期，在台灣的幾個主要的大都市，原來的三輪車被淘汰，取而代之的是計程車。能開車的人是少數，能夠擁有計程車更非普遍之事，所以開計程車看上去光鮮亮麗，也的確能夠賺到充足的金錢。

在那樣的情況下，那兩個時代、兩種社會呈現什麼現象？人心不古，司機似乎比大學教授更為重要，司機的收入竟高於大學教授。當時的人認為這不對勁。那個時代還遺留著一種傳統，人們試圖以不同的傳統價值抵抗單純以錢評斷貴賤的現實。

然而馬克思早已預見這種從商品貨幣關係延伸出來的社會關係，以及它將會越來越嚴格，完全按照貨幣的理性安排。所謂貨幣的理性，是最簡單也是最粗暴的一種：富裕者為貴，貧窮者為賤。

平等公領域的出現：對私領域不平等的補償

和商品在貨幣當中被取消了原有的相對交易價值、使用價值一樣，人也在私領域當中被取消了相對價值，都必須臣服於貨幣所決定的價值。馬克思更敏銳地察覺了，在私人領域上發生的事情，和在公領域上不一樣。甚至是資本主義系統必須在社會上明確區分私領域和公領域。

資本主義是歷史現象，也是特定的歷史階段。資本主義對馬克思而言是一件曖昧的事，他當然看到了，也提出了、批判了資本主義非常多的問題。但我們一定要記得，馬克思是歷史哲學家，資本主義對他來說同時象徵、代表的是人類發展的必然，是不可能跳過的。我們必須弄清楚資本主義，尤其是要弄清楚資本主義相較於原來封建社會、原來的傳統狀態，開發出了哪些進步的可能性，才能思考批判、改革資本主義，使其變成未來更美好而理想的社會主義或共產主義。

馬克思當時就觀察到，在資本主義的系統當中有一種特殊的力量，會推遲資本主義因為不平等所產生的嚴重大問題。貨幣獨裁用錢來決定人的價值，再加上資本家和勞動者的劃分，最後因為多數的人沒有賺那麼多錢，就會被鄙視，被壓在社會的底層。這些社會底層者和資本家之間的矛盾越來越尖銳，越來越激烈，使得革命無法避免。

但是從一七八九年的法國大革命，一路看到一八四八年的巴黎公社，馬克思整理出了這段時期歐洲的政治變化，他注意到剛才提及的在私人領域當中所有人都會變成商品，被貨幣決定價值，這種不平等的狀態會刺激大眾，讓許多人感到不舒服。

有多少人站在這無窮等級的最尖端呢？大部分的人不論身處何處，永遠有人比他富有。除了極少數的人，每一個人都會意識到，在這個系統下存在著高度的不公平。這裡沒有平等，因為它完全由貨幣的數字來決定。一億元是很大的一筆錢，但一億一千萬元一定就比一億元要多。一元很少，但是〇．九元就是比一元還要更少。所以這裡找不到任何的平等，這不平等的情況會一直產生，不斷地累積高度的不滿。

所以在法國大革命引發的資產階級革命過程當中，設計出了一種方法——區劃出一個公領域，讓這個公領域被設計成平等的。

法國大革命喊出了三個響亮且重要的口號：Liberté、égalité、fraternité（自由、平等、博愛）。平等如此重要，但最後平等到哪裡去了呢？從經濟的角度來看，私人的領域裡沒有平等，在資本主義的貨幣和商品體系籠罩下，不可能找得到平等。那平等能夠到哪裡去？平等在一個特別區劃出來的公共領域裡，這個公共領域最大的特色是，把每一個人變成了選民。所以選民可以得到什麼？選民得到了選舉權，另一方面，到了被代表權。你有權利去選自己的國會議員，也許你有權利去選你要的市長，甚至是總統，這是你所得到的。

選民：被剝奪了階級性的「原子式的個人」

公領域當中的選舉權，對資本主義系統非常重要，因為這是彌補私人領域必然不平等的補償性調整。對馬克思而言，這種調整或補償是假象，是安慰性的。它特別強調票票等值，不管你多有錢、多聰明、多有成就、地位多高，當你進入公領域中，變成選民，必然是以個人的身分去投你的一票。你的一票和所有其他的個人，或者叫「原子式的個人」（atomic individual），是完全平等、完全等值的。

這樣一個平等的公領域所產生的效果，或者說希望它能發揮的效果，是每一個人藉由不計名的選票，祕密投票而化身成為「原子式的個人」。參與在公共領域裡，得到所要的平等的權利及感受。

為什麼特別提到「原子式的個人」？那也就意味著在這個過程當中，你的階級性被取消了。明明在經濟的領域裡，在私人的領域裡，階級再重要不過——你是一個資本家，或者你是一個地主，或者你是一個勞動者，不同的階級身分在這個資本主義的系統中，你的角色、你的作用，更重要的是，你能分配到的利益，是完全不一樣的。但正因為在經濟的領域上，在私領域，階級性如此根本，而且如此不平等，所以如果單純只有這樣一種經濟上的事實，如果每一個人都專注在私領域當中的不公平待遇和階級性上，那麼很快，資本主義的這種不公平就會釀成革命，資本主義就會被推翻。

在法國大革命之後，歐洲資本主義政治出現了改革，開創出另外的公領域。公領域和私領域最大的差別是，這裡假設每一個人都被去除了階級身分，變成了「原子式的個人」。「原子式的個人」沒有階級身分，所以可以實現人人平等。

資本家在公領域裡不再是資本家，他與地主在這裡都同樣變成了選民。如此和每個勞工進入公領域的時候一樣，身分、意義及權利都是平等的。用這種方式創造出安慰式的假象，讓在經濟領域裡明明因為身為勞動者的身分而受到了長期且深刻的剝削的勞動者，因為在公領域、在政治裡所得到的這種平等待遇，一方面快樂地自願放棄了自己的階級意識、階級身分，另一方面，覺得自己在和資本家、地主相對應的時候，沒有那麼的可憐、不平等了。

憑藉這種方法，在實質上高度階級分化的經濟基礎上，創造了意識形態上的假象，創造了「虛假意識」，讓許多勞動者、工人，許多被剝削的人，自願放棄階級認同、階級利益、階級身分，轉而以選民、以「原子式的個人」的身分，和資本家、地主共同組成這樣一個公領域政治結構，這就是資本主義改革之後的新創政治制度。這在馬克思理論當中，有時候又被稱為「資產階級專政」。

16. 資產階級專政：為什麼要刻意地抹殺階級意識？

公領域和私領域的對比

在「資產階級專政」中，平等的選舉方式，至少在形式上認定每一個人是依照自己的個人意志，而不是受到別人的引導去投下你的那一票，假設每一個進入投票所去投票的選民都擁有清醒的頭腦，能夠為自己做獨立判斷。雖然我們明知道這不是事實，但在形式上，這是非常重要的前提假設。

這整件事情產生的首要效果是，這種表面的平等性讓每一個人在公領域的政治環境下都被切開來，變成了一個個獨立的「原子式的個人」存在。這個領域基本上給了每個人徹底的平等。因為要徹底的平等，所以平等的範圍極其有限，這兩者關聯在一起的。正是因為有限，所以才能夠給予絕對的平等。

如此一來就在資本主義社會當中，形成了公領域和私領域的對比。經濟和社會所組成的私領域範圍非常廣，且不平等的現象非常多，人們卻因在公領域裡得到絕對的平等，彷彿覺得自己真的和其他人平起平坐了。

需要特別強調的是，只有範圍極其有限，才能做到絕對平等，因此公領域中也就只有在投票權上是徹底平等的，在投票以外就沒有這麼大的權利。不可能設計出既讓每一個人都被切分成「原子式的個人」，又讓每一個人都處處平等的機制。要票票等值，就只能夠讓選票侷限運用範圍。

公領域的平等，是要讓人遺忘掉、甚至無法追究私領域中的嚴重不平等。如此形成的資本主義社會，有非常明顯錯亂的兩種不同系統並存。私領域高度的不平等，是由貨幣獨裁所形成的絕對不平等——給每一個對象、每一個行業、每一個人一個數字，這個數字的高低不可能是一樣的，那麼你也不可能在這裡去追求平等。另一方面，在公領域卻給了「原子式的個人」絕對的平等——你和捷運上的每一個人，和你的左鄰右舍，只要是成年、頭腦清楚、能夠做基本判斷的人，在公領域，在投票上，都擁有同等的權利。

這是馬克思所說的「資產階級專政」重要現象。

被誤解的「資產階級專政」

所謂「資產階級專政」並不是我們從字面上會誤以為的，是由有錢人、資本家控制政治機器，少數有錢的資本家，他們所控制的政府因此必定是貪汙腐化的，只為資本家謀福利，刻意剝削大多數的人民，用「階級專政」的方式壓制大多數的人民。這並不是馬克思的本意。

當馬克思在說「資產階級專政」時候，他指的是即使是資本家，在這個政治制度下都失去了階級性。「資產階級專政」，最重要的就是刻意取消階級性，不讓人以集體性、具有階級意識的方式進入，從而產生的一套政治系統。

為什麼會發展出這樣的政治系統？因為用商品邏輯和貨幣獨裁所形成的私領域是絕對不公平的，這樣的絕對不公平無法一直維持。除非是這些明明在私領域當中被壓在底下、受到不平等待遇的人可以得到補償，讓他們在公共領域感受到自己享有了絕對平等的權利。

這是馬克思理論當中特別提出來的「資產階級專政」政治制度，我們能夠清楚地感受到，這等於是在描述今天世界上絕大部分民主國家的狀態。

公領域給予你平等，主要是對私領域當中感受到不平等的人，用這種方法讓你不要再那麼計較，讓你覺得私領域當中的不平等是可以忍受的。或許你原來是在資本評價系統當中最底層的二十五％，可是當你搖身一變，成了一個公民，成了一個選民，因為你擁有選票，要競選的人必須來爭取你的選票。你可以批評，你甚至可以罵這些用選票一票一票選出來的公職人員，在形式上將他們當作你的僕人。用這種方法你就不會再在意，你是社會底層的二十五％。

資產階級專政的隱患

我們必須承認，「資產階級專政」在一段時間中被證明是有效的。馬克思預言了資本主義必然崩潰瓦解，但在這個過程當中，公領域的「資產階級專政」發揮了拖延時間、進行修正的重要作用。

為什麼要特別提「專政」？意即如此設計出來的制度在執行時一定要非常小心，因為在不平等的私領域當中，感覺到自己被不平等對待的人、那些在自我意識上的「失敗者」必定是多數。要在公領域給予平等權利的時候，就必須要特別注意到讓這些多數的「失敗者」不會團結起來，不會以階級團結意識，來行使他們的政治權利。如果他們用這種群體、團體的意識來行使政治權利，他們會變成多數，這時候他們所形成的多數就有可能會推翻資產階級，影響到原本資產階級在私領域所構成的這一套剝削勞動者的不平等系統和環境。

「資產階級專政」是明明在私領域當中有明顯的不公平階級劃分，在公領域當中卻刻意取消階級性。建立起一個有限的政治系統，給原來在私領域當中深受不平等待遇的人一種平等的錯覺，又將他們轉化為「原子式的個人」，因而不會在階級意識下和別人團結來對抗不平等主要來源，也就是資產階級。所以資產階級才能夠在這樣的一種民主形式的政治體制下，形成他們的「專政」，用這種方式維持他們在經濟和社會上的利益。

為何人們會誤會馬克思的論述？

馬克思觀察並思考資本主義的現狀，一再強調，不只是要關心、分析現狀，還要更進一步地去改變現狀。「哲學家解釋這個世界，但更重要的是要去改變這個世界」，解釋世界和改變世界最大的差別在於時間，因為改變世界是放眼於未來。馬克思在分析階級專政時，頭腦裡必然同時產生了要如何改變資產階級專政的想法。一方面是要如何推翻資產階級專政，另一方面還要想像和刻畫，在資產階級專政推翻了之後，要建立的是一種什麼樣的社會狀態。

要推翻資產階級專政，最重要的就是恢復工人、勞動者在政治上的階級意識。一再強調工人要團結起來，因為工人的團結不是以個別的、個人的方式彼此合作，而是以一個具體的、整體的階級利益作為核心的組織原則。

馬克思所提的資產階級專政的理論，在他生前就已經是大部分人都聽不懂的一套說法，已經產生了各種不同的誤會。許多支持馬克思的主張，甚至將自己當作馬克思主義者的人，都認為這是馬克思對資產階級的另外一項嚴厲的批判。認為他在說：你們這些資產階級掌握了、壟斷了政治的權力，你們握有政治權力，所以你們腐敗，你們欺壓在政治上沒有那麼多權力的其他人。

容我再次釐清，馬克思理論不是這樣。在私領域，資產階級、資本家，他們創建、維持、享受帶有高度階級性的社會。但是在公領域，在政治方面，尤其是所謂民主的制度，讓所有的人，包括資本家在內，都以原子式的個人的形式進入系統，而這個系統最大的特色就是取消每一個人的階級性。連「資產階級專政」觀念都遭到誤會，那就更何況馬克思所說的「無產階級專政」。

這一部分馬克思本人當然也有責任，因為他在「無產階級專政」的議題上，確實並未完整論述。更棘手的是，在這之後過了不久，就有另外一位雄辯滔滔的革命家——列寧崛起了。列對革命的鼓動和推進，改寫了馬克思的「無產階級專政」理論。

列寧在這方面列了幾個重要的等式，那就是無產階級等於工人，無產階級專政等於工人政黨專政，共產黨等於工人政黨，所以無產階級專政就等於共產黨專政，這是一連串的全等式。

列寧所提出的這一連串的等式，我們必須告訴大家，其實在原來的馬克思的理論裡不完全能站得住腳。不過要完整論述列寧的理論為什麼站不住腳，我們就必須要更仔細地推論，從資產階級專政到無產階級專政，如果這中間涉及最重要的問題是階級性，那我們如何讓工人恢復階級性；若工人取得了階級性，又如何推翻原來的有限的、平等的公領域政治的狀態，再怎麼樣進一步去創建新的社會組織形式，將原來被分隔開來的私領域和公領域統合在一起。所以必須要追求、落實的不只是在有限公領域中的平等，而是公領域和私領域重新併納在一起之後的平等，並且是在經濟和社會兩個層面上的平等，而不單純只是公領域民主選票上擁有平等。那是真實的平等，徹底的平等，恢復所有的人都擁有勞動尊嚴和勞動自由的一種完整的人的平等，那才是馬克思心目當中真正的「無產階級專政」。

17. 無產階級專政（一）：我的報酬是友誼，我的報酬是學問

無產階級專政是怎樣的？

「無產階級專政」對應的是「資產階級專政」，在馬克思的分析下，「資產階級專政」最重要的就是將人的存在區分出私領域和公領域，而私領域和公領域在性質上完全不同。私領域因為「貨幣專制」，因為勞動者被剝削，所以是徹底不平等的。但也因為有這樣一種徹底不平等的私領域的存在，所以就特別規畫出一個有限的公領域，在公領域建立了資產階級民主。

資產階級民主是一種安慰性質的絕對平等。每一個人以原子式的形式進入公領域裡並得到了選票，選票是票票等值，讓人在公領域裡覺得取得了平等，再以這種平等來彌補、遮蔽私領域當中的徹底不平等。

在資本主義瓦解之後的未來會產生的「無產階級專政」，也就是要將「資產階級專政」的公私領域併合在一起，更重要的是，在公私領域都要產生一種徹底的公平性。徹底的公平不是每一個人都一樣，而是每一個人都可以選擇自己的多樣性，依照自己的多樣性而自在地存在。而這種自在的存在方式就不再能用金錢、用貨幣來衡量，也取消了來自貨幣、金錢的高下評斷。

「資產階級專政」為什麼會進一步產生「無產階級專政」？因為這個時候，原本的勞動者在「資產階級專政」中被剝奪的階級意識恢復了。恢復階級意識，瞭解了自己階級的利益在哪裡，以階級身分，而不是個人、個別的判斷進入公共領域裡，藉此可以將公領域階級化。公領域階級化具有合法

性，那是因為對照在私領域當中，工人階級受到了被壓迫的不平等待遇。因此以階級意識進入公領域，是為了要將私領域當中的不平等予以取消，最重要的是要擺脫貨幣和資本的獨裁。

我們如何徹底失去勞動自由

馬克思在解釋「無產階級專政」理想社會時，首先最關切的是在這樣的一個環境下，人擺脫了用貨幣來決定人的價值的這樣一種資產階級的社會結構，恢復了、還原了前面所說過的，作為一個人的那樣一種不確定的相對價值。

不確定的相對價值必須要建立在勞動社會化上面，意味著在資本主義的體系中，任何東西的價值都會被貨幣卡住——每一樣東西都只能夠用貨幣來衡量，而且每一樣東西都只能夠和貨幣交換。因為貨幣的介入，這樣一個體系的建立使得工人、勞動力，也都被以貨幣的方式來計算。

在之前的原始狀態或者是在未來的理想狀態中，我們的勞動力是可以有相對價值的，意味著我們要如何付出勞動力，可以有自由的選擇。用最簡單、最直白、最容易理解的方式來講，那就是我們可以決定自己要做什麼去取得所需的報酬，所需的代換。這和理論上的原始交換關係一樣，是一種自由的交換關係。

這樣自由的交換關係在資本主義的體系當中被取消了，剩下來的是資本家和工廠制度，把每一個人都變成勞動者，只能夠將勞動力賣給資本家。

原本我可以用自己的勞動時間去幫助這個人挖水溝，也可以用我的勞動時間去教另一個人如何讀柏拉圖，可是在資本主義的系統下卻不准我這樣做。因為我都得要先賺到工資，也就意味著我的勞動力沒有辦法和別人的勞動力直接進行交換，我必須要先和貨幣交換，我先要靠我的勞動力去賺錢。

當我領工資時，那不只是把人轉換成勞動力，更重要的是變成了受限的勞動力。這個受限的勞動力，是為了要保證工廠的機器可以每天一直運作。今天有三百個工人在這個工廠當中工作，明天這個工廠要運作仍然需要三百個工人，所以最好的方式就是今天的三百個工人明天仍然會回到同樣的位置上，所以就要將工人的勞動力綁在固定的工作位置上。

我們徹底失去了勞動自由。最重要的勞動自由是決定自己要如何實現相對的勞動價值，決定要用什麼方式予以落實，去做什麼樣的事情，來交換什麼。在資本主義的體系下，勞動者失去了這樣的自由，勞動都只能夠拿去換同樣來源的工資。你的勞動是和工資牢牢地綁在一起的，工資取消了你作為勞動者落實勞動價值的自由選擇。

因而這是自由的雙層剝奪，第一層你變成了勞動者，你的勞動力只能夠換錢，不能拿去換別的，這已經將你的自由剝奪了一層。還有另外一層：你又被綁在一個工作崗位上，你只能夠在這個固定的工作位置上去實現你的勞動價值。固定的工作位置會給你提供安全感，但同時也就取消了你自由離開這個位置去做其他不同工作的可能性。

無產階級專政要怎麼實現？

馬克思在想像這樣的生產結構，這樣的私領域要如何恢復相對價值，雖然沒有講得很多，但我們可以推演出來，在他的理論當中，首先，他想像的未來社會，一定是經歷了資本主義階段的。

資本主義是人類非常重要的階段，這個階段最大的特色是，因為資本集中，因為工業化，因為技術突破，所以在人類歷史發展的過程當中，就使得人得以征服自然、開發自然，這是最重要的一個階段，也是這個階段最重要的成就。

人征服了自然，開發了自然，從自然中榨取出大量的資源，那要幹什麼呢？在資本主義的系統裡，那就統統變成了資本家的財富。馬克思說，這樣當然不對，榨取出這麼多，本來可以解放我們在生存上對生產的依賴，讓我們可以過得更好，為什麼統統變成了資本家的財富？

所以經歷了資本主義之後，不管接下來是社會主義階段還是共產主義階段，必須充分利用在資本主義階段被開發出來（但是由資本家私人擁有或私人享受）的生產力，讓它變成公共利益。

今天我們可以體會，馬克思的這種理論不完全是空想，因為現在在北歐等地經濟發達的國家，這幾年在議論中聲勢浩大的觀點就是關於「無條件最低薪資保障」的政策，這就很接近當年馬克思所設想的共產主義社會。因為已經開發出了爆炸性的生產力，所以人不再需要花那麼多的時間在生產上。所以資本主義階段所開發出來的生產力就產生了集體性的自由，集體自由所形成的社會，可以保障一般人不愁吃穿。

這在資本主義之前的社會無法想像，也絕對不可能做到。由於資本主義和技術開發，產生了人與自然新關係，能讓自然服務我們，能夠創造出這麼多財富。這些財富從原先高度集中在少數幾個最有錢的資本家手中，到現在將要變成每個人的共同資產。只要將大資本家的資產平等地發給大家，那麼就可以算得出來能夠給多少人提供無條件的最低薪資保障。

北歐一些有社會主義傾向的國家現在就在思考這些事情。靠著社會福利的機制，已經可以像馬克思所設想的，讓每一個人都有無條件的最低收入，保障基本生活所需。所謂無條件，也就表示你可以不工作仍然拿到這樣的保障。

當然不工作卻給你保障並不是恩惠，你可以不工作，這是為了給你一個機會，給你一張空白支票讓你選擇，讓你回到那種可以選擇如何落實勞動價值形式的自由，你可以選擇自己想要做的事。

這個社會一方面由集體提供每一個人無條件的最低工資，另一方面也不斷地開發，每一個人也可以自己去創造不同的行業、不同的工作。因為已經有了國家、政府集體給予你的無條件最低收入保障，你得到自由，隨時可以去做任何的工作，如同馬克思象徵性的說法——早上釣魚，下午讀柏拉圖……。

關鍵的重點不在於讀或不讀柏拉圖或讀亞里士多德，也不在於到底是去釣魚還是去打獵，而在於你就不再是資本主義制度下的勞動者，你不被工資或者是工作的位置束縛了。

還原在被商品化之前，作為一個人所擁有的相對價值，可以用各種不同形式來予以實現。你有這樣的自主權，有這樣的自由。喜歡去採礦你就去採礦，你採礦三天五天，接下來你不想做了，你就走了，反正有這麼多的工作。經歷了資本主義的大解放之後，這套生產制度也不需要人力全部充分投入，不需要每一樣東西都全能發揮作用，這個社會也仍然能夠運作。

這是馬克思一直認為資本主義會帶給人解放可能性。馬克思絕對不是單純將資本主義視為邪惡的力量，在馬克思看來，資本主義同時是我們能夠通向共產主義的必然階段。但如果不打破由資本主義工業化開放出來的資源被壟斷在少數資產階級身上的狀態，當然沒有辦法達到理想狀態。

有人的報酬是友誼，有人的報酬是美食

「無產階級專政」時，私人領域中貨幣退走。這並不是說不用貨幣，而是貨幣不再有獨裁權。我們每個人都已經能夠靠集體提供基本的溫飽，那麼你要去做什麼樣的工作，這個工作仍然會給你帶來酬

勞，但就不必然是以錢來計算的酬勞，更不必然是以固定工資來形成、來計算的報酬，而且很可能完全不是以錢的形式所產生的報酬。

就像我現在在寫如何理解馬克思和他的《資本論》，讀者們沒有別的辦法，你們只能付錢來買這本書。然而在未來的理想環境裡，如果有人需要讀馬克思的《資本論》，我願意去協助他，讓他瞭解馬克思的《資本論》，也許我每次去講課，他就會做一桌菜請我吃，這種交流關係令人歡喜之至，而且我們會視之為理所當然。

不是說現在不可能發生這樣的事，而是在現在的系統中，這是一種例外，不被視為普遍的情況。相對的，那種因為錢而來的貴賤不平等的安排，才被視為是理所當然的，一旦每個人進入這樣的關係，他就無從平等。

將來在「無產階級專政」的情況下，每一個人進入這種新的狀態，不僅是取消了不平等，而且是無從不平等。不平等很關鍵的是因為有金錢作為衡量，可是到那個時候，根本沒有辦法計算一個人的財富總量到底是多少，也就無從去衡量這個人和那個人，誰的財富比較多，誰比較富有。因為一個人的勞動時間所換來的報酬基本上是多樣且不等值的，不是程度不同，而是種類不同。每個人在他勞動價值實現時，換到的是各式各樣完全無法定量計算的報酬。

有些人得到的報酬是友誼，有些人得到的報酬是美食，有些人得到的報酬是學問及知識，每個人都用這種方式進行不同樣態的交易。在這種狀況下，所有人都可以還原成自己勞動價值所創造出來的獨特個人、獨特自我。

這是我們從馬克思理論中可以推斷出的，在「無產階級專政」情況下，社會私領域會產生的理想狀態。

18. 無產階級專政（二）：馬克思的歷史哲學跟真實的歷史是同一回事嗎？

接著來看看馬克思在公領域方面的想法是什麼。再次釐清，馬克思並不是國家理論、政治理論的重要理論家，不過我們從他的理論中，尤其是去延伸《資本論》當中對資本主義系統的討論，仍然可以看出他對國家及政府充滿懷疑。

對他而言，所謂「無產階級專政」，意味著資產階級壟斷消滅了之後，無產階級會藉由各種不同的自主團體來介入公共領域，介入公共決策。這個時候就和資產階級的民主剛好相反，大家在公領域有高度的團體性，而不是每一個人用公民原子式的個別投票權利和平等的投票資格去介入公共事務。

這是馬克思延續一整套社會理論產生「無產階級專政」所彰顯出來的意義。馬克思特別強調，在未來的理想狀態下，要讓勞動社會化。勞動社會化意味著勞動的成果不再屬於任何個別的資本家，沒有任何一個人可以擁有他人的勞動成果。勞動成果是相對價值自由所選擇而構成的一個系統，這個系統的勞動價值就只能屬於這個系統。在這種狀況下，我們每一個人的勞動都因此社會化了。

勞動社會化

我們可以回顧二十世紀的共產主義政權發展，更清楚地凸顯馬克思的想法。

在二十世紀共產主義的發展中，有一項重要的原則，那就是要形成共產社會，就必須取消個人的多元自主，要求每個人都「長得一樣」，盡量讓所有人統一，講一樣的話，抱持同樣的思想，這形成了二十世紀的共產主義意識形態。但容我強調，這絕對不是馬克思思想下所認定的共產主義社會應該有的模樣。

對於二十世紀的共產主義政權來說，一致化，大家都一樣，才有可能共產，共產的絕對平等是必須要站在所有人都一致的這個基本條件上的。馬克思所想像的未來世界，前提與二十世紀的這些共產主義政權剛好徹底相反。它的前提是尊重兩件事實，第一件事實是不要設想個人的差異會取消。若要用取消個人差異來構成理想的社會，那就不必討論下去了，這絕不會出自馬克思口中。他是從肯定個人差異的必然存在此一出發點去設想共產主義社會的。

另一件事實，他也從不認為人可能去除自我權利意識。每個人都有權利意識，而且會想要得到更多權利。馬克思絕對不會設想有一個「我為人人，人人為我」的社會，這絕對不對，因為只會存在希望「人人為我」的社會，而不會有哪個社會希望「我為人人」。當每個人都有這樣一種自私的權利意識，就必須將這個事實放入思考，才能設想理想的社會。

還原人的相對價值能夠取消層級制

馬克思為什麼樂觀地認為，經過了資本主義階段之後，人可以進入理想的共產主義社會？要記得，他一直拒絕詳細地去描述未來的世界會長什麼樣子，因為他覺得這違背了科學主義只處理事實、只處理原則的基本精神。

但我們可以從他對資本主義的分析進一步推論、瞭解，他所想像的還原人的相對價值之後，每一個人可以保留自己的差異性，這就產生了一種新的平等。這個平等最大的效果是取消了等級制度的必要性。

一般當我們欲求更多權力時，處在層級化社會中，總覺得要往上爬，爬到更高的地方。不管是政治上的層級組織、商業上的層級組織，還是學術上的層級組織，都讓我們覺得往上爬可以得到更大的權力。馬克思就說，我們應該要預見有這樣的一個社會，有這樣的時代，人們會理解這種權力意識是奇怪的，因為這種權力意識不是為個人設想、為個人設計的，這是為大家設計的。

等到那一天，我們每個人都會還原自己的相對價值，每個人都會有追求權力欲望的不同形式。你不會為了增加你的權力，而忍著去任職主管。為何要花如此大的力氣去做這些工作？你會知道你真正內心想要的權力是什麼，它和每一個人的個別差異性結合在一起，開發出每一個人的個別差異性，同時開發出每一個人的個別差異性所帶來的不同權力意識。我們就不用擔心因為這個社會上的每一個人都有自己的權力欲望，使得社會那樣可怕，會出現大家互相鬥爭的情況，甚至互相殘害。

英國哲學家霍布斯，曾提出對人類非常悲觀的預期。他認為人是權力的動物，所以必然產生各種不同的鬥爭。如果沒有加以節制，就會帶來最可怕的悲劇。但是馬克思看到資本主義改造了西歐社會，因此他相信接下來會有新的力量、新的變化，會以相應的方式繼續改造這個社會。所以他提出了一個相對樂觀的關於人類未來的看法，用這種方式激勵我們，應該去影響未來，來進行革命。

馬克思的歷史哲學和真實的歷史是同一回事嗎？

從社會角度來看，商品仍然是最根本的。對馬克思而言，離開社會，離開人與人之間的交易行為，就無法理解商品的意義。不過馬克思解釋完商品之後，進一步告訴我們，商品不會留在既有的環境當中，商品所形成的架構會接著去打造出資本主義的社會。

馬克思闡述的社會理論，有兩項特色：第一，他所使用的是理想型的分析方式；第二，他所提出來的論點基本上都是歷史論點。

資本主義是人類全新的歷史階段，馬克思要解釋資本主義從何而來，就非得從歷史角度切入不可。可是當馬克思用這種高度歷史意識進行推論，卻不自覺地訴諸理想型，意味著他不是真正在講歷史上現實發生了什麼事，而是抽離了歷史當中一些相對沒有那麼重要的偶然，替我們抽絲剝繭，看到內在產生的必然。將這些必然匯集在一起，就產生了這一整套馬克思的唯物論歷史哲學。

這裡就出現了一個大問題：一方面，馬克思將這個結論說成是科學的結果，是科學研究所得到的真理；另一方面，人類的歷史必然是這樣，那麼未來也可以在這裡得到推論。那我們不得不問：馬克思所說的這套歷史哲學和真實的歷史是一回事，還是兩回事？

馬克思在他的方法論上把偶然的元素排除在外，留下了必然。但這樣的一種論點會不會是循環論證，意味著那些被視為偶然而排除在外的因素，因為已經被當作偶然了，所以當然不會在理論中發生作用？

那麼所謂的必然及偶然又是什麼？必然就是因為你已經當作它是發生作用的，所以放進來的因素。這是循環論證，也就是前提已經先保障了這個結論，這在事實上是沒有意義的。這樣的一種推論很難被檢驗，除非回到歷史上，去做更細膩的考究。

韋伯對馬克思的延續

容我稍為提及，從馬克思聯繫到偉大的德國社會學家馬克思・韋伯（Max Weber）。韋伯延續了馬克思的社會理論，從他的歷史哲學所產生的社會觀，接著回到歷史上，去檢驗馬克思所說的內容。當馬克思說資本主義是新的歷史階段，他是以歷史哲學的方式粗枝大葉地說；然而韋伯則是用非常仔細的研究進行說明，且連續問了幾個重要的大問題：為什麼會出現資本主義？為什麼在這個時候出現資本主義？為什麼是在這幾個地方出現了資本主義，而其他地方沒有？

韋伯一方面延續馬克思的論題，又發展了馬克思沒有問到或者是沒有解答的一些關鍵點，因而形成了後來被稱為「歷史社會學」的一個特殊知識領域。它既不是單純的歷史學，也不是單純的社會學，尤其不是我們現在所認定、所理解的這種實證的社會學。

韋伯的視野相當了不起，因為他注意到了馬克思的一項弱點——馬克思講人類歷史的時候，實際上講了兩套歷史，將它們混雜在一起。一套是順著歐洲，到後來集中在西歐，從封建主義到資本主義、工業化之後，再進入社會主義和共產主義的路徑，他將其整理成科學定理。可是這如果是科學定理，那就應該是人類普遍的歷史。然而馬克思也經常遊移，因為他說在歷史上，這樣的定律發展會有一些例外，光是在生產方式上他就提過一例。馬克思始終未解釋清楚，因為他沒有在這之上花太多精力和時間，但是卻讓後人焦頭爛額。他所提的例外，叫作「亞細亞生產方式」。

在原始共產社會、封建主義社會，以及資本主義社會之外，還有一個例外的亞細亞生產方式。亞細亞生產方式既然是例外，那我們就必須要在以上三者之外去尋找它。在中國產生了「社會史論戰」，主題之一就是在討論，中國的歷史發展和馬克思的歷史唯物論、科學真理是相符合的，還是對馬克思理論的一個否定？當馬克思在講歷史的時候，是把所有人類的歷史都包含在內嗎？如果馬克思講的歷史其實只是部分的歷史，那這怎麼能被稱為科學的真理呢？他只是拿了人類歷史中的一小塊，從全球的維度來看，只是那樣一小塊地區的一小群人，從他們的發展過程、他們的歷史出發，那麼怎麼能稱為放之四海而皆準、符合全人類現象的科學真理呢？從這個角度看，馬克思的理論不就站不住腳了？如果馬克思是對的，他觸碰到的的確是普遍的人類歷史，那我們又如何理解其他和歐洲、西歐發展路徑不同的地方呢？

韋伯了不起的地方就是他勇敢地接受了這個理論的挑戰，他看的不只是歐洲，盡可能以他當時能夠具備的知識儲備，去整理不同文明、不同區域、不同社會發展的現象，包括去分析不同的宗教，他寫了印度教，也寫了儒教，另外還寫了城市，去分析城市的歷史。他用這種方式建構起自己的一套理論，這套理論和馬克思的理論有許多彼此呼應的地方，但也有更多質疑和批判的關係。如果有機會應該將馬克思和韋伯放在一起比對閱讀，你也就會知道馬克思在短時間之內建構、迸發出來的多面向理論，韋伯在許多的面向上都能講得更細致，讓我們在今天可以瞭解得更深刻、更清楚。

第四章　馬克思的人道探索與哲學關懷

1.《德意志意識形態》：為什麼第一章叫「關於費爾巴哈的提綱」？

在馬克思的著作裡有一本書，書名裡就有Ideologie，也就是「意識形態」，這本書一般翻譯成《德意志意識形態》。這是他比較早期的作品，在他有生之年並沒有出版。一直等到一八八〇年，這本書才由恩格斯幫他整理，在他們兩個人共同的著作集裡面，作為附錄出版。這本書在那個時候其實也並沒有引起太多的重視，要到二十世紀，大家擴大了對馬克思的認知和理解，這本書才真正被好好地閱讀，也被好好地解釋。

費爾巴哈和馬克思有什麼聯繫？

《德意志意識形態》這本書的第一章非常有名，標題是「關於費爾巴哈的提綱」，它是這整本書的基本大綱，一共有十一條。這十一條中的最後一條，即使你沒有讀過或聽過《德意志意識形態》，也不知道「關於費爾巴哈的提綱」有多少條，只要你讀過前面的章節，你已經遇到過很多次這句非常有名的話了——「哲學家解釋世界，但更重要的是如何改變世界」。

為什麼這本書的第一章要命名為「關於費爾巴哈的提綱」？費爾巴哈是人名，這個人是誰？他和馬克思有何關係？

他們之間很重要的連結，就是都屬於「青年黑格爾派」（Young Hegelians）。何謂「青年黑格爾派」？這就要聯繫到當時在德意志甚至在全歐洲聲名最高、成就最大的一位哲學教授黑格爾。而在黑格爾的下一代，承襲並發展黑格爾的理論，也成為名聲響亮的哲學明星的人，就是費爾巴哈。費爾巴哈在相當程度上，就代表了「青年黑格爾派」。

青年馬克思在思想起源上，也是屬於這一派。「青年黑格爾派」繼承了黑格爾大部分的理論，例如他的辯證法，還有他對歷史的許多看法。不過在一件事情上，他們對黑格爾哲學進行了批判，並做了逆轉的解釋。

了不起的黑格爾：用辯證法解釋世界

我盡量言簡意賅，因為這裡涉及非常複雜的哲學史變化，以及各種不同哲學史家的主張。黑格爾哲學達到了相當深入的程度，我們今天為什麼不容易讀懂黑格爾哲學，因為西方的哲學傳統是用抽象的方式來論理的，而將抽象的過程推到最極端的一種思考成果，就是黑格爾哲學。黑格爾在建構所有思考時，他的依據和理路都會回到柏拉圖，也就是柏拉圖最關鍵的理型說、觀念論。

黑格爾哲學是極端的觀念論，最主要是提出了一種認識這個世界的方式。我們要如何認識這個世界？例如你要認識馬，你會認識這裡的一匹馬，那裡的一匹馬，但是你不可能認識所有的馬，因為這個世界上絕對有你認識不完的數量的馬，那麼我們怎麼能說我們認識了馬呢？

我們曾經看過、接觸的馬，可能只有五匹、十匹，或最多二十匹、三十匹時，你能說你知道馬是什麼嗎？這不是要討論馬場上的這幾匹馬，甚至不是蒙古草原上的馬，而是你怎麼認識馬這種動物。柏拉圖告訴我們，我們要能夠擁有知識，必須要先進行這樣的過程：我們認識馬，並不是認識任何單一的一匹馬，我們要認識的是馬的「原型」，或者用柏拉圖的語言來說，是馬的「觀念」。你只是單純地看到其中的一匹馬，這不叫作馬；你要能夠體會並掌握馬的特性、馬的原型。

柏拉圖用這種方式設定了哲學在做什麼。哲學最重要的就是它不研究感官世界，感官世界太多元、太複雜，我們不可能通過感知感官世界當中的所有現象來瞭解這個世界，這條路是行不通的。

那該怎麼辦呢？第一個程序就是必須要先抽象化。當你要理解任何事情、進行任何討論，都必須要對這個物件先完成了抽象化，得到了它的理型，即它的「概念」（idea）或者它的「理想類型」（ideal type），這才叫作認識，這才是能夠掌握的。

黑格爾基本上就是將這樣的哲學探究推到最極端。意味著我們對所有事物的認知和理解都是在抽象化了之後，再去探討它們之間的關係。你要認識人和馬的關係，就不是去體會任何一個人和一匹馬的關係，你認識的是抽象的馬的原型和人的原型之間的關係。

之所以說黑格爾所主張的是極端的觀念論，是因為他的觀點是極端的抽象。例如我們要認識並體會歷史，對黑格爾而言，大部分像我這種研究史學的人，這種歷史研究者都走錯了路，因為我們這類人一天到晚認識的都是具體的歷史。具體的歷史就和具體的一匹馬、兩匹馬、三匹馬是一樣的，不可能說明你真正認識了馬。所以要認識歷史，就必須認識抽象的歷史，也就是在一切事物變化的時間中，找到最後它所展現出來的抽象規律。對黑格爾來說，用這種方式抽象地去認識了歷史之後，回頭再看那些具體的歷史，就會發現都不重要，不需要一一地去認識。

黑格爾藉由這種方式建構起我們可以稱之為「唯心的歷史目的論」。將歷史如此高度抽象化之後，再去看歷史的變化，看到了代表最高抽象歷史的原動力，他稱之為歷史的「精神」。

歷史的「精神」先於一切，因為它是抽象的，所以它先於任何歷史或任何變化而存在，我們基本上可以稱之為變化的「原型」、變化的「觀念」。這個變化的「觀念」，當它單獨存在的時候，因為沒有形體，所以就沒有辦法展開變化。它是變化的主體，只是一個「理型」，一個「觀念」。這個「觀念」必須要先把自身客觀化，之後才產生實際變化。從這樣的「歷史精神」開始，將精神客體化、客觀化。精神客觀化了之後，就依循一套固定的模式變化，進入了黑格爾所說的「辯證法」。

歷史的展開只有可能是以這種形式進行。辯證法是，本來朝某個方向是正面的或者是好的，可是由量變到質變，同樣的東西不斷累積，到一定的程度，性質就改變了。原本正面的，累積太多了之後，轉而成為負面的，進入「反」的階段。「反」到了一定的程度之後，還會產生「合」。這是黑格爾提出來的統納所有變化的一套規則。

在那個時代，黑格爾為什麼那麼了不起，甚至重要之至？因為當時大家都對這套辯證法拍案叫絕。太多事物的變化，一旦放進辯證法裡來檢驗，就都可以被理解和解釋了。當我們追究的不只是如何變化，而是像黑格爾那樣更進一步地提出來，世界上各種不同的變化，是不是還有一個更高的可以統合的「為什麼」，即為什麼是這樣變化而不是那樣變化，那麼就會發現黑格爾的辯證法在當時看起來真的太了不起、太有用了。好像只要有這樣一種規則和模式，就可以統合分析從自然界一直到人的所有不同變化。

什麼是正─反─合？什麼是從量變到質變？像是在大自然裡我們會觀察到的，一個池塘裡出現了青蛙，剛開始的時候數量不斷增加。當青蛙的數量在增加的時候，這是「正」的階段。可是青蛙增加到了一定的數量，這個池塘的生態不可能繼續維持，以這樣的趨勢和速度繼續變化。於是從量變到質變，必然就有了「反」的階段。也許就是因為有這麼多的青蛙，所以引來了它的天敵，比如說老鷹、蛇，也在這裡開始繁衍了。在這個反的階段，也就是青蛙的數量漲到了一定的程度之後，它並不會停下，也不可能繼續一直增加，而是會開始減少，因為這時已開始增生越來越多的蛇和老鷹。

整個生態系統如此產生變化，最終會達到一個平衡。青蛙的數量既不會是剛剛開始繁殖的時候的那種狀態，也不會是它到達最高峰的時候的狀態，於是就有了「合」的新狀態，這個合的狀態也就等於是一個新的生態系統。這個新的生態系統也就等於是下一個階段的「正」，它又會繼續有新的元素開始成長，繼續正─反─合─正─反─合，如此不斷地循環。

這個辯證法從正到反，再從反到合，從量變到質變的這些原則，很容易用來解釋各式各樣的現象，為我們分析變化如何產生。它可以運用在自然界的變化，也可以運用在人的事務上，不論個體還是集體、社會的層面，對各種不同的變化都可以解釋。於是辯證法看起來那麼有用，那麼了不起，與之相對應的黑格爾的整套理論，在當時也就被視為偉大、了不起的突破。人在哲學的這條路上終於找到了這樣一種徹底抽象化，以至於幾乎能夠完整、全面地掌握真理的關鍵突破點。

黑格爾認為，我們對變化的源頭，也就是這份「精神」，這個統納了所有變化原則而構成的抽象化開端，一旦能夠掌握，也就不需要再學新的歷史了。你所需要掌握的不過就是歷史的「精神」如何在自我客體化之後，不斷經由辯證法，正─反─合─正─反─合這樣不斷地循環向上。循環向上最終要到哪裡去呢？要回到「精神本體」。

黑格爾在這裡建立了一個龐大的系統，一口氣解決了過去從神學一路發展下來，在西方哲學史上被分成的各個不同的領域中，大家以為一定要分開來探討的問題，將它們全部整合在一起，而且看起來聰明得不得了。在整合之後，對每一個領域都提出了重要的解答——解決了知識論的問題，解決了目的論的問題，解決了本體論的問題。在這個系統當中，這些統統都解決了。

青年黑格爾派：在黑格爾之後，如何繼續做一個哲學家？

跟在黑格爾後面的這些青年學生，也就是「青年黑格爾派」，他們當然和所有人一樣眩惑於這個可怕而龐大的系統。但是他們稍有不同，面對龐大的黑格爾系統，體會到他們必須要做的事情：承受著重大的壓力，思考在黑格爾之後如何繼續作一個哲學家。

為什麼他們被稱為「青年黑格爾派」？因為這裡表達了一種清楚的掙扎，那就是「我們來得太晚了」。黑格爾好像將所有的哲學都解釋完了，在黑格爾之後，應該就沒有新的哲學，不需要新的哲學了，你就不需要繼續當哲學家了。但正因為他們不甘心承認黑格爾把一切都講完了，沒有繼續發展哲學的可能性了，所以他們必須要在一方面承襲黑格爾的情況下，在另一方面發展出屬於自己的哲學，讓他們可以從黑格爾的陰影中走出來，去尋找另外一些可以有所貢獻的地方。

當然，黑格爾在他那個時代並不是完全沒有受到挑戰。有一位非常不甘心的人曾經在那個時代挑戰黑格爾的地位，那是叔本華。叔本華並不屬於「青年黑格爾派」，因為他的時間更早一點，他是和黑格爾同代的人。他去挑戰黑格爾，在同一個學校，選擇黑格爾開班授課的同一時間，在隔壁的教室裡開他的課。但結果怎麼樣？結果當然是他的班上沒有人來上課，最後他不得不灰頭土臉地離開了那所學校。

可是我們也看到，叔本華是真的提出了新的、不一樣的哲學論點的，在他後來所寫的《意志和表象的世界》裡，開創了和黑格爾非常不一樣的道路。但是在黑格爾聲勢大盛、佔據主流地位的時候，沒有人會去考慮叔本華的觀點。要等到經過了相當長的時間，也就是經過了這些青年黑格爾派的發展，他們努力衝擊了黑格爾系統，才開闢出了這種空間，讓人們可以接受、理解叔本華究竟在論述些什麼。

「青年黑格爾派」先進入黑格爾的系統當中，從中找到了批判和逆反的焦點，這個焦點就是黑格爾的抽象化、抽象性。這些「青年黑格爾派」進入黑格爾龐大的系統裡，他們要問一個關鍵的問題：用這種徹底抽象化的方式所建立的哲學系統，它和現實之間的關係到底是什麼？

當黑格爾把哲學系統抽象化到這種程度，它會變成什麼？變成我們無法經由現實來與之發生關係的內容，與現實切斷關係了。

在這裡就產生了弔詭。在哲學的探討上，黑格爾幫我們解釋了一切，你從此再也沒有任何的疑惑——在目的論上解決了這個世界的存在到底有無目的，這是有答案的；在本體論上解決了我們所看到的這個世界到底有沒有本體，也是有答案的；在知識論上解決了我們到底要如何認識這個世界，這也解決了，統統都解決了。

但是麻煩了，你明明知道黑格爾解決了目的論，解決了本體論，解決了知識論，可能你之前不知道，你現在知道了，但你不需要感謝我，因為就算我有能力把這些答案都傳遞給你，你接下來還是要繼續過一樣的日子。你原來生活當中所有的困惑、所有的痛苦、所有的問題，不會因為你掌握了黑格爾給你的這些哲學真理就有任何的改變。這是徹底的弔詭，或者說弔詭到近乎荒唐。

我們理解了這世界上最重要的真理，但在現實上對我們一點幫助都沒有——因此這些「青年黑格爾派」的思想者，尋求用不同的方式，重新整理黑格爾的這套系統，也就是將他的真理和現實聯繫起來。

在這方面，費爾巴哈是一個特殊的人物，他的成就最高，因為他提出了一個非常重要的論點。這個論點是馬克思最在意的，所以他才會去寫《德意志意識形態》，才會將這本書的第一章叫作「關於費爾巴哈的提綱」。

2. 投射論與反轉論：為什麼我們創造了上帝，卻成了上帝的奴僕？

費爾巴哈為何沒落？

費爾巴哈這個名字不只是我們相當陌生，甚至現在在德國學哲學的人都不太讀他了。為什麼他的理論會沒落得這麼厲害？相當程度上是因為費爾巴哈得罪了人。比如說他得罪了馬克思，所以馬克思對他的理論提出了一些非常嚴厲的批判。費爾巴哈又在另外的思想面向上得罪了另一個人，那是叔本華。叔本華很討厭他，也對費爾巴哈的許多哲學論點提出了他的批判。在後世，馬克思的地位越來越高，叔本華的地位越來越高，相對的，費爾巴哈的地位當然也就越來越低了。這是費爾巴哈的不幸。

不過費爾巴哈的不幸還不止如此。一方面，他在不同的問題上得罪了不同的人；另一方面，他又有了錯誤的支持者。費爾巴哈影響了一個人，這個人接受了他的論點，然後把他的論點挪過去，作為自己思想的重要基礎。而這個人的名氣和他運用費爾巴哈理論的方法，遠遠超過了費爾巴哈本人，這個人就是尼采。

不管反對費爾巴哈還是贊成費爾巴哈，我們都免不了看到尼采的影子。非常重要的一件事情是，費爾巴哈在那個時候創建出了投射理論，對他的投射理論比較簡單的認知和理解，就是說他在講宗教，在講上帝。因為後來尼采的文字和思想觀念具備高度的刺激性，所以尼采講起投射論，比費爾巴哈講起來聽上去更有趣，容易震撼和感動我們。

尼采會直接地說，不是上帝造人，而是人造上帝。尼采的概念告訴我們，我們以前都搞錯了：怎麼會是像〈聖經·創世記〉裡記錄的那樣，由上帝把人造出來呢？才不是。我們是人，因為我們需要上帝，所以我們才去將上帝造出來。這個基本觀念其實來自費爾巴哈，只是費爾巴哈關心的方式以及他所提出理論的風格，和尼采有相當大的差別。

費爾巴哈的投射理論

費爾巴哈的投射理論是用來解釋為什麼有上帝、為什麼有宗教，他認為上帝和宗教是人用投射的方式創造出來的。但是在他的理論當中有一個關鍵點，尼采在繼承時丟掉了，那是因為費爾巴哈本質上仍然是黑格爾主義者，他是用黑格爾式的風格來解釋觀點的。他要強調的是，人因為沒有辦法作為主體來認識自己，所以必須要把想要認識的自己先投射成一個客體，才有機會看到自己，瞭解自己。

在那個時代，十九世紀這一系列哲學當中，非常重要的比喻就是鏡子或鏡像。我們作為主體，認識的自我是非常有限的，因為我們看不到自己。為什麼我們永遠都需要鏡子？因為只有將自己的形象投射在鏡子上，予以外在化，才能夠進行觀察。

你看到的或者是你想像的自己，基本上都不是真實的。如果沒有鏡子，你要如何想像、如何體會自己的形象呢？這個形象是什麼？絕大部分我們有意識或無意識在心底形成的自我形象，跟別人看到的你，也就是鏡子裡反映出來的你，是不一樣的。你必須要找到一種方法，將自己投射成外在於你的客體，讓自己分離出來，好像看到別人一樣。

抽象投射的重要性，在相當程度上又是來自黑格爾的，黑格爾提到了，主體自身最大的問題是它沒有辦法完整地掌握自我。主體沒有辦法完成自我，所以主體必須要找到一種方式，將自己客體化，才能夠認識自己。

所以人為什麼需要上帝？因為這是人自我瞭解、自我認知中的一種投射。我們將想像中要瞭解的人的各種不同的特性，在外在化的過程中投射成上帝，因此就有了上帝，因此就有了宗教。這是費爾巴哈當時提出來的觀點。

這是從黑格爾的哲學中延續下來的，非常了不起的一種發展。突然之間大家都被喚醒了，發現原來上帝是這樣來的。過去反覆思考一直覺得很困惑的問題，包括上帝到底是什麼，我們如何理解上帝，上帝又是怎麼來的，上帝有歷史嗎……突然之間費爾巴哈就回答了這些問題，告訴我們，上帝是人的自我主體客體化過程中的投射。

投射論對佛洛伊德理論的影響：移轉

對人的自我認知與理解的投射論，後來引發的影響非常大。舉例來說，在佛洛伊德的精神分析理論裡，有一點其實也必須要放在投射論中，才能夠真正地認識為什麼他會有這樣的洞見。

佛洛伊德在精神分析臨床經驗當中，發現了一個現象：對一個病人來說，如果他恨任何一個人，他要能夠形成他恨這個人的心態，中間必須要有一個關鍵的構成，那就是他要能想像、感受到這個人恨他。

「我恨他」，依照佛洛伊德的理論，沒有辦法單獨存在。一個人要覺得自己恨一個人，最容易的一種方式，甚至是必要的方式，就是你覺得或者是你察覺在語法上，主語和賓語之間的對反。「我恨他」要能夠成立，在精神分析的潛意識當中，必須要先逆反過來變成「他恨我」，你才有辦法體會、確證和宣告「我恨他」。

為什麼會這樣？實際上我們在讀佛洛伊德理論、理解精神分析的時候，還是必須要回到西方哲學，尤其是回到黑格爾哲學的背景。如果沒有西方哲學或者是黑格爾哲學的背景，對於精神分析，我們常常就會理解、解釋得太淺薄了。例如在中文世界裡，一般講到這一段的時候，會講得很簡單：你覺得他恨你，所以就可以合理化這件事——他都恨我了，我當然要恨他。

佛洛伊德如果只是為了這樣推論，就不需要講那麼多，在日常精神分析的理論裡，他不需要發展出這麼多的說法。佛洛伊德要講的是，是人的潛意識發揮了關鍵的作用。潛意識在做什麼？它在幫助我們處理顯意識當中我們自己認為不應該存在的情緒。我們的潛意識會有各式各樣的機制，幫我們支撐出這樣的一個空間。潛意識是讓我們能夠儲藏黑暗情緒或黑暗人格，然後進行轉化。

這個機制當中非常重要的一項是「移轉」。佛洛伊德主張所有的情感基本上都是移轉性的。如果你讀了佛洛伊德的理論，你夠認真、夠深入，就會發現，如果你愛一個人，比如你愛上了某個男人，佛洛伊德會告訴你，這必定是一種轉移的對象——那是因為你愛你爸爸，所以你才會投射轉移愛上某個男人。你說沒有這件事情，我從來不覺得這個人和我爸爸有任何相似的地方，佛洛伊德會說沒關係，那有可能是，因為你恨你爸爸，所以你會愛上這個男人。基本上我們所有的愛，所有的依戀，其實都是移轉來的。重點是你潛意識裡所擁有的感情，必須要存在一個移轉的機制。而移轉的機制當中，重要的一項就是投射。因為「我恨他」對你來說，是顯意識當中的一種暗黑想法，應該要被壓抑下去，不是你認為合理的情感。

既然它不是一個在顯意識上可以被接受的合理情感，那麼要找到一種方法——不只是壓抑它，光是壓抑沒有辦法排解，這會耗費掉我們太多的精神能量——在潛意識的機制裡最簡單、最容易的是將你對他的恨投射出去予以客體化。

這本來是一個主觀的感受，可是這個主體的感受因為來自你的自我主體，就像你看不到自己一樣，你就沒有辦法充分、具體地去瞭解、解釋、掌握，你恨這個人到底是在恨什麼。

這種恨意，這種負面的、黑暗的情緒究竟是什麼，又該怎麼處理呢？你把它投射出去。反過來，當你認為「他恨我」，突然之間，你為什麼恨就都有了理由，或者都能夠解釋了，你這個時候需要的是去認識一個客體。當我們要認識一個客體，就有很多可以掌握的資訊。對它所發出來的各種不同的資訊予以整合、形成印象，再去理解作為客體的它，而不是理解你自己，反而可以得到更好的認識和掌握。

馬克思的創見：將投射理論轉化成反轉理論

十九世紀這種重新認識上帝的理論，是非常重要的思想潮流，佛洛伊德的理論根源也就在這裡。馬克思也參與了藉由費爾巴哈所提出來的論點重新思考上帝、思考宗教的潮流。不過，馬克思另外有他獨到的貢獻，他將費爾巴哈的這一套投射理論更進一步轉化成反轉理論。

從投射理論到反轉理論，關鍵的是去討論、去質問：到底我們將什麼性質投射到上帝身上，用來理解自己呢？費爾巴哈講的是，人基本上將自己能夠想像的美好性質都投射到了上帝身上，所以上帝是作為我們理想化的原型而存在的。但是到了馬克思的理論當中，他更聚焦地看一件事情，因為他認為這件事情所產生的效果是不一樣的。他要看我們作為一個主體存在，內在有一種讓我們活著的重要衝動，那就是創造的衝動。

我們有具體、強烈的創造衝動，但是這種創造的衝動基本上是無形的，因為並沒有真正的由我們所創造出來的物件。在你還沒有創造出任何東西之前，你已經擁有了創造的欲望，但你還沒有創造出任何具體的東西，你就無法掌握、無法體會到你創造的欲望究竟是什麼。所以這個時候，你必須要把創造的欲望客體化，才能夠瞭解自己的這種最強烈的欲望是什麼。

客體化有兩種方式，依照馬克思的說法，一種是正常、正當的道路，但也是一條困難的道路——你要如何證明、如何體會創造的欲望？那你就去創造出原來不存在的東西。一旦能夠把原來不存在的東西變得存在，你就明白了，你就能掌握自己內在的創造欲望是怎麼一回事。

不過這雖然是正常、正確的方法，卻非常困難，因為它要讓一團無形的創造欲望能夠實現，變出過去不存在的東西，在你的手裡和你的生活、你的存在發生具體的關係。我們有多少人有能力、有勇氣、有決心，真的去將原來不存在的東西給創造出來呢？

因為這很不容易，於是就有了另外一種客體化的方法，那就是我們把它投射出去，投射到一個外在的客體身上。上帝是怎麼來的呢？馬克思的解釋是，上帝最重要的身分，就是一個創造者，他就是人把自己的創造欲望投射出去的客體，於是上帝變成了一個創造者。

但是在這裡就接著產生了麻煩的問題，涉及了宗教最嚴重的問題。我們將自己內在主體的創造欲望投射到上帝身上，上帝變成了創造者，於是我們就變成了被創造物。我們和上帝之間的關係就變成了創造者與被創造物之間的關係，也就是本來上帝是我們投射後創造出來的，但現在卻反過來，上帝變成了創造者，我們變成了他所創造的。

於是這種逆轉就不單純是性質的逆轉，而變成了地位的逆轉。創造者和被創造物，當然一個是主，一個是客，一個是自主的，一個是依隨的。沒有任何人會認為被創造物比創造者更重要，因為創造者可以決定不創造，也可以決定他要創造什麼，但是被創造物無法決定創造者，這是最根本的關係。於是人自己創造出來的上帝現在變成了主人，我們都變成了上帝的奴僕，而且是層次最低的奴僕，因為我們是被創造出來的。

在這種狀況下出現了徹底的異化，我們變成了我們自己創造物的奴隸。上帝本來是我們投射創造出來的，但現在祂高高在上，回過頭來主宰我們。

這是馬克思對費爾巴哈非常重要的在哲學理論上的轉化，這也是馬克思建立他的意識形態理論乃至於他的文化理論最重要的哲學基礎。

3.馬克思的宗教批判：上帝雖死，但宗教不在了嗎？

我們要瞭解馬克思，一定要知道馬克思有來自黑格爾和青年黑格爾派的非常堅實的哲學思考。不過當然，馬克思的理論不完全是哲學的思考，他再三強調，重點不在於解釋世界，而在於改變世界。他的思想雖然源自黑格爾，但他並不是那樣一種黑格爾式的思考者。更重要的是，他作為青年黑格爾派的一員，認可一種特殊的論點，就是希望重新讓黑格爾的思想和現實發生關係，所以要進一步分析現實。

到底是誰宰制了我們？

上一節中解釋了怎樣從費爾巴哈的投射論發展出上帝變成我們的主宰，有了這樣異化的關係——上帝是主人，人是上帝的奴僕。這是我們可以理解的。但是接下來推演到下一句話的時候，馬克思提出了他的質疑，那就是「上帝擁有主宰人的權力」。

這本來是一個非常簡單的陳述句，我們不會覺得有什麼問題。但馬克思指出，這並不是現實。為什麼呢？因為上帝是我們創造出來的，上帝不會真的主宰我們。既然沒有真的上帝，怎麼會有上帝來主宰我們呢？

可是換另外一個方向看，我們沒有被主宰嗎？馬克思就進一步推論，什麼叫作上帝？反過來說，這個時候不應該去怪上帝，不應該說上帝主宰我們，因為我們已經弄清楚，上帝根本就是我們投射所創造出來的。由我們投射所創造出來，沒有真實性、具體性的上帝，他到底用什麼樣的方式來主宰我們呢？

馬克思和尼采不一樣。尼采從投射論告訴我們，上帝就是我們投射的所有最美好的事物，將自己嚮往但是沒有辦法達到的這些更高的性質統統堆在上帝身上，於是上帝就高於人；現在我們弄清楚了，我們就宣告上帝已經死了，就把上帝推翻。這個時候，人要努力地去當「超人」（Übermensch）。所謂「超人」，就是你要超越一般人，要超越作為人的平凡的這一部分，把投射在上帝之上的那些性質在現實當中去努力地實現，這樣你就可以離開原來庸俗、一般的情境。

馬克思關心的不是這個。馬克思關心的是我們到底要去打倒什麼，要推翻什麼？上帝沒有真正的權力，那麼真正的權力在誰的手裡？真正的權力在上帝的代理人手裡，不在真正的上帝那邊。真正擁有權力的是上帝的代理人，那是教會。教會在這個過程當中取得了權力來壓迫人、來主宰人。所以更進一步的是，我們應該要把教會打倒。

這樣還是不太對勁，因為教會是一個組織，我們是用擬人化的方式去說「教會主宰人」。就像用擬人化的方式說「上帝主宰人」一樣有問題，教會也不可能具體地來主宰人。所以應該要想得更確實一點，上帝不是真正在運用權力的，教會也不是真正在運用權力的。我們想到上帝的時候，教會是上帝的代表，可是真正握有權力的人是誰？握有權力的人是教會的代表。真正可以宰制人的是誰？是教宗，是主教，是教士們，他們才是教會的代表。

所以這又產生了馬克思所看到的非常有意思的歷史模式，那就是在投射的過程中，我們把一部分的欲望客體化了。客體化使它變得超越主體而存在，接下來產生了一層一層的逆轉，這個超越的主體可以回過頭來宰制我們。

如果真的是超越的主體宰制我們，我們根本就不用擔心，因為這超越的主體是投射出來的。就像是我們從任何一個投影機裡所投影出來的影像，那個影像如此真實，但是它有可能來打你一下嗎？它有可能來逼你把錢交出來嗎？它有可能殺了你嗎？不可能。因為它就是一個投影，它就是虛幻的，它就是假的，它不可能有這樣的權力。

可怕的地方是，如此投射出來的主體產生了它的代表，真正擁有權力的是代表或者是代表的代表。

用這種方式，我們真正要針對的不是上帝，不是教會，而是這些教宗、主教、教士，這是馬克思的現實主義。

馬克思用這種方式來理解費爾巴哈，改寫了費爾巴哈的理論，更進一步，就產生了馬克思和費爾巴哈之間巨大的差別。前面講過，費爾巴哈很倒楣，因為他惹到了不對的人。之所以說不對，是因為馬克思的思考能力遠超費爾巴哈。

從十八世紀到十九世紀，新的世界裡依然有舊的模式

馬克思又注意到了一件事：他活在十九世紀，那麼十九世紀是怎麼開始的呢？十九世紀的人清楚地意識到，自己活在一個新的世紀，是和十八世紀很不一樣的新時代，在一種新的秩序當中。那是因為有了一七八九年的法國大革命，推翻了舊有秩序。

對於法國大革命最簡單的描述，就是法國國王路易十六召集了三級會議。三級會議的第一級是國王與貴族，第二級是主教與教士，第三級是其他人，那才是一般人民。開三級會議的時候，這些佔絕大多數的人意識到，而且強烈地厭惡、反對上面兩級極少數的人壓在他們身上的感覺。大革命也就是第三級的人民要推翻第一級的國王、貴族，以及第二級的主教、教士。

大革命的結果是什麼呢？不就是革命成功了嗎？路易十六上了斷頭台，瑪麗皇后上了斷頭台，不是都結束了嗎？國王都沒有了，貴族被趕出去了，主教和很多的教士在我們稱之為恐怖統治的時候都逃離了法國，因為如果他們繼續留在法國，可能也都要上斷頭台。

那麼革命成功了，也就意味著原來投射出去的教會現在也沒有那種巨大的權力了，尤其是在經歷了

一八四八年的革命之後更是如此。為什麼在一七八九年之後半個世紀，一八四八年還會有另一次的革命？這次的革命範圍更廣，在這個革命的過程當中誕生了馬克思和恩格斯的《共產黨宣言》。在一八四八年之後，馬克思形成了他對歐洲世界非常重要的觀察，這和他的上帝理論、教會理論，以及背後更根本的投射理論、翻轉理論，都結合在一起。他看到，在理論上這應該是一個新的世界，但在大革命所創造的新世界裡，舊的模式繼續存在。

新的世界確實是上帝不見了，教會沒有了那樣的權威。法國成立了人民政府。人民政府的主體是什麼？當然就應該是人民。依照黑格爾的歷史理論，回到現實中，把人民變成歷史的主體，這種情況不就已經出現、完成了嗎？

但馬克思清楚地點出，這仍然是虛幻的，在當時的法國，人民主體不是真實的。在這之前，人和上帝是被創造物和創造者之間的不平等宰制關係，而真正的權力不是在上帝的手裡，是在上帝的代表或上帝代表的代表手裡；同樣，到了十九世紀的法國，當上帝被推翻了，國王也被推翻了，人民取代了上帝，取代了國王，就像權力不在上帝身上一樣，權力也不在人民的手裡。權力在哪裡呢？權力在當時號稱人民代表的人手裡，他們才握有真正的權力。表面上他們代表人民，是人民選出來的，但是他們比任何一個將他們選出來的人擁有更高的權力。

於是馬克思不只要做政治分析，甚至可以說馬克思不是真正在意政治分析，他要做的是對這種歷史平行狀態、平行模式的分析。他要告訴我們：雖然從十八世紀到十九世紀，經過了翻天覆地的變化，但是有一件事情沒有變，就是在這個過程當中，中間人和代表才擁有最大的權力。之前是這樣，之後仍然是這樣，如此平行存在的模式沒有改變。

當我們注意到這個模式沒有改變，產生了兩個需要進一步思考的題目：

第一，為什麼會這樣？為什麼上帝不見了，甚至人民取代了上帝，變成了主體，但是實際上的人民，仍然沒有真正的權力？這裡馬克思的解答，就聯繫到資本主義在這個過程當中所發揮的作用。

還有第二件事情，馬克思在這裡發展了他非常徹底的對宗教問題的思考。當他在進行他的宗教批判的時候，講的不是我們以為的有上帝、有教會的那個基督教而已，他講的是，像這樣有上帝、有教會、中間代表人物有最大權力的模式，就叫作宗教。所以不管這個宗教的信仰主體是什麼，如果它有一個抽象的主體，如果它有一個投射的主體，又圍繞著這個投射的主體形成了組織，而且在這個過程當中，這個組織的代表擁有最大的權力，那麼這就是宗教。

馬克思看到的是，十八世紀的天主教會和十九世紀的法國人民政府，他們基本上是一樣的——這邊是上帝，那邊是人民，這邊是教會，那邊是政府；而真正最有權力的，這邊是教宗，是主教，是教士，那邊是選出來的領導，是政府的官員以及政府的各級代表。真正的人民在這兩個組織中，都是被宰制的對象。

「宗教是人民的鴉片」

我相信大家都聽過馬克思的這句名言：「宗教是人民的鴉片。」但是我必須提醒，這句名言一定要放在一個脈絡下來認識和理解。這句話原來出現在馬克思的一篇文章裡，可是我們看一下，光是這篇文章的標題，就讓我們知道這句話不是隨便講的，因為這篇文章是馬克思對黑格爾法哲學所提出來的批判。當他在講宗教的時候，他指的是這種因投射而產生虛幻的結構，是中間的代表僭越了權力的這種模式，這就是宗教，或者說這就是信仰。

為什麼宗教和信仰是「人民的鴉片」呢？因為當人投射創造出上帝，人就用這種方式誤以為自己完成了想要去創造的欲望。上帝存在，上帝變成了創造者，我們就不創造了，我們就自我取消了創造的欲望。這是處理創造欲望最容易、最方便的一種方法，告訴自己：我不是一個創造者，我沒有權力創造，所以我不需要創造。

有了宗教讓人窄化了自己的存在，讓人忘記、忽略，將身上其實最重要、最珍貴的性質全都投射出去，投射到宗教上——不是上帝，不是基督教，而是一個超越的整體。

有了這種投射，將自己應該要去完成的欲望、應該要付出的心力投射出去，你就不用承擔責任了。投射出去之後，這就不干你的事了，你其實就過著一種非人的生活。你取消了作為一個人存在時，本來身上應該具備、可以擁有的那些最美好的性質，將它們統統投射到了一個超越的主體上，讓那個超越的主體替你承擔。你所付出的代價是你投射的這個主體的代理人，這個時候可以來宰制你，可以來剝削你。

十八世紀之前那樣一種有上帝、有教會的基督教被推翻了之後，馬克思卻明確地告訴我們，宗教沒有消失。我們最容易看到的取代了基督教的宗教是什麼？那就是國家。

這個時候，你將自己所有最美好的東西都投射到國家上面。你想要很有尊嚴地活著，你就把這樣的一種尊嚴的想像投射在全體國人身上。你認為人應該要禮貌，應該要好客，應該要力爭圖強，你就會設定你的國人是好客的，是禮貌的，是力爭圖強的。這就是超越的主體，這個超越的主體變成了國人。

這種集體的存在，一方面就讓你覺得，自己是本國人的這件事情讓你如此美好；但反過來，你所投射在集體之上的那些美德，就可以不用去實現了。這中間又有一種代換關係。為什麼說宗教是人民的鴉片？因為有了這樣一個關於美好的本國人的各種想像和描述，那麼你在描述這樣的本國人的同時，你就得到了充分的滿足，這種滿足相對就讓你不需要去實現它，不需要讓自己非要變成那樣的一個人了。這是鴉片，它用這種方式安慰你，用這種方式取消了你的需要，即需要自己去實踐你認為最美好的那種人的素質。

共產主義的社會，是一個沒有宗教的社會

所以這部分我們必須說清楚，不得不講，因為太重要了。馬克思所說的共產主義，他認為的資本主義結束之後如何進入社會主義、進入共產主義，他所想像的那種共產主義的狀態，是從來都沒有在這個世界上存在過的。馬克思自己非常清楚地知道，他無從正面地去描述未來的共產主義世界會長什麼樣子。但是你不能說他不知道共產主義是什麼，因為他都是依照現實來推斷的。他看到了歷史唯物論、歷史上的變化和發展，用這種方式面對他所認知的當下現實，以負面的方法幫我們定義了什麼是共產主義。

共產主義的階段當然是理想的，而馬克思堅定的論述，卻說不要讓它單純停留在美好的幻想中。他告訴我們：第一，這個想像是可以實現的；第二，這個想像是必然要實現的。這是一體兩面。所以共產主義的社會，就是一個沒有宗教的社會。

但是讓我們再強調一次，當馬克思說共產主義社會是一個沒有宗教的社會，他所謂的宗教不是過去那樣存在的基督教，他講的是超越的投射的主體，以及環繞著這個主體建立的一個組織。在這個組織當中的代理人，他們擁有最大權力，可以來宰制人民。這樣的一種組織，這樣的一種結構，就叫作宗

教。

所以我們要能夠理解和想像，共產主義首先要將這樣投射而產生的宰制關係，宰制人民的力量、宰制人民的中心給拿掉，那才是共產主義的理想狀態。

4. 資本主義培養了新的「人民鴉片」

被砍掉的佛像頭

在台灣有一位左派的支持者叫史明，他曾經出版過他的口述歷史。他在第二次世界大戰期間被中國共產黨吸收，當時他本來在日本念早稻田大學，但最後一年沒有念完，去了中國大陸。從一九四二年到一九四五年，他在蘇州和上海當中共的地下情報員。

一九四五年戰爭結束的時候，他又到解放區去，很關鍵的是，他記錄了當時在解放區所進行的改革。他從張家口一路往西走，經過了鄉下，看到了廟裡那些佛像都沒有頭。所以他就問，為什麼佛像都沒有頭。人們告訴他，人民覺醒了，人民知道宗教迷信是不對的，所以就把佛像的頭給砍了。

為什麼要砍佛像？因為宗教是人民的鴉片，一定要將宗教廢除。不過如果我們嚴格地從馬克思的理論來看，這是個誤會，當然這個誤會有道理，因為這種方式最容易做到。

可是誤會的地方在哪裡？在於依照馬克思的理論，把佛像砍了頭，並不代表人們就沒有繼續信仰他原來的宗教。另外一件事情是，宗教在馬克思的理論當中是做廣義解釋的，並不是說佛教沒有了，道教沒有了，燒香、叩拜沒有了，就沒有了宗教。

如果還有一個中心，代表了所有人想像當中最美好的一切素質，包括公平、正義，當有這樣的一個投射的中心，這個中心又形成了組織，這個組織又變得最有權力，那就是變形的宗教。在馬克思的哲學思想裡，依照定義，這就是宗教。所以不是沒有佛教、沒有道教，就變得沒有宗教了。

所以我們可以看一下，過去在蘇聯就形成了巨大的反諷。反諷的是，馬克思用這種方式批判宗教，但是在蘇聯，很長一段時間，批判者變成了批判對象。

在蘇聯當時的環境下，人們把一切都投射到馬克思主義之上。馬克思主義是真理，是最美好的，它代表了所有公平、正義、崇高的素質。也因為這樣，代表馬克思主義來行使權力的蘇聯共產黨就必然擁有最大的權力。用這種方式，實際上等於是將馬克思主義轉化成馬克思自己最反對的宗教了，而這恰恰是真正的馬克思和馬克思主義所要批判的。

共產主義社會裡，沒有任何形式的宗教

一定要弄清楚這一點，我們才能夠更確切地瞭解，在馬克思的想像當中究竟什麼是共產主義社會。共產主義社會裡不會有宗教。那樣的定義下的各種不同的宗教，在未來的理想共產主義社會裡都會消失。人不需要再將自己身上認為要追求、要欲望的那些美好的東西投射在自身之外，去找一個更高的、超越的領域、另一個次序的主體，你自己就是主人。

什麼叫「人民當家作主」？什麼叫「無產階級專政」？回到馬克思身上，他一定是堅持，要每一個人都作為目的而存在。因為每一個人都作為目的而存在，就意味著沒有任何一個人被宰制、被壓迫，

所以大家都在這上面徹底多元地解放，而且是平等的，那才是每一個人都可以為自己當家作主。這時，就不需要再將自己做不到的或是自己不敢去追求的投射給任何外在想像的虛幻主體。

用這種方式去理解共產主義社會，可以清楚看出人們在歷史上所犯的嚴重錯誤，馬克思有時候把它稱為「反伊甸園」。「反伊甸園」指的是，人開始犯了最大的錯誤，以至於被從那樣一種原始共產的美好狀態下給拋擲出來，這裡用的當然是《聖經》的典故。

《聖經》裡說，是因為亞當、夏娃違背了上帝的禁令，上帝告訴他們不能吃蘋果，他們卻在撒旦的引誘下違背了禁令，所以被趕出了伊甸園。馬克思所說的「反伊甸園」則指出：從人開始創造出上帝的那一剎那起，人就失去了主體性，失去了自體，於是就從本來的、應該要回歸的理想狀態失落了。

共產主義是什麼？是要回到自己作為自體、作為主體的狀態，我們不需要上帝，我們不需要外在的權威，我們要重新回來，自己作創造者，不會拋棄也不需要移轉自己作為創造者的身分，也不需要投射一個更高的秩序。

如果每一個人都自己清醒地去追求自己存在的目的，也就是處於不需要鴉片的狀態。鴉片是假的，鴉片是安慰你的，是幫你創造虛像的。你不需要依賴鴉片，能夠誠實地活著，肯定承認自己作為創造者，不要逃避自己創造的責任，不要逃避自己擁有的創造性美好的素質。用這種方式作為一個人而活著，每個人都用這種方式以作為目的而活著，不需要投射、被移轉目標和方向的宗教，這叫作共產主義社會。那樣的共產主義社會是最美好的。

尼采要超人，馬克思要創造者

再來談馬克思的宗教批判，那是他和尼采非常不一樣的地方。尼采是個人思考者，他追求的是「超人」。尼采和馬克思同樣都看穿了上帝是假的，同樣認為上帝不可能繼續存在，但尼采要我們幹什麼？他要我們自己做上帝，一種個人的上帝。

尼采相信只有少數人可以成為超人，大部分的人只是凡人。只有少數看懂了、看清楚了上帝之死、上帝虛幻道理的人，才會追求將投射在上帝身上的那些美好的性質放回來，自己去追求，自己去超越，從而變成了「超人」。

馬克思關心的卻不是我們任何個人的救贖或個人的成長，他也不是要像尼采那樣追求個人能夠壯大，變成超人。之前有上帝存在，是因為投射和反轉的關係，最有權力的人是上帝的代表。接著上帝或這樣的一套信仰被推翻了，可是模式還存在，這個時候存在著巨大的、崇高的國家，或者是一個什麼樣的主體、集體、整體，擁有最大權力的就變成了這個集體、這個整體的代表。

為什麼基督教被推翻了，這個模式卻沒有消失？馬克思進一步去問去分析，於是重點就不在宗教本身，而是這個宗教（這裡指廣義的宗教或信仰）背後的政治和社會支撐。重點不只是在於打倒宗教，更在於分析、認識支撐這個宗教僭越人民權力的原因，包括這後面底層複雜的政治和社會因素。

如果不能處理、解決這些社會、政治因素，打倒任何一個宗教是沒有用的，打倒了道教沒有用，還有佛教，打倒了佛教沒有用，還有國家，打倒了國家也沒有用，還有變形的馬克思主義變成廣義實質的宗教。一個宗教被打倒了，另一個宗教會在它的廢墟上依照同樣的模式繼續升起。所以關鍵就在於我們要去瞭解產生這種宗教信仰的政治社會因素，和它們所產生的支撐效果。

在這裡我們才進一步瞭解，馬克思設想了我們必然要回歸每一個人作為創造者而存在的狀態。我們必須要回到這樣的一個本位上，因為只有這樣我們才不需要上帝，不需要其他任何投射的主體。我們才可以在共產主義的理想下，讓每一個人都作為目的，同時作為創造者而存在。

資本主義是支撐「宗教」的政治社會元素

不過馬克思又特別提醒，這不是他的空想，不是他的理想，而是經過嚴格分析所得出的結論，分析我們從當下的現實到共產主義之間究竟有著什麼樣的差距，應該要通過什麼樣的步驟來消除這中間的距離。

他分析了當前現實的宗教，那種「人民的鴉片」背後政治和社會的體制，他就看到了以前的基督教所依靠的支撐也就是「下層結構」，是封建制度的生產體系。沒有了基督教，但人還在另外的改頭換面的廣義宗教裡。不管你把這個宗教叫作什麼，這一套「宗教」支撐的政治社會元素，它的「下層結構」就是資本主義。

所以在這裡產生了兩方面的認知。一方面，簡單說，資本主義一定有它相應的「宗教」，相應的思想信仰體系。反過來說，如果沒有這種思想和信仰的體系，資本主義也不可能存在。

從前面解釋的經濟理論來看，資本主義必然瓦解。並不是因為有人對資本主義不滿，從情緒上想要打倒它，而是資本主義有內在無法支撐的根本原因。

既然內在於資本主義的運作邏輯有這樣根本的缺陷，它為什麼還能夠維持呢？相當程度上也就靠著資本主義這種生產系統所培養出來的那一套「人民的鴉片」，讓人民相信資本主義是好的，讓人民將資本主義運作所需要的許多觀念，內化成為自己的思想和信仰。

這是一方面的分析。另一方面，因為這樣的思想和信仰是由資本主義的生產模式所支撐的，所以一旦資本主義瓦解，這套信仰、這套思想也就會跟隨著消失了。所以不只是在底層的生產體系上資本主義瓦解了，進入共產主義時必然同時發生的是，人們覺醒過來而看到，原來資本主義的這些思想和信仰漏洞百出，不值得被相信。

人們覺醒過來，另外一邊的循環效果是，因為人們不再相信資本主義的思想，所以又加劇了資本主義內在經濟體系中各種不同的矛盾，就在這樣的循環效果中，可以預見可以期待，社會必然一步一步走向的、沒有了資本主義，也沒有資本主義的思想和信仰，也沒有了「人民的鴉片」的共產主義理想境界——這是馬克思的想法和論證。

5.馬克思的複雜論理，要從康德的三大批判說起

前文提到了馬克思有一段非常重要的文字，來自他對黑格爾法哲學的批判。這段文字最後出現了一句名言——「宗教是人民的鴉片」。但是這一段話到底在講什麼呢？這段話用什麼樣的方式來解釋宗教呢？

回到馬克思的文學性表達，重新理解「宗教是人民的鴉片」

我們回到原文，這段文字對馬克思的意識形態理論，以及擴張到他的文化理論，都非常關鍵。這是我自己對照德文、英文、日文和中文翻譯之後，重新做的一段翻譯。馬克思說：

> 宗教批判是所有批判的前提，人想在天堂的絕妙現實當中尋找超人，卻只發現了自我的反應，只能夠找到自我的類似物。在非人當中，他必須要尋找自己的真相。人創造了宗教而非宗教創造人，宗教是尚未找到自我，或又失去了自己的人的自我意識與自我尊嚴。人不是世界之外居住的抽象存在，人是世界中的人，是國家，是社會。國家、社會創造了宗教，這是一種逆反的世界意識，因為我們就活在逆反的世界裡。
>
> 宗教是關於世界的一般理論，是百科全書，是通俗形成的邏輯，是精神的高點，是熱情，是道德肯證，是神聖的補充，是理想化的普遍來源，是人的本質的想像實踐——正因為人沒有真正的本質。對抗宗教是對抗以宗教為光環的世界的戰鬥。
>
> 宗教取勝，一方面是真實沮喪的表達，也是對於真實沮喪的一種抗議。宗教是被壓迫者的歎息、無心世界的心、無精神狀態之中的精神……

講到這裡他才寫了這句話在後面——「宗教是人民的鴉片。」

我把這段話這樣翻譯出來，希望讓大家能夠真正感受到馬克思的文字風格。馬克思的文字風格非常複雜，有時還非常華麗，另外它具備高度文學性，是意象性的表達方式。他說「宗教是人的本質的想像實踐，正因為人沒有真正的本質」，單單這一句話，我們就要小心仔細地倒過來解釋。意思是說，因為我們沒有本質，可是又希望能夠掌握人的本質，所以藉由宗教，以為本質可以在宗教中得到實現。

接下來他又說，宗教是安慰性與合理化的，因為人沒有反抗宗教，宗教是無心世界當中的心。他指的是在一個沒有心肝的世界裡，宗教幫我們撐起了這樣的想像。它是我們所需要的一種仁慈，一種心肝，它是無心世界當中的心，所以才說是在無精神狀態下，我們自己去創造出來的這種精神。因此宗教是被壓迫者的歎息。

要先說宗教是「被壓迫者的歎息、無心世界的心、無精神狀態之中的精神」，最後才說宗教是「人民的鴉片」。這段文字要認真仔細地來解說，不能夠單純就這樣看過去，更不應該只是抓住了最後一句話說「宗教是人民的鴉片」，把它獨立開來，離開了脈絡，離開了馬克思的這種文學性的表現方法去解說，認為馬克思指責宗教麻醉人民，說他的意思是當人民痛苦的時候，並不會真正地去看痛苦的來源，因為有了宗教就得到了麻醉，就能夠接受所有的一切。

我們不能只是理解到這樣的一個層次，展示了那麼一大段馬克思原文，大家必然能夠體會，馬克思要說的顯然不只如此。馬克思要說什麼？要請大家有一點點耐心，我們從很根本的地方，一步一步去推演馬克思的意思。

馬克思複雜論理的來源

開頭要推演的第一件事情，關係到部分和全體。馬克思的文字從來都不是直白的，他會以各種不同的複雜方式來表達。從一個角度來看，他的文字有強烈的感染性。我們讀到「宗教是被壓迫者的歎息、無心世界的心、無精神狀態之中的精神，宗教是人民的鴉片」，這種文字比單純告訴你宗教是壞的、宗教有什麼問題、要去批判宗教，當然更有效，能夠產生更強烈的感染性。

但換另一個角度來看，馬克思的思想為什麼會引發這麼多不同的解釋，讓人們覺得那麼難以理解，有一部分也來自他的這種風格。這種風格和他的思想是分不開的，我們要認識馬克思的思想，也就不能離開這樣的文字風格，把它改寫成單純、直接、清清白白、簡簡單單的文字或者是論理。

他的複雜論理的一個重要來源，關係到部分和整體。這牽連到馬克思根本的哲學訓練，這些內容寫在《黑格爾法哲學批判》裡，關鍵在於什麼是「法」。「法」是管轄人行為的是非對錯，所以討論「法哲學」，一定會碰觸到是非善惡的道德判斷。

在西方近代哲學史上，有著明確的源流。有兩大傳統，一個是馬克思自己所傳承的黑格爾的傳統，他是「青年黑格爾派」當中的一分子，他們對黑格爾進行了批判性的繼承。在批判性的繼承中，要重新解釋黑格爾，這一群「青年黑格爾派」的哲學家無可避免，一定會去援引另外一個重大的傳統，那是康德的傳統。

康德的三大批判

我們稍微再往前探索，解釋康德哲學是怎麼回事。康德哲學建立在連環的三本大書籍上——《純粹理性批判》、《實踐理性批判》、《判斷力批判》。

這樣的書可以稱為「閃爍的引誘」，意味著像康德的三大批判，或者是海德格爾的《存在與時間》這樣的書，都是我們在理解西方近代思想時最關鍵、最重要的著作。因為根本，所以我們繞不過去。但是它的根本性，同時顯現在深奧和複雜性上——其中有這麼多哲學的專有名詞，又有一層又一層疊加建構起來的邏輯，而且在這些書裡，還有對之前所有哲學的整理，乃至於辯駁。這樣的書只能夠勉強在我們需要的時候，讓我們盡可能地在簡化但不扭曲的情況下，告訴大家康德和黑格爾有關係的部分，尤其康德加上黑格爾是如何影響了馬克思。

康德寫了三大批判，這三大批判是互相連結在一起的，它們是第一部、第二部、第三部，所以這三本書沒有辦法分開來讀，甚至不能不照順序讀。

《純粹理性批判》是根本，它對應西方哲學上的認識論，意味著要去探索：我們怎麼會知道任何的事情？為什麼我們知道？比如說，我們怎麼會知道這個椅子是紅色的？為什麼我們知道所有的紅色是同一種顏色？我們到底如何認知這個世界？我們知道任何的事情背後的基礎是什麼？這就是認識論的大問題。

康德建立了他的哲學，其中非常重要的特性就是從認識論開始，以認識論作為基礎。因此他寫了《純粹理性批判》，意味著我們先要搞清楚，知識是怎麼來的。另外，為什麼那是「批判」？他告訴我們，要認真承認，我們認知的能力是有限度的，在它的限度下，承認這在限制我的同時，就產生了理性，這是「純粹理性批判」。

《純粹理性批判》要解決的是認識論的大問題，解決之後產生了穩固的理性基礎，才能夠由此去進行關於行為、關於美學的其他判斷，於是才有《實踐理性批判》以及《判斷力批判》。

我們如何認識這個世界呢？非常重要的是，我們只能通過感官的範疇來接近物，來和物發生關係，產生知識，我們永遠無法探觸到「物自身」。

剛剛講到了紅色的椅子，我們基本上只能通過特定的感官，感受到這個椅子是紅色的，顏色屬於視覺的範疇；我們可以通過另外一種感官，知道這個椅子有多大。但是所有的這些資訊、這些知識，都和我們感官的主觀性密切連接在一起。我們沒有辦法離開感官的主觀性，去真正瞭解「物自身」，也就是徹底客觀地不依賴主觀感官而去瞭解存在的這個物體。

而且，當我們用感官趨近、瞭解這張椅子，也受限於不同「範疇」的區隔，沒有辦法掌握物的各種不同性質的總合。這有點像中國春秋戰國時代名家的辯論，其中非常重要的詭辯是「白馬非馬」（〈公孫龍子·白馬論〉），即白馬不是馬。

白馬怎麼不是馬呢？這個論點很容易理解，用集合的方式就明白了。白馬，白色的馬，是一種描述，是一個集合。馬，所有的馬，是另外一個集合。這兩個集合之間沒有全等關係，「白馬」這個集合小於並且屬於「馬」這個集合，因為它們不是全等的，我們就不能說白馬是馬，因此說白馬不是馬。

名家另外有一個詭辯，叫作「堅白離」，意思是一塊白色的石頭，我們不可能同時知道它是白色的，又知道它是一塊石頭。因為你是用眼睛看到它是白的，你動用的是視覺；你必須動用觸覺，才知道它是硬的，才知道它是石頭的質地。當你動用觸覺的時候，你不會知道它是白的；當你看著它的時候，你不會知道它是堅硬的。這是將我們認知世界的方式還原到感官上。

中國古代的名家用這種方式建構他們的詭辯，康德基本上也是循著這一條路，去建立他的純粹理性批判。我們是在這樣一個認識論的基礎上理解這個世界，並且進行所有其他延伸出去的認知與理解的。所以在《純粹理性批判》之後，康德的第二部書稱為《實踐理性批判》，它對應的是西方哲學裡的倫理學。

我們確認了有一種理性判斷，並且將這樣的判斷放在日常生活裡來探究現實，得以知道什麼是對的，知道什麼事情是可以做、應該做的，而什麼不是。這種「實踐理性」是從哪裡來的呢？我們能夠找到和「純粹理性」一樣，清楚明白的一種道德選擇原則嗎？這是「實踐理性批判」。

《實踐理性批判》之後，接下來康德所寫的第三部書是《判斷力批判》。這本書要處理的，表面看起來好像跟實踐理性的物件類似，但是認真想想，又是很不一樣的事。「實踐理性」幫我們解決是非對錯的問題，但「判斷力」是要幫我們解決好壞或美醜的問題。是非和好壞、美醜，在判斷上是不一樣的。

判斷力對應的是西方哲學中的美學。我們為什麼會覺得美？到底有沒有特殊的道理，有沒有根據？為什麼我們會覺得這樣東西比另外一樣美？為什麼不一樣的人對於美會產生不同的判斷？美的判斷到底是怎麼來的呢？

純粹理性、實踐理性和判斷力，這三大批判彼此之間形成了一個有著清楚順序的大系統。這是康德的傳統。但黑格爾不是這樣的，黑格爾最大的貢獻是，他把認識論、倫理學、美學和歷史哲學統合在一起，形成了一個比康德更完整、更龐大的系統。

這個大系統主要有兩種特性。第一，它具備高度的抽象性，將所有東西都予以抽象化，然後安排它們在抽象上的關係。第二，更重要的彰顯出黑格爾不同於康德的地方是，康德在建立批判思想時，努力地排除時間的因素，盡量在不考慮時間因素的情況下，去探索我們如何認識這個世界，以及我們和這個世界之間的關係。可是黑格爾的整套哲學系統必須在時間中發生，他的基礎是歷史哲學，他用辯證法建構歷史哲學，然後用歷史哲學把其他的一切統納進來，變成了一個大系統。

「無上命令」

到了馬克思他們這一群「青年黑格爾派」學者，他們又要對黑格爾的哲學進行批判繼承。這個時候他們就參考康得的哲學，尤其是從他的《實踐理性批判》當中挑出了一個重要觀念，就是categorical imperative，這在中文裡非常難以翻譯。一般通行的哲學術語翻譯，把它稱為「無上命令」。

什麼叫作無上命令？這個翻譯有點麻煩，因為不小心的話，乍聽之下，好像是「太上老君」給你的命令，所以你不能夠違背。這當然不是康德的意思，康德的意思關係到我們行為的根本判斷標準——如何判斷你做的事情對還是不對，你是不是按照你的良心做事，你是不是考慮到別人，你是不是太過於自私。

以前我們一般的這種說法，對康德來說都不夠根本，不夠明確。他就一路推到極點，從範疇上定義，所以稱之為categorical，也就是「無上」。而從邏輯上推到極點，沒有辦法再被質疑、沒有辦法被推翻的人的道德的最根本，這樣的一種道德的指令即imperative，那才是康德所要的，或才是康德能夠接受的最極端根本。Categorical imperative，意味著這是無論如何從邏輯上都不能夠被推翻、不能夠被違背的道德根本命令。

6. 部分與整體：重商主義和庸俗經濟學的謬誤

康德的無上命令：部分與整體的關係

什麼樣的原則可以規範一切道德行為，而且沒有任何一個人可以有別的方法來在論理上將它推翻？簡化地說，康德提出的行為根本準繩是，如果它不能適用於所有的人，那就不會是「無上命令」。無上的道德訓令，不牽涉你是誰，不牽涉任何相對的關係、相對的位置。所有的人去除掉所有的其他考慮都應該要遵守的，這才叫作「無上命令」。

這樣的一種對無上道德訓令的討論，很明顯來自基督教的傳統。在基督教的傳統當中，《聖經．舊約》記錄由上帝交給摩西的「十誡」被當作一切道德的最終指令、無上指令。

可是到了這個時候，宗教的解釋已經沒有辦法繼續維持權威，所以康德要用哲學的推斷來檢討：到底我們人的道德行為要建立在什麼樣的基礎上？如果不是摩西的「十誡」，無上命令應該是什麼？

無上命令對康德來說，必須適用於所有的人、所有的情境、所有的狀態。我們可以對照摩西所得到的「十誡」，比如說「你不可以殺人」，這意味著如果它要變成一個無上命令，那就是任何人在任何狀態下都不能殺人，我們要去檢驗這件事情能不能在理論上成立。

例如說你不可以偷竊，或者是說你不能犯姦淫的行為，這每一條對康德來說，都必須要通得過這樣的考驗，才能夠知道在道德訓令上，哪一條可以站得住，哪一條不能放到這麼高地位。這是康德的重要信念：人在道德行為的管轄上，最關鍵、至高層次的就是這種共同性、普遍性。

康德的無上命令凸顯了對應人的自我所產生的相對性。自我所產生的相對性，稍微嚴重一點但是又非常普遍的現象，就是在道德上採取雙重標準。我們太容易有雙重標準了，一旦雙重標準介入，你就沒有辦法進行道德思考。

我想大家都聽過一種最簡單的玩笑，雖然是玩笑，卻反映出人的一般態度上：你是吝嗇，我是節省；你是浪費，我是慷慨；你是說話囉唆，我是表達非常詳盡……大家都能理解，這就是雙重標準。同樣的行為顯現在自己的身上和顯現在別人的身上，我們的感受、我們的描述是不一樣的。

更進一步，雙重標準就意味著有些行為我們認為自己可以做，但不覺得別人可以做。耶穌基督告訴你，己所欲，施於人；孔子告訴我們的則是相反方向的黃金法則，那就是己所不欲，勿施於人。會有這兩種一正一反的訓誡，正顯現了——絕大部分的人都不會用對待自己的方式去對待別人，或者是用期待別人對待自己的方式去對待別人。我們經常陷入這樣的雙重標準當中，這才是生活裡最普遍的現象。

康德告訴我們，如果我們要認真對待道德這件事情，就必須要推到極端，也就是一定要明確劃分出來什麼是部分（相對性），什麼是整體（去除了相對性）。所以在這裡建立了新的一種部分和整體之間的關係：我們自我中心的立場、我們的看法，這是相對的，這是部分的，不能把它升高成整體，不能變成對所有的人（包括規範你自己的行為時）的一種全面準繩。

這是康德通過非常嚴密的邏輯哲學思考所一步一步推論出來的。講部分和整體，就是要針對我們太容易掉進去的這種習慣傾向，甚至說這樣的危險現實。我們經常把對我們自己有利的部分，從原本部分的性質升高推斷為全體，形成了我們認識世界、面對世界時的最大錯誤來源。

馬克思看到的經濟學問題

馬克思在哲學的探討上經歷了這樣的訓練，受到康德、黑格爾一連串哲學發展的感染和影響，幫助他在看經濟學理論的時候，一眼看出了嚴重的問題。

馬克思寫《資本論》時，流行的經濟學理論至少有三個派別，都被馬克思用前面講到的來自黑格爾哲學和康德哲學對峙下所產生的這種特殊的部分和整體關係的思考進行了批判。在這樣的一個背景下，馬克思可以快速且清楚地告訴我們，這幾種經濟學的說法大有問題。

比如說，其中的一個派別是重商主義。重商主義的主張是，所有的經濟行為當中最重要的是商業。重商主義要求的政策是盡量讓貨物可以流通，要求解除關稅壁壘。重商主義的部分價值，就反映在今天自由貿易的態度上，即不應該有妨礙自由貿易的各種壁壘。但關鍵在哪裡呢？在於重商主義背後的理論來源，看到了貨物到底是怎麼增加價值的。一個貨品放在你的手裡，如果它是一瓶水，那永遠都是一瓶水，不會增加價值。那它什麼時候會增加價值呢？只有你把這瓶水拿去交易，它才會增加價值。

毫無例外，貨品的價值是在交易當中才增加的。這瓶水你原來用三元買進來，它握在你的手上，作為你的個人財產，那就永遠是三元。可是你要把它賣掉，你可以賣到四元。在交易的過程當中，它的價值才提升了。

推論下去，如果所有的貨物都不交易，整個經濟系統就無法運作，也就不可能產生任何增加的價值。所以最需要保護的是交易的行為，交易的行為創造了價值。所以最重要的是商人和商人所代表、所進行的這些行為，這就是重商主義者的主張。

馬克思立刻指出了重商主義的謬論，就是源自剛剛所解釋的從康德那裡來的部分和全體的關係，這一關係揭示了重商主義者最大的矛盾。如果商人這麼重要，那就讓我們想像有一個社會，這個社會裡都是商人。不是說應該保護商人嗎？既然我們不能夠缺少商人，商人最重要，那麼將這樣的一個想法推到極端，讓這個社會裡都是商人，我們會得到一個什麼樣的社會？我們讓社會所有的資源、所有的能量都投注在交易上，如果依照重商主義的主張，這不就是一個最美好的社會嗎？

但怎麼可能呢？這個社會有交易，但它沒有物品，沒有任何人去生產出任何東西，要如何單純依靠交易去製造出價值來呢？價值的根本是物品，物品必須先被生產出來。物品沒有被生產出來，怎麼可能有交易，怎麼能夠在物品上增加價值？所以從根本面上看，商業、商人怎麼可能是最重要的呢？

馬克思所要講的不過就是回到康德，去問：是不是對每一個人都對，只有對每一個人都對，這才叫作全體的真理。如果只是對部分的人有效、有利益，那這只是部分的真理，它不能夠被推擴成整體的真理。只要簡單地推論，將商人的重要性推擴到全體，讓社會只剩下商人，我們就會知道社會是無法維繫的，所以商人不可能這麼重要，他們不可能是社會的根本。對馬克思來說，這當然只是牛刀小試，他要講的道理遠比這個複雜。除了重商主義之外，另外一個在當時也很流行，甚至一直到今天仍然沒有真正被推翻的理論，在馬克思的時代，他把它稱為「庸俗的經濟學」或者是「庸俗的經濟派」（vulgar economics）。

為什麼是「庸俗」？依照馬克思的說法，因為這裡出現了經濟理解上的「三位一體」。這當然是諷刺，因為「三位一體」是基督教最重要的「三一律」——聖父、聖子、聖靈三位一體。馬克思指出，在「庸俗經濟學」裡，也有它們的三位一體，就是資本、土地、勞動。

馬克思所批判的經濟理論並沒有完全過時，我們到今天還是會說第一產業、第二產業、第三產業，第一產業是農業，第二產業是工業，第三產業是服務業，就對應了資本、土地和勞動。

回到馬克思的時代，他們認為光靠這三個元素的互動就可以解釋所有的經濟現象，經濟現象是由這三個元素來決定甚至來規定的。三個元素連帶產生三種不同的收益——資本產生利息，土地產生租金，勞動產生工資。你只要將這些東西都分清楚，就能瞭解經濟是怎麼一回事了。

比如現在要生產一瓶水，我們就可以分出三種不同的成本。要蓋工廠生產這瓶水，你大致需要多少的原始資本，現在在資金市場上需要支付的利息大概是多少，預期的利息有多少，這就決定了資金成本如何定價。資金成本之外，另外有土地成本。你需要去租一塊地或租一個工廠，需要支付相應的租金；就算你用的是自己的土地，但這塊土地如果你自己不用，租給別人也會獲得租金。所以土地產生了租金。要生產這瓶水，還需要有工人來幫你工作，你必須要支付工資。

經濟領域被分成這三塊予以分析。這三塊產生了物品的成本，而從物品的成本進一步推斷出商品的定價，商品的定價和商品的交易也就順理成章地成立了。

馬克思對「庸俗經濟學」還是用基本的方法進行批判，尤其聚焦於對資本的批判。對資本的批判，最簡單一件事，但也是最關鍵的是——為什麼我們能夠假定所有的錢都應該產生利息？是因為你假設所有的錢都可以轉換成資本。

資本是什麼？資本是讓財富去進行投資，產生生產事業。實際上資本之所以有利息，是因為有生產體系，因為有生產活動，因為有生產系統的存在，而不是所有的財富、所有的錢都能夠產生利息。如果沒有生產活動，沒有生產系統，財富、錢怎麼可能會有利息？

這仍然是部分和群體之間所產生的一種謬誤，意味著有錢人想像自己的任何一筆錢都應該有利息，犯了最根本最嚴重的錯誤——並不是所有的人都能夠將財富轉變成資本。

資本和財富相對應的狀態下，資本是有限的。資本之所以有限，是因為它必須要投入到生產中才會在資本上附加利息。正因為不是所有的財富都變成了資本，只有部分的財富能夠作為資本投入到生產中，所以才能夠產生利息。

這就連帶涉及兩種錯誤。一種錯誤是，並不是資本本身就能夠產生利息，資本必須要依賴生產活動、生產系統，就像如果商人沒有物品去交易，就不會產生價值增生。當你以為只靠商人、只靠交易就能夠增加價值的時候，這當然是大錯特錯的。同樣，你以為有資本就有利息，忽略了如果沒有生產活動、生產系統，錢沒辦法變成資本，就不必然會有利息。

第二種錯誤是，可以看一下現實情況。現在通過普遍存在的金融機構，每個人擁有的每一分錢都因為存在帳戶裡，變成銀行可以拿去應用的資本。當所有的財富都資本化了之後，產生的結果是什麼？去問一下你的銀行，現在你存在帳戶裡的錢，給你產生了多少的利息，答案是幾乎等於零。

這是非常神奇的，也是當時在討論部分和整體的時候，馬克思就已經指出了的。馬克思的意思就是說，現在不是所有人的財富，而是只有財富當中的很少一部分，累積出來比較大筆的資金，投入變成資本去參與生產活動。正因為資本有限，資本只是部分，所以大家為了爭取有限的資本才願意付出利息，資本才能夠產生利息。如果擴張來看，有一天所有的財富都是資本的時候，當部分變成了整體，整體就不可能再帶來這麼高的資本利息的收穫了。我們不就正在見證這樣的變化和發展嗎？

7. 稀有性的消失：資本家和地主的特權，不是必然的

土地與資本的稀有性

我們再進一步來解釋土地。土地為什麼可以有地租呢？因為在那個時代，在那樣的狀況下，只有少數的土地被轉換成工業用地。工廠所需要的土地有特定條件，包括必須靠近方便的、適用的交通路線，可以方便運用蒸汽、水力或者是電力等。在重重考慮下，少數的土地被轉換成工業生產所用，連帶出現了地租的收入。

所以接下來馬克思也是如此推斷，現在看起來又像是一個恐怖的預言，他說地主覺得一定可以從土地上得到地租，但這不是必然的。如果把部分推到全部，也就意味著，如果有一天，人們進行的生產活動可以「不擇地而出」，什麼地方都可以變成工業用地，那麼在這種狀況下，地主還能怎樣去收地租呢？

正因為不是所有的財富都能變成資本，所以資本的稀有性才帶來了競爭效果，才產生了利息。不是所有的土地都能夠轉換成工業和商業用地，所以在這種稀有性當中產生了競爭效果，地主才有了租金的收入。馬克思就預言，沒有了競爭的基礎，不管是資本的利息還是土地的租金，都會隨著稀有性的消失而同時消失。

依照馬克思的這個理論，還有他的推斷，這真的是一個壞的預兆。因為一百多年之後，我們很可能正在面對這樣的一個現象。如果再過二十年，還要再重讀《資本論》，我再來講一次《資本論》的

話，說不定這件事情就完全不一樣了。

土地地租正在快速變化當中，我們可以看到，尤其是經過了二〇二〇年世界性的巨大變化，有一件事情是辦公室的租金行情改變了。因為人越來越不需要辦公室了，原來要把所有人集中在一起工作的空間需求被分散了。在所有的空間，包括你家裡的一張桌子、一個角落都可以變成辦公空間的情況下，原來通過提供辦公空間來產生的租金的收入必然要下降。

另外一方面我們也看到，網店的興起使得商業賣場這些過去主要的交易空間能夠產生的租金所得，也在快速減少。大家越來越不需要實體的空間來進行商業交易活動，買東西不需要到店裡去了，久而久之，交易最重要的場所不再是商店，變成了你家裡，更重要的是變成了你的網路、你的手機。在這種狀況下，商業空間能夠得到的地租也必然下降。

商業空間地租下降，在今天的狀況下，相對應的，像蹺蹺板一樣，是倉儲的地租在上漲。不過這仍然是部分和全部所產生的關係。因為相對於目前過剩的辦公空間和商業空間，倉儲空間是不夠的。不過我們不能假定倉儲空間會用這種方式一直產出地租。如果現在過剩的這些辦公空間和商業空間，有一天統統都轉換成倉儲空間，那這些倉儲空間所產生的地租也仍然是一定要下降的。

資本利息、土地租金與工人工資的根本性質差異

馬克思明白地告訴我們，「庸俗經濟學」裡的「三一論」，將經濟活動分成三部分，認定這三部分會產生三種不同的收入，這是不合理的。不應該將資本產生的利息、土地所產生的租金和工人所產生的勞動工資併列起來，因為前兩者和最後一個有根本性質上的差異。

當資本從部分轉變成全部，利息就不必然存在了，就像如果今天所有的錢都存到銀行裡變成資本，銀行也就不會再付我們那樣的資本利息了。土地從部分轉變成全部，土地租金也就不必然存在了，就像今天辦公空間、商業空間，甚至部分的工廠空間，產生的地租也在快速下降當中。但是人的勞動不一樣，工資不一樣。人的勞動創造了價值，相較於資本利息，相較於土地地租，工資是必然要產生或者是必然要存在的。

馬克思念茲在茲，對於什麼是勞動、什麼是勞動者、什麼是勞動力格外關切。區別的關鍵就在於勞動力指的是一個勞動者出售他的時間，形成了勞動力。可是要讓他有勞動力可以出賣，這是很簡單的一件事情——他需要在明天仍然健康地活著，否則就沒有勞動力可以拿到市場上來賣了。

為什麼一定要有工資，以及一定要有最低工資？在自然意義下的最低工資，就是保障這樣的一個勞動者，他明天還能夠健康地回來出賣他的勞動時間，繼續做一個勞動者，滿足他的最低需求。在勞工的條件上一定要有這種自然意義的最低工資的保障，這不只是保障工人的，甚至這主要不是為了保障工人，這是為了保障這個系統，是為了保障資本家可以買得到勞動力，可以生產，進而才能有資本利益。

過去在農業的環境裡不會有這個問題，因為農業基本上是生計生產，產品可以維持農民本身繼續活下去，不需要經過這個轉化。農民不需要領工資才能讓自己繼續活下去，藉由在土地上生產出來的東西就能讓自己活下去。所以農民在這件事情上，也擁有工人所沒有的一種優勢，可以決定自己生產的物品。除非他在農業上所生產的東西都是商業性的，是為了進入商業性的系統而生產的，那麼這個時候實際上他就不再是一個傳統的農民了，他變成了一個農業中的勞工。

資本家和地主的特權，不是必然

馬克思清楚地告訴我們，「庸俗經濟學」、「三一律」是假的。庸俗經濟學搞錯了一件事情，沒有什麼「三位一體」，所有生產真正的關鍵，是勞動和勞動者，一切都來自勞動者。

資本是什麼？土地是什麼？那是在特定的歷史關係下，在這個特別的時代，因為資本和土地的稀有性，也就是部分轉化的關係，出現了相對稀有的資本和相對稀有的土地，讓資本家和地主取得了一份特權。這份特權並不是道理上必然能夠和應該擁有的，而是在這樣的一個特定時空的現實中，他們所具備的。

他們因為擁有了稀有的所需資本與土地，所以取得了可以進一步佔用勞動者生產價值的特權。因為他們提供資本、提供土地介入生產，將原來應該屬於勞動者的剩餘價值予以剝奪。地租仍然是來自勞動生產所得，資本利息也是來自勞動生產所得。

如果將部分放大成全體，推到全體，那在論理上，土地和資本的價值就瓦解了。在當時時空背景下，資本和土地的稀有性所產生的利息和地租，並不是普遍的，可以一直延續下去的。

接著馬克思強調：資本的利息和地主的地租，實質上都是從勞工所創造出來的勞動價值那裡剝削的。勞動者創造出來的物品價值，他應該得到的工資在這個時候被偷走了——地主偷走了一部分，因為他們佔有稀有的土地；資本家偷走了一部分，因為他們佔有稀有的資本。

但是更進一步看，地主和資本家的身分又不一樣。地主是一個沒落的階級，資本家卻是一個上升的階級。這和階級有什麼關係呢？可以用一個有點刺耳的比喻來解釋。

馬克思根本的意思是，地主是小偷，資本家也是小偷，都是去偷工人的。不過地主偷工人工資的理由是老舊的，所以越來越少人相信這是應該的，在這方面地主的地位搖搖欲墜。另一方面，資本家實質上也是偷工人的，但卻擺出一副這原來就是屬於我的的態度，甚至得寸進尺，將他尚未奪走的部分也當作本來就是屬於他的。

這是什麼意思呢？這就是前面所說的異化、逆反的世界。明明生產所有價值的是工人，工人是一切價值應該的擁有者，這才是正確的道理。可是現在有一個人一直在偷你的，你問他從哪裡得來這些利益的，他就告訴你，這本來就是屬於他的。他還告訴你說，現在在你手上的這一小部分其實本來也是他的，是他給你的。

所以工人領到的工資就在這個關係下，變成了逆反的性質。本來他自己所創造出來的價值，現在回過頭來只有一小部分屬於他自己，而且一定要經過資本家的手，變成是資本家給予他的，甚至是施捨給他的，讓他可以繼續生產，讓他可以繼續維持他的生產力，讓他明天可以回來變成新的勞動力來賺取工資。

工資的性質對馬克思來說，有著雙重的曖昧性。工資本來是勞動者自己創造出來的，可是他沒有辦法用自己直接創造的所得，形成口袋裡的工資，而是先要轉變成進入資本家口袋裡的財富，再由資本家把他偷過去的這些剩餘勞動價值的一部分，以工資的形式發還給勞動者。

為什麼地主說話小聲，資本家說話大聲？

資本家和地主都是從工人這裡偷去了剩餘勞動價值，不過這兩個小偷一個說話比較小聲，另一個說話很大聲。

兩個都是小偷，為什麼前一個說話比較小聲，後一個說話很大聲？這就牽涉他們來自不一樣的兩個階級，這兩個階級有不一樣的階級意識形態。其中的差別，也就牽涉馬克思文化理論當中重要的觀念——階級意識形態的有效性與說服性。

有效性和說服性如何判斷？馬克思又從部分與全部之間的關係中，推論出了我們要仔細地放在心上的一項通則。

什麼叫作「意識形態」？意識形態重要的地方就是有這樣的一個過程，即原本來自部分的人，為了解釋自己生存的社會狀況，提出對自己有利的想法。然而他將這種想法裝扮成適用於所有人的，是所有人都應該相信的真理。實質上是部分的被擴大成全部。

意識形態必然具備，甚至必然去產生這樣的兩面性。一面是它迎合特定的階級，特別符合某一個階級的利益。可是如果它直接表白為適合自己的階級利益就不能成為有效的意識形態。因為不在這個階級裡的人一看就會說：這對別人好，但是對我有什麼用？既然對我沒有好處，我為什麼要接受這個想法，把我的利益交給你，讓你來偷我的呢？這個人說，他的就是他的，我的也是他的，我怎麼可能接受？我為什麼要這樣相信呢？

所以要成為意識形態，絕對不會用這種方式來表達。明明是符合特定少數人的利益，一定要改造成讓更多、更廣大的人都能夠接受的說詞。

在分析資本主義時，這個分別就很清楚了。地主和資本家為什麼一個說話比較小聲，一個說話很大聲？因為地主原來也是有自己的這一套想法、意識形態的，他當時說話很大聲，大家都相信。可是隨著時代的改變，慢慢地只有越來越少的人相信地主的利益代表了所有人的利益，所以他說話的聲音也就變得越來越小了。

相對的，馬克思在《資本論》裡就是要解釋清楚，完整地瞭解資本不能不探究這一部分——和資本相應所形成的資產階級意識形態。這明明是維護資本和資本家利益的，但到後來竟然可以成功地讓工人都接受。

如果資本家沒有連帶產生這種資產階級意識，不可能維持馬克思再三描述的扭曲狀態。明明生產價值是由工人生產的，被資本家拿走了之後，工人卻不反抗。工人乖乖地在這個系統裡，最多只是去跟你爭，他的最高工資應該是每小時五元，而不是三元；他領一個月七千元的工資不太合理，你是不是該給他八千五百元？

為什麼會產生這種現象？背後就牽涉意識形態。馬克思指出：我們所相信的世界觀，至少一直到他所設想的共產主義實現那樣的理想世界實現前，從來不存在一個與所有的普通人的狀態都符合的世界觀。所有的世界觀基本上都是特定的意識形態，都只符合少數人的利益，卻被大多數人所接受，這才叫作意識形態。這也是我們理解人類社會、人類歷史，絕對不能忽略的一項通則。

由這樣的觀察點出發，馬克思進一步地提出了非常細膩的分析，來幫我們解釋為什麼會產生這樣的狀況：明明這不符合我的利益，我會乖乖地接受，乖乖地相信這一套想法、這一套觀念，讓它可以反過來控制我？

第五章　馬克思的文化理論

1. 「意底牢結」：「意識形態」是一套畫地為牢的系統？

馬克思指出了資本主義的經濟形態要能維持，後面必須要有一套思想機制；思想機制背後是一種相應的文化形態。從這個角度看，馬克思又是一個文化理論的思考者。

馬克思具有多重身分，所以我們才要從不同的角度，花這麼多的時間，反覆不斷地挖掘他的思想和《資本論》的內容。馬克思的思想方式比我們能夠看到、找到的思想家（更不要說那種非專業的思想家）都要複雜得多。

馬克思在寫《資本論》的時候，將幾個不一樣的層次疊在一起，我們勉強將《資本論》分成三個不同的層次，但這三個層次在他的書裡其實隨時都在一起，是並列或者是堆疊的。

馬克思講述的三個層次

首先我們會看到在政治經濟學方面，馬克思提出了他的主張，向我們解釋資本到底是什麼，這是他正面的主張。不過在他提出政治經濟學正面主張的同時，他也針對其他經濟學的理論提出了他的批判。馬克思是用一種批判性或說辯證論辯的方式，來呈現他的主張，他的正面主張和他的批判是密切結合在一起的。

《資本論》不斷地告訴我們，亞當・斯密的理論是不對的，李嘉圖的理論是不對的，以及當時的這些經濟學家為什麼錯了。這也就意味著，在我們理解馬克思的同時，必然會跟隨著馬克思而體會到，必須去面對相反的思想和理論陣營，去瞭解他們的主張和馬克思的最大差異在哪裡。

在學習、理解市場經濟學的時候，我們不會同時知道馬克思主義經濟理論是怎麼一回事，但是相反的方向卻是，如果我們要認真地、好好地學馬克思主義，就非得同時學到關於資本主義運作的市場經濟學這一套理論不可。馬克思永遠自覺地要在這個主流的經濟學之外，更敏銳地看出一些市場經濟學看不到或不願意看到，但對他來說是更準確的道理。

馬克思呈現的方法，我不得不說是更有良心、更加全面的。市場經濟學的特點有一部分就表現在，將自己說成是經濟學的全部，不告訴你也不要讓你去思考有其他經濟學、經濟理論的可能性，堅持一個前提，「理性選擇」，然後從「理性選擇」出發有了市場交易，從市場交易當中得到了各種不同經濟現象的解釋，這是唯一的解釋方式，讓你認為只要學這一套就好了，它不會一直告訴你，還有別的經濟學有不同的論證、不同的看法。

這又是馬克思思想的特殊價值所在。馬克思永遠不懈怠，他不只告訴你他相信什麼、他認為什麼是對的、真理在哪裡、他看到的事實是什麼，而且也要告訴你這個事實是從哪裡來的，這是第一個層次。接下來的第二個層次是，他知道你們會聽到和他不一樣的看法、不一樣的說法，那是對面另外一種理論會呈現給你的。但是那個理論是不對的，而且他仔細地一一提出它們的錯誤，作為一種批判。

再接下來，我們要探觸到第三個層次：他還要一而再、再而三地跟你解釋，為什麼明明真理在這一邊，可是對面的人不只是會錯，還那樣固執地一直站在錯的那一邊。

這個解釋本身就太有意思了。馬克思在《資本論》以及其他著作裡反覆提出，他對資本主義的解釋和其他理論最大的差別，就是資本主義系統下的理論希望你相信這個系統，因為那是對於勞動者最不利的一種態度。這些人之所以堅持選擇站在錯誤的那邊，並不只是單純沒有看到事實而已，不是因為他們看不到真理，而是因為基於資本主義、資本家的既得利益，有了自己的一套知識、學問，以這樣的知識和學問架構起一套信仰，想要影響所有的人。

再用一個更容易的方式來解釋。可能有工人聽了馬克思的分析，接受了馬克思的分析，然後問了一個問題：「我的工資是怎麼來的？我的工資和勞動之間的關係是什麼？」馬克思會告訴他：「所有的勞動者請想一想，你的勞動本身具備一些什麼樣的成分，應該如何計算你的勞動價值。你會發現，資本家所有財富基本都是由你的剩餘勞動價值構成的。」

如果沒有剩餘價值，資本家怎麼會那麼有錢呢？這些剩餘價值統統進入了資本家的口袋裡，這就是資本主義的運作，資本就是這樣延伸擴張的。

工人當然覺得不對勁：「為什麼我生產的剩餘價值不在我自己的口袋裡，卻統統跑到他們資本家的口袋裡？」工人有了這樣的認知，對於想要能夠繼續用這種集中的方式來剝削勞動者剩餘價值的資本主義，當然很不利。

所以反過來你也就明白了，這些資本主義的經濟學家為什麼會用這種方式犯錯。他們犯錯不完全因為看不到真理，更重要的是他們不要看到真理，因為他們更不要任何人看到這樣的真理。

像剛剛講到的工資，市場經濟學、資本主義的經濟學會將你導引到完全不一樣的前提和原點上。它讓你看到：你現在的生活是怎麼來的呢？你怎麼會有工資呢？如果沒有工資你怎麼能夠活下去呢？你有工資，那是因為你有工作，工作是老闆提供給你的。從一開始，就是因為工人取得工作，才能夠存活；如果沒有工作，工人就一無所有。站在這樣的前提、起點上，你領到了這份工資，你擁有這份工作，你要感激涕零。

那麼你會看到什麼？你看到的是資本家的恩賜，因為資本家、企業創造了這些工作的機會，所以工人才有工作，才能夠領到工資。這是完全不一樣的起點。從不同的起點就產生了完全不一樣的理論、完全不一樣的思想。

「意底牢結」

在這一點上，馬克思獨行了相反方向的論理，指出：每一樣知識、每一種思想，背後都會有相應的團體或者是階級的利益。如果我們希望能夠真的看清楚，那就先要去追究這個思想究竟對應於什麼樣的經濟形態，或者適用於什麼樣的階級利益，和什麼樣的階級是連結在一起的。

對資本家有利的思想學說，不可能同時對勞動階級也是有利的。反過來也如此，對勞動階級有利的知識和思想，到資本家那裡，就變成了威脅，會對他們產生傷害。對所謂的思想或者是它背後的擴張來說，文化就有這樣一種階級的集合性。

從這個角度來看，這就是馬克思的意識形態理論。ideology，我們現在一般翻譯作「意識形態」，我自己在寫作的時候用的也是「意識形態」，不過在這裡要跟大家介紹一下殷海光先生，他曾經把ideology（英文）或者是ideologie（德文）這個字翻譯成「意底牢結」。

這是很好的翻譯，因為不只照顧到了聲音，也告訴了我們ideology、ideologie和idea（看法、意見）的差別到底在哪裡。首先ideology不是單一的觀念，它是成套的觀念。再者，ideology牢牢地控制決定了人的行為和人的選擇。我們依憑成套的觀念，決定用什麼方式看待這個世界，以及用什麼方式來選擇行為，這叫作「意底牢結」。

不同的經濟生產，導致出現不同的社會組織和文化

資本主義對馬克思來說，是特殊歷史時段的產物。資本和資本主義只能夠在這樣的歷史時空下才有可能出現。在人類所有的歷史時期中都有財富，可是財富不等於資本。資本主義在特定的歷史條件下，將財富轉變成資本。財富不像資本那樣具備自我成長的機制，也不具備一種自我成長、不斷擴張的意志。

既然資本和資本主義是特定歷史時空的產物，當馬克思要探索資本主義時，就要將人類的歷史從頭講一次，他認為這樣才能講得徹底，講得清楚。

今天我們所處的這個與資本密切相關的時代有自己的一套邏輯，那麼其他時代也應該有那些時代的邏輯。將這些邏輯併合在一起，就看到經濟生產的模式和邏輯所構成的一套「歷史唯物論」。

馬克思以「歷史唯物論」重講了一次人類的歷史。他將人類歷史的分期全部改變了，改成以生產力和生產關係，決定這是一個什麼樣的時代。由「原始共產時代」進入「封建主義時代」，再從「封建主義時代」進入「資本主義時代」。

用歷史唯物論的角度把歷史講清楚了，才能夠產生預測的功能。從經濟的變化、生產力和生產關係的變化一路推演，我們瞭解，資本主義不會是人類最後、最終的意識形態。資本主義的內在涵藏了既有的生產力和生產關係之間的矛盾，最後資本主義必然要變化成社會主義和共產主義，這是馬克思完整的歷史唯物論。

在這樣的歷史唯物論下，馬克思接下來又產生了其他的一些論理，比如說用不同的經濟生產來定義不同的時代。對於不同的時代，發現有跟隨著經濟生產而來的社會組織，乃至於文化思想。

為什麼可以用經濟生產來定義不同的時代？它們在生產方面的確有很大的差別，可是為什麼要稱之為封建主義時代，或者是資本主義時代？

那是因為封建主義時代，其生產力和生產關係必然相應的有一套封建式社會組織。在經濟生產制度上，從封建主義變成資本主義，最根本的變化本來是在生產方式上，即工業化、機器生產將原來的土地制度破壞了。在英國出現了「圈地運動」，為了滿足工業生產對原料的需求，而有了相應的新的土地關係，新的土地關係連動影響了社會組織。所以封建制度下的土地關係，不可能只是經濟制度，同時也是社會制度。

經濟環境改變了，相應產生對社會組織的衝擊。原本舊的封建經濟產生的封建社會，當然也就無法維持下去了。歷史上明白地證明了，絕對不可能繼續維持舊有的封建社會組織、社會關係，而單純只改變經濟行為。

在封建的社會關係下，沒有勞動者，沒有工人，只有師傅和工匠，必須要有相應的新社會組織，這個經濟系統才有辦法維持下去，也就意味著新的經濟體系必然產生新的社會組織。

更進一步，馬克思主張不同的社會組織上面也會有不同的思想和不同的文化。資本主義這套機制要能運作，需要有很多人變成勞動者，他們要願意到工廠去接受一份工資來工作。他們安於在這個制度下用這種方式工作，就表示後面要有一種價值觀，要有一個信仰，要有一套思想。或者更高、更廣泛地說，就要有一種文化來說服他們，讓他們接受這樣是對的，這樣做是合理的。

不一樣的時代，在不一樣的經濟制度下，不只有相應的社會組織，還會相應有不同的思想和文化。這就是馬克思指出的三種不同的層次，從經濟，到社會，再到思想文化，呈現給我們一個完整的圖像。

2. 從詞義開始，理解經濟基礎與上層建築的關係

馬克思的思想文化理論後來會產生很大的衝擊，其中一個關鍵，簡化來說，就是他提出了下層結構和上層結構之間的關係，而且律定了這兩者之間，是下層結構決定了上層結構。

上層結構、下層結構的德文都有什麼含義？

在這裡我們要稍微小心一點，是因為所謂的「下層結構」和「上層結構」，是中文翻譯。馬克思建

構理論時，他所使用的是infrastructure和superstructure。super表示「上面的」，似乎比較簡單，但有意思的是，中文裡的上下沒有辦法完整地反映出原文命名時的一種效果。

Infrastructure這個詞，我們今天有另外的翻譯。例如當我們在講國家發展政策的時候，尤其是講政府在經濟上的公共投資，這個時候的infrastructure，我們會翻譯成「基礎建設」。

什麼是「基礎建設」？比如高速公路，或者是高鐵、港口、電廠，這些都叫作「基礎建設」。這樣翻譯是因為，像公路、鐵路、發電廠、電氣系統等設施，是用來支撐經濟活動的。如果回到infrastructure的這個定義，這個翻譯，我們就可以更加清楚馬克思在講什麼。經濟是基礎，就像蓋房子的時候打的地基結構，有什麼樣的地基，這個地基由什麼樣的結構形成，決定了在這上面能蓋什麼樣的房子。

Superstructure又是什麼呢？馬克思將幾樣東西放在他所訂定的superstructure當中，比如政府、國家，組織社會和國家的政治觀念、政治主張，還有相應的文化和藝術的形式，這些都被馬克思放在superstructure的領域當中。

馬克思用的infrastructure和superstructure，明顯來自建築行業蓋房子的比喻。從蓋房子的角度來說，infrastructure也可以翻譯成地基。

Infrastructure和superstructure之間當然有因果關係，而且是嚴格的因果關係。不可能先蓋上面的房子，再來蓋底下的地基。沒有先蓋地基，沒有蓋了充分足夠的地基，房子是沒有辦法往上蓋的。上面的房子的形式在相當程度上是被先存在的地基所決定的。這個因果關係中有兩重特性：第一是前後的順序，infrastructure在前面，superstructure在後面；第二是infrastructure決定了superstructure。馬克思換另外一種方式來描述，就將infrastructure說成生產力和生產關係，是這個社會的經濟基礎，那就意味著社會有什麼樣的經濟基礎，就相應會有什麼樣的superstructure，也就是上層結構。

上層結構、下層結構在中文裡的「逆轉」：下應該先於上

中文裡所說的「上層結構」和「下層結構」。沒有辦法直接看出來「下應該先於上」的因果順序。不過用「上層結構」和「下層結構」來表述有另外一個好處，那就是讓我們看到了馬克思提出這個理論時刻意進行的逆轉。在知識或思考的領域上，一般我們都認為被馬克思放進superstructure當中的這些東西——國家、政府、政治理論，以及文學、詩、美術這些文化形式，應該稱之為high culture（高級文化），或者是higher culture（更高級的文化）。這是比較高的，也就是這是「上」。這個「上」同時是有價值意味的「高大上」，意味著這是比較有價值的東西，比較菁英的內容。

對應的是農夫在哪裡種田，他用什麼樣的工具，用什麼樣的鋤頭，哪一年哪一月他用什麼樣的方式在田裡工作，種什麼樣的東西，種出來的東西怎麼賣、怎麼吃；或者是工人運用什麼樣的工具，生產了什麼樣的產品，在運用工具和工作的過程當中，和誰一起合作……我們一般認為農業、工業的活動相對沒有那麼重要，沒有那麼值得我們去認識、去瞭解、去擁抱，而馬克思就是要逆轉這個觀念。

馬克思告訴我們，錯了，如果你真的要瞭解為什麼會產生這樣一種政治學的思想，或者是你要認真搞清楚，為什麼這個時代會用這種方式畫出和前面一個世紀完全不一樣的美術作品，產生了這樣了不起的大突破，抱歉，你不能一直只看達．文西或拉斐爾，他們自己、他們的作品無法幫你回答；你也不能夠光是讀馬基維利的《君主論》，他在這本書裡也沒有辦法幫你回答這個問題。你必須要回到那個時代，文藝復興時代，在義大利的經濟形態下，你才知道為什麼米開朗基羅、達．文西變得如此重要，為什麼會產生這樣的文化或藝術的內容。

用這種方式，馬克思實質上告訴我們，在分析解釋的過程當中有一個固定的方向，而且只有這個方向，那就是要先搞清楚了經濟，是經濟決定了基礎是什麼樣的，才能夠產生相應的一些什麼樣的文化或是藝術，絕對不可能有違背經濟基礎而產生的藝術、文化內容及形式。

這樣一個理論首先是高度原創性的，由馬克思提出來。其次，它帶來了高度的爆炸性，因為這樣的方式，這樣的視角，徹底改變了過去我們在歷史上、在文化上許許多多的解釋，給後來的人提供了一種以前沒有想過的可能性，可以換上不一樣的眼光來看待曾經存在過的文化，也可以用來檢驗當前現實中我們所看到的、流傳在我們當中和周遭的思想和文化。

下層結構用什麼形式決定了上層結構？

馬克思的這套文化理論在二十世紀大爆發，衍生出了各式各樣不同的形式。不過馬克思的這套理論，律定了下層結構和上層結構兩者之間是有時間差的——下層結構在前頭，上層結構跟隨其後。然而從歷史上，這個時間差應該如何衡量？這是非常敏感卻逃不開的問題。如果說下層結構決定了上層結構，那又是用什麼形式決定的？

在二十世紀的馬克思主義中，這方面的變化和發展，有兩種不同的決定論說法，一種是嚴格的決定論，另一種我們可以稱之為寬鬆的或者是廣義的決定論。

比較容易理解的是嚴格的決定論。比如說，有一段時期，在中國大陸講到歷史和文化，統統都要依循這一套歷史決定論，也就意味著所有的知識、所有的信仰、所有的文化都一定要有它的階級性。

比如講到任何一個歷史人物，都必然要給他一個階級性。講到董仲舒，就說這是代表西漢貴族地主階級的；講到朱熹，就是代表宋代地主階級的。所以到後來，中國的這些思想家基本上都屬於地主階級，因為是代表地主階級的，所以就要被批判。這是嚴格的決定論。

我們可以換另外一種方式來看。同樣是源自馬克思主義，如果單純只是去分析董仲舒的地主階級成分，或者去分析朱熹的地主階級成分，真沒有什麼作用，也沒有什麼說服力。但是在另外一個領域上，在中國思想史、中國哲學史上大有突破的，是對六朝的研究。

以前對六朝的認知，主流就是玄學。玄學將老莊和佛學結合在一起。以前我們用獨立或者分離的方式來看玄學、老莊、佛學，可是在一九四九年中華人民共和國成立了之後，在馬克思唯物論、馬克思主義文化理論當中，換了另外一種方式。

馬克思主義一定要從經濟的角度出發，是經濟決定了思想，經濟決定了文化，於是刺激出中國傳統上從來沒有過的新鮮研究方式，將玄學——不管是老莊還是佛學——和那個時代的貴族莊園經濟結合在一起。更進一步，從東漢一路看下來，還要看地主階級如何在越來越嚴重的土地兼併的情況下，一直崛起，一直放大它的力量，以至於到了南方，在六朝形成了莊園經濟。莊園經濟從原來的佃戶、部曲一路不斷發展，於是我們就看到了在中國歷史上極少發生、更少被描述清楚的，從東漢到六朝，生產者的階級地位不斷下降。所謂生產者的階級地位下降，也就意味著他跟土地的擁有者或者是土地的管理者，他們的階級身分差距越來越大。

如果瞭解了這件事情，看到這樣的社會背景，有這樣的經濟的結構，有這樣的對經濟基礎的理解，你就會發現：為什麼會出現玄學？要討論作為歷史現象的玄學，不能單純只談王弼、郭象他們如何解釋《莊子》、《老子》，鳩摩羅什如何翻譯佛經，佛經如何在這個階段運用老莊的語言等；而是應該看到，這種玄學、玄談，用什麼樣的形式在社會當中被執行、被運用。

比如說玄談，既然是「談」，所以不是寫的。但「談」有它特定的形式，不只要進行辯論，在會上如何辯論，誰先講，誰後講，還有很多規定，甚至還要準備很多道具。

也不是任何人都可以參與這種玄談的。像我雖然很愛談，但是我如果活在那個時代，我應該是沒有資格去參加這種玄談的。因為在一件事情上我就過不了關——我太不重視自己的外表。在那個時代，要重視外表的人才能夠去參加玄談，不然就會被趕出來。

重視外表，重視到什麼樣的程度呢？當時最流行的化粧品是「五石散」，裡面最重要的化學成分是汞，也就是水銀。「五石散」吃下去真正產生的效果是汞中毒。在因為身體裡累積太多水銀造成汞中毒致死之前，會有一種「美好」的效果，水銀破壞了人皮膚下的毛細血管，讓人的皮膚越變越薄，然後因為毛細血管破裂，就使得皮膚白裡透紅。還要在手裡拿著麈尾。現在很多人可能都不認識什麼叫作麈尾，看京劇的人可能還有概念。這個麈尾也是談話時的重要工具，可以幫助你講話的時候增加更多表情動作，更能吸引在座人的注意。

放回到前面所說的莊園經濟邏輯下，一樣特性，現在被凸顯出來，那就是玄學及玄談其實是要維持一種貴族文化，尤其是要維持作為貴族與生產者奴之間階級差異的表演。

貴族必須要表演，必須炫耀。表演和炫耀不完全是虛榮，而有其社會功能，甚至有其社會必要性，隨時都要在方方面面表現——「我們貴族這一群人高高在上，像神一樣，和你們那些在工作生產的人有著絕對無法跨越的距離，你們永遠不可能比得上我們。」

用這種方式來合理化莊園經濟下越來越大的階級差異，才能夠一步一步把這些原來是部曲、佃戶的人越壓越低，讓他們變成莊園裡的農奴。

從這個角度來看，那就具備了洞見。馬克思提醒我們重要的訊息是：不同的時代有不同的思想，有不同的文化；反過來，要知道一個時代的思想和它的文化為什麼用這種方式存在，必須往下進入它的經濟基礎去尋求解釋。

馬克思的文化理論在二十世紀的的確確讓我們重新認識、重新檢討，對於過去許多思想文化改變了思考的面向，增加了更深刻的認識和理解。

馬克思的文化理論和他的經濟理論同等重要，而且在二十世紀所發揮的影響力上，他的文化理論甚至可能還超過了他的經濟理論。

3. 當理論作用於現實：馬克思文化理論與新馬的發展

馬克思文化理論中的「下層結構」和「上層結構」關係，如果採取嚴格的決定論——什麼樣的經濟生產方式就必然產生什麼樣的政治制度、國家體制乃至於文化或藝術——很容易就會有漏洞。理論應對歷史現實，沒有辦法走得很遠。比較寬鬆的決定論，則在二十世紀引發了文化理解上一次又一次的大爆炸。我們可以說第二次世界大戰結束之後，到了一九五〇年代後期，在西方興起的波瀾壯闊文化理論運動，基本上都是從這寬鬆的上下層結構決定論當中推演出來的。

這一系列運動，有的時候我們稱之為「新馬克思主義」，或者是「新左理論」。他們將馬克思的文化理論用來進行現實的批判，要去追問、探索當下的這種文化（廣義的文化，包括法律、政治、國家以及各式各樣的權力的運作）和經濟基礎究竟是一種什麼樣的關係；要問幾個很根本的問題，並且隨著這些提問給出了非常豐富、非常精彩的解答。一直到今天，這些問題都沒有過時，問問題的方式、思考問題的方式也仍然可以在現實當中反覆地提醒我們。

新馬克思主義：hegemony=霸權？radical=激進？

首先，在當下的現實裡到底流行什麼樣的價值觀、什麼樣的思想，有什麼樣的文化和藝術的風格？我們要去追究和探問：為什麼這樣的思想和文化會變成流行，更進一步地蔚為「主流」？要解釋一種思想、文化或者價值觀念變成了主流，必然要涉及它們跟其他領域的權力、利益間的關係。

「新左理論」、「新馬克思主義」進一步要問：這種思想和文化是如何和權力、利益發生關係的？或者問得更尖銳、更明確一點，那就是：這種思想和文化是在哪裡用什麼樣的方式討好了、服務了權力者以及既得利益者，以至於它們能夠形成主流？接下來也就要再問：這樣一種思想和文化是如何形成了hegemony？

Hegemony我們一般在中文裡常見的翻譯是「霸權」。不過當時在「新左」、「新馬克思思想」引介到台灣的時候，關於hegemony還有另外一個很關鍵的詞，叫作radical，它曾經在台灣引發重要的討論甚至是論戰。這個過程非常重要，因為它有助於我們釐清馬克思主義當中講的radical到底指的是什麼，hegemony又是什麼。

Radical如何翻譯呢？我們一般它翻譯為「激進」。可是當時在討論的過程當中，左派學者傅大為，將原來中文裡的「激進」改了一個字，但維持同樣的音，由「激進」改成「基進」。

我到現在還是認為，要瞭解在「新左」的思想傳統中，什麼是radicalism，「基進」或「基進主義」，比「激進」、「激進主義」更加貼切。Radical就是「回到根本」，從根本上進行改變，不是枝枝節節的改變。要改變就要到最根本上去，進行極端的改變、徹底的改變。所以radical或者是

radicalism，包括我們說這個人在態度上很radical，意味著不是說他情緒很激動、他很暴躁，或者他的很多想法和主張非常不切實際。那是用「激進」來翻譯radical的時候，經常會產生的其實並不正確的聯想。改成「基進」，表現的意涵是不輕易妥協，不會只走到中間，只走到一半。

馬克思就是一個非常「基進」的思考者。我在前文當中也一再地告訴大家，馬克思思想的特性是，他要窮究到底，追問到最後最根本，這就是radical的態度。他不必然激烈，但是他有一種基本性，他有基本的進步要求，從基本上去進行改變、進行改造的一種態度。

另外對於hegemony也產生了爭議。這個詞最早源自古希臘的歷史，關係到雅典如何從一個民主的城邦發展成了一個帝國，凌駕在其他的城邦之上，構造出特殊的政治權力。這種政治結構和波斯帝國的那種帝國不一樣，但是對於其他的城邦仍然有高度的宰制、強迫的性質。所以這種權力就被特別稱為hegemony，意味著它在形式上不像一個帝國，卻擁有遠遠凌駕於其他城邦之上的權力，這叫作「霸權」。

可是回到馬克思的理論，尤其是在「新馬克思主義」當中，當我們運用hegemony的時候，往往要提到義大利的思想家安東尼奧・葛蘭西（Antonio Gramsci）。

如果從葛蘭西的思想脈絡來看，把它翻譯成「霸權」就沒有那麼合適了。所以在台灣的部分「新左」文獻當中，固定下來改變過的翻譯是把它翻譯成「思想領導」或「意識領導」。

Hegemony和power（權力）之間，有著特殊關係。將hegemony翻譯成「霸權」，看到那個「霸」字，總覺得是動用暴力的威脅。但是在新馬克思主義裡，講到hegemony時都是跟文化有關的。它指的不是明白的強迫性、暴力性的行為——國家的暴力或法律逼迫你一定要遵守的——而是來自思想、觀念、信仰，讓你自動按照這種觀念、信仰的領導去行動。翻譯成「霸權」，就失去了那種人被思想改造或接受這種思想之後，自願依照思想、依照價值去行動的特性。因此要特別將hegemony翻譯成「意識領導」。

在「新馬克思主義」的理論中，這又是一個有著豐富收穫的大問題，開發出一個大領域：主流的思想如何形成「意識領導」？這樣的「意識領導」既是非強迫性的，又必然和國家、政府、法律等強迫性權力互動配合。要去看清楚「意識領導」的性質和強迫性的權力是如何彼此配合的，發生了什麼樣的關係。

「新馬」對於現代資本主義社會的形成，所問的這些關鍵的問題，給了我們許許多多尖銳而且鮮活的描述，更進一步點出了這些社會無論是顯露的還是暫時隱藏的種種問題。

馬克思的文化理論催生了新的思想和文化

因為有了馬克思主義，人們才得以重新解釋、重新認識文化，在重新認識的過程中，將文化和社會階級連結在一起，去探究文化之所以存在的原因，以及為什麼會有這樣的地位，同時也就看到了不同的社會階級如何產生自身的代表性文化形式。

還有另一個方面，那是反過來，馬克思的文化理論刺激產生了不一樣的二十世紀的思想與藝術。所有文化都有其背後的階級性，資產階級有資產階級的文化，那麼工人階級或者是勞動階級也應該要有自己階級的文化，否則接受了資產階級的文化，就產生了「虛假意識」，被蒙混、掩飾了自己的階級利益。

一九六〇年代，西方社會產生了一種不只有意識地遠離主流，更進一步挑戰主流、顛覆主流的思潮，以及用這種方法來表示自己和主流階級的思想文化劃清界限的運動。他們認為資本主義會刻意地喜歡甜美的，讓勞工可以不需要動腦筋，欺騙勞工可以忘記自己辛苦勞動的藝術形式。於是相應產生了一批具備高度馬克思文化理論背景的創作者，他們刻意去嘗試一種新的藝術，這種新的藝術是為了要喚醒勞工意識，讓他們感覺到自己是痛苦的，讓他們知道社會對他們是不公平的，因此意識到他生產工作的狀態或者是他生產工作狀態下的真實生活、生命處境。於是出現了一種左派新藝術。那是帶有挑戰、挑釁意味刻意製造讓人不安感覺的藝術和文化，那也正是受到了馬克思主義這套理論的影響。

馬克思的文化理論雖然形成於十九世紀，但在二十世紀有了巨大的發展和變化。因而不管是在共產主義國家還是在以資本主義為主的地區和國家，都引發了巨大的思想、文化衝擊。

4. 馬克思所說的是「真實意識」，還是另一套「虛假意識」？

面對虛假意識，要建立一套真實的意識

馬克思指出，因應於資本主義、資本家的利益，而產生了特殊經濟學理論，其效果、作用，就是讓勞動者、勞動階級產生「虛假意識」。

「虛假意識」在馬克思理論當中的定義非常簡單、非常清楚，和階級直接連繫——明明是一個勞動者，但所相信的卻不符合自身的階級利益。馬克思《資本論》的一項具體作用，就是清清楚楚地解釋

給勞工看，告訴他們什麼才是應該相信的，什麼才是符合勞動階級的意識形態，揭開所有的迷霧，將種種上層結構排除在外，呈露出一套事實來。而資本主義、資本家在利益的影響下，當然不願意讓勞工知道這些事實、看到這些真相，他們希望勞動者一直陷溺在「虛假意識」當中。

如果希望勞動者可以擺脫虛假意識，那就必須在資本主義社會主流思想、主流文化的相對面，創造出一種真實意識。

馬克思所說的是普遍真理，還是另一套虛假意識？

這種真實意識相對於「虛假意識」，有幾種可能性。

第一種是僅針對勞動者、勞工階級，明明是勞動者，卻相信符合資本家、資產階級利益的一套文化。那就予以扭轉回來，換成一套符合勞動階級利益的意識形態。

這樣解決了勞動階級的利益性，可是它沒有解決真實性的問題。對馬克思來說，在他的理論當中不能逃躲的關鍵問題是：如果是這樣，意味著所有的意識都有階級性，所有的意識都是意識形態，而意識形態是相對的。資產階級有資產階級的意識形態，勞工階級有勞工階級的意識形態，不一樣的階級產生不同階級的意識形態。

如果意識形態都是相對的，那麼我們到底在哪裡才可以找到馬克思所說的由科學得到的那個真相、那個事實呢？

非常明顯，更進一步推論下去，馬克思主義、馬克思自己的思想不也成了只是符合勞動階級利益的一種「意識形態」嗎？馬克思主義對應於資本家，對應於資產階級，也成了一種「虛假意識」。

如果你是一個資本家的兒子，卻來談馬克思的《資本論》，接受了馬克思《資本論》的想法和主張，這意味著你誤解了自己的階級利益，去相信別的階級的意識形態，構成了資本家兒子身上的「虛假意識」。

馬克思會接受，他自己的理論只是各種相對的階級意識形態當中的一個嗎？當然不可能。

在馬克思身邊，一輩子和他最接近、對他最重要的朋友恩格斯，他也是馬克思最重要的支持者，一路在思想和理論上陪著馬克思，伴隨著馬克思一起發展。他是馬克思思想和馬克思主義的第一個追隨者。但恩格斯本身就是一個資本家的兒子，他雖然是德國人，可是他家的工廠在英國曼徹斯特，他的最大利益是英國工業化之下的資本和資本主義的發展。他明明就屬於資本家群體，如果我們認為馬克思講的只是一種相對屬於勞動者的理論，豈不表示恩格斯是第一個上當的可笑之人？

恩格斯跟在馬克思的旁邊，相信馬克思的這套理論，就構成了和他身分不相稱的一種「虛假意識」。那麼馬克思如果真的是一個追求科學真相的人，他早上起來就應該把恩格斯狠狠地搖一搖，讓他醒醒，不能再相信不符合他階級利益的勞動階級共產主義，他應該相信資本家的那一套，那才是他的「真實意識」，才能擺脫他的「虛假意識」。我們知道，馬克思不可能抱持這樣的立場。

那馬克思該怎麼辦？也就是說，馬克思認為，他所揭露出來的代表勞工階級的這套東西，並不是相對性的，它有超越於勞動階級的階級性以外的普遍真理地位。這意味著他認為他所提出來的這套理論，不是只符合勞動階級的利益而已，他不僅要用這套理論喚醒勞動階級，讓他們意識到自己的階級利益，而且要讓他們認識到，這同時是一套科學性的普遍真理。

換句話說，不只是勞動階級，還有資產階級，以及如果有其他階級的話，都應該以這種方式來認識和理解資本主義，不會因為他們有不同的階級立場，就在看待和瞭解馬克思所提出來的這套理論的時候有不一樣的態度。

但是這可能嗎？有人提出了批判，認為這是馬克思理論最嚴重的內傷，最嚴重的內在不一致。到底思想有還是沒有階級性？或換另外一個方式問：思想有可能脫離了階級性，具備超越階級的普遍真理性質嗎？

馬克思的文化理論揭露了思想屬於上層結構，而上層結構是由下層結構所決定的。如果所有的思想都如此，當然也包括了馬克思自己的思想。馬克思的思想也有相對應的下層結構，是由特定的經濟生產來決定的，怎麼可能是普遍的真理？馬克思怎麼還能宣稱，自己所得到的是放之四海皆準的一種普遍性思想呢？

這的確是一個嚴重的問題，馬克思在自己的著作裡並沒有直接明確地碰觸、解釋這個問題。不過我還是相信，如果我們夠用心，而且夠尊重——所謂夠尊重，意思是我們抱持著一種謙虛的態度，先假想馬克思比我們聰明，比我們厲害——我們就能想到，不會是因為馬克思沒有這種意識，跳進自我矛盾當中。仔細地推理馬克思完整的理論，我們會得到的結論是：馬克思不可能那麼笨，他並沒有真正掉進這個陷阱裡。

馬克思的篩選說

馬克思理論當中的一個部分，我們可以稱之為「篩選說」。前面說到，下層結構決定上層結構，下層結構的經濟生產邏輯在前面，上層結構的文化內容在後面。但我們要稍微小心一點，去體會、分析這個前後關係。

我們不可能假想，在任何的一個社會裡，只有符合這個社會的經濟形態的思想，才有可能被產生出來。不一樣的人在不一樣的環境、不一樣的狀態下，一定會產生許許多多不一樣的思想。

馬克思不可能否認人的思想自由，以及人的思想多元性。以這樣的前提，我們看的是這樣的圖像——人是思想的動物，人的思想一定有其個性；即使是九十五％的人不思考，另外三％的人有的是庸俗的思想，但總還有二％的人會去思考。如果這二％的人是十個人，就會產生十種不同的想法；如果是一百個人，就會產生一百種不一樣的想法。

有這麼多的想法在不同的時代、不同的社會裡誕生，而這些不同的想法不可能完全等值，不可能所有的思想、所有的想法都有同等的影響力。不一樣的想法在不同的情境下有不同的說服力，這就產生了一種社會機制。

為什麼把這種機制稱為「篩選說」？因為它就像是一個篩子一樣，而篩選不是隨機進行、憑空決定的，它涉及這個時代、這個社會是用什麼樣的方式來進行經濟生產，在經濟生產的基礎上又誕生了什麼樣的社會組織。如此有了明確的偏好，而這個偏好有助於維持符合這套經濟生產所需要的社會組織。

這些想法會被優先凸顯出來，之後吸引許多不同的有利因素，將這個思想予以擴大。首先讓更多人可以看到、感受到，乃至於接受這套思想，接下來是幫助清除，至少是幫助壓抑和這個思想不符合的、反對這個思想的其他觀念和思想。並不是說其他的思想不存在，而是有一種思想形成了主流，靠這樣一套篩選的機制，讓部分的思想、部分的觀念變成了主流。

人人自為的世界，已不存在階級偏見

「知識」本來是相對的，一百個人有一百種不一樣的觀念，那麼要經過什麼樣的運作、什麼樣的方法，讓其中某一種變成主流？這種運作、這種方法必然是一套權力。又是什麼樣的人擁有這樣的權力，用什麼樣的方式讓這本來只佔一％的思想被擴大，最後被建立成為這個社會、這個時代的共識，變成大家共同認定的真理？這個過程到底是什麼呢？

對於這樣一個過程的探究和認知，尤其是集中地去追究知識和權力之間的關係，引出了二十世紀非常了不起的一位大思想家，法國的傅柯。傅柯是這套「知識—權力」的集大成者。

傅柯關於權力和知識的論述，回扣到馬克思的文化理論。從馬克思的角度來看，他的理論並不是因為符合無產階級，或者是符合勞動階級的利益而產生的，而是對應資本主義的偏見如何被破除，如何被瓦解。

馬克思有他的目的論，在他講各種不同理論時，不管是政治、經濟還是社會方面，乃至於文化理論，都有一個可以稱之為「人類歷史終點」的看法。那也就是等到資本主義瓦解了，在資本主義的廢墟上浮現出一個新的社會。這個社會的基本階級構成是勞動階級、無產階級，所以它是社會主義的。

不過要記得，到了那個時候，在馬克思所想像的理想狀態，所謂的勞動階級從事的是一種人人自為的勞動，意味著不是受到別人的命令、別人的管轄來進行勞動，人可以自己控制勞動條件。而且人的勞動不再是手段，本身就是目的。每一個人將勞動當作目的來進行，勞動本身就會產生帶來生命意義的效果。

還不只如此。因為是人人自為的勞動，所以這個勞動同時落實了康德的基本概念。雖然馬克思在他的知識論立場上提出了對康得的批判，和康德有很大的差距，但是在存在的價值上，他回到了康德的立場。每一個人是作為目的而活著的，不再像是資本主義階段的那樣一種扭曲的狀況——人被當作工具。這時人重新回到了可以作為目的而存在的狀態。這才是馬克思所說的社會主義下的勞動階級。

到了那樣的一個時代，符合這樣社會狀態的勞動階級意識形態，必然會是科學的真理。因為這樣的意識形態已經消除了一切階級偏見，在這個意識形態下，勞動已經是多元自為的。

既然是自為的勞動，也就是人為自己勞動，相應的思想、相應的文化，也是一種自為的文化。人為了自己，為了讓自己自主、自尊活著而產生的思想和文化，是一種無產階級的文化，也是馬克思所主張的科學真理。

還原到人作為目的而存在時，那樣的勞動狀態才是對所有的勞動者都有利的新意識形態。那套意識形態適用於所有的人，因為每一個人都是自己作為自為的目的而存在的，不會有異化的問題。克服了異化，如此產生的真理必然適用於任何人。當這樣的真理適用於每一個人，它就是普遍的真理，也就是科學的真理。

我們不能夠片段地來讀馬克思，因為馬克思在進行思考時，從來不是片段的。馬克思提出了一種更完整、更多面向的對這個世界的認識和理解。追隨馬克思，用這種更完整、更多面向的方式來理解這個世界，不管你原來對這個世界的認知和理解是如何的，我相信都能給你提供更多的角度，給你帶來更豐富的收穫。

5.地主階級的意識形態：重農主義是怎麼興起又沒落的？

我們繼續來為大家解釋馬克思的意識形態理論。我們來看一下馬克思提過的一個重要的歷史例證——重農主義，也就是地主階級相應的一套意識形態。

重農主義是怎麼興起又沒落的？

重農主義最流行的時候是十八世紀，尤其是在大革命之前的法國，重農主義聲勢最為浩大。到了十九世紀，尤其是重商主義崛起之後，重農主義就被視為是不再流行的過時想法了。

重農主義講什麼呢？對比重商主義。重商主義認為經濟中最重要的活動、能夠創造價值的是商業；重農主義則認為人類能夠得到的一切都來自土地，如果沒有農業，就不可能產生任何的東西。從重農主義的角度來看，工業也是依附在農業之上的。如果沒有農業生產，沒有這些材料，那怎麼可能會有工業呢？重農主義有根深蒂固的農業中心觀念，在一個國家當中，最需要重視、最需要保護的是農業。

法國一直都有這樣的傳統，一直到今天都非常在意農業上的數字統計，對農民和農業高度地照顧。不管是在什麼樣的壓力下，從當年革命之後政治混亂的壓力，一直到今天，在歐盟內部其他國家所施予的壓力下，在法國的政治上，只要認為是有需要的時候，就要補助農業，這是重農主義意識形態的遺留。

重農主義代表的是地主的利益，而依照馬克思的分析，來自土地、代表地主利益的生產形態，就產生了相應的意識形態和相應的文化。在文化上強調土地何等重要，又從這個意識形態中衍生出特別的政策，例如格外強調一個國家不能沒有自己的農業，認為一個國家如果必須向其他國家來進口麥子、稻米，那很危險——這是相應的價值觀。

重視農業、重視土地，有這些相關的政策，更進一步也會產生文化上的偏好，有了歌頌土地的文學作品，對土地產生極度浪漫的依賴感，強調人離不開土地。法國人有很強烈的「風土」信念，認為離開了法國「風土」就不再是法國人，甚至人都不成為人了。這是一整套的觀念，根源於十九世紀已經過時的農業生產形態。

強調土地重要，這是地主階級的意識形態。可是明明是代表地主階級利益的意識形態，在十八世紀為什麼會變成強大的主流？這裡有馬克思的洞見。馬克思指出了一項弔詭，那就是十八世紀這套意識形態之所以那麼強大，並不是理所當然的，因為這不完全符合地主階級的利益。

地主階級在十八世紀支持重農主義以及土地至上論，這是源自他們的階級位置，他們擁有土地。但是仔細地分析就會發現，這個信仰、這套意識形態並不必然是地主的最大利益所在，他們的利益在這個過程當中其實是受傷害的。因為當不斷地強調一切都來自農業，那也就意味著在這樣的意識形態下，國家政府在政策上重視農業，同時也就相信一切價值都來自土地，都來自農業。

那麼當政府財務出了問題，甚至更普遍的，當政府在思考財務問題的時候，他們想的是什麼？他們想的就是要如何從土地上、從農業上得到更多的收入。政府和政策都是相信一切價值必須從土地上來，於是就產生的效果是地主承擔了所有的稅賦。這個時候，另一個真正在利益上支持重農主義的群體出現了，那便是中產階級。

中產階級在這個時候正在興起當中，正在進行他們自己生產上的革命。他們累積財富的方式不是依賴土地，因為他們不依賴土地，可以從商業資本的累積到後來工業資本的累積，取得他們最大的利益。因此，他們當然樂於配合讓地主、農業、土地去承擔所有的稅賦壓力。

既然大家都覺得土地最重要，那麼中產階級這種不需要高度依賴土地的新興階級就不需要被抽稅，要抽稅的物件都來自土地，那麼必須要承擔稅賦的也就都是地主。

地主是在這個位置上相信一套意識形態，但這套意識形態卻不必然對他最有利的，這套意識形態下真正得利的是中產階級。

所以這個時候，中產階級不會提出一套違背土地至上論的新價值觀，他們會配合，會支持重農主義。這就是十八世紀重農主義那麼風行且變成強大主流的根本原因。

但是進入十九世紀，情況改變了。資本主義、資本家、中產階級，他們一路不斷地發展，發展到了一定的程度，工業取代了農業變成主要的生產形態。這個時候他們就需要政府政策上的配合，他們不希望政策一直著眼在土地上，他們需要國家、政府來幫他們進行資本累積，以及更進一步地強化資本剝削的機制，他們需要有方法來控制國家政策。

還有另外一方面，他們也需要社會上集體的配合，最主要的是需要工人；如果沒有工人，就算擁有再多的資本，都不可能創造出任何的價值。他們需要工人，就要說服工人，讓工人願意領這樣的工資。應該說，他們需要有人自願把自己改造成勞動者來出賣勞動力，把用勞動力來換工資視為理所當然。於是這個時候就產生了十九世紀的另外一套觀念，那是資本家的意識形態。

什麼是馬克思的「科學」？

當馬克思在提出他這些思考和推論的時候，他一再地強調，他所得到的是科學的結論，這對馬克思再重要不過。但是這也是我們今天在看待和理解馬克思的時候，常常出現的障礙。因為我們很多人都認為：這怎麼會是科學呢？所以我們必須要回到馬克思這樣說的時代，看看他心裡的「科學」到底是什麼。

他在講的科學並不是一種實驗性的科學，不是在實驗室裡可以重複得到同樣結果的科學方法。在他那個時代——甚至到稍微晚一點，例如佛洛伊德也認為他自己的精神醫學的各種不同研究以及推論是科學的——這種科學和二十世紀以後的科學是不一樣的，我們必須回到十九世紀的科學觀。而清楚地反映在馬克思身上的，那就是不依照表面現象、不依照常識來形成知識。講到科學，馬克思最喜歡提出來的例證就是「地球中心說」。我們今天當然認為「地球中心說」已經徹底被科學給推翻了，但是我們還是可以自己試試分析這件事。

比如早上起來，你站在一個地方，在那裡站一整天，你去觀察太陽的位置，就看到太陽從東邊升起來之後，一步一步地改變它的位置，一直到西邊落下去。你用這種方式觀察太陽一整天，你所看到的是太陽跟著你，以你和地球作為中心，一直在轉變位置。那麼你怎麼可能反過來認為，你自己或者是你所在的地球在繞著太陽轉呢？在那個角度上，你能夠體會、能夠推斷你正在繞著太陽轉，那才有問題，你當然只會覺得是太陽繞著你轉。

可是對那個時代的人來說，這就是一個巨大的衝擊。什麼叫作科學？科學就是讓我們撥開了直覺上的表面現象，我們要探求，必須注意到背後有更深層、更根本的道理，這叫作科學。對馬克思來說，他就是抱持著這樣非常清楚的科學的態度，要弄清楚規則，從根本上去挖掘和整理。

如果用當年伽利略和羅馬教會之間的爭辯來作例證的話，那就要看到：最後是什麼提醒了我們有科學的存在？你要去看，你要去問，在這樣的一個狀況下，誰主張什麼。有不一樣的主張的時候，你就必須要去探究，不一樣的人依照什麼樣的態度、什麼樣的立場而有了什麼樣不同的主張。

更進一步可以說，馬克思要我們念茲在茲一直記得，什麼樣的人基於什麼樣的理由相信什麼。你不能光是相信什麼就是什麼，你一定要去探究是誰為了什麼而相信。

所以回頭看，那是多好的例子。重農主義一度被當作真理，可是不行，你要先去看到底誰相信重農主義，還有為什麼他會相信重農主義。你就會發現，即使同樣主張重農主義，只要是不一樣的人，他們都是因為不一樣的理由才相信的。我們這樣去探究，這才叫作科學的態度。

你要想到每一種說法、每一種信念都有提出來的人，那麼他是基於什麼樣的理由，為什麼相信這樣的想法？在這裡就產生了重大突破，得到了非常根本的一種懷疑態度。

為什麼宗教批判是所有批判的前提？

馬克思將這樣根本的懷疑態度也放在宗教上，讓我們弄清楚到底是誰，基於什麼樣的理由會相信這樣的宗教。以這種方式檢驗宗教、描述宗教的時候，就產生了另外一個效果，他重新描繪而且定性了什麼叫作宗教。

回到前面，我曾經為大家翻譯了馬克思寫在《黑格爾法哲學批判》當中的那一段話，也就是結束在

「宗教是人民的鴉片」的那一段話。那段話中關鍵的是，馬克思要來告訴我們什麼是宗教。他的想法來自基督教，可是當他在解釋宗教的作用的時候，同時就定性地告訴我們，只要有這樣的作用就是宗教。

宗教像是一面透鏡，是讓我們去認識這個世界的一套想法。我們藉由這套想法才能夠體會，才能夠接收到這個世界的各種不同因果關係。我們要理解這個世界，要知道構成這個世界的許多不同現象，但是我們不可能一個別地去認識這些現象，我們一定要將世界上各種不同的現象組合成因果的系統——因為這個所以那個，因為那樣所以產生這樣，要達到這樣的目的，我應該要用什麼樣的手段……這是一套因果系統。宗教就是幫助我們建立這套世界的因果系統中的一個，而且是其中非常強大的一個。

為什麼說宗教批判是所有批判的前提？因為這是最難的。但是如果你不碰觸到這一點，那麼所有的批判都是假的。在批判的不同層次中，最高層次是能夠回頭意識到自己已經習慣了透過這個透鏡來看這世界，還能夠去批判這個透鏡所顯現出來的世界是有問題的。如果你在看待這個世界的過程當中，進行了檢討和批判，但仍然局限在這個透鏡所顯現的有限區域裡，讓它圍成了一個牢籠，怎麼可能有真正的批判？

唯有跳出了這一套意義之網，跳出了這個透鏡，去看透鏡究竟是怎麼一回事，才會產生更高的一個層次，或者叫作第二序、後設（meta）的批判，這才是對馬克思來說真正有意義的批判。

如果能用這種方式看清楚宗教，你就看清楚了雖然馬克思講的是基督教，但是所有的信仰系統都有同樣的現象，也都應該被用這種方式加以檢驗。

馬克思說，基督教這個宗教幫助我們理解這個世界，最重要的事情是理解這個世界是由一個更高的、更理想的世界所統轄的。這個宗教最特別的地方是有天堂，天堂就是讓我們去追求的。由於那個天堂的存在，那麼我們世間的許許多多的東西，本來人與人之間的關係或人間的事物，對照之下就都變得不重要了。藉由那樣的超越模式，我們低頭以一種瞧不起的態度，看待現實世界。

從一個比較高的天堂往下看，你看到和解釋自己的世界，你的解釋不會真正符合、應和這個世界的真實真相。藉由天堂建立一個「超人」的世界，可是這個天堂也因此必然產生一個大問題——天堂和人間必然只能夠不即不離。意味著如果天堂就是人間，我們就不需要天堂，這很清楚。可是還必須要不離，意思是如果天堂裡住的都是超人，都是天使，都是跟我們不一樣的人，那天堂和我們有什麼關係呢？如果我們不能找到天堂和我們之間的關係的話，天堂就沒有作用了。所以我們又必須要去建立天堂的種種非人性的條件和我們作為人之間的關係，明瞭天堂到底要和我們發生什麼樣的關係。

如果用馬克思的這種方式跳到第二序，跳到後設的層次來看待宗教，來進行宗教批判，你就會發現他所提到的那種逆轉了的關係——不是宗教造人，而是人造宗教。而且人造宗教的一種方式，是將我們自己找不到的自我或者是我們自己不想承擔的自我，投射到天堂上，投射到宗教上，這是宗教的作用。

對於宗教，我們非常清楚的一點，就是它是我們存在上的一種期望，所以從廣義上來看，我們投射、我們期望的地方也就是宗教。而宗教能夠產生的重大的作用，為什麼稱之為「人民的鴉片」？因為我們把找不到的自我，我們不想承擔、不敢承擔的自我，投射在這樣的一個物體上，它成了宗教。

君主可以是這種投射的對象，國家可以是這種投射的對象，財富可以是這種投射的對象，地位可以是這種投射的對象。找不到的自我、不敢承擔的自我，投射上去的對象就變成了宗教，它就產生了安慰你、欺騙你、讓你逃避的像是鴉片一般的作用，這是「宗教是人民的鴉片」的最根本道理。

6.「資本的宗教」下的我們，如何找到符合自己利益的意識？

馬克思告訴我們，進行宗教批判時，必須保持終極不斷的懷疑，懷疑自己為什麼會相信。懷疑是很重要的起點，一旦我們意識到不是上帝創造人，而是人創造上帝，不可能是宗教創造了我們，而是我們集體創造了宗教，宗教就應該有一個被創造出來的道理。

批判宗教，就是批判管轄世界的意識形態

為什麼會創造出這樣的宗教？相同地，資本主義的意識形態是怎麼產生的呢？是現實下的國家，因為它的政策和資本的生產方式連結在一起，需要這樣的國家，需要這樣的政策，所以就產生了這樣的思想。它來自具體現實的社會，需要社會裡的工人去配合資本家和資本進行生產，因而有了這一套思想。

當我們批判宗教，也就在批判這一套管轄社會的、讓我們通過這樣的一個透鏡去看世界的想法。如此進行時，我們同時明白了自己擁有什麼樣的國家，處在什麼樣的社會裡。

意識形態或者是廣義的宗教最大的問題，也是最可怕的地方，在於它是關於世界的一般理論，它在解釋這個世界到底是怎麼來的，以及讓我們相信、讓我們體會這個世界是如何運作的，也讓我們能夠體會世界為什麼長成現在的模樣。所以這套廣義的宗教、這套意識形態是百科全書，你在這裡可以找到一切。

當然事實在運作上是倒過來的，意味著那些不適合的、放不進來的就會被排除在外，在這一套廣義

的宗教中，在意識形態當中，就不能夠被看到，不能夠被認可。

當馬克思在講這段話的時候，他講的不是狹義的宗教，只要能夠發揮這種作用的，對馬克思來說，就是廣義的宗教。《資本論》就是要點出資本必然有一個相應支援它的意識形態，我們也可以稱之為「資本的宗教」。

所以從這個角度來看，會有這句話：「宗教是被壓迫者的歎息」，意味著被壓迫者和宗教有著奇怪的逆轉的關係，宗教是壓迫的手段之一，因為宗教是符合壓迫者的利益的。比如說過去在狹義的宗教裡，到底誰可以從基督教信仰裡得到最大的利益？是教士階級得到利益。可是為什麼還有這麼廣大的人民相信基督教呢？這就是基督教的雙重性、基督教的功能。

馬克思用「宗教是被壓迫者的歎息」來說明，宗教明明是符合教會相關人士的利益，這些人因為利益當然有充分的理由去支持宗教，支持這樣的意識形態。可是人民卻被放在這個位置上，去依賴宗教或相信宗教，他們無法離開宗教。宗教提供給他們關於這個世界的解釋，而且幾乎是唯一的解釋。如果離開了宗教，他們就會陷入混亂，就沒有辦法在這個世界上找到這種已經習慣的方式而繼續生存下去。宗教提供這個世界的解釋，也就是讓他們接受，讓他們同意，讓他們承認自己被壓迫是應該的。

宗教一方面明明是依循別人的利益的剝削，但另一方面又變成了這些人民唯一能夠尋找慰藉的依賴。所以說「宗教是人民的歎息，是被壓迫者的歎息」。講完了這句話、表達了這樣的觀念之後，馬克思接著說：「宗教是人民的鴉片」。

被放置在「資本的宗教」裡的人

「宗教是人民的鴉片」並不是單純表示，一個屬於人民的政府，就要去壓制、消除所有的宗教，才符合馬克思的要求，符合馬克思理論。

不是這樣。馬克思這裡講的宗教並不是狹義的確定的基督教，他是從批判基督教這個宗教衍生出來的對宗教的重新定義。在這個狀況下，也就意味著人民要進行意識形態批判，最關鍵的一件事情是，你要看清楚，到底誰在這裡因為有利益而支持這套意識形態，支持這樣的宗教。

另外，還要看到有哪些人是被放在這個位置上，接受了這樣的一套宗教意識形態，這個宗教或意識形態對他其實是沒有真實利益的。被放在這個位置上而接受這套意識形態的人，你們當然要覺醒，要弄清楚和你真正有利益關係、能夠幫你帶來利益的究竟是什麼樣的價值觀、什麼樣的世界觀、什麼樣的思想、什麼樣的意識形態，或者廣義來說，什麼樣的「宗教」。

用階級性檢驗社會主流觀念：以消費者、都市為例

階級性對於馬克思來說，就是幫助我們最清楚地去檢驗意識形態到底是不是符合我們利益的標準。知道每一種思想價值體系背後都有階級性的來源，依循馬克思的體系，能夠檢討許多社會裡流行的想法，得到不一樣的角度來檢討、來重新思考。

比如說前面提過的，現在放在這個脈絡下，希望大家可以再來思考：在社會觀念中強調消費價值而

貶低勞動價值的現象。當我們有了不一樣身分時，為什麼消費者的身分比勞動者的身分要重要？這是一套價值，這是一種想法，這是深植在頭腦中，讓你甚至不需要特別去注意、不需要主觀去做選擇的信念。

你很自然地就覺得，作為一個消費者，你的利益受到了影響時一定要抗議。但是作為勞動者，你就沒有那麼強烈的階級意識、身分意識。為什麼會這樣？這種想法是怎麼來的呢？還有，你為什麼會接受？你為什麼接受作為一個消費者的權利比較重要，而不是你作為一個勞動者的權利？

讓我再舉一個例子，大家可以一起來思考。在都市和土地的發展上，為什麼人們都認為都市那麼重要？所謂都市，就是把人聚集在一起，讓這些聚集在一起的人能夠得到只有都市當中才能夠有的便利性。那麼，為什麼我們認為居住在一個便利的地方那麼重要，它的價值位置那麼高？這樣的一種意識形態使得人必然覺得居住在都市裡比居住在都市以外，要更重要，要更高級，產生的連帶的效果是都市的人口不斷地增加，聚集在有限的空間裡，也就使得都市的土地供給會因為不斷升高的需求變得越來越嚴峻。

在這樣的狀況下產生的直接效應，就是土地的價值不只會一直維持，還會一直升高。這種狀況當然讓一部分人獲益，如果你是擁有土地的人，你會基於自己的利益而贊成或者是支援這種價值系統、價值信念。

可是奇怪，有很多人明明和這種土地的利益沒有直接的關聯，甚至會在都市土地價格上漲的過程當中受害，但他們仍然相信要高度地發展都市，要讓都市居中，要讓人口集中在都市，覺得只有居住在都市，才能夠擁有所有的便利，並且為了住在都市裡擁有這樣的便利，願意付出許許多多其他的代價。

真的沒有別的可能性嗎?為什麼說它是一套意識形態,是一種宗教?因為如果我們把眼光放廣一點,如果你意識到有別的想法存在,有別的選擇,有別的可能性,你就可以更清楚地瞭解這種都市論、都市的價值是一套意識形態,甚至可以說是控制我們的價值觀、控制我們想法的一種「宗教」。

例如在德國,在政策上是刻意不讓人聚集在狹小的空間裡的,在空間的安排發展上,要想辦法將人分散開來,最重要的是,絕對不要讓都市的房屋垂直發展。

都市對德國人來說,如果要發展,那也應該是水平方向的。除了柏林、法蘭克福和漢堡這三個城市可以比較方便地蓋高樓之外,德國其他所有的城市要蓋高樓都麻煩得不得了,簡直是像被當作賊一樣,必須以各種不同的方式管制,有各種不同的方式來防範。

反過來我們要問,德國怎麼會產生這樣的價值系統呢?不是要評價這套價值系統好不好,而是要看到這套價值系統就必然帶來很不一樣的效果。它必然帶來的效果就是土地不會增值,所以政府也就很容易有各種不同的政策來約束土地增值,不讓土地增值的效果、利益進入地主的口袋裡。這樣一套非常不一樣的想法,產生了一套非常不一樣的價值信仰,同時連帶著也就產生了一種很不一樣的生活方式。

永遠保持對「宗教」的懷疑

我們可以不用完全接受馬克思對勞動階級的關心,他認為勞動階級應該高於其他階級,他認為勞動者是所有的價值根源的創造者。他的勞動剩餘價值說有很多商榷餘地,我們不必照單全收。

但是有一樣東西是從馬克思那裡來的,我們不能不收,那就是永遠都要抱持著懷疑的態度去想,我到底相信什麼、我為什麼相信這個、我相信這個對我有好處還是對誰有好處？是誰創造了這樣的想法、是誰在相信這些想法、是誰在相信這些價值，為什麼？還有，到底別人用什麼樣的方式讓我相信也許對我並不是最有利的一套價值觀和意識形態的？這是馬克思在思想上絕不放棄的重點。

馬克思也很瞭解，這是他理論中的一個弔詭。他主張一個階級、一種人群應該有自己相應的一套信仰。他又非常清楚，他也沒有那麼天真，認為只要你是工人，你在一個工業的生產模式下，就會擁有工人階級、勞動者階級的意識。他太明白了，他知道我們在意識上有一種來自生產、來自自我利益的意識，但這種意識不見得會有必然的先行性。

有的時候我們會有其他的想法，或者他所說的「宗教」會壓在實際上對我們最有利的這一套價值信念上。而且這裡所說的不是基督教，而是廣義的宗教。你必須先要對這種宗教進行非常仔細的察覺和檢驗之後，才有機會真正找到相應於你的生產形態所產生的真正利益，也才有機會真正去找到你相應的生產形態、生產位置，以及如果你要追求你自己真正的利益，你應該要有的一套意識。這是馬克思意識形態理論的關鍵核心。

7. 新馬克思主義：困於資本主義社會的人們，能做什麼？

講了馬克思的理論，透過馬克思的思想瞭解了資本主義，就產生了一個當然不能不問的問題——那我們該做什麼？

在資本主義社會裡的人，該怎麼做？

當我們瞭解了資本主義對於利息的迷思，那我們是不是就不應該把錢再放到銀行裡去換利息，或者是我們就不要再進行投資了？

讓我試著從兩個方向來回答。

第一，相對比較容易的是，假設我們去問馬克思，說我們應該怎麼辦，馬克思的答案很清楚，就是叫我們採取行動，用革命去推翻資本主義的秩序。革命的行為會加速資本主義的瓦解和崩潰，因為資本主義內在的基本大問題、大困擾、大矛盾，使得它本來就一定會瓦解。但是如果你真的想要行動，你可以去革命，你將資本主義推翻了，等資本主義消失了之後，我們就能夠進入社會主義，甚至變成共產主義的天堂。

不過這個答案今天看來真的很難繼續站得住腳，因為現在的資本主義已經不是馬克思當時所分析的那個資本主義了，現在的資本主義在時間中做了很多自我調整。所以這個時候你要嘛稍微耐心一點，等到資本主義自行瓦解——但是你等不到的，它不會自行瓦解；要嘛如果你想要積極一點，來參加革命推翻資本主義——但是現在的資本主義和社會的連結也更加緊密，換句話說，資本主義也不是那麼容易就可以被推翻的。所以這個答案看起來是行不通的。

那麼另外一種回答的方式，是讓我們依循馬克思的意識形態理論來推演，這是比較複雜也比較難理解的一個答案。這個答案說起來，首先大家必須先包容，因為它看起來好像是很無厘頭的。我要說的是，現在你正在用這種方法，通過對馬克思的認識和理解來分析、來批判資本主義，這就是一種行動，或者就是行動的一部分。那這個答案是怎麼來的呢？

新馬克思主義：要改變社會關係，先改變思想

這個來歷是到了二十世紀中期，在歐洲左派的傳統當中一個新的潮流，我們可以把它統稱為「新馬克思主義」（Neo-Marxism）。

為什麼會有「新馬克思主義」呢？我們先集中來看，在「新馬克思主義」的思想討論裡，非常重要也非常大的一塊領域，是在討論「實踐」（praxis）。這個詞引發了「新馬克思主義」最高的興趣，並且大家花了很多精力在概念上來進行解釋和推演。

為什麼要特別去講什麼是「實踐」？讓我們回到馬克思原來的理論當中，他所說的「實踐」沒有那麼神祕。但在「新馬克思主義」的傳統下，卻刺激衍生出了這麼多的討論，那是因為「新馬克思主義」者在乎意識形態理論，非常在乎如何能在當代繼續運用馬克思主義，所以他們特別看重「實踐」。

在新馬克思主義所提出來的實踐理論當中，非常重要的一條是思想和行動的合一。如果我們徹底、真正地瞭解了馬克思的意識形態理論，你就知道這是一種倒過來的關係。本來是你有什麼樣的社會階級，在什麼樣的社會基礎上就會產生什麼樣的思想，所以如果你要改變思想，你就要回到根底上，先去改變生產關係，改變相應的社會基礎。但是新馬克思主義是倒過來講的——要怎麼去改變社會關係？你要先改變思想，進而思想的改變實質上會帶來改變社會關係的作用。

有人批評說，這樣的理論、這樣的想法，就不再是馬克思思想。但是這種新馬克思主義的概念，有

其好處，點出了以批判的方式來認識、理解資本主義，正是行動的一部分。

資本主義從馬克思寫《資本論》，到馬克思去世，往下將近一百年的時間當中，已經改變了太多。必須要去面對資本主義改變的事實，不能再用馬克思所號召的革命方式來推翻資本主義。

新馬克思主義是對應老馬克思主義或舊馬克思主義的，而它們之間最大的差異，就是「新馬」放棄了用革命的手段再去建立共產主義的天堂。因為這樣的主張已經被證明會釀造災難。

他們沒有辦法再相信這件事情是有可欲的，從他們的眼中看去，看到了論證上繞不過去的根本、巨大的矛盾。

我們可以用霍布斯邦，英國的一位了不起左派大史家的理論來看這個問題。霍布斯邦的專業是十九世紀研究，他寫過大部頭的十九世紀三部曲，包括《革命的年代》、《資本的年代》、《帝國的年代》。

霍布斯邦整理完他的十九世紀歷史之後，為二十世紀寫了一本書，這本書的書名叫作《極端的年代》。提出來要被解釋的問題是，二十世紀為什麼會這麼極端？

二十世紀最令人覺得不可思議的極端現象之一，是自由的變化。

馬克思主義為了讓人可以擺脫資本主義的社會控制，擺脫生產關係所帶來的對於勞動者的種種不平等制約。可是為什麼這樣的馬克思主義，竟然可以長出徹底取消人所有自由的極權主義？這是二十世紀思想中最巨大的問題。

因應這個巨大的問題，有一些人在尋找答案的過程當中提出了非常重要的看法。比如說漢娜・鄂爾寫了《極權主義的起源》。另外有一本重要的書，那是霍克海默和阿多諾合寫的《啟蒙的辯證》，他們在這本書裡試圖要解釋，原來那樣一種開放的、啟蒙的、自由的想法，怎麼翻轉到會變成極權主義。

還有一個人，卡爾．波普，他從不太一樣的方向要去重新肯定啟蒙主義的自由社會、開放社會理想，所以他寫了《開放社會及其敵人》。這些都是針對極端極權主義所進行的深刻思考。

而新馬克思主義面對這個現象的時候，他們不能依照馬克思革命理論照單全收，可是他們仍然認為資本主義是邪惡的。於是在艱難的思考下，他們找到了這樣的一條路：就是馬克思和馬克思主義仍然可以刺激資本主義持續地改造，但不是讓資本主義變得更可怕、更龐大，而是持續地讓資本主義變得不那麼邪惡。

所以馬克思思想、馬克思主義的存在有其現實意義。我們從這個現實意義回到「實踐」，如果有更多人願意重新來看待、來分析資本主義。看著這樣一種不可能離開也不能推翻的系統，但心中一直有清楚的聲音對這個怪獸說：你不要搞鬼，你不要太過分了，我知道你在搞什麼，你可以騙過其他人，但是你騙不過我。

這就形成了一股非常重要的力量，這股力量比我們去把錢從銀行裡取出來，或者想要做任何其他極端的事，都更有力量。而這份力量也在過去的一百多年來，不斷地威脅那些原來在資本主義系統中的既得利益者，讓他們知道有人不吃他們這一套，有人不買他們的帳，所以這套制度、這套系統才會在一百多年的時間當中持續不斷地改變，持續不斷地變得相對沒有那麼可怕、那麼邪惡。

馬克思：觀念沒有自主的歷史

我們在這裡還應該再聽一句馬克思的名言，那就是他說過「觀念沒有自主的歷史」。

這意味著當我們看待觀念的時候，我們要察覺觀念的依附性。當遇到了任何的觀念、思想，都要去問：這是誰相信的？這是誰主張的？為什麼他會這樣相信？為什麼他會這樣主張？

這也就意味著，觀念沒有自主性是為了對應我們平常在看待觀念的時候，我們相信什麼，我們主張什麼。一般我們所採取的態度，我們認為我們之所以相信，之所以主張，是因為這個觀念是對的，或這個觀念是好的。但馬克思提醒我們，沒有一種獨立去判斷觀念是對的或是好的標準，這個標準一定有它在社會上的連結，或者說社會上的依附性，所以不應該用想像的獨立真假標準來判斷觀念。觀念都是相對的，觀念對哪一些人有用，這些人就會接受這樣的觀念。所以觀念和社會關係是分不開的，有它的社會依附性。

這裡產生了一個「括弧」，一個例外。當馬克思說觀念沒有獨立的歷史，從這裡推演出觀念沒有獨立的標準時，這個論斷是否包不包括馬克思自己所提出來的理論？

馬克思會說不包括，因為他這套理論是具有科學性的，其他的不是。但我們知道這不是那麼容易可以回答的，他所給的答案也不能真正解決這個問題。他認為他的理論不屬於自己認為的不能獨立的一種觀念，換句話說，只有他一個人提出來的是可以獨立的觀念，但這是沒有那麼容易站得住腳的。

不過我們在這裡先不要進入這種相對性到底有多麼普遍的問題，而去體會馬克思的提醒仍然很重要。當我們用這種方式看，就會發現有一些基本通則浮現出來。基本上每個社會的主流觀念都有一種作用——保持社會和諧。

對應來說，當我們講一個社會的主流觀念，隨著馬克思的意識形態理論前進，必須要處理：工人為什麼要相信對資本家有利的這一套意識形態？最簡單的也是最普遍的答案，那就是因為這套意識形態讓資本家和工人可以和諧相處。和諧就使得本來相對的觀念被絕對化，被建立成主流。

8. 偽造的「和諧」：資本主義是一個討價還價的過程

羅馬人為什麼願意將統治者視為神？

馬克思在他的著作裡，曾經運用羅馬時期的歷史來為我們解釋。羅馬從西元前八世紀建城之後，有七八百年的歷史都是共和制的歷史，表示他們的執政官、握有權力的人不只是選舉出來的，而且是頻繁地選舉甚至是輪流擔任的。

什麼叫作共和？就是盡可能不讓權力掌握在少數人的手裡。但是為什麼從屋大維之後，整個羅馬的思想潮流走到了截然相反的極端？在羅馬越來越多的人相信皇帝是具有神性的。「奧古斯都」這個頭銜就表示他不是人，他是屬於神的，等於把他放到了神的位置上。接下來一代又一代的皇帝，都有這種類似神一樣的地位。

馬克思藉這段歷史解釋：看看羅馬的人民，原來他們在共和黨中握有權力，權力是大家共同分享的，執政官一年就要換一次，而且執政官旁邊還有護民官，那是因為擔心執政官和元老院關係太過密切，要由護民官來代表人民。共和的架構要確保沒有任何一個人可以擁有長期的權力，也不可能擁有太大的權力。

只有在極少數災難、戰爭等特殊危機狀態下，才會選出獨裁者（dictator）。獨裁者意味著這個人可以跳過所有共和機制來處理事情。但是共和機制仍然對獨裁者有很大的限制，因為他擁有權力的時間非常短，必須是面臨一直出現的危機狀態，才會予以延長，給予再授權。

但為什麼這樣一個共和的概念，尤其是握有這種權力的人民，本來好好的，後來卻要把權力讓渡出來？更重要的是，為什麼人民在這個時候要相信來統治他的皇帝是有神性的，這中間到底發生了什麼事？

我們可以從現實的角度去考慮或追問：有一天，你會想要選出一個皇帝，而且只有這個人可以當皇帝，因為他具有不一樣的類似於神一樣的身分。然後你放棄所有的權力，都交給他，你會願意嗎？馬克思對羅馬時代的解釋非常有力，因為他要我們去看，在羅馬「前三雄」、「後三雄」——這是我們在解釋羅馬帝國興起的歷史的時候最常提到的——他們如此互相爭奪，到最後誰得到了勝利？在爭奪的過程當中，又產生了多少戲劇性的變化？

但是這段歷史，馬克思要提醒的不能用莎士比亞戲劇那樣的角度來看待，因為你應該看到，歷史真正的主軸是人民的感受。

如果從人民的角度出發，重點就不在「前三雄」是誰、「後三雄」是誰，到底誰打敗了誰。關鍵的重點是人民持續經歷了長時間的戰亂，戰亂的起源就是這些「前三雄」、「後三雄」，他們都覺得自己應該也有機會握有更大的權力。為了爭奪權力，他們讓整個羅馬帝國陷入長期的混亂當中。

從這個角度看，將羅馬的統治者視為神聖的、具有神性，能夠發揮一種作用——讓人民得到和諧和安定。人民清楚地感受到，將統治者視為神聖的，禁止其他的人去和他爭奪權力，可以得到和諧和安定。因為共和時代，大家都可以握有權力，大家就會爭奪權力。尤其是到了共和晚期，「前三雄」、「後三雄」以武力爭奪權力，使得人民疲憊不堪。處在那樣的情境下會覺得自己也有資格去爭奪權力，會有這樣的野心，會有這樣的衝動，製造了永無寧日的結果。

權力的讓渡並不是有意識的，但產生的效果讓人民都能夠接受——他們得到了和諧、安定的好處，他們得到了生活上的安靜——反正權力者、統治者、皇帝的位置，以及他們所有的這些巨大權力，都和一般人無關。和我的隔壁鄰居無關。比我年長的，在財富上或是其他地位和權力上比我高的這些人，也都和皇帝、和統治者這個地位無關。

皇帝和所有人之間有絕對的差距，將皇帝抬得那麼高，這樣主流的意識形態最重要的就是讓社會上絕大部分的人失去了爭奪最高統治者的機會，當然也就失去了他們的野心，同時使得這些個人野心所惹起的各種紛爭同時消失了。

利益被傷害的人之所以會去相信這些意識形態，接受交換，就是因為這樣他們就可以得到安定，得到和諧。

資本主義的理論讓社會「和諧」

回來看資本主義，資本主義也誕生了一種合理化自我存在的理論。資本主義的這套理論很巧妙、很神奇，因為它是以解釋資本主義的性質和運作機制的形態存在的。換句話說，資本主義產生了這樣一套經濟學，假裝是資本主義秩序的客觀解釋。為什麼要假裝客觀？因為要顯示它和資本主義當中的任何角色都沒有關係，客觀地在分析資本主義包括了哪些角色，有哪些機制，這些機制如何運作。

馬克思要我們看清楚，這是假的，這是騙人的，資本主義的經濟學、經濟理論，是資本主義內在的一部分。用這種方式建立起資本主義的秩序，而不是資本主義秩序建立、存在了之後，才從客觀外在的角度去觀察、去分析。

其次，這套明明是內在幫助建立起資本主義，但是假裝變成客觀理論的想法和意識形態，它究竟是什麼？它以什麼樣的方式發揮了作用？很關鍵的一點，對比前面羅馬皇帝神聖性的觀念，我們就看得出來，就是它也提供了一種社會和諧的基礎。

前文提過馬克思對「庸俗經濟學」的批判，「庸俗經濟學」就是幫資本主義說話的。馬克思在批判的時候，集中處理了所謂的「三位一體」——資本、土地、勞動，將資本運作分成三種不同的力量、不同的元素。不同的力量、不同的元素又產生了三種不同的收入：資本產生了利息，土地產生了地租，勞動產生了工資。

這套理論最大的好處就是，使得整個生產體系在三分法之下看起來很和諧。這三個部分就產生而且分配了應得的利益，資本產生了利息，土地產生了地租，勞動產生了工資。資本、土地、勞動密切合作，合作了之後，得到各自所需要的應得部分，有了這樣一套和諧的系統。

這是「庸俗經濟學」帶給人們的一種圖像，這個圖像產生的效果使得它成了主流觀念、主流意識形態，因為它告訴你，勞動者當然就該拿到工資，地主就應該拿到租金，資本家當然就該得到資本利息。這三部分可以相安無事，每一個角色都能得到自己應該得到的，這個系統是和諧的。

資本主義是一個討價還價的過程

馬克思提供了完全不一樣的解釋。改從衝突的角度來看，馬克思說：資本主義怎麼會是這樣的？資本主義內在真正的性質，是由勞動所創造出來的價值。資本主義並不是價值生產的現象而已，更重要的是價值應該如何分配。誰分到多少，用什麼方式分，這明明是一個討價還價的過程。

所謂資本主義，從馬克思的角度看去，是工業化帶來了新的生產力和新的生產關係，出現了過去不曾存在的新形態價值增長。以前，在農業生產關係下，一群人共同產生的價值會有固定分配的方式。這裡有地主，有農民，加上少數的工匠，在各自的生產關係裡有固定的分配方式。

然而，這是原來的系統，現在因為生產力和生產關係改變了，同樣的這一群人，原來的生產力如果是十，現在等於一下子飛躍，變成了五十，變成了八十。原來的分配方式不可能繼續維持，就必須要有新的分配原則。這個新產生、增加出來的生產所得，必須要重新分配。既然是重新分配，這中間就沒有既成的規則，必須討價還價。

從討價還價的角度出現了兩個重點。第一，一定要看出來，這個時候各個角色之間的關係一定是衝突的，絕不可能和諧。因為你拿的比較多，我拿的就比較少，這才是內在的現實。所以資本主義刻畫成和諧的圖像，那就消除原來在討價還價當中必然會有的緊張關係。如何消除緊張關係？是要先確定了一種實質上對資本家有利、對地主有利的模式，然後將這種模式假裝成一種對大家都有利益、對大家都最公平的原則。

還原資本主義是激烈的討價還價過程，我們就知道為什麼會涉及意識形態。資本主義的意識形態是資本家創造出來的一套催眠術，他們會告訴人們這就是對的，是公平的。用這種方式讓大家都接受，它就變成了主流。回到討價還價上，我們要瞭解有了新產生的生產所得之後，不可能立即存在一種固定的分配方法。

作為勞動者，你應該要在討價還價的過程當中替自己爭取更多。首先你必須要解除資本家創造出來的在你的思想裡先入為主的這套意識形態——這個故事、這個說法。走出把它當作真理的誤區，否則你已經進入被催眠的狀態了。作為勞動者，你必須去質疑它，必須去挑戰它。接下來，你才能夠去摸索，然後去建構起對自己真正有利的，讓你可以在討價還價過程當中得到更多利益的一套相應的意識形態。如讓對勞工有利的這套意識形態能被建立起來，乃至於能夠和資本主義「庸俗經濟學」的那一套意識形態產生抗衡，產生修正，甚至將其推翻，這就是馬克思在思考、設計他的意識形態理論的時候，特別用心想要做的。

9. 面對一百年後的市場經濟學，馬克思的意識形態理論過時了嗎？

資本主義社會的兩個改變

從馬克思提出對「庸俗經濟學」的三分法的批判，到現在已經過了一百多年。這一百多年來有一項重要改變，那就是資本家、地主和勞動者的身分混淆了。現在的人在經濟角色上不是這樣截然劃分的，你有可能既是勞動者又是地主，也可能既是地主也是資本家，同時有可能一邊當勞動者領工資，領了工資之後去買股票，所以又同時具備資本家的身分。當然資本家、地主、勞動者，三種身分集合在一個人的身上，那也並不少見。

另外還有一種重要的改變，就是現在我們不會將這三種角色當作是各自獨立的。我們知道他們彼此之間有非常複雜的互動，這個互動被承認不必然是和諧的。

在新的資本主義文化中，對這個問題有兩個層面的應對。一方面不會再忽略他們彼此之間可能產生的衝突，但是另外有一套新的意識形態浮現了，這是馬克思來不及看到的。

在二十世紀，這個新的解釋表面上接受了馬克思提出來的衝突原則，卻又用了另外一種方法創造出複雜衝突關係背後的統一原則。

將所有這些現象統合在一起的是「市場」。用「市場」，尤其是用供給和需求之間的關係，來解釋所有的互動。前面所提到的勞動者、資本家等，所有身分上的矛盾衝突，現在都可以回到市場機制來解決。市場機制最簡單的就是供給和需求決定了價格。每個人在市場上去做自己的「理性選擇」，簡單說也就是在運用資金時只要看誰願意付給你最多的利息，你就將資金提供給誰；在出賣你的勞動力的時候也一樣，誰給你最高的工資，你就將勞動力賣給誰。看起來一切在市場機制下都能夠得到解釋，一切都是供給和需求之間的關係。

另外，每一個人都有「理性選擇」，所以一邊願打另一邊也願挨，而且願打和願挨都有理性層面思考之後的理由。表面上看起來市場理論非常好，非常有效，最關鍵的就是供給和需求。但是回到市場理論的最根本，我們會知道有些事情不太對勁，我們會知道在最根本的地方，其實並沒有解釋清楚。

供給和需求，仍然和意識形態有關

回到馬克思的洞見，我們更進一步來追究究竟何謂需求，何謂供給。我們說在市場機制當中最簡單的公式是，需求高於供給，價格就會上漲，因為有越多人要，你就只好出越高的價錢去買。反過來如果是供給高於需求，價格就會下跌，因為沒有那麼多人要買，沒有那麼多人需要，所以就只好降價。降價之後，願意來購買的人增加，或者是願意購買的動機強度增加了，這是市場交易當中最簡單的一件事。

然而需求到底是怎麼來的呢？舉一個最簡單也是最直接的例子就好了：你們為何會覺得自己有瞭解

馬克思《資本論》的需求呢？你現在已經在讀手中這本書了，所以我要確切地問你，你的這個需求是何種需求？以及，這個需求被用什麼樣的方式來滿足呢？

為什麼要這樣問？就是要告訴大家，當市場機制、市場理論講到供給和需求的時候，它背後最根本的部分仍然涉及馬克思的意識形態理論，意味著需求是可以被操控的。我們被蒙蔽了，當在市場理論裡講需求的時候，這個需求並不是每一個人自己可以自主決定的。你肚子餓，你覺得需要吃飯，這是根本的需求。可是在這個需求之上，我們今天在市場上所交易的供給和需求，很少、甚至可以說幾乎沒有任何一項，是用這種簡單的方式存在的。

需求和供應之間的關係，涉及太多意識、價值、觀念、文化。有多少人需要米其林三星美食，這不可能固定。我們不可能用這種方式先固定瞭解需求，再接著來看供給，然後藉由理性選擇和市場機制來決定和解釋到底會發生什麼樣的現象。市場沒那麼簡單。

另外，市場機制的解釋也沒那麼有用，因為在這中間有太多的力量介入、操控。即使是每一個人所感受到的需求，回到你自己身上，你到底對自己有多少認識和理解？我只想問一件簡單的事情：在市場供需關係裡，你覺得自己到底需要什麼？

很多時候我們並不是明確知道自己需要什麼，所以到市場上去看有多少供給，然後決定自己願意付多少的價格來滿足需求。現實的資本主義狀態下，情況往往是倒過來的。你到了市場上，你才知道自己需要什麼。你的需求經常是被創造出來的，或者說你的原始需求到了市場上，是會被市場改變的。

市場不是簡單的既有的需求和供給之間的關係，市場是利用各式各樣的方法來創造你的需求，來改變你的需求。每一個人的需求都是不固定的，到底需要什麼，這個需求有多重要，往往是在市場上才能決定的。

理性選擇，敵不過意識形態

因此，我們就不得不談到觀念和文化的重要性。觀念和文化在更根本的層次，創造、決定了我們的匱乏感，刺激我們、導引我們去覺得自己到底缺了什麼。這都不是你自己個別決定的，而是在一個大的系統下，換句話說，仍然是這個社會，尤其是它存在、運作、產生的這一套意識形態，在教你、幫你決定，你應該需要什麼。

所以，市場理論怎麼可能真正幫我們解釋到底在這個系統裡發生了什麼？在市場理論背後，我們還是先要看到和弄清楚意識形態。市場理論本身是這個故事當中的一環，這就是馬克思提醒我們的，是他要我們看到的。

為什麼馬克思特別批判「庸俗經濟學」？我們用他的理論回看市場經濟學，市場經濟學是在解釋資本主義的運作，它仍然是站在對資本有利、對資本家有利的立場上的一套故事。這套故事明明是內在於資本主義，讓資本主義可以以資本為核心進行運作的機制中的一環，卻假裝自己是在這個系統之外建立起來的一套原則，然後回來解釋，要我們相信，到底這個系統裡發生了什麼樣的事。

從這個角度看，我們又不得不提到馬克思另外一項了不起的貢獻：他是最早開發和研究經濟心理學的人。所謂經濟心理學，意味著分析經濟行為的時候，要先瞭解人的心理。現在的市場經濟學，尤其是涉及理性選擇的時候，也還是建立在這種經濟心理學的基礎上。

我們一再提到「理性選擇」，因為假定人是理性的思考者、理性的選擇者，用有限的資源去追逐無限的欲望，你就會合理地衡量，要付出什麼樣的代價追求哪樣東西，可以帶來最高的滿足。我們不會不理性地選擇一項必須付出很高的代價，卻只能帶來低度滿足的物品。我們每個人都以這種方式去衡量，用這種方式進行理性的算計，所以市場有了可以被預期的可能性。市場經濟學的核心、重要的突破，也是回到人的心理機制上來解釋經濟行為。

回到人的心理上來解釋經濟行為，其實是從馬克思開始的。不過馬克思的經濟心理學，比起後來的這一套市場經濟學，其實要複雜太多了，因為他非常瞭解我們的心理不會完全遵循簡單的「理性選擇」。我們的心理在理性之上還有一層力量，還有一層外殼，或者說有更先行的一樣東西，那就是意識形態。

意識形態有比理性更大的力量。在心理的層次上，先對我們產生最大作用的不是理性的考慮，而是我們的信仰，或者是廣義的宗教。

信仰也就意味著那是我們不會去問、不會去追究的。在一個社會體系、社會環境下，會有一種集體的信仰作為意識形態，幫助你維持這個社會的和諧存在，讓你不需要衝突，不需要隨時保持高度緊張，更不需要想著去和別人打架，讓大家在各個領域當中，假想彼此可以和諧地、不需要衝突地並存。有這樣一套意識形態先發生作用，在這套信仰下去進行有限的理性選擇。這意味著理性有它的限度，理性沒有辦法去挑戰這些信仰。

馬克思要做的就是提醒你，你必須改變，你要瞭解自己所相信的這套廣義的宗教，要瞭解你所服膺的、管轄並控制你的意識形態究竟是什麼，你要採取批判的認知和理解，來分析理解這個社會的主流觀念是如何影響並控制你的。

社會的主流觀念一定是社會控制中的一部分。資本主義主流的想法、主流的觀念，就是對資本和資本家有利，是讓社會可以在創造資本利益及資本家利益的情況下和諧運作的一套機制。你已經先進入這套機制當中，變成這個信仰及廣義宗教的一分子，然後你才在這樣的框架下去進行選擇。

在這種框架下，你不可能違背資本和資本家的利益。不管以什麼樣的身分，在什麼樣的位置，甚至不管你個人的階級地位、階級利益是什麼，你只會做出你自以為是理性的選擇，但其實都逃不掉幫助資本和資本家得到最大利益的結果。我們要瞭解經濟行為，就不能夠離開對心理以及對思想信仰的探究和認知。

馬克思一再告訴我們，資本主義讓我們活在一個逆反的世界裡。「逆反的世界」的觀念來自黑格爾，來自早期馬克思作為青年黑格爾主義者所受到的強烈的哲學影響。不過他將這套想法運用在他的意識形態理論裡，尤其是用來分析、解剖資本主義所創造出來的意識形態，那就有了很不一樣、非常尖銳且精彩的內容。

結語

莫忘馬克思：《資本論》，為弱勢者寫的辯護書

《資本論》：為弱勢者寫的辯護書

儘管馬克思的思想在二十世紀遭到各種誤用、濫用、扭曲和攻擊，但他畢竟是少有的普世價值提供者，他總能夠給人一個普世的觀點，以超越的心態來看待最巨大的強權。他提出階級、階級論，就是為了超越所有代表強權利益的機制，其中當然也包括國家。

在階級立場上，馬克思堅決站在工人這一頭，對抗資本家。這背後仍然有支持弱勢者的普世價值作為他的依據。我們不妨以一段村上春樹的話來比喻，這是村上春樹到耶路撒冷領獎時所說的。他說：

但請容我發表一些非常私人的訊息。這件事我寫小說時一直記在心裡，我從未鄭重其事到將它公之於世，而寧願刻在我內心的牆上。這件事就是：在一堵堅硬的高牆和一隻撞向它的蛋之間，我會永遠站在蛋這一邊。

沒錯，不管牆有多麼正確，蛋有多麼錯誤，我都會站在蛋這一邊。正確與否是由別人決定的，

或是由時間和歷史決定的。如果有一名小說家，不論出於何種理由，所寫的作品都站在牆那邊，那麼這樣的作品會有什麼價值呢？

不論牆有多麼正確、蛋有多麼錯誤，村上春樹說，作為一個小說家，他都要站在蛋這一邊，因為牆比蛋堅硬，牆比蛋要強勢得多。馬克思也是如此，不論資本家有多正確，工人有多錯誤，他都要站在工人這一邊，因為資本家比工人強大太多，更何況資本家還是靠著工人的勞動努力，才能夠變得那麼強大。只不過馬克思並不是小說家，而是哲學家，所以他不能把是非推給別人去決定，而必須堅決地說出工人、勞動者對，資本、資本家錯的理由。

整本《資本論》，就是這樣一部為弱勢者而寫的辯護之作。我們可以不同意他辯護的理由，但我們應該心懷同情地去理解這辯護立場的來源，而且我們更不應該忽視他這個普世價值依據的出發點。

從十九世紀到二十世紀，為什麼在邊遠、落後、弱勢的國家裡，馬克思的思想總是能夠廣為流行，甚至躍居主流？馬克思主義在中國傳播，不也是在中國最虛弱、最低潮的時候取得了最大的進展嗎？那也是因為，馬克思主義提供了一個足以讓弱勢國家質疑、對抗帝國主義強權的普遍性依據。

是思考的革命分子，還是行動的革命分子？

馬克思最強烈的使命感，在於揭發他所察覺的巨大共犯結構，從不平等的生產關係上長出了一套維繫這份不平等的欺瞞系統，那是根植於資產階級利益的上層結構。馬克思選擇實踐使命感的方式，是理論、知識及說服。換句話說，馬克思給自己的最大任務，就是讓勞動者睜開眼睛，看見自己被剝削的事實，看見那個時代的禮儀、習慣、風俗、制度、社會組織、政府組織、國家體制，乃至於文學、哲學、藝術，都在幫助資產階級欺瞞工人的這項事實。

馬克思是思考的革命分子，而不是行動的革命分子。為什麼到了二十世紀，青年馬克思的作品會被挖掘出來，造成如此巨大的衝擊？因為那是馬克思還沒被迫參與革命行動發表意見的作品。後來的馬克思被塑造成一個行動革命家的形象，和這些文字及思想顯得格格不入。

一八四八年前後的歐洲情勢和氣氛，再加上《共產黨宣言》的成功，使得馬克思前去參與各式各樣的行動，但那並不是他的初衷，甚至不是他思想理論的必然結果。

馬克思說：「哲學家致力於解釋世界，但重要的是改變世界。」這句話讓很多人理所當然地認為，馬克思不滿於哲學家的空談，一定是主張「坐而言不如起而行」，要有行動，要有組織，要發動革命，要推翻既有的秩序。這應該是馬克思的本意，也符合他後來的行為，以及由這些行為所塑造出來的馬克思的形象。

但我們仔細閱讀《資本論》，再從《資本論》上溯《政治經濟學批判大綱》的內容，就會發現馬克思的本意真的不是如此。

馬克思夢想的改變世界的方式，是揭發真相，建構真理——讓勞動者知道自己是被剝削的；讓勞動者知道被剝削是因為生產工具掌握在資本家手裡；讓勞動者知道，當下的生活是一種異化以後的扭曲生活；讓勞動者知道，還有一種異化以前的自然幸福狀態。一旦勞動者知道這些，就會產生追求回歸異化以前那個應然世界的衝動，世界就會隨之改變。

勞動者重新成為自己的主人，奪回生產工具的掌握權，回歸異化之前的生產關係，這才是改正之後世界的樣貌。這一切的主體是工人，是勞動者，而不是組織或革命政黨。

這個過程需要哲學家，說得更廣泛一點，需要知識分子。像馬克思這樣的哲學家或知識分子，他們的工作就是批判虛幻，接受真理，這就是他們實踐並改變世界的方法，而不是在批判之外，從事其他實踐性的行動。哲學家和知識分子進行調查、思考，找出真相，使得被剝削、受傷害的人能夠從操控的共犯體系裡覺醒，恢復作為自我主人的身分，積極地去創造正確的社會，這是馬克思的思路。

然而時代的現實使馬克思脫離了這條理路，後來他擔下了領導工人革命的身分，不再能夠心無旁騖地整理他的思辨。這條理路傳到列寧手中之後，更進一步產生了「先鋒黨」的概念，由黨來扮演工人革命的代理人。在工人完全覺醒之前，由黨來代表工人進行革命，改變世界。

哲學家馬克思和革命家馬克思絕非同一回事。不幸的是，革命家馬克思很快就掩蓋了哲學家馬克思，成為現代人認知上唯一的馬克思。

我當然無意否認革命家馬克思的存在，但我不得不反覆提醒大家，我們不能夠只認識革命家馬克思，而忽略了更根本的哲學家馬克思。只有還原馬克思的哲學家身分，我們對他的理解才能夠更全面、更深刻，馬克思能夠提供給我們的當代啟發也才會更豐富且切身。

馬克思筆下那異化之前的人類狀態，是不折不扣的哲學前提，而不是歷史幻想；是以現實為材料進行回溯的哲學思考，據此推演出的邏輯命題類似柏拉圖「理型說」裡那些理想而全面的理性。這個理想狀態的推論是重要的座標軸，為我們提供了檢驗現實的定錨點，讓我們能夠作為依據來批判現實，改變勞動者看待世界的方式。

後馬克思的世界

今天的世界是「後馬克思」的世界，是受到馬克思思想改變的世界，就連今天的資本主義都是因應馬克思理論而調整過的資本主義，和「前馬克思」的資本主義大不相同。

在馬克思預言的威懾和指引下，資本主義體系所做出來的因應變化，包括：

首先，設法模糊資產階級和工人階級的分界，尤其是讓勞動階級能夠通過各種形式參與生產決策，並且擁有小量的資本，打破資產階級和勞動階級原本決然的劃分。

其次，設法改變生產關係，讓生產工具的所有權和生產決策權相對開放，不再完全掌握在不參與實際勞動的少數資產者的手裡。

第三，也是因為馬克思的威懾和提醒，資本主義體系學會了要注意「游離者」，也就是介於勞動者和資本家之間的既非此也非彼的尚未確定其階級歸屬的人。一百多年來，資本主義社會增加了許多身分介於資本家和勞動者之間的角色，大大緩和了馬克思所預言的衝突關係。讀這本書的各位讀者，你們今天的工作和社會角色可能都落在這塊當中，馬克思來不及看到，但有一部分是在受到他的理論刺激而出現的領域當中的。

百餘年來，資本主義社會另一項巨大改變，發生在資本所有權的分散上。股票市場、華爾街、股權、小股東……這些也都是馬克思沒有預測到的。但有一部分是受到他的理論刺激而出現的新興現象——資本對大眾開放，勞動者可以在從老闆手中領取工資之後，拿出一部分來購買自己的工廠或者是公司的股票。他在形式上同時扮演工人和資本家，模糊了馬克思原先認定的只會越來越清楚、相隔越來越遠的階級劃分。勞動者取得了參與資本運作的權利，得以分享生產工具的所有權，他不再是純然被動的被剝削者。

整個系統有效地將勞動者轉換成一份職業，而不是一種階級，當然也大幅削減了階級意識勃興的可能性。這個社會除了工人、勞動者之外，還有很多其他的職業，而工人或勞動者的利益基礎，在他們獲得了資本的部分擁有權之後，也就不再必然建立在工資上。如果壓低工資，增加對勞動者剩餘價值的剝削，可以有效地讓股價上漲，那麼他手中股票的正面收益，可能就大於他在工資上所遭受的負面損失。如此一來，工人就不必然要反對壓低工資的做法了。

時代改變了，我們今天當然不能再以天真的眼光閱讀馬克思的論著。有兩種讀法：一種是歷史的讀法，透過馬克思理解資本主義如何從十九世紀的殘暴不仁轉變為今日的慈眉善目；另一種讀法則是藉由馬克思的理路，來省思自己對生活、生命的選擇。尤其需要思索的是，工作在生活當中應該佔據什麼地位，在生命當中又應該具備什麼意義？

不是工人的馬克思，為何能啟發工人階級意識？

在赫塞的名著《流浪者之歌》裡，年輕的悉達多聽了世尊講道，也見到了世尊的面。悉達多承認世尊說得很有道理，但他仍無法跟隨世尊，成為世尊的弟子。因為還有一個根本的疑問無法解決——世尊的因緣法唯一無法解釋的，就是世尊本身的存在。如果世界就是無名，人看不清因緣而必然陷入痛苦，那為何會有超脫無名、悟透因緣法而得到解脫的世尊呢？世尊的存在不就等於證明了，因緣法是有例外的嗎？因緣法如果有例外，世尊所說的話不就無法成立了嗎？這真是一個精彩的提問。

同樣的提問也發生在馬克思身上。馬克思的理論最難解釋的是他本身：他不是工人，不是勞動者，卻具備了比工人更強烈的階級認同，還扮演起啟發工人階級意識的角色。這不就表示階級意識和階級身分是可以分離的嗎？如果不是工人的馬克思可以認同工人，那麼不是工人的資本家，為什麼就必然抱持著資產階級的意識，必然剝削工人，以至於階級差距不斷地擴大，最終導致資本主義體系土崩瓦解呢？

馬克思並沒有解釋自己的存在，但一百多年後，我們很容易便可以為他解釋。他的存在證明了社會上有一種自覺的階級身分游離者，我們可以將這種人統稱為知識分子。他們擁有知識，重視知識，將對知識的信仰凌駕於自己的階級出身及現實利益之上。馬克思是一個不願意承認，也不願在他自己的社會想像當中給予明確位置的知識分子，是一個以知識和思想對抗既有世界秩序的人。這是他的嚴重失誤——其實他的努力已經證明，社會需要超越直接利益考慮及階級身分的知識分子，他卻吝於在理論當中承認這一點，亦不賦予知識分子明確的地位。

二十世紀中葉，西歐出現「新馬克思主義」，「新」這個字對應的是經過蘇聯共產黨改造的馬克思主義。實質上「新馬」反而是舊的，因為他們提倡回歸原始馬克思的思想本質，把它定位為一種哲學的知識分子式的思考，而不是革命行動的信念和綱領。他們展現了馬克思當年最迷人的本質：藉由知識和深思來質疑流行於社會的價值，為解釋現實、設計未來找出截然不同的答案。

在本書的最後，容我奉勸諸君莫忘馬克思。因為他是點醒我們千萬別沉溺於他人所給予的觀念裡的一位了不起的巨人。感謝您一路讀完這本書，希望您可以在看待生活和生命的觀點上，從這本書中獲得幫助。

INK PUBLISHING
文學叢書 697

您好，馬克思先生：《資本論》及其所創造的世界

作　　者　楊　照
總 編 輯　初安民
責任編輯　林家鵬
美術編輯　黃昶憲
校　　對　楊　照　呂佳真　陳佳蓉　林家鵬

發 行 人　張書銘
出　　版　INK 印刻文學生活雜誌出版股份有限公司
新北市中和區建一路249號8樓
電話：02-22281626
傳真：02-22281598
e-mail：ink.book@msa.hinet.net
網　　址　舒讀網http://www.inksudu.com.tw

法律顧問　巨鼎博達法律事務所
施竣中律師
總 代 理　成陽出版股份有限公司
電話：03-3589000（代表號）
傳真：03-3556521
郵政劃撥　19785090　印刻文學生活雜誌出版股份有限公司
印　　刷　海王印刷事業股份有限公司

港澳總經銷　泛華發行代理有限公司
地　　址　香港新界將軍澳工業邨駿昌街7號2樓
電　　話　852-27982220
傳　　真　852-27965471
網　　址　www.gccd.com.hk

出版日期　2023年 1月　初版
ISBN　978-986-387-628-1
定　價　499 元

國家圖書館出版品預行編目資料

您好，馬克思先生：
《資本論》及其所創造的世界
／楊照 --初版,
新北市中和區： INK2023. 1
432面； 17 × 23公分. --（文學叢書；697）
ISBN 978-986-387-628-1 (平裝)
1.CST: 馬克思(Marx, Karl, 1818-1883)
2.CST: 馬克斯主義 3.CST: 資本主義
550.1862　　111019717